Gottfried Boehm zum 60. Geburtstag

Logik der Bilder
Präsenz – Repräsentation – Erkenntnis

Herausgegeben von Richard Hoppe-Sailer,
Claus Volkenandt und Gundolf Winter

REIMER

Gedruckt mit Unterstützung der Fritz Thyssen Stiftung

© VG Bild-Kunst, Bonn 2005
Wassily Kandinsky

© Courtesy: Monika Sprüth Galerie, Köln/VG Bild-Kunst, Bonn 2005
Andreas Gursky

© Succession Picasso/VG Bild-Kunst, Bonn 2005
Pablo Picasso

© Man Ray Trust, Paris/VG Bild-Kunst, Bonn 2005
Man Ray

© Albert Renger-Patzsch Archiv/Ann und Jürgen Wilde/VG Bild-Kunst, Bonn 2005
Albert Renger-Patzsch

Die Rechte für alle anderen Abbildungen liegen bei den jeweiligen Künstlern oder deren Erben

Bibliografische Information Der Deutschen Bibliothek
Die Deutsche Bibliothek verzeichnet diese Publikation in der
Deutschen Nationalbibliografie; detaillierte bibliografische Daten
sind im Internet über http://dnb.ddb.de abrufbar.

Umschlaggestaltung: Nicola Willam, Berlin
unter Verwendung einer Abbildung von Andreas Gursky: *Schiphol*, 1994

© 2005 by Dietrich Reimer Verlag GmbH
www.dietrichreimerverlag.de

Alle Rechte vorbehalten
Printed in Germany
Gedruckt auf alterungsbeständigem Papier

ISBN 3-496-01328-1

Inhalt

Vorwort   7

Richard Hoppe-Sailer, Gundolf Winter, Claus Volkenandt
Logik der Bilder   9

Präsenz

Bernhard Waldenfels
Verkörperung im Bild   17

Michael Lüthy
Erinnern, Wiederholen und Durcharbeiten in Edgar Degas' Werkprozess   35

Gerhard Neumann
Traumbild und Stillleben
Präsenz und Absenz in der Poetik Robert Musils   53

Claus Volkenandt
Indirektes Zeigen von Wirklichkeit
Zur Abstraktion bei Piet Mondrian   75

Karlheinz Lüdeking
Die Undurchsichtigkeit der Fotografie   89

Repräsentation

Hans Belting
Gesicht und Maske   123

Christian Kaufmann
Gemalt, gekerbt, geritzt
Ornamente als Bilder in der Kunst Melanesiens: Eine Fallstudie an Werken
der Kwoma im Sepik-Gebiet Neuguineas   135

Gerhard Kurz
Der Bildermann
Bild und Gottesbild bei Hölderlin   163

Werner Busch
Turner und Constable als künstlerische Antipoden   183

Matthias Haldemann
Kandinsky sieht Monet
Zum Verhältnis von Abstraktion und Impressionismus   203

Erkenntnis

Achatz von Müller
Gegen die Zeit: Die Ruinenvedute als Ideenbild der Geschichte   221

Horst Bredekamp
Leibniz' Gewebe: Strumpfband, Falte, Leinwand   233

Stefan Majetschak
Sichtbare Metaphern
Bemerkungen zur Bildlichkeit von Metaphern und
zur Metaphorizität in Bildern   239

Olaf Breidbach
Topiken oder über das Vage in der Anschauung von Welt   255

Gabriele Brandstetter
Brücken schlagen
Zu einem Bild aus metapherntheoretischer Sicht –
Kafkas „Die Brücke" und „Von den Gleichnissen"   271

Farbabbildungen   285

Register   295

Die Autorinnen und Autoren   299

Vorwort

Die Beiträge des vorliegenden Bandes sind aus dem Kolloquium „Die Gegenwart des Bildes" hervorgegangen, das am 25. und 26. Oktober 2002 anlässlich des 60. Geburtstages von Gottfried Boehm in der Fondation Beyeler in Riehen bei Basel stattgefunden hat. Die Vorträge des Kolloquiums jetzt in schriftlicher Form vorzulegen, macht den Band zu einer Festschrift für den damaligen Jubilar. Die sachliche Form, die sie als ein Beitrag zu aktuellen Bildfragen gewonnen hat, entspricht aus der Sicht der Herausgeber den persönlichen wie fachlichen Optionen des Geehrten. Sie versteht sich als Fortführung eines wissenschaftlichen Gesprächs, das sich in besonderer Weise mit dem Namen Gottfried Boehms verbindet und in diesem Band gleichsam auf ihn hin ausgerichtet ist.

Zunächst soll jedoch in der Form des Dankes noch einmal auf das Kolloquium zurückgeblickt werden. Persönlich gilt es vor allem Ernst Beyeler zu danken und den Mitarbeiterinnen und Mitarbeitern der Fondation Beyeler, dann aber auch Wilhelm Hill und Rolf Soiron, wie ebenso Eva und Franz Armin Morat, Wolfgang Rihm und dem ensemble recherche. Ihnen allen ist dafür zu danken, dass das Kolloquium in höchst anregender Atmosphäre in der Fondation Beyeler stattfinden konnte. Dank ist ebenfalls den Stiftungen auszusprechen, die das Kolloquium finanziell getragen haben: der Freiwilligen Akademischen Gesellschaft (Basel), der Max Geldner-Stiftung (Basel), der Fritz Thyssen-Stiftung (Köln) und der Schweizerischen Akademie der Geistes- und Sozialwissenschaften (Bern). Ebenso hätte ohne das Engagement der Kolleginnen und Kollegen im Kunsthistorischen Seminar der Universität Basel, und hier ist insbesondere Elisabeth Hobi zu nennen, das Kolloquium nicht stattfinden können. Ihr und ihnen sei ein besonders herzlicher Dank ausgesprochen. Dieses gilt natürlich auch für Holger Broecker und sein Engagement in der Sektionsleitung während des Kolloquiums.

Der vorliegende Band wiederum wäre ebenfalls ohne die Hilfe von Personen und Institutionen nicht entstanden. Hier ist vor allem der Autorin und den Autoren des Bandes für die Bereitschaft zu danken, ihre Beiträge zum Druck zur Verfügung zu stellen. Dank auszusprechen haben die Herausgeber auch der Fritz Thyssen-Stiftung für die Druckbeihilfe. Und nicht zuletzt gilt der Dank Beate Behrens vom Reimer-Verlag, die umsichtig und geduldig diesen Band hat entstehen lassen.

Basel, Bochum und Siegen, Anfang April 2005

Die Herausgeber

Richard Hoppe-Sailer, Claus Volkenandt, Gundolf Winter

Logik der Bilder
Präsenz – Repräsentation – Erkenntnis

„Die Gegenwart des Bildes" als Thema des Festkolloquiums aus Anlass des 60. Geburtstags von Gottfried Boehm 2002 ist natürlich längst Vergangenheit. Gleichwohl steht die leitende Frage nach dem Bild weiterhin im Zentrum der künstlerischen wie wissenschaftlichen Aufmerksamkeit. In einem Zeitalter, das zunehmend von „Wenden" bestimmt scheint, erweist sich jene zum Bild offenbar auf Dauer angelegt. Jedenfalls hat der „iconic turn", vor allem im Hinblick auf seine konkreten Konsequenzen, kaum an Bedeutung eingebüßt. Es wird um Bilder und Bildlichkeit gestritten, werden Chancen und Gefahren des zentralen Kommunikations- und Erkenntnismittels im 21. Jahrhundert vehement gegeneinander ausgespielt. Ja, es scheint sich der Einflussbereich des Bildlichen und damit der Bilddiskussion ständig zu erweitern, weitere Kreise zu ziehen. So glauben nicht nur die Kunst- und Kulturwissenschaften eine Vorstellung von Bildlichkeit zu besitzen, sondern in gleicher Weise die Naturwissenschaften, die Ingenieurwissenschaften, die Medizin usw. Sie alle besitzen eine Bildkonzeption für ihre Bildorientierung, sehen sich dabei aber zunehmend in der Pflicht, diese Bilder gemäß ihrer Ausrichtung nicht nur fortlaufend optimieren, sondern auch nachdrücklich legitimieren zu müssen.

Dabei stellt sich die Frage, ob das, was sich so auf den verschiedenen Feldern der menschlichen Produktivität bildlich artikuliert, mit dem, was man bislang als Bild oder Bildlichkeit abendländisch-neuzeitlicher Prägung zu verstehen vermeinte, überhaupt noch in Deckung bzw. Übereinstimmung zu bringen ist. Oder anders und konkret gefragt, kann jene, aus den klassischen Bildformen hervorgegangene Auffassung von Bildlichkeit für die Beschreibung und Bestimmung von Bildern ganz allgemein, vor allem aber der neuen und neuesten Medienbilder, überhaupt noch Gültigkeit beanspruchen? Solche und verwandte Fragen umkreisen in sehr unterschiedlicher Weise die in diesem Band versammelten Aufsätze. Sie sind aus den Beiträgen für das Kolloquium aus Anlass des sechzigsten Geburtstags von Gottfried Boehm, das am 25. und 26. 10. 2002 in der Fondation Beyeler in Riehen bei Basel stattgefunden hat, hervorgegangen. Ihr Anliegen ist zu klären, ob und gegebenenfalls wie das Konzept von Bildlichkeit in der aktuellen, transdisziplinären Diskussion, nämlich einerseits in den verschiedenen, mit dem Bild befassten Disziplinen und andererseits vor der Folie der historischen Bildauffassungen etwas grundsätzlicher zu fassen ist. Die unterschiedliche Art und Weise dieser Auseinandersetzung mit dem Konzept von

Bildlichkeit lässt sich gleichwohl strukturieren und dabei auf jene Grundaspekte beziehen, die als Untertitel für diesen Band in Anspruch genommen wurden und die die Logik der Bilder wesentlich mitbestimmen, nämlich: Präsenz, Repräsentation und Erkenntnis.

Mit Präsenz, Repräsentation und Erkenntnis im Kontext von Bildlichkeit sind aber auch Leitoptionen benannt, die Gottfried Boehm in seiner kunsthistorischen Arbeit nachdrücklich zur Geltung gebracht hat. Sie zielen auf eine reflektierende Auseinandersetzung mit Bildlichkeit, die sich in dieser phänotypischen Differenzierung ihrer Eigenart bewusst, d. h. in ihrem Konzept als stummer Logos darstellbar wird. Damit zielt Boehm auf eine grundlegende Erörterung der Bilderfrage, jenseits des rein Akademischen. Er sucht vielmehr die uralte kulturelle Institution des Bildes neu in den Blick zu nehmen und in diesem Zusammenhang das neu gesehene Bild auch neu aufzustellen. Konkret ging und geht es dabei um einen Perspektivenwechsel, genauer, um eine Umwertung der begrifflich organisierten, logozentrischen Wahrnehmung zugunsten einer auch bildlich organisierten, autonom ikonischen oder besser ikonozentrischen Wahrnehmung – und damit zugleich um eine alte, offen gebliebene Rechnung, was die Geltung der bildenden Kunst angeht. Diese wurde bzw. wird trotz ihrer (späten) Anerkennung als zu den artes liberales gehörend (in der Renaissance) und trotz der temporär herausgehobenen Stellung der Ästhetik als Fundamentalphilosophie (um 1800) gleichwohl als sprachlose und rein sinnlich verfasste immer schon auf einer niederen Stelle im Haushalt des Intellekts geführt. Entsprechend stand aus – um hier die Worte Aby Warburgs zu variieren – die Anerkennung der Menschenrechte des Auges, wurde die Anerkennung des Auges als Erkenntnisorgan und des Sehens als einer eigenen Form des Erkennens eingefordert.

Gottfried Boehm hat versucht, dieser Forderung Geltung zu verschaffen, indem er – z. B. in seiner „Hermeneutik des Bildes" – die philosophisch übliche Differenz und Rangfolge von Sehen und Sagen einstrich und der Philosophie ein Ver-Sehen bzw. Ver-Sagen vor dem Sehen vorwarf. Dagegen sprach er dem Bild (s)einen eigenen, „stummen Logos" zu, um dann von diesem in seiner Visualität autonomen Bild aus die Jahrhunderte alte Rechnung in Sachen Kunst zu begleichen. Dieses führte zu einer dann anschaulich geleiteten Unterscheidung von Bild und Wort bzw. der auch faktisch vorgenommenen Formulierung einer Alterität von Sehen und Sagen und dem Aufweis, dass Bilder gerade nicht begriffsförmig organisiert sind. Doch bleibt die Alterität von Bild und Wort keine endgültig fixierte. Es sind vielmehr Bezüge und Verbindungen ausgewiesen, die auch täglich in Anspruch genommen werden, wenn wir z. B. über Bildwerke sprechen, und zwar über jene vermittelnde Ebene der Metapher, über die die permanente An- und Abwesenheit einer Differenz und Konvergenz von Bild und Wort ermöglicht wird.

Der immer schon geübten, grundsätzlichen Auseinandersetzung mit dem Bild bzw. Bildlichen kommt in der augenblicklichen Situation um so größere Bedeutung zu, als mit dem Strom der neuen Bilder die Frage nach der Valenz von Bildlichkeit immer nachdrücklicher gestellt wird. Hier könnte die Boehmsche Rede von der „ikonischen Differenz" ihre Reichweite dokumentieren, belegt sie doch bindend, dass Bildwertiges nicht gleich jedem Bildlichen mitgegeben ist, sondern sich ausweisen, d. h. sich als etwas eigenes zur Geltung bringen muss. Mit dem „differenten", manchmal „starken" oder „eminenten" Bild ist zwar kein bestimmtes Bildformat oder Bildprinzip gemeint, auch nicht beispielhaft das einer vergangenen Epoche, wohl aber ein Bildbefund umschrieben, der sich solcherart erst in der sehenden Auseinandersetzung mit dem Bild herausstellen kann. Damit ist eine Auffassung konturiert, in der das Bild eben nicht „den Status des arglosen Etwas hat, das man auf Distanz halten kann", wie Merleau-Ponty ausführt, sondern das selbstwertig und selbsttätig ist. Um dessen Geltung wird man freilich streiten müssen, gibt es doch keinerlei ästhetische oder gar akademisch verbindliche Vorgaben für eine solche Auszeichnung. Und man wird dies gerade auch angesichts der zahlreichen Inanspruchnahmen von Bildlichkeit durch kunstferne Institutionen tun müssen, will man nicht von vornherein das differente Bild an die Geschichte verschenken oder die Bilder einer sich entgrenzenden, wie immer auch sonst zu bestimmenden Bildwissenschaft überlassen.

Dabei muss freilich berücksichtigt werden, dass die Frage nach dem Bild bzw. den Bildern in den unterschiedlichen Disziplinen unterschiedlich gewichtet und unterschiedlich präsent ist. Für diejenigen akademischen Disziplinen, die in traditioneller Weise von einer „Bildhoheit" ausgehen, d. h. das Bild als Werk begreifen, das Autonomie beanspruchen kann, stellt sie eine ganz besondere Herausforderung dar. So bedeutet die vielbeschriebene Wende zum Bild etwa für die Archäologie oder die Ethnologie, für die Literaturwissenschaften, aber insbesondere für die Kunstgeschichte nichts weniger als eine radikale Infragestellung ihrer disziplinären Orthodoxie, eine äußerste Zerreißprobe: Bleibt die Kunstgeschichte weiter bei „Werken", verfolgt sie weiterhin den traditionellen Kanon des Faches oder öffnet sie sich den anderen Bildern, wandelt sie ihr Profil? Die Entscheidung fällt nicht leicht, stehen doch die Konsequenzen unmittelbar vor Augen: Denn wenn das Fach bei seinem disziplinär sanktionierten Kanon bleibt, schneidet es sich von der künstlerischen Gegenwart ab und würde Lebendigkeit und Relevanz einbüßen. Würde es sich hingegen den neuen und anderen Bildern zuwenden, wäre das etablierte Instrumentarium des Faches schwerlich ausreichend, um den Gegenständen einer neuen und anderen Visualität gerecht zu werden. Die Kunstgeschichte wäre folglich aufgefordert, sich methodologisch neu zu orientieren, sie müsste sich ändern, eine andere, neue werden, womöglich als Teilgebiet einer dann dominierenden allgemeinen Bildwissenschaft. Doch lässt sich auch ein dritter Weg denken, auf dem beide Positionen zu verbinden wären: der Weg der Analyse von jener der gewohnten Werke zu jener der ungewohnten Bilder, um das Leistungspotential von Bildlichkeit zu fassen und so aus der historischen Identität von Werk und Bild ihre aktuelle Differenz bzw. ihren Widerspruch als Parallelphänomen zu legitimieren.

Damit ist ein Weg skizziert, den Gottfried Boehm seit längerem zu gehen sich bemüht. Lassen sich die wissenschaftlichen Interessen im Begriff einer Hermeneutik des Bildes bündeln, d. h. in Fragen nach der Struktur und Logik des Bildes als einem Werk, so ist damit der Ausgangspunkt genannt, von dem aus die Boehmsche Kunstgeschichte sich seit einiger Zeit auch den Bildern als Bildern zuwendet. Sie vollzieht damit den Schritt von der Gegenwart des Bildes zu einer Gegenwärtigkeit der Bilder mit Gewinn für beide Bereiche, den des Werks und den der Bilder. Denn erst in dem Maße, wie beide Bereiche im Horizont des jeweils anderen thematisch werden, vermögen sie wirklich Aufschluss zu geben über die Chancen und Gefahren der Bilderfrage bzw. des Bilderstreits, werden Fragen zur Gegenwart, zur Vergegenwärtigung und zur Erkenntnis von Bildlichem allererst adäquat gestellt und damit in einen Kontext gerückt, der in den nachfolgenden Aufsätzen in unterschiedlicher Weise zugleich bestätigt wie relativiert wird.

Die hier versammelten Beiträge nehmen diese Fragen unter dem Generaltitel einer Logik der Bilder auf. Dieser verlangt nach einer Differenzierung bzw. Fokussierung, ohne damit den Anspruch auf eine erschöpfende Behandlung der Fragen geben zu können. Aus dem implizit thematischen Gesamtpanorama einer Logik der Bilder sollen und können hier nur einige Akzentsetzungen vorgenommen werden. Leitfäden dieser Akzente sind Präsenz, Repräsentation und Erkenntnis. Anhand dieser Leitfäden sollen die einzelnen Beiträge im folgenden kurz positioniert und charakterisiert werden. Die Einordnung der Beiträge in einen der drei thematischen Akzente schließt natürlich ihre Relevanz für die anderen Bereiche nicht aus. Eine Logik der Ordnung hat hier eigene Bedingungen.

Dass Bilder eminente Präsenzphänomene sind, gehört mit zu den zentralen Einsichten wie Herausforderungen einer Logik der Bilder. Wodurch gewinnen sie diese Präsenz und welche Konsequenzen eines angemessenen Umgangs mit ihnen ergibt sich aus ihrer Präsenzstruktur? Diese Fragen eröffnen ein Feld zwischen Sehen und Zeigen, zwischen ästhetischer Erfahrung und ikonischer Differenz. Sie, die ikonische Differenz, kann dabei als Movens dieser Präsenzleistung angesehen werden, die in besonderer Weise einen anschaulichen Zugang zum Bild fordert. Diesen Dialog von Sehen und Zeigen umspielen und akzentuieren die Beiträge des ersten Teils in vielfältiger Weise. So entwirft Bernhard Waldenfels die bildliche Präsenz von einem leiblich gebundenen Sehen aus, d. h. er führt eine Phänomenologie des Leibes mit einer Phänomenologie des Bildes eng. Wie Verbildlichung und Verkörperung konvergieren macht Michael Lüthy in seinem Beitrag zu den späten Pastellen von Edgar Degas deutlich. Er zeigt, wie sich Degas in seine Bilder körperlich einschreibt, ihnen dadurch eine besondere Form von Gegenwärtigkeit verleiht. Gerhard Neumann wiederum geht dem – wie er es nennt – Theater der Bildwerdung in der Poetik Robert Musils nach. Er fragt im Blick auf den „Mann ohne Eigenschaften" nach dem Status des Bildes in seiner Ambivalenz zwischen Präsenz und Absenz, seiner Stabilität und seinem Zerbröckeln in der europäischen Moderne. Claus Volkenandt nimmt in seinem Beitrag die Fäden in anderer Weise auf, indem er nach einem genuinen Weltbezug der abstrakten Kunst fragt. Er fasst das Bild als ein Zeigegeschehen auf, in dem sich in der Moderne – diskutiert an Mondrian – das Verhältnis von Intentionalität und Reflexivität des Bildes grundlegend wandelt, nicht aber zerbricht. Diese Spannung von bildlichem Selbst- wie Weltbezug diskutiert ebenso, wenn auch unter gänzlich anderen Vorzeichen, Karlheinz Lüdeking in seinem Beitrag. Gegen die Transparenz-Unterstellung gegenüber der Fotografie kann er zeigen, welche medienspezifischen Möglichkeiten einer Selbstreflexion die Fotografie besitzt. In ihrem dominanten Weltbezug finden sich ebenso Momente eines genuinen Selbstbezuges.

Der Beitrag von Karlheinz Lüdeking stellt in seiner Fragestellung auch das geeignete Sprungbrett zur zweiten thematischen Akzentsetzung dar: d. h. zu Fragen der bildlichen Repräsentation. Im Blick auf eine Logik der Bilder meint dies Fragen nach den Möglichkeiten wie den Bedingungen von bildlicher Darstellung, und zwar in historischer wie systematischer Hinsicht. Sie bilden den Horizont für die zweite Schwerpunktsetzung. So geht Hans Belting in der Perspektive einer Bildanthropologie dem Verhältnis von Gesicht und Maske nach. Er verweist auf eine Medialisierung der Maske, durch die sich die Paradigmen bildlicher Darstellung etwa der frühen Kulturen, aber auch der gegenwärtigen Bildkultur entscheidend verändern. Aus ethnologischer Perspektive fragt Christian Kaufmann in seinem Beitrag über die Kunst Melanesiens nach dem Bildgehalt des Ornaments. Dabei bringt die geographische Verschiebung auch neue Momente der Bilddiskussion ins Spiel, die vor allem den Übersetzungsmodus von Bild und Wirklichkeit betreffen. Demgegenüber führt der nachfolgende Beitrag von Gerhard Kurz nicht nur nach Europa zurück, sondern aich in eines der Zentren europäischer Bildfragen, den reformatorischen Streit um die Bilder. In ihm steht auch Friedrich Hölderlin, dessen Bild-Verständnis Kurz in seinem Verhältnis zum Wort in einer geschichtstheologischen Perspektive ausleuchtet. Werner Busch wiederum kann aufzeigen, wie das zeitgenössische, bis heute auch so wahrgenommene Antipodentum von Turner und Constable präzise der Künstlertopik von klassisch und unklassisch in ihrer sich ausschließenden Gegenüberstellung gehorcht. Das Aufdecken dieser Argumentationstopik wiederum erlaubt Busch einen alternativen Blick auf die Bildverständnisse beider zu werfen. Sie formulieren sich durchaus oppositionell: in einer grundsätzlich gegenständlichen Bindung bei Turner, im Gegensatz zu einem strukturell orientierten Bildverständnis bei Constable, der für Busch an einer bildlichen Verhüllung der Gegenstände arbeitet. Was sich im Twist von Turner und Constable an bildgeschichtlich relevanten Veränderungen andeutet, gewinnt dann in der Krise der Repräsentation, der Moderne, sein volles Gewicht. Der Beitrag von Matthias Haldemann nimmt diese Krise in der Begegnung von Kandinsky und Monet in den Blick. Er kann zeigen, wie Kandinsky von Monet aus einen Blickwechsel vollzieht, der seine Bildwelt grundlegend anders orientiert: Es ist nicht mehr die stabile Welt der Oberflächenphysik, die Kandinsky im Auge hat, sondern die Dynamik der Kräfte, die die Welt entstehen und vergehen lassen. Weltbild und Bildwelt zeigen sich hier grundlegend verändert.

Die Thematisierung des Verhältnisses von Weltbild und Bildwelt führt schließlich auch zum dritten Schwerpunkt, unter den die Logik der Bilder hier gestellt ist: den der Erkenntnis. Bereits im Begriff „Weltbild" ist eine genuine Einsichtsmöglichkeit des Bildlichen angedeutet, auf die die Beiträge dieses dritten Teils ihre Aufmerksamkeit richten. Worin bestehen die Einsichten, die Bilder ermöglichen? Welche Erkenntnisse geben sie zu erkennen? Wie konstituiert sich diese Erkenntnis und wie weit reicht sie? Kurz: Das Leistungsvermögen der Bildlichkeit als eine eigene Form von Erkenntnis ist in diesem dritten Teil thematisch. Achatz von Müller beleuchtet dies in seinen Ausführungen zum Verhältnis von Kunst und Geschichte. So kann er plausibel machen, dass die Ruinenbilder Piranesis nicht nur als Visualisierung der Geschichtsphilosophie Vicos zu verstehen sind, sondern selbst geschichtsphilosophische Optionen visuell formulieren. Sie transformieren die Einsicht Vicos von der Geschichte als Produkt des menschlichen Geistes in eine Apotheose geschichtlichen Gestaltens. Horst Bredekamp dagegen schenkt seine Aufmerksamkeit einer Randzeichnung von Wilhelm Leibniz, wie diese immer wieder dessen Manuskripte begleiten. In diesem Fall zeigt sich die Darstellung eines Knotens, der für Bredekamp in seiner Faltung zu einem Bild der Philosophie von Leibniz gerät. Ja, in einem starken Sinn repräsentiert sie der Knoten visuell. Stefan Majetschak wiederum widmet sich in seinem Beitrag, ähnlich wie der den Band beschließende Text von Gabriele Brandstetter, einer der Hauptfiguren der Begründung einer genuinen bildlichen Erkenntnis: der Metapher. Majetschak führt dazu aus, dass visuelle Metaphern ihren besonderen Erkenntniswert nicht nur über ihre bildlich verfasste Simultaneität gewinnen, sondern in stärkerem Maße diesen aus dem Modus einer „Repräsentation-als" beziehen. Es ist die bildliche Verschränkung von „Was" und „Wie", die in der metaphorischen Übertragung kognitive Potentiale der Bilder entspringen lässt. Der Transformation, vielleicht auch dem Schicksal, der Topik als dem Repräsentationssystem einer Ordnung des Wissens geht Olaf Breidbach in seinem Beitrag nach. Er zeigt den Weg von einer Totalität der Bestimmbarkeit des Wissens (im Bild des Suchbaumes als eines räumlichen Ordnungszusammenhanges) zu einem Wissen des topischen Denkens um die Offenheit seiner Bestimmungsmöglichkeit. Der Totalität der Ordnung stellt er ihre Gesetztheit gegenüber, der statischen Ordnung des Wissens eine dynamische Ordnung. Diese ist noch bilderlos, aber gerade das Bemerken ihres Fehlens lässt den Schluss auf ihre Leistung zu. Was zum letzten Beitrag des Bandes überleiten könnte, dem von Gabriele Brandstetter. Zentral geht es ihr um Bildbau und Bildsturz im Textmotiv der Brücke bei Franz Kafka. Sie zeigt die paradoxe Struktur des Brückenmotivs als Metapher der Metapher auf. Kafka gibt in seinen Texten nicht nur Bilder, sondern er defiguriert die Bilder über das Bild. Man könnte auch sagen: Bildlich kritisiert es das Bild und zeigt darin die Bedingungen seiner, für Kafka: Un-Möglichkeit.

Der persönliche Ton, den Gabriele Brandstetter (nicht nur) am Ende ihres Beitrages anschlägt und der hier und da in den anderen Beiträgen ebenfalls hörbar wird, erinnert noch einmal an den Anlass, aus dem die hier versammelten Beiträge entstanden sind. Sie greifen ein Gespräch auf und setzen es fort, das sich mit Person und Kunstgeschichte Gottfried Boehms verbindet.

Präsenz

Bernhard Waldenfels

Verkörperung im Bild

Unsere Überlegungen stützen sich auf drei Leitsätze, die auf eine weite Form der Bildlichkeit abzielen. Eine weitgestreute Bildlichkeit gibt es längst, es fragt sich nur, auf welche Weise und in welchem Maße die einzelnen Bildarten phänomenal und konzeptuell voneinander abzugrenzen sind. Wir gehen aus von einer *originären* Bildlichkeit (1) in dem Sinne, daß die Bildlichkeit als solche nicht auf bildfreie Gegebenheiten und Kräfte zurückgeführt werden kann. Bilder wären demnach keine abgeschwächten oder sekundären Zutaten, die zur Erfahrung hinzutreten, sie wären konstitutiv für das, was uns begegnet. Sofern diese Bildlichkeit alles durchdringt, was jemand an den Dingen, an sich selbst und an Anderen erfährt, ist sie als *pervasive* Bildlichkeit (2) zu bezeichnen. Das Bildliche, das wir von eigenständigen Bildern auf ähnliche Weise unterscheiden, wie man der Politik das Politische oder der Technik das Technische entgegensetzen kann, ist nicht schlechthin alles. Sätze wie „Alles ist Sprache" oder neuerdings „Alles ist Bild" sollten uns wie alle derartigen Allsätze skeptisch stimmen. Solche Sätze setzen einen Ort voraus, von dem aus man über das Ganze spricht oder das Ganze überblickt, und dieser Ort ist eben kein Teil des behaupteten Ganzen, es sei denn, man richtet sich im Gesagten und Gesehenen ein und unterschlägt deren Genese. Die sogenannte „ikonische" oder „pikturale Wende" sollte also keiner Panikonik Vorschub leisten und die Welt in kein Panorama zu verwandeln suchen. Doch so fragwürdig ein Satz wie „Alles ist Bild" auch ist, die Sache ändert sich, wenn man ein „irgendwie" hinzufügt, so wie die Seele laut Aristoteles „irgendwie (πώς, *aliquomodo*)" alles ist. Nimmt man aber an, dass alles irgendwie bildlich ist, dann kommt es darauf an, den Modus, der das Teilganze der Bilderwelt konstituiert, so genau wie möglich zu bestimmen. Wird diese umfassende Aufgabe in Angriff genommen, so führt dies zu der weiteren Annahme einer *pluralen* Bildlichkeit (3). Diese umfasst sowohl kulturhistorische und kulturgeographische Variationen wie auch eine offene Mannigfaltigkeit von Bildtypen. Wenn der Mensch sich als „nicht festgestelltes Tier" erweist, so ist auch im Falle des *homo pictor* keine feste Bildausstattung zu erwarten, sondern eine „nicht festgestellte" Bildlichkeit, so dass der Titel einer „Bild-Anthropologie" nur bedingt tauglich ist.

Man braucht nur das deutsche Wort „Bild" durch fremdsprachige Ausdrücke wie εἰκων, εἰδωλον, φάντασμα?, *imago, pictura, species, tableau, quadro, image* oder *picture* zu ersetzen, um einer Vielfalt gewahr zu werden, die im Deutschen durch erläuternde Zusatzbestimmungen wettgemacht wird. So sprechen wir von Bildnissen, Gebilden, Vorstellungsbildern, Spiegelbildern, Bildzeichen, Bilderschriften; wir fügen Klangbilder hinzu und unterscheiden zwischen natürlichen und künstlichen Bildern, zwischen Alltagsbildern, Kultbildern und Kunstbildern, zwischen Wandbildern und Standbildern, zwischen Bildform, Bildgestalt und Bildmaterie, zwischen analogisch und digital erzeugten Bildprodukten, und im Hintergrund stehen Weltbilder, für die Heidegger ein vor- und herstellendes Denken verantwortlich macht. Dabei stoßen wir auf eine bunte Folge epistemischer, affektiver, semiotischer, medialer, sozialer, politischer, religiöser und ästhetischer Aspekte. Eine einheitliche und umfassende Bildwissenschaft, die all diese Aspekte in sich vereinen würde, nimmt sich als frommer Wunsch oder als theoretischer Gewaltakt aus; denn jede Generalisierung der Bildlichkeit hat mit einer Menge innerer und äußerer Abgrenzungen zu rechnen, die in recht verschiedene Richtungen verlaufen.

Daraus ist nun nicht zu schließen, dass die verschiedenen Bildvarianten nichts miteinander gemein haben und die Bezeichnung „Bild" eine pure Äquivokation darstellt. Es liegt doch auf der Hand, daß Höhlen- oder Vasenmalereien etwas mit dem Tafelbild, aber auch mit Foto- oder Fernsehbildern zu tun haben, und es ist ebenso offenkundig, dass in einem Standbild wie dem des Pygmalion Vorstellungs- und Wunschbilder sich mit den Qualitäten des geschaffenen Bildnisses amalgamieren. Doch eine Verallgemeinerung der Bildlichkeit ist nicht auf hierarchische, klassifikatorische oder axiologische Vereinheitlichungen angewiesen. Um einen Zusammenhang herzustellen, bedarf es keiner *vertikalen* Verallgemeinerung, die von unten nach oben ansteigt, es genügt eine *laterale* Verallgemeinerung, die sich seitwärts ausbreitet in Form einer Ausfächerung und Verzweigung der Bildlichkeit.[1] Diese Sichtweise entspricht der Familienähnlichkeit im Sinne von Wittgenstein, die in verschiedene Richtungen läuft und doch eine vielfältige Verwandtschaft entstehen lässt. Der offene Bedeutungszusammenhang, der sich auf diese Weise herausbildet, findet seine Stütze in einem Erfahrungsgeflecht, in dem verschiedene Bildfäden sich überkreuzen und an bestimmten Stellen verknoten. So entsteht zwar keine Bilderpyramide, wohl aber eine weitläufige und vielfarbige Bildersphäre. In der Erkundung dieser Sphäre haben unsere Leitsätze sich zu bewähren.

Der folgende Versuch beschränkt sich auf die Engführung einer Phänomenologie des Leibes mit einer Phänomenologie des Bildes. Die Rede von einer Verkörperung im Bild soll darauf hindeuten, dass es nicht nur Körperbilder und Körperschemata gibt, sondern dass auch der Bildkörper seinen Namen keiner bloß nachträglichen Metaphorik verdankt. Verbildlichung hätte dann etwas mit Verkörperung, Bildwerdung etwas mit Leibwerdung zu tun.[2] Die Orientierung an den Grundlinien einer Phänomenologie der Leiblichkeit, die ich an anderer Stelle ausführlich entwickelt habe[3], könnte dazu verhelfen, einige Schneisen in das Bilderdickicht zu schlagen. Dabei werden drei Aspekte in den Vordergrund treten, der mediale, der szenische und der pathische Charakter einer leiblich verankerten Bilderfahrung.[4]

Im Medium der Bilder

Wenn ich mit dem medialen Charakter des Bildes beginne, so denke ich nicht daran, die Bilder geradewegs den neu entstandenen Medientheorien zuzuschlagen und sie von deren Prestige profitieren zu lassen. Ein bloßer Disziplinenwechsel läuft zumeist darauf hinaus, dass die Schwierigkeiten an anderer Stelle wiederkehren. Vielmehr geht es mir um den Nachweis, daß Bilder einer genuinen Zwischensphäre angehören, die nicht nur, aber auch bildliche Momente enthält. Dies würde besagen: *Geradezu sehen wir keine Bilder, sondern wir sehen, was wir sehen, im Medium von Bildern.*[5] Fügen wir die vielfach erörterte Annahme hinzu, dass Sehen bedeutet, *etwas als etwas sehen*, so rückt das Bild in eins mit Zeichen, Buchstaben, Diagrammen und Karten, aber auch mit sozialen Vorbildern und Amtsinsignien, mit Werkzeugen und Automaten in eine Skala von Zwischeninstanzen, die das besagte Als auf vielfältige Weise spezifizieren. Optiken, Praktiken und Techniken sind zu verstehen als Sicht-, Handlungs- und Herstellungsweisen. Sie tragen zu der Art und Weise bei, wie etwas oder jemand in der Erfahrung auftritt. Wenn es ein „Zement der Erfahrung" gibt, so gehören die Bilder dazu.

Der Ausdruck „Medium" gibt allerdings zu Mißverständnissen Anlass. Er weist einerseits zurück auf das griechische μέσον, auf ein vermittelndes *Mittleres*, wie etwa in der aristotelischen Schluss- und Tugendlehre. Andererseits steht er für ein eigentümliches *Zwischen*, ein μεταξύ, wie schon das Licht in der platonischen Ideenlehre und die Medien der Sinne in der aristotelischen Seelenlehre. Das Medium wird schließlich auch als ein *Drittes* angesetzt, so das Licht, das sich bei Platon als ein τρίτον γένος zwischen sehendes Auge und Gesehenes schiebt (*Politeia* 507 e). Dabei entsteht von Anfang an die Neigung, die dreigliedrige Beziehung in eine zweigliedrige zu verwandeln. Man ontologisiert das Bild, indem man es als sekundäre Realität ansieht, so wie man Werkzeuge pragmatisiert, indem man sie als Träger sekundärer Zwecke behandelt.[6] So wird aus dem Bild, das etwas vermittelt, ein Mittelding, das allerdings weniger seinsmächtig ist als die gewöhnlichen Dinge, ganz zu schweigen von den Urbildern, an denen jene partizipieren. Scholastisch gesprochen wird aus dem *medium (in) quo* ein *medium quod*. In der Neuzeit, in der die kosmische Seins- und Zielhierarchie sich abflacht und die Natur den Gesetzen einer letztlich physikalisch zu bestimmenden Realität unterworfen wird, zerfällt das Reich der Bilder in äußere Bilder, die sich auf eine physische Außenwelt, und innere Bilder, die sich auf eine psychische Innenwelt beziehen. Dem entsprechen zwei Sorten von Bildnissen, solche, die sich zu Bilddingen materialisieren, und solche, die aus einem feineren mentalen Stoff gewirkt sind und durch Bahnung und Speicherung eine paraphysische Realität gewinnen.[7]

Wenn nun in der jüngsten Gegenwart zwei Untergangsparolen gleichzeitig ausgegeben werden, nämlich die vom Tod des Subjekts und jene vom Schwinden des Referenten, so deutet sich eine höchst fragwürdige Alternative an. Sie läuft darauf hinaus, dass die medial und technisch verfasste Zwischensphäre hypostasiert oder besser hypodynamisiert wird. In der Sprache der Selbstorganisation würde dies besagen: Das Bildgeschehen besteht zuvörderst darin, dass *sich etwas bildet und umbildet*, und dies angesichts einer chaotischen Bilderflut, die das sich selbst organisierende System zu überschwemmen droht. Die „Plastizität", die Bildsamkeit also (vgl. griechisch πλάττειν und πλάσμα), wird zu einer Systemeigenschaft, so wie die aus Bronze oder Marmor gefertigte „Plastik" in dem gleichnamigen Kunststoff einen geschmeidigeren Konkurrenten bekommt. Die Technisierung der Bildungsprozesse spiegelt sich hier deutlich in der Sprache wider. Nun muss die Annahme eines Bildens ohne bilderzeugendes Subjekt und ohne bildfreies Substrat nicht notwendig bei Prozessen enden, an denen niemand mehr beteiligt ist. Sie verträgt sich sehr wohl mit einem „es denkt" oder „es nimmt wahr", an dem der Denkende oder Wahrnehmende beteiligt ist, nur eben nicht als Erzeuger, Lenker oder Autor. Ohne jemanden, dem etwas einfällt oder auffällt, würde man zu einem reinen Beobachterstandpunkt überwechseln, der nur noch registrierbare Prozesse kennt und das alte Subjekt in eine epistemologische Instanz hinüberrettet. Die Grundtatsache, dass etwas *jemandem* so oder so erscheint, lässt sich nicht ausschalten, ohne dass man das Bildphänomen selbst opfert. Darin, dass es auf der Ebene bloßer Dinge, Zustände oder Vorgänge schlechterdings keine Bilder gibt, ist den Verfechtern eines konstituierenden Bildbewusstseins recht zu geben. Doch schauen wir genauer hin.

Wenn es zutrifft, dass bildliche Momente auf irreduzible Weise all unsere Erfahrungen durchdringen, so müssen sie bereits auf der Ebene der Wahrnehmung aufweisbar sein. Dies besagt nicht, dass wir Bilder wahrnehmen, wenn wir etwas wahrnehmen, wohl aber besagt es, dass wir immerzu „in Bildern" wahrnehmen, was wir wahrnehmen, und dies eben nicht nur dann, wenn die Bildfunktion ausgelagert und selbständigen Bildträgern anvertraut wird. Nehmen wir die perspektivische Brechung und Modulierung der Wahrnehmung, bei deren Entdeckung die bildenden Künste der Philosophie um einiges voraus waren. Hier stoßen wir auf *Ansichten* oder *Aspekte*, in denen etwas sich aus einem bestimmten Blickwinkel, im Zentrum oder an der Peripherie des Blickfeldes, in deutlichen oder verschwommenen Umrissen, aus der Nähe oder aus der Ferne darbietet. Nun gehören Seitenansicht oder Nahperspektive ganz und gar der medialen Zwischensphäre an; denn sie lassen sich weder als dingliche Merkmale noch als mentale Zustände fassen, sondern nur als Zusammenspiel dessen, was erscheint, mit dem, dem es hier und jetzt erscheint. Die technische Umsetzung und Verfeinerung dieser Sehbedingungen, wie sie durch Stereoskope, Fotoaufnahmen, Videogeräte und digitale Bildmedien zustande gebracht wird, wirft gewaltige Probleme auf, die hier nicht zu erörtern sind. Entscheidend scheint mir, dass die leiblichen Sehbedingungen dadurch nicht einfach ersetzt, sondern bei aller technischen Versatilität vorausgesetzt werden. Nur als eine Form der Verkörperung des Sehens gehören die Sehtechniken jener Zwischensphäre an, von der wir ausgegangen sind.[8] Doch die Beschreibung des perspektivischen Sehens macht hier nicht halt. Jede aktuelle Ansicht verweist auf *weitere Ansichten* derselben Sache, mit denen sie sich zu einer Gestalt vereint. Andernfalls würden wir nicht etwas wahrnehmen, wir hätten es nicht mit Erfahrungsausschnitten zu tun wie selbst noch im Falle der filmischen Schnitttechnik, sondern mit kaleidoskopisch wechselnden Erfahrungssplittern. Der eigentümliche Sachverhalt, der sich an dieser Stelle aufdrängt, lässt sich nur in einer paradoxen Sprache wiedergeben: *Ich sehe auch, was ich nicht aktuell sehe*, sonst sähe ich überhaupt nichts, was Bestand hat und sich als solches erfassen lässt. Ähnlich höre ich auch, was ich nicht aktuell höre, sonst würde ich nur Einzeltöne hören und keine melodische Klangfolge. Doch dann fragt sich, wie dieses kontextuell gebundene „Unsichtliche" (Hua I, 85) sich von dem vielen Nichtgesehenen unterscheidet, das nichts oder nur wenig mit dem jeweils Gesehenen zu tun hat. Husserl begegnet dieser Schwierigkeit, indem er den abrupten Gegensatz zwischen Sehen und Nichtsehen abmildert durch ein Mitsehen und durch die Mitwirkung von Wahrnehmungshorizonten, an denen die Wahrnehmung an ihre eigenen Grenzen stößt und somit auch über sie hinausgeht. Doch dann stellt sich die weitere Frage, wie Gesehenes mit Nichtgesehenem zusammenhängt. In Anbetracht dessen, dass Gegebenes mit Nichtgegebenem aufgrund von Ähnlichkeit und Kontrast verknüpft ist und diese Assoziationen über das aktuell Gegebene hinausgreifen, kann man feststellen: Das Nichtgesehene ist als potentiell Gesehenes im aktuell Gesehenen auf bestimmt-unbestimmte Weise „vorgezeichnet", wie Husserl im gleichen Zusammenhang formuliert, und gleichzeitig wird, so können wir hinzufügen, im Gesehenen Nichtgesehenes bis zu einem gewissen Grade „nachgezeichnet". Ähnlich kann man von *Vor-* und *Nachbildern*, von *Vor-* und *Rückverweisen* sprechen, indem man sich verwandter Sprechweisen bedient. Hierbei haben wir es noch nicht mit separaten Bildern zu tun, die zur Erfahrung hinzutreten wie Mustervorlagen oder Kartenpläne, deren wir uns bedienen, vielmehr erweist sich das Ding von Anfang an als *Bild seiner selbst* oder, allgemeiner gesprochen, als *Zeichen seiner selbst*, als *index sui*. Legen wir die alte Formel *aliquid stat pro aliquo* zugrunde, wie es noch Karl Bühler in seiner Zeichenlehre tut, so müssten wir zurückgehen bis auf eine originäre Stellvertretung, die darin besteht, dass alles, was in der Erfahrung *als etwas auftritt*, sich stets auch *vertritt*. Mit dem „etwas als etwas" öffnet sich ein Spalt, dem eine genuine Bild- und Zeichenhaftigkeit der Dinge entspringt.[9] Nur ein unvermitteltes „Es ist, was es ist" (*ipsum esse*) oder „Ich bin, der ich bin" (*sum qui sum*) würde diesen Spalt schließen, doch diese Möglichkeit, von der weiter unten die Rede sein wird, lässt sich nur fassen als Gestalt- und Namenlosigkeit, also als Rückzug aus der Bilder- und Zeichensphäre.

Von hier aus scheint es ein gehöriger Sprung bis hin zu Bildnissen, die sich von der Wahrnehmungssituation ablösen, so etwa das Foto, das jemanden unwiderruflich in Frontalansicht wiedergibt, oder eine Gemäldeserie wie die von Monet, in der Kathedrale oder Heuhaufen auf eine bestimmte Beleuchtungslage festgelegt sind und Tages- oder Jahreszeiten gleichsam bildfest gemacht werden. Doch handelt es sich hierbei wirklich um einen ontologischen Sprung, der reales Sein von imaginär erzeugtem Nichtsein trennt, wie Sartre und seine Anhänger meinen? Ziehen wir in Betracht, dass perspektivische Ansichten von einem bestimmten Standort und von wechselnden Gesichtspunkten abhängen, die der Wahrnehmende einnimmt und durch die er sich selbst als Wahrnehmender bestimmt, so haben wir Grund, von einer Verkörperung jener Bildlichkeit zu sprechen, die wir in der Wahrnehmung selbst entdeckt haben. Dem Wie der dinglichen Gegebenheits- und Sichtweisen entspricht nämlich ein Wie bestimmter Körpereinstellungen und Körperhaltungen. Die Rückseite eines Dinges mitsehen heißt, etwas nicht nur so sehen, wie es aussieht, wenn ich hier bin, sondern es zugleich so sehen, wie es aussehen würde, wenn ich dort wäre. Husserl bezeichnet diesen Sachverhalt als kinästhetische Motivation der Wahrnehmung. Darin liegt mehr als die bloße Ausdehnung der Reichweite leiblichen Verhaltens, wie sie in der Charakterisierung des Werkzeugs als „Verlängerung des Leibes" oder in der Prothesenkonzeption der Technik zum Ausdruck kommt. Wahrnehmungsdinge partizipieren an der Seinsweise eines leibkörperlichen Wesens, das zugleich sehend und sichtbar ist, ohne dass Sehender und Gesehenes je zur völligen Deckung kommen. Ein solches Wesen unterliegt in all seinen Vollzügen einer Selbstspaltung. Im Selbstbildnis, das im Spiegelbild seinen spektakulären Auftritt hat, verwirklicht sich der Selbstbezug auf visuellem Wege. Doch dies geschieht auf evasive Weise in Form eines Selbstentzugs, der dem Selbstbild Züge eines Fremdbildes aufprägt. Diese Fremdheit gehört zur materiellen Körperlichkeit des fungierenden Leibes, der in seinem Fungieren nicht aufgeht, sondern eine eigene körperliche Schwungkraft und Schwerkraft entwickelt. Dementsprechend weitet sich die Leibsphäre aus in der Weise, dass auch die Dinge nicht nur gesehen, sondern zugleich mitsehend sind infolge ihrer Partizipation am Prozess des Sichtbarwerdens. Die vorige Feststellung: Wir sehen keine Bilder, sondern wir sehen etwas im Medium von Bildern, ließe sich ergänzen durch die Feststellung: Wir sehen keine bloßen Dinge, sondern wir sehen die Dinge in ihrer eigenen leibhaften Bildlichkeit. Dinge ähneln anderen Dingen und verweisen auf sie, indem sie sich zugleich selbst ähnlich sehen und auf sich verweisen. Das Vexierspiel von Bild und Ding, von Realität und Fiktion gehört zur Wahrnehmung, weil sie niemals reine Wahrnehmung oder reines Wahrnehmungsbewusstsein ist, sondern ein leibhafter Prozess, der uns in ein bildliches Vor- und Nachspiel verwickelt. Noch das künstlerische Spiel mit den Extremen von Bild-Dingen und Ding-Bildern kreist um eine ikonische Differenz, die schon in der Wahrnehmung am Werk ist.[10] „Das Imaginäre haust in der Welt", wie es bei Merleau-Ponty (1984, S. 69) heißt, es entstammt nicht einer frei entworfenen Gegenwelt.

Man könnte nun einen Schritt weiter gehen und ebenso alltägliche Situationen ins Auge fassen, wo wir die Dinge nicht wahrnehmend vor Augen haben, sondern auf Vermittlungsinstanzen angewiesen sind. Wir stoßen hier auf so etwas wie *Erinnerungs-* und *Erwartungsbilder*, die für Nichtvorhandenes einstehen. Also scheint es doch innere, mentale Bilder zu geben, die ihre Stütze in der Bildlichkeit der Dinge eingebüßt oder noch nicht gefunden haben. Einige wenige Bemerkungen mögen genügen, um von hier aus einen Bezug zu den weitläufigen Problemen der Zeiterfahrung herzustellen.[11] Bildliche Vorstellungen, die sich auf Vergangenes und Zukünftiges beziehen, wären nur dann von allen dinglichen Bezügen abgelöst, wenn Vergangenes – gemäß der alten augustinischen Annahme – aus nicht mehr Gegenwärtigem und Zukünftiges aus noch nicht Gegenwärtigem bestünde. Anders steht es, wenn den Dingen eine Geschichte innewohnt und ihnen eine Vor- und Nachgeschichte eignet, gestützt auf die Geschichte unseres Leibes, der sich unaufhörlich selbst vorausgeht und über sich selbst hinausgeht. Die Wiederholbarkeit sinnlicher Gestalten und leiblicher Vollzüge steht für einen Prozess, in dem etwas nicht durch ein anderes verdoppelt wird, sondern sich von sich selbst ablöst und eben dadurch als es selbst herausbildet. In diesem Sinne fallen Wahrnehmung und Gestaltbildung zusammen. Die Selbstverschiebung der Erfahrung hat zur Folge, dass auch die Dinge immerzu an sich selbst erinnern und aus sich selbst heraus etwas erwarten lassen. Erinnerungs- und Erwartungsbilder wären dann genau die Art und Weise, wie Vergangenes und Zukünftiges sich in der Gegenwart bekundet, ohne auf Gegenwärtiges zurückgeführt werden zu können. Der Leib nimmt die Form eines lebendigen Mahn- und Denkmals an, bevor Monumente errichtet und Archive angelegt werden. Selbst Augustinus, der die *memoria* mit inneren Schatz- und Speicherkammern gleichsetzt, gibt zu, dass der Geist zu eng ist, um sich selbst zu umfassen; doch damit rührt er an die Eigenheit eines leiblichen Wesens, das seinen eigenen Bildern ausgeliefert ist und nicht bloß in rekursiven Schleifen auf sich selbst zurückkommt.

Es bleibt schließlich die Einbildungskraft, die sich in ihrer Produktivität der Bindung an die Dinge zu entledigen und reine Urbilder hervorzubringen scheint. Doch auch dieser Schein trügt. Wenn wir annehmen dürfen, dass die Ansicht der Dinge weder in den Dingen selbst, noch in einer inneren Ausstattung des Geistes, noch in evolutionären Selektionsvorteilen der menschlichen Spezies[12] ihre zureichenden Gründe findet, dann ist das Imaginäre in der Erfahrung selbst am Werk. Das radikal Imaginäre, das Cornelius Castoriadis mit solchem Verve in den Vordergrund rückt, wäre dann zu begreifen als eine Entstehung von Schlüsselbildern, die in der Erschließung neuer Erfahrungsräume den Rahmen der normalen Erfahrung sprengen, ihn aber deshalb auch voraussetzen. Mögliche Welten entstehen durch Verdichtungen und Verschiebungen der Erfahrung, durch Verformungen der wirklichen Welt. Der Grad an Verformungskraft entscheidet darüber, ob etwas imaginiert, also ins Bild gebracht, oder bloß phantasiert, also von Bildern umspielt wird. Das Spiel der Einbildungskraft behält etwas Zweideutiges; sie ist nicht dagegen gefeit, bloße Bildgespinste in die Welt zu setzen.

Inszenierung von Bildern

Bisher haben wir den medialen Charakter der Bilder hervorgehoben, das Fungieren der Bilder, das sich bis in die Wahrnehmung der Dinge zurückzuverfolgen lässt. Demnach gäbe es weder völlig unbildliche Dinge noch völlig undingliche Bilder. Der landläufige Gegensatz von äußeren Bildern, die auf reale Bildträger angewiesen sind, und inneren Bildern, die aus dingfreien Vorstellungen entstehen, wird hinfällig, wenn Bilder sich als Bilder verkörpern und wenn umgekehrt Bildkörper ihr eigenes Außen haben, ebenso wie unser eigener Leib Züge eines Fremdkörpers aufweist. So wie ich mein Leib *bin* und ihn zugleich als Körper *habe*, so sehen wir Bilder, die wir zugleich als Bildkörper vor Augen haben. Dies beginnt mit den Seiten- und Außenansichten, in denen die Dinge sich darstellen, bevor wir dem Ding selbst eine Vorderseite oder eine Oberfläche zuschreiben. Trotz allem stehen der genuinen Bildlichkeit der Dinge Bilder gegenüber, die als selbständige Bilder existieren. Die Bildgestalt wird ausgelagert, ähnlich wie die Wirkkraft des eigenen Leibes sich in Werkzeugen verselbständigt. Hierbei stoßen wir auf eine zweite Schnittlinie, die nicht mehr das Verhältnis von Bild und Ding betrifft, sondern das Verhältnis von Bildgeschehen und Bildwerk. Wie verhält sich das Bild, das sich ereignet, zu den Gebilden, die daraus hervorgehen und das Bildereignis überdauern? Wir werden uns dieser Frage auf einem Seitenweg nähern, indem wir die Möglichkeit ins Auge fassen, dass die gängige Unterscheidung von Mündlichkeit und Schriftlichkeit in der Bildersphäre ein Pendant findet.

Die Orientierung am Sprachgeschehen bietet einen besonderen Vorteil. Sie befreit uns von der Vorstellung eines einsamen Machers, eines Demiurgen, der von alters her teils mit schlichten handwerklichen Fertigkeiten, teils mit göttlichen Fähigkeiten ausgestattet wird. Rücken wir das Bildgeschehen in einen kommunikativen Rahmen, so wird das Bild, wenngleich mit zeitlicher Verschiebung, sowohl vom Standpunkt des Produzenten wie von dem des Rezipienten aus zugänglich. Fasst man Bilder speziell als ikonische Dokumente, so könnte man sie mit Husserl als „virtuell gewordene Mitteilung" ansehen (vgl. Hua VI, 371). Sie fänden ihren Ort im Tal des Vergessens, das die primäre Erzeugung vom sekundären Nachvollzug, die Urstiftung von ihren Nachstiftungen trennt. Doch worin bestünde in diesem Falle die aktuelle Mitteilung? Gibt es vielleicht so etwas wie eine Handlichkeit, die der Mündlichkeit entspricht? Hierbei kommt alles darauf an, wie man das Verhältnis von Mündlichkeit und Schriftlichkeit versteht. Im Gegensatz zu dem allzu naheliegenden Versuch, den beiden Kommunikationsformen eine „Sprache der Nähe" und eine „Sprache der Ferne" zuzuordnen, scheint es mir angemessener, strikt von der Verkörperung der Sprache auszugehen und die Körpersprache als eine „Sprache der Ferne in der Nähe" zu begreifen; die Körpersprache trüge somit von vornherein Züge einer „Körperschrift" an sich.[13] Diese Überlegungen, die das kommunikative Gleichgewicht von Sender und Empfänger und damit auch das von Bildproduzenten und Bildrezipienten aus der Ruhe bringen, möchte ich hier fortführen.

Wenn es eine Brücke gibt zwischen sprachlicher und bildlicher Präsentation, so finden wir diese in einem sprachlichen Zeigen, das sichtbar macht, indem der Zeigende „seinen Körper [...] zeigend einsetzt" (Bühler 1982, S. 129). Auch der Bildkünstler macht sichtbar, aber eben nicht mit Worten und Sprachgebärden, sondern mit Formen, Farben und Malgebärden. Doch in welchem Maße *macht* er tatsächlich sichtbar? Kommt es in der leiblichen Geste zu einem zielgerichteten und regelgerechten Herstellen von etwas, das in der umgekehrten Sinnentnahme und Sinnfortsetzung seinen Zweck erfüllt? Wäre es so, dann würde der Bildner *mittels von Bildern*, aber nicht *in Bildern* sichtbar machen. Der leibliche Aspekt des Zeigens bliebe damit unterbestimmt; denn ähnlich wie das Sagen das Gesagte übersteigt und doch in ihm mit ausgesagt wird, so übersteigt das Zeigen das Gezeigte und wird doch in ihm mit angezeigt. Auge und Hand sind keine bloßen Organe des Malens und Zeichnens, sondern leibliche Embleme. Der irreduzible Charakter des Bildens besteht darin, dass

Bildner und Gebilde verändert aus dem Prozess des Bildens hervorgehen, sofern nicht Routine und Repetition den Ton angeben. Im kreativen Bilden gibt es nicht vorweg jemanden, der etwas für jemanden sichtbar macht, wie es das Schema der Alltagskommunikation nahelegt, vielmehr gilt: *Etwas wird für jemanden sichtbar*, und ein solcher Jemand ist auch der Künstler selbst, der sich selbst überrascht und andere an dieser Überraschung teilnehmen lässt. Das Ereignis des Sichtbarwerdens hinterlässt seine Spuren im Bildwerk, und aufgrund solcher Bildspuren ist das Bild mehr als ein Werk, das produziert und rezipiert wird. Bildereignisse lassen sich nicht rezipieren wie eine Gestalt, die es zu deuten oder zu nutzen gilt, sie wirken nach oder verblassen.[14]

Dies führt zu einer *Inszenierung* von Bildern, die jeder Werkfixierung zuwiderläuft. Aus der Perspektive der Leiblichkeit betrachtet bedeutet Inszenieren etwas anderes als eine Abfolge von Akten des Vor- und Herstellens. In der Inszenierung werden Bewegungen initiiert, Rhythmen eingeübt, Kräfte mobilisiert, Wege gebahnt, Plätze vergeben und nicht bloß geeignete Mittel auf ein Ziel hin eingesetzt. Gleich der „gestaltenden Melodie", die sich selbst spielt und sich spielend erfindend (Uexküll 1973, S. 118), hat das gestaltende Bilden etwas von einem Schaustück, das sich selbst aufführt. Dazu gehört eine *Bühne* als Ort des Sichtbar- und Bildwerdens. Die Bildszene beschränkt sich nicht auf einen Bildrahmen, der die Bildfläche von der Wandfläche bzw. von ihrem realen Umfeld abhebt.[15] In ihr verkörpert sich das leibliche Hier und Jetzt, das den „Nullpunkt" der leiblichen Orientierung darstellt (vgl. Hua IV, 158), obwohl es doch mittels Datierung und Lokalisierung selbst in die Ordnung eintritt, die es mit konstituiert. Der durch Orts-, Zeit- und Individualangaben markierten „Origo" des sprachlichen Zeigfeldes, die Karl Bühler in seiner Sprachtheorie so eindringlich hervorhebt, entspricht ein Ort des Bildens, nicht bloß ein Ort der Gebilde. Da dieser Ort als ortsbildender Ort nicht in einem vorhandenen Kartennetz verzeichnet ist, hat er etwas von einem Nicht-Ort. Versteht man unter dem Ort einen lokalisierbaren Platz in der Welt, so ist das Hier in striktem Sinne nirgendwo. Es gibt dann nicht nur einen Nullpunkt der Literatur im Sinne von Roland Barthes, es gibt auch einen Nullpunkt der Malerei. Aus ihm entspringt auch das Mitspielen des Kunstbetrachters, das dort, wo es den konventionellen Blick durchbricht, als ein einstimmendes Mitmachen zu verstehen ist, das über das bloße Nachmachen und auch über das bloße Zuschauen hinausgeht. Der erwähnte Nullpunkt ist das, wovon eine Bildpräsentation ausgeht, er lässt sich selbst nicht präsentieren, sondern nur indirekt repräsentieren. Alle Bildanalysen und Bildkommentare versinken in pure Gelehrsamkeit oder Didaktik, wenn der Nicht-Ort des Bildes in einen Gemeinort verwandelt und das Bildgeschehen durch Bildungserlebnisse ersetzt wird.

Doch der Vergleich zwischen Mündlichkeit und Schriftlichkeit gibt noch einiges mehr zu bedenken. Wenn wir eine Inszenierung von Bildern in Betracht ziehen, so verändert sich nicht nur die landläufige Vorstellung, die wir mit dem sprachinternen Gegensatz von Wort und Schrift verbinden, der Gegensatz selbst weicht einem Chiasmus aus aktuellen und virtuellen Momenten, und auch der Bewertungsstreit verliert an Schärfe. Ziehen wir die Musik zum Vergleich heran, so stellt sich die Frage: Welche Art von Musik verdient den Vorzug, jene, die sich in lesbaren Partituren niederschlägt, oder jene, die wie der Jazz improvisatorisch verfährt und sich mit der Markierung von Einsätzen und rhythmischen Vorgaben begnügt?[16] Es genügt darauf hinzuweisen, dass Partituren immer nur mehr oder weniger ausgeschrieben sind und auf Aufführungspraktiken angewiesen bleiben und dass umgekehrt eine improvisatorische Musik partiturähnliche Momente aufweist, die in mancherlei Hinsicht mit den mnemotechnischen Merkzeichen homerischer Gesänge zu vergleichen sind.

Bekanntlich gewähren inzwischen auch die bildenden Künste dem Ereignischarakter größeren Raum. Dazu gehören nicht nur spezielle Formen der Aktionskunst, des Body Art oder des Fluxus, die in ihrer hybriden Mischung aus Ritual, Mobilisierung und Darbietung allerdings einem starken Abnutzungseffekt unterliegen; dazu gehört auch die Videokunst, die sich mit ihrer rasch wechselnden Bilderfolge musikalischen Klängen und Rhythmen annähert. Zu erwähnen sind auch Bildinstallationen und Bildobjekte, die einen Bildraum schaffen, den man betritt, im Gegensatz zu einer Wandfläche, vor der man steht. Ferner gilt es zu beachten, dass es bereits eine Bildbetätigung und Bilderzeugung im Vor- und Umfeld künstlerischer Aktivitäten gibt. Anders als bei den verschiedenen Arten von Werkkunst geht es bei kindlichen Sandkastenspielen nicht um die Anfertigung dauerhafter Gebilde, doch tut dies der am eigenen Leib erlebten Bildlust keinen Abbruch. Bild- wie auch Musiktherapien setzen Gestaltungsimpulse frei, durch die Verkrampfungen und Fixierungen gelockert werden oder latente Spannungen ihren Ausdruck finden. Feuerwerke entfalten ein Farb- und Lichtspektakel, das allerdings, wie es bei der Bildwerdung nicht selten geschieht, ins Gefährliche und Zerstörerische hinüberspielt, so in Turners malerischer Präsentation des brennenden Londoner Parlamentsgebäudes. Doch die Inszenierungskünste bleiben nicht auf künstlerische Sonderexperimente und außerkünstlerische Szenarien beschränkt. Schon im gewöhnlichen Pinselstrich des Malers, nicht erst im Flecken erzeugenden Klecksen oder im Farbgetröpfel eines Pollock, tritt ein rhythmisch-kinetischer Überschuß zutage, ein Bilden nämlich, das seine nie völlig in eine persönliche Handschrift zu verwandelnden Spuren im Gebilde hinterlässt. In der fernöstlichen Kalligraphie feiert die verhaltene Mobilität der Hand ihre eigenen Triumphe, indem sie den Pinsel nicht nur führt, sondern sich ihm überlässt. All dies widersetzt sich einer allzu einseitigen Bildauffassung, die das zeitüberdauernde *aere perennius* oder aber den subjektiven Ausdruck über alles stellt. Inzwischen hat dies dazu geführt, dass auch traditionelle Tafelbilder in Bewegung geraten. Ein Rahmen, der – wie im Falle sozialer Organisationsweisen – stets auf einen Prozess der Rahmung zurückgeht, löst sich aus seiner Starre.

Schließlich hat auch das, was man als Re-oralisierung bezeichnet, seine ikonischen Aspekte. Die alltägliche Aufführung von Tagesereignissen in der Tagesschau und ihre unentwegte Kommentierung in Talkshows, aber auch die gesteigerte Visualisierung von Arbeitsvorgängen und Spielzügen lässt Demokrits Behauptung, die Luft sei „voll von Bildern", in einem neuen Licht erscheinen. Inszenierung und Performanz, die nicht umsonst auch theoretisch *à la mode* sind, gewinnen eine Alltäglichkeit, die sie in der traditionellen Buch- und Museumskultur nicht besaßen; hier blieben sie weitgehend auf institutionelle Veranstaltungen wie Gerichtsverhandlung, Gottesdienst oder Begräbnis sowie auf volkstümliche Festlichkeiten oder Zirkusakrobatik beschränkt. Das, was wir als Bildereignis dem Bildwerk gegenübergestellt haben, verliert allerdings seinen außergewöhnlichen und fremdartigen Charakter, wenn es sich unter bloße Events einreiht, die zum mehr oder weniger normalen Reizbeschaffungsprogramm gehören. Dies führt uns über den Bereich der Medien und Szenerien hinaus und stellt uns vor die Frage nach der Wirkkraft der Bilder, die wie nahezu alles Bildhafte etwas Zwielichtiges hat.

Im Bannkreis der Bilder

Bilder würden nicht jenen originären und alles durchdringenden Charakter aufweisen, den wir ihnen zubilligen, wären sie der bloße Spielball unserer Wünsche und Ängste und würden sie selber zur Ausformung unserer Affekte nichts beitragen. Nachdem wir zuvor den Prozess des Bildens mit dem medialen und dem mobilen Leib in Verbindung gebracht haben, werden wir also nochmals elementar ansetzen und nunmehr den libidinösen Leib ins Spiel bringen.

Es wurde zu zeigen versucht, dass Sehen nicht nur bedeutet, etwas als etwas zu sehen, sondern dass zur Ausformung dieses Als das Bild einen unentbehrlichen Beitrag liefert, und zwar in Form von Vor- und Nachbildern, von Erinnerungs- und Erwartungsbildern und von imaginativen Schlüsselbildern. Doch gleichzeitig gilt der Satz: Die Wahrnehmung bewegt nichts, wenn sie sich nicht mit dem Streben verbindet.[17] Anders gesagt, die Ansicht der Dinge bewirkt nichts, nicht einmal ein Sehen, wenn uns darin nicht etwas anspricht, anlockt oder abschreckt. Bilder machen im weitesten Sinne Appetit. Selbst wenn wir dem Auge die Vorherrschaft einräumen und uns darauf beschränken, die Dinge auszuforschen, wird das Sehen getragen von einem Aufmerken auf…, von einer Attention, die über die Als-Struktur bloßer Intentionen hinausgeht. Bei der Aufmerksamkeit kommt es nicht darauf an, als was etwas auftritt, sondern ob dieses auftritt und nicht vielmehr jenes. Die Sinnbildung lebt von einem Kräftespiel, das nicht selbst sinnhaft ist, ähnlich wie die Stärke des Farbauftrags beim Malen über die Konturierung hinausgeht. Husserl bedient sich in seiner Erfahrungstheorie eines skulpturalen Vergleichs, wenn er der Aufmerksamkeitsspannung ein „affektives Relief" zuordnet (Hua XI, 168). Die Reliefbildung besagt, dass uns *etwas auffällt*, indem es unsere Aufmerksamkeit weckt, also gleichzeitig unser Begehren erregt. Das Sehen wird in Bewegung gesetzt durch ein Sehbegehren, eine *libido videndi*, und dies selbst dann, wenn es sich primär um Neugier handelt, also um ein Streben nach dem Neuen als Neuem, als Abweichendem und Ungewohntem. In seinen vielfältigen Formen entpuppt sich das Begehren als ein eminent leibliches Geschehen, das sich als Miteinander von Selbstbezug und Fremdbezug, von Selbstentzug und Fremdbezug bestimmen lässt.[18] Als Begehrender werde ich bewegt von etwas, das mir fehlt, das sich mir entzieht und das mich eben dadurch affiziert oder anrührt. Ähnlich wie die *Aspekte* der Dinge auf eine entsprechende leibliche Haltung verweisen, äußert sich die *Affektion* in einem leiblichen Getroffensein. Die An-sicht verbindet sich mit einem ebenso ursprünglichen An-tun oder An-gehen. Die Position, an der sich der Sehende befindet, verdichtet sich zu einer Exposition, einem leiblichen Ausgesetztsein. Es fragt sich dann nur, ob und wie das Begehren, das sich darin bekundet, wiederum bildlich vermittelt ist.

Zunächst gilt es auch hier, einem Ikonismus zu widerstehen, der alles in Bildgold verwandelt. Das Bild des Hundes bellt nicht, so könnte man einen bekannten Satz abwandeln. So wie wir Häuser sehen oder Hunde und keine Bilder von ihnen, so haben wir Hunger und Durst nach Brot und Wein und nicht nach entsprechenden Bildern oder Symbolen. Andererseits richtet sich unser Streben auf etwas, das *in diesem oder jenem* gesucht wird. Im Brot suchen wir die Sättigung, im Wein den Genuss, im fremden Leib die Lust. In der Sprache von Freud bedeutet dies, dass Triebziel und Triebobjekt auseinanderklaffen. Die Grundstruktur des Strebens, dem *etwas in etwas* fehlt, verschränkt sich mit der Struktur der Wahrnehmung, der *etwas als etwas* erscheint.[19] Im Streben folgen wir dem Anreiz dessen, was als Nichtgesehenes seine Wirkung entfaltet. Der Abstand zwischen dem, was aus der Ferne winkt, und dem, was in der Nähe wirkt, dieser Zwischenzustand aus Reichtum und Armut, den Platon dem Eros zuschreibt, bildet den Tummelplatz für unsere Einbildungskraft. Diese nimmt vorweg, was noch nicht da ist, und greift zurück auf das, was einmal dazusein schien und nun fehlt. Sie füllt die Leere mit Wunschbildern, die den kargen Bestand anreichern, oder mit Schreckensbildern, in denen die Bedrohung sich bis ins Unermessliche steigert. Traumbilder springen ein, wo die Realität sich unseren Wünschen versagt. Wenn Platon den Bildern einen solch heftigen Kampf liefert, so gilt dieser dem Gaukelspiel der Sinne, den Phantasmen, die vortäuschen, was nicht ist. Bloße Bilder treten an die Stelle der Sachen selbst und lullen uns ein in einem „menschlichen Traum für Wachende" (*Sophistes* 266 c); der szenische Charakter der Bilder verschwindet hinter den „Bildern selbst". Wir leben gleichsam in einem Schlaraffenland aus Bildern. Platonisch gesprochen wird die Ideennahrung (vgl. *Phaidros* 247 d) durch eine Bildernahrung ersetzt.

Der Faszination durch Bilder und der drohenden Bildbesessenheit kann man auf verschiedene Weise begegnen. Es gibt eine mäßige Reaktion, die auf einer Domestikation des Strebens beruht. Das, *wovon* wir getroffen sind und unter dessen Einwirkung wir stehen, wird reduziert auf *etwas*, das wir in geeigneten Triebobjekten suchen, finden und wieder verlieren, in einem endlosen Wechsel von Leere und Erfüllung. Die Phasen der Leere bevölkern sich mit „kleinen Bildern", die nach erfolgter Befriedigung des Strebens verblassen oder verlöschen. Die Normalisierung des Begehrens gleicht der Normalisierung der Wahrnehmung; der wiederkehrenden Erfahrung entspricht ein wiedererkennendes Sehen, das nur unmerklich vom Gewohnten abweicht. Die niemals voll gelingende Normalisierung ist freilich umsäumt von Ersatzformen, die sich bis ins Pathologische steigern können. Im Voyeurismus heftet sich die Triebbefriedigung an den bloßen Anblick des Anderen, und in der Paranoia kehrt sich der eigene Blick um, so daß der Patient sich von fremden Augen und Stimmen verfolgt fühlt.

Während die Normalisierung durch perverse Ersatzformen lediglich ausgehöhlt wird, wird sie durchbrochen durch den Überschwang eines Pathos, das unsere Fassungskraft und damit auch unsere Bildkraft sprengt. Von seinen pathischen Antriebskräften und Abgründen her betrachtet beginnt das Sehen damit, dass Sehende von einem fremden *Anblick* getroffen werden; sie finden die Dinge und sich selbst einem Sichtbarwerden ausgeliefert, das sie nicht sich selbst verdanken, so dass das Sichtbarwerden über das Sichtbarmachen hinausschießt. Damit gerät der oder die Sehende in das Niemandsland eines Unsichtbaren, das Bilder provoziert, ohne selbst in die Bilder einzugehen. Der fremde An-blick reduziert sich nicht auf eine geregelte Folge von An-sichten, er sprengt jede Perspektivität. Selbst für Bilder an der Wand gilt, dass der Blick, der uns aus ihnen entgegenschlägt, niemals völlig ins Bild passt.[20] Die Macht der Bilder beruht darauf, dass der Blick, der uns trifft, mehr bedeutet als etwas, das wir als solches erfassen und das unsere Augenlust befriedigt. So wie das Pathos, all das also, was uns zustößt und zufällt, was uns überkommt und überrascht, uns in äußersten Fällen das Wort verschlägt, so verschlägt es uns auch das Bild. Dem Pathos wohnt eine besondere Un-mittelbarkeit inne. Sie bedeutet mehr als jene Gefühlsunmittelbarkeit, die Hegel mit unentfalteten und undifferenzierten Frühstufen der Erfahrung gleichsetzt, sie steht für ein Durchbrechen der Vermittlungen, also für eine *Wort- und Bildlosigkeit im Herzen der Worte und Bilder*.

Es gibt merkwürdige *Schwellenbilder*, die sich dadurch auszeichnen, dass sie eine eigene Widerstands- und Abwehrkraft entwickeln, so etwa der brennende Dornbusch, die überhell strahlende Sonne oder das Haupt der Gorgo. Der apotropäischen Kraft von Bildern, die in die Augen stechen und das Auge blenden, stehen andere Bilder gegenüber, die eine Sogkraft entwickeln, unseren Blick an- und einsaugen, ihn in einen Blickwirbel hineinziehen. Hierzu zählen Bilder, deren Figuren und Konturen verschwimmen und schließlich verschwinden, so dass nur ein Bildgrund zurückbleibt. Jeder gestaltlose Grund versinkt ins Abgründige, ins Nächtliche. Die Lösung der Figur vom Grund, die Leonardo in seinem Traktat über die Malerei zum Programm erhebt, leitet eine Bewegung ein, die durchaus nicht unwiderruflich ist. Gestalttheoretisch betrachtet haben wir es mit zwei verschiedenen Sehgrenzen zu tun, zum einen mit dem Extrem einer Figur ohne Grund, die aus allen Zusammenhängen herausbricht, zum anderen mit dem Extrem eines Grundes ohne Figur, der alle Konturen einbüßt. Die Unterscheidung zwischen gegenständlicher und ungegenständlicher Malerei gibt nur einen Schimmer davon wider. Die doppelte Möglichkeit einer Überfigur und eines Unter-grundes macht unseren Blick haltlos. In der Malerei kommt es vor, dass ein Extrem in das andere überspringt wie bei den schwarzen Quadraten und Kreisen von Malewitsch, die wechselnd als hervorspringende schwarze Form oder als schwarzes Loch gesehen werden können und die der Maler selbst mit einer „Nullform" in Verbindung bringt.[21]

Bildentzug

Eine Bemerkung speziell zur bildenden Kunst soll unsere Erörterungen beschließen. Bislang haben wir es mit Bedacht vermieden, eine strenge Grenze zu ziehen zwischen der Bildlichkeit der Dinge, selbstständigen Bilddingen oder Bildinstallationen und der Steigerungsform von Bildnissen, die mit einem künstlerischen Anspruch auftreten. Nur wenn die Fäden zwischen den verschiedenen Bildebenen nicht durchschnitten und die verschiedenen Bildarten nicht durch Gräben voneinander getrennt werden, besteht Aussicht, dass wir einer Bildgenese auf die Spur kommen, die einer übergreifenden Bildauffassung den Weg bahnt. Die Durchlässigkeit der Grenzen, die sich daraus ergibt, ist nicht zu verwechseln mit einer Grenzverwischung, die lediglich Konfusionen anrichtet. Im Hintergrund unserer Überlegungen steht nicht irgendetwas, sondern das leibliche Selbst, das in seiner Leiblichkeit durchgehend medial, szenisch und pathisch verfasst ist und also aufs genaueste mit der Bildsphäre kommuniziert. Das Pathische, das latent und untergründig an aller Erfahrung beteiligt ist, spielt insofern eine besondere Rolle, als es uns an die Ränder der Bildlichkeit führt und diese selbst mit einem Stachel der Unmöglichkeit versieht. Die Unmöglichkeit haftet einem Bildentzug an, der nicht lediglich darin besteht, dass sich etwas dem Bild entzieht, sondern darin, dass der Entzug selbst einen bildlichen Charakter annimmt. Der Prozess der Bildverfertigung entgleitet sich selbst und wird nicht bloß von außen her unterbunden. Das unter wechselnden Umständen auftretende Bilderverbot gewinnt seine letzte Schärfe nicht daraus, dass es dem Bildner oder dem Bildliebhaber vorhandene Möglichkeiten vorenthält, sondern daraus, dass es eine gelebte Unmöglichkeit zum Ausdruck bringt. So sind es in der jüdischen Tradition idolatrische Ersatzformen, die abgewehrt werden, und von ihnen gilt, dass sie niemals mehr sein können als purer Ersatz.[22]

All dies hat längst seinen Platz gefunden in den Kunstdebatten der Gegenwart, aber es wird vielfach mit Mißtrauen betrachtet. Viele von denen, die davon ausgehen, dass in der Moderne die Kunst reflexiv geworden ist, oder gar annehmen, dass sie referenzlos geworden ist und nur noch sich selbst als reines Kunstereignis feiert, und die in jedem Fall darauf beharren, dass die Kunst sich fortan jeglicher religiösen, moralischen oder politischen Indienstnahme versagt, werden dahinter regressive Tendenzen wittern. Sie mögen nicht ganz Unrecht haben, es gibt sicherlich solche Tendenzen. Doch eine defensive, rein ästhetische Einstellung, die vor den Abgründen der Bilderfahrung zurückschreckt, tendiert umgekehrt dazu, sich gegen die Erfahrung zu immunisieren; sie verliert damit die Herkunft und die Macht der Bilder aus dem Blick. Zur Genealogie der Bilder gehören nicht nur historische Umstände, dazu gehört auch die Geburt des Bildes aus dem Pathos. Bilder, die ihres pathischen Hintergrundes beraubt werden, enden über kurz oder lang im Kulturprogramm, im Sehvergnügen, in der Dekoration, im Design. Gegen all dies ist für sich genommen nichts zu sagen, doch wenn dies alles ist, verwandelt sich die Kunst in eine Normalkunst, in eine „festgestellte Bildlichkeit", die mit der revolutionierenden Kraft der Moderne nicht mehr viel gemein hätte. Doch selbst dies ist nur die halbe Wahrheit. Verleugnete Antriebskräfte tauchen hinterrücks wieder auf, etwa wenn das Auto zu einem somatotechnischen Karma wird[23], wenn Waren, wie schon Marx gesehen hat, im Fetischismus einen quasi-religiösen Mehrwert erwerben oder wenn die förmlich schreiende Reklame[24] auf raffinierte Weise mit dem Reizwert und mit dem Aufforderungscharakter der Dinge spielt und dabei winzige Blickabweichungen als Blickfang einsetzt. Die Reklame vollführt mit bildnerischen Mitteln, was traditionell der Rhetorik zugedacht war, nämlich die Fertigkeit, an die Affekte der Zuhörer zu appellieren und nach Bedarf mit ihnen zu spielen. Die Zweideutigkeit von Blickführung und Blickverführung gehört zur Sache. Eine Kulturkritik, die sich vornimmt, innerhalb der vielfältigen Bildersphäre Spreu vom Weizen zu sondern, ist nicht nur vorurteilsbeladen, sondern letzten Endes wirkungslos.

Ein nachhaltiger Widerstand gegen eine Normalisierung und Trivialisierung der Bilder kann allenfalls aus der Wirkkraft der Bilder selbst und einer entsprechenden Bilderfahrung erwachsen. Dabei fällt der künstlerischen Praxis eine besondere Rolle zu, wofern sie nicht nur mit Bildern spielt und die Einbildungskraft spielen lässt, sondern die Bildlichkeit der Bilder ausdrücklich in die Bildverfertigung einbezieht. Phänomenologisch gesprochen hieße dies, dass sie eine *Epoché* praktiziert, die das alltägliche, das professionelle, auch das eigene Bildverhalten suspendiert, es durch eine gezielte Ent-setzung und Ver-setzung unterbricht.[25] Der Bann der natürlichen Einstellung, deren Blick durch die Bilder hindurch auf Abgebildetes geht und die Bilder am Ende selbst den abgebildeten Dingen zuschlägt, würde gebrochen, und dies mit dem Effekt, dass wir nicht etwas, also in diesem strengen Sinne nichts und nicht sehen.[26] Man könnte einwenden, dass dieses Aussetzen des Blicks nur auf den ungewohnten Anblick zutrifft und sich mit der Gewöhnung an das Neue verliert. Doch eine radikale *Epoché*, die man – im Gegensatz zur „Verklärung des Gewöhnlichen" – als anhaltende Verunklärung des Gewöhnlichen bezeichnen könnte, wird sich nicht damit begnügen, den Blick auf das im Bild Sichtbare zu lenken. Sie wird darüber hinausgehen, indem sie auf das zurückgeht, was den bildnerischen Erfindungsprozess antreibt, und dabei berücksichtigen, wie etwas *ins Bild* tritt, so wie etwas *zur Sprache* kommt, ohne sich bereits potentiell im Bereich der Bilder oder der Sprache zu befinden. Was wir als Pathos bezeichnen oder als Widerfahrnis, gibt *zu sehen, zu sagen, zu denken, zu tun*. In diesem Gerundiv kommt etwas zum Ausdruck, was unserer Initiative zuvorkommt und sie hervorruft. Wenn all unser Verhalten durch einen Grundzug der Responsivität geprägt ist, der besagt, dass wir in unserem Verhalten auf etwas antworten, das uns widerfährt und uns anspricht, so nimmt auch jeder Blick Züge eines Rückblicks, jede Sicht Züge einer Rücksicht an, und so hat jedes Bild, das wir hervorbringen, etwas von einem Nachbild. Der leibliche Hintergrund macht sich auch hier geltend. Was sich dem Blick entzieht und ihn eben damit in Beschlag nimmt, bezieht sich auf ein Wesen, das zugleich hier ist und anderswo, nämlich dort, von wo es immer schon herkommt und auf sich zurückkommt. Die Verkörperung hat zur Kehrseite eine bestimmte Form der *Entkörperung*, die ausschließt, dass das Selbst in seinem Körper steckt wie in einer Austernschale. Dazu gehört nicht nur eine Form der Entsprachlichung, die wir Schweigen nennen, sondern auch eine Form der *Entbildlichung*. Merkwürdigerweise haben wir dafür wir kein rechtes Wort, ausgenommen das der Blindheit und der Blendung oder das der Leere, und dies auch nur dann, wenn wir darunter keinen bloßen Mangel verstehen, sondern eine Entzugserfahrung, die Spuren der Abwesenheit in der Sphäre der Bilder hinterlässt.

Literatur

Boehm, G. (Hg.), *Homo Pictor*. München/Leipzig 2001.
Crary, J., *Techniken des Betrachters. Sehen und Moderne im 19. Jahrhundert*. Übers. v. A. v. Vonderstein, Dresden/Basel 1996.
Därmann, I., *Tod und Bild. Eine phänomenologische Mediengeschichte*. München 1995.
–, „Wenn Gedächtnis Erinnerungsbild wird: Husserl und Freud", in: Boehm 2001.
Eschenburg, B. (Hg.), *Pygmalions Werkstatt. Die Erschaffung des Menschen im Atelier von der Renaissance bis zum Surrealismus*. Ausst. Kat. Lenbachhaus, München. Köln 2001.
Foucault, M., Einführung zu L. Binswanger: *Traum und Existenz*, in: *Schriften in vier Bänden. Dits et Ecrits*, Bd. I, Frankfurt am Main 2001.
Husserl, E., *Husserliana* (= Hua). Den Haag/Dordrecht 1950ff.
Keel, O., „Warum im Jerusalemer Tempel kein anthropologisches Kultbild gestanden haben dürfte", in: Boehm 2001.
Merleau-Ponty, M., *Die Prosa der Welt*. Übers. v. R. Giuliani, München 1984.
–, „Von Mauss zu Lévi-Strauss", in: A. Métraux/B. Waldenfels (Hg.), *Leibhaftige Vernunft. Spuren von Merleau-Pontys Denken*. München 1986.
Mersch, D., *Was sich zeigt. Materialität, Präsenz, Ereignis*. München 2002.
Meyer-Drawe, K., „Das Auto – ein gepanzertes Selbst", in: J. Bilstein/M. Winzen (Hg.), *Ich bin mein Auto. Die maschinalen Ebenbilder des Menschen*. Köln 2001.
Philipp, H., „Zur Genese des ‚Bildes' in geometrischer und archaischer Zeit", in: Boehm 2001.
Schneede, U. M. (Hg.), *Chagall, Kandinsky, Malewitsch und die russische Avantgarde*. Ausst. Kat. Hamburger Kunsthalle/Kunsthaus Zürich. Ostfildern-Ruit 1998.
Singer, W., *Der Beobachter im Gehirn. Essays zur Hirnforschung*. Frankfurt am Main 2002.
Uexküll, J. v., *Theoretische Biologie*. Frankfurt am Main 1973.
Vrhunc, M., *Bild und Wirklichkeit. Zur Philosophie Henri Bergsons*. München 2002.
Waldenfels, B., *Der Stachel des Fremden*. Frankfurt am Main 1990.
–, *Antwortregister*. Frankfurt am Main 1994.
–, *Sinnesschwellen. Studien zur Phänomenologie des Fremden*, Bd. 3. Frankfurt am Main 1999.
–, *Vielstimmigkeit der Rede. Studien zur Phänomenologie des Fremden*, Bd. 4. Frankfurt am Main 1999.
–, *Das leibliche Selbst*. Frankfurt am Main 2000.
–, „Der Aufruhr des Leibes in der Malerei von Maria Lassnig", in: *Maria Lassnig. Körperporträts*. Rubenspreis der Stadt Siegen. Siegen 2002.
–, *Bruchlinien der Erfahrung. Phänomenologie, Psychoanalyse, Phänomenotechnik*. Frankfurt am Main 2002.
–, *Spiegel, Spur und Blick*. Köln 2003, auch in: Boehm 2001.
–, *Phänomenologie der Aufmerksamkeit*, Frankfurt am Main 2004.
Wiesing, L., *Die Sichtbarkeit des Bildes*. Reinbek 1997.

Anmerkungen

1 Ich nehme hier eine Unterscheidung auf, die Merleau-Ponty bei der Erörterung der ethnologischen Fremderfahrung ins Spiel bringt. Vgl. den Essay „Von Mauss zu Lévi-Strauss", in: Métraux/Waldenfels 1986, 20.

2 Zur Konzeption der Verkörperung (*incarnazione*) in der Kunsttheorie des Quattrocento, die sich anfangs noch an die Theologie der Fleischwerdung, der Inkarnation anlehnt und später mit dem Inkarnat als Bezeichnung für die Farbtönung der Haut eine spezielle maltechnische Bedeutung erhält, vgl. die Beiträge von Barbara Eschenburg und Mechthild Fend in dem von B. Eschenburg herausgegebenen Katalog *Pygmalions Werkstatt* (2001), 38–41 u. 71–78. Der Katalog präsentiert eine ganze Serie von Verkörperungsvorlagen, von Antikenabgüssen über Muskelmänner und Gliederpuppen bis zu Aktmodellen. Unser eigener Versuch geht über eine enge, auf die explizite Darstellung des menschlichen Körpers beschränkte Form der Verkörperung hinaus, obwohl zu sagen ist, dass der frühe Rangstreit zwischen Zeichnung, Malerei und Skulptur, zwischen Wand- und Standbild, der sich hier entspinnt, in das bildnerische Geschehen eine weitaus größere Spannung hinein-trägt, als der Sammelbegriff der bildenden Künste es erahnen lässt. Ein neueres Beispiel dafür, wie der Zusammenhang von Bild und Körper für die Malerei selbst zum Leitfaden werden kann, liefert das Werk von Maria Lassnig. Vgl. dazu vom Verf., „Der Aufruhr des Leibes in der Malerei von Maria Lassnig" (2002).

3 Vgl. die beiden Anfangskapitel in dem Aufsatzband *Sinnesschwellen* (1999) und ausführlich *Das leibliche Selbst* (2000).

4 Mit dem vorliegenden Versuch, der inzwischen in leicht überarbeiteter Form als ein Kapitel meines Buches *Phänomenologie der Aufmerksamkeit* (2004) erschienen ist, führe ich fort, was ich in einer Reihe früherer Bildstudien und unlängst unter dem Titel *Spiegel, Spur und Blick* (2003, zuvor in: Boehm 2001), begonnen habe. Ich danke an dieser Stelle Gottfried Boehm, der mich wiederholt ermuntert hat, diese Versuchsfolge fortzusetzen, und dem ich bei der Ausführung mannigfache Anregung und Belehrung verdanke. Sein Werk ist mir ein lebendiges Beispiel dafür, dass phänomenologische und historische Orientierung sich in der Bildforschung befruchten können, ohne sich im Wege zu stehen.

5 Also springt die Sichtbarkeit der Dinge nicht unvermittelt über in eine *Sichtbarkeit der Bilder*, wie Lambert Wiesing in seiner 1997 unter diesem Titel erschienenen Untersuchung zu zeigen versucht, sondern was vorausgeht, ist eine *Sichtbarkeit in Bildern*.

6 Die eidetische Tendenz, die auf Gestalten abzielt, ist stärker bei Platon, die kinetische Tendenz, die sich an Zielen orientiert, stärker bei Aristoteles ausgebildet.

7 Noch Husserl, der so entschieden darauf besteht, dass es kein Bild gibt ohne eine entsprechende Bildauffassung, tut sich im Falle von Phantasie- und Erinnerungsbildern schwer mit dem Verzicht auf bewusstseinsimmanente Bilder. Vgl. *Phantasie, Bildbewußtsein, Erinnerung* (Hua XXIII). Eine Operationalisierung des Bewusstseins, die das Selbstbewusstsein mit dem Bezug auf interne Vorgänge und Zustände eines Systems gleichsetzt und den systemischen Selbstbezug durch Mechanismen wie die Rückkopplungsschleife herstellt, hat solche Schwierigkeiten nicht, doch dafür bleibt die Frage nach der Konstitution des Bildes offen.

8 Ich verweise diesbezüglich auf meine Studie „Anderssehen" in: *Sinnesschwellen* (1999), in der ich auch auf die *Techniken des Betrachters* von Jonathan Crary (1996) und auf Lambert Wiesings Überlegungen zur Medialisierung der *Sichtbarkeit des Bildes* (1997) zu sprechen komme. Den allgemeinen Rahmen einer Phänomenotechnik, einschließlich einer entsprechenden Somatotechnik, den ich in Kapitel VIII von *Bruchlinien der Erfahrung* (2002) ausführlich berücksichtige, kann ich hier nur streifen.

9 Diesen Gedanken habe ich in meinen diversen Bildstudien immer wieder hervorgehoben. Vgl. erstmalig „Das Rätsel der Sichtbarkeit", in: *Der Stachel des Fremden* (1990), 211f. Ein Autor, der in diesem Zusammenhang eine weitaus größere Beachtung verdient, ist Henri Bergson, der das Bild als Verdichtung der Wahrnehmung begreift und es demgemäß zwischen Ding und Vorstellung platziert.

Vgl. dazu die jüngst erschienene Untersuchung von Mirjana Vrhunc, *Bild und Wirklichkeit* (2002), speziell Kap. 3.

10 Vgl. dazu meine zuvor (in Anm. 9) erwähnte Studie „Das Rätsel der Sichtbarkeit" (1990, 213 u. 219 f.). Der Begriff der „pikturalen Differenz", den ich in diesem Zusammenhang einführe, trifft sich mit dem von Gottfried Boehm gebrauchten Begriff der „ikonischen Differenz".

11 Was die diffizile Rolle des Erinnerungsbildes angeht, verweise ich auf den Beitrag von Iris Därmann in: Boehm 2001, wo die entsprechenden Probleme von Husserl und Freud her aufgerollt werden.

12 Vgl. hierzu Wolf Singers „Neurobiologische Anmerkungen zum Wesen und zur Notwendigkeit von Kunst" (in: Singer 2002).

13 Vgl. dazu vom Verf., „Ferne und Nähe in Rede und Schrift", in: *Vielstimmigkeit der Rede* (1999).

14 Ich verweise in diesem Zusammenhang auf ein jüngst erschienenes Buch von Dieter Mersch: *Was sich zeigt* (2002), in dessen kunsttheoretischen Partien die Materialität der Zeichen und der performative Charakter der Bildkunst eine zentrale Rolle spielt.

15 Vgl. zur historischen Relativierung des Bilderrahmens die Hinweise bei Hanna Philipp: „Zur Genese des ‚Bildes' in geometrischer und archaischer Zeit", in: Boehm 2001, 90, sowie zur problematischen Rolle des Rahmens innerhalb einer Phänomenologie der Medien Iris Därmann, *Tod und Bild* (1995), 247–253.

16 Es sei auf einen Pianisten wie Friedrich Gulda hingewiesen, der beide Musizierweisen nebeneinander zu exerzieren pflegte, mitunter an einem einzigen Musikabend.

17 Vgl. entsprechend dazu Aristoteles, *Nikomachische Ethik* VI, 2, 1139 a 35f.: „Das Denken allein bewegt nichts, sondern nur das auf etwas ausgerichtete praktische Denken". Die neurologische Forschung nähert sich erneut dieser Einsicht, indem sie dem Gehirn emotionale Bewertungsmechanismen zuschreibt, deren Selektionskraft in elementaren Leistungen der Aufmerksamkeit, etwa im Hinhören und Hinschauen, ihren Niederschlag findet. Vgl. dazu Singer 2002, 218–220.

18 Vgl. dazu *Das leibliche Selbst* (2000), Kap. VII.

19 Die Strukturierung und Verklammerung von Bedeuten und Begehren, die sich darin andeutet und die sich ihrerseits auf einem pathischen Hintergrund abspielt, behandle ich in aller Ausführlichkeit in: *Bruchlinien der Erfahrung* (2002), vgl. insbesondere Kap. I.

20 Dieses Motiv steht im Zentrum meiner Studie „Der beunruhigte Blick", in: *Sinnesschwellen* (1999).

21 Vgl. hierzu die Beiträge von Verena Krüger und Hubertus Gaßner in dem von U. M. Schneede herausgegebenen Katalog *Chagall, Kandinsky, Malewitsch und die russische Avantgarde* (1998). Die Wirkung der Ikonenmalerei, die sich in der östlichen Avantgarde bemerkbar macht, zeigt, dass die sogenannte Moderne sich nicht geradewegs synchronisieren, sprich: verwestlichen lässt.

22 Das Bilderverbot gleicht in dieser Beziehung der Inzestschranke in der Deutung von Jacques Lacan. Zur Entstehungsgeschichte des jüdischen Bilderverbots vgl. die detaillierten Ausführungen von Othmar Keel in: Boehm 2001.

23 Vgl. dazu die eindringliche leibphänomenologische Porträtierung der Autobesessenheit bei Käte Meyer-Drawe: „Das Auto – ein gepanzertes Selbst" (2001).

24 „Reklame" bedeutet in der Druckersprache ursprünglich ein schlichtes „Zurückrufen", das den Seitensprung beim Lesen abmildert, indem es das erste Wort der neuen Seite zu Füßen der endenden Seite verzeichnet.

25 Was diese Art von phänomenologischer *Epoché* angeht, die nicht bei Bewusstseinsleistungen stehen bleibt, sondern Ansprüche freilegt, auf die wir zu antworten haben, verweise ich auf meine grundlegenden Ausführungen in *Antwortregister* (1994, speziell 194-200), die sich bildtheoretisch fruchtbar machen lassen. In seiner frühen Einführung zu Binswangers *Traum und Existenz* fordert auch Foucault eine „transzendentale Reduktion des Imaginären", die jenseits der konstituierten Bilder das konstituierende Bilden der Imagination zurückgewinnt (2001, S. 172).

26 Vgl. dazu Gottfried Boehms nachdrücklichen Hinweis auf die Malweise des späteren Tizian und deren Deutung durch Vasari; der Hinweis gipfelt in der Feststellung, dass der dicke und fleckige Farbauftrag eine „ikonische Opazität" schafft, die den Blick hemmt und durch eben diese Hemmung hindurch Blicke eröffnet (Boehm 2001, 9).

Michael Lüthy

Erinnern, Wiederholen und Durcharbeiten in Edgar Degas' Werkprozess

„Wie viele neue Dinge ich gesehen habe, welche Pläne das in meinen Kopf gesetzt hat! Und doch gebe sie schon wieder auf, ich will nichts weiter als meinen Winkel, in dem ich liebevoll graben kann. Die Kunst weitet sich nicht aus, sie wiederholt und verdichtet sich. Und wenn Sie um jeden Preis Vergleiche mögen, so werde ich Ihnen sagen, dass man, um gute Früchte hervorzubringen, sich am Spalier aufbinden muss. Da bleibt man sein ganzes Leben, die Arme ausgebreitet, den Mund offen, um mit dem zu verschmelzen, was vorüberkommt, was einen umgibt, um davon zu leben."
(Degas an Lorenz Frölich, 27. November 1872)

„Nicht im Salon enden, das Leben anderswo verbringen – in der Küche."
(Degas an Paul Bartholomé, 9. September 1882)

Was heißt es, sich in Degas' Œuvre zu orientieren, das mit über 1500 Gemälden und Pastellen, mehreren tausend Zeichnungen, einem reichen druckgrafischen Werk und hunderten von Skulpturen schon in seinem Umfang kolossal ist? Was heißt es, sich in seinem Denken zu orientieren, das bestimmten Ideen und Absichten jahrzehntelang treu blieb, selbst über die verschiedenen Perioden hinweg, in die man das Werk rückblickend einzuteilen versucht? Welche Motive werden erkennbar, wenn man unter Motiv nicht nur den gegenständlichen Vorwurf der Bilder versteht, sondern zugleich die Motivation, dieselben Sujets immer wieder aufzugreifen? Mit dem schlichten Wunsch, sich künstlerisch mitzuteilen, ist Degas' Œuvre kaum zu erklären. Über ein halbes Jahrhundert künstlerisch produktiv, erscheint die Zeitspanne von 1865 bis 1886, in der er seine Werke öffentlich präsentiert, beinahe wie eine Anomalie, nach der er sich, ebenso menschenscheu wie unbekümmert um öffentliche Anerkennung, wieder in die Privatheit seines Ateliers zurückzieht. Besonders das Spätwerk verdeutlicht, dass der Rahmen des Visuellen überschritten wird. Denn an beiden Enden der Kommunikationskette steht eine Form von Unsichtbarkeit: auf der einen Seite die Verborgenheit der Werke, auf der anderen Seite die zunehmende Erblindung des Künstlers. Letztere beendet seine Arbeit indessen keineswegs, sondern akzentuiert sie lediglich um. Sie hält ihn nicht einmal davon ab, Ausstellungen zu besuchen, wie der bewegende Bericht über den fast 80jährigen Degas belegt, der täglich die Retrospektive des verehrten Ingres besucht, um die Bilder abzutasten, die er kaum mehr sehen kann.¹ Degas' Werk handelt von mehr als dem Sehen, so wie jene „Folge von Operationen", als die er das Kunstwerk definiert, auf etwas zielt, was die Form übersteigt.² Um sich diesem Mehr und Anderem zu nähern, müssen die Prozesse der Bildentstehung ins Auge gefasst, das Gemachte aus dem Blickwinkel des Machens betrachtet werden, bis zu dem Punkt, insbesondere das Spätwerk als ein einziges *work in progress* zu begreifen.

„Le vague"

Der Tanz, schreibt Alain Badiou in seinem kleinen Buch zur Ästhetik der verschiedenen Künste, ist wie ein Kreis im Raum, ein Kreis jedoch, der sein eigenes Prinzip ist, indem er nicht von außen gezeichnet wird, sondern sich selbst zeichnet. Der Tanz, so Badiou weiter, ist eine erste Bewegung: Jede Geste, jeder Bewegungsverlauf erscheint nicht als Folgewirkung von etwas, sondern als Ursprung der Beweglichkeit selbst. Der tanzende Körper drückt dabei keinerlei Innerlichkeit aus, vielmehr ist er selbst die Innerlichkeit, die, ganz an der Oberfläche, als Intensität erscheint. Ein derartiger Körper ist notwendigerweise nackt. Es ist nicht wichtig, präzisiert Badiou, ob er es in empirischer Hinsicht ist. Unter Nacktheit ist zu verstehen, dass der Tanz sich auf nichts anderes bezieht als auf sich selbst, in der Nacktheit seines Auftauchens.³

Badious Ausführungen sind ein erster Hinweis darauf, was hier an einigen von Degas' Bildern gezeigt werden soll, um auf die einleitend gestellten Fragen eine Antwort zu suchen. Obschon diese Ausführungen, die an Mallarmés und Valérys Gedanken über den Tanz anschließen, den Künstler an keiner Stelle erwähnen, charakterisieren sie nicht nur die Tanzkunst, sondern zugleich Degas' zeichnerische und malerische Praxis, diese ins Bild zu setzen. Indem sich Badiou überdies weniger für die konkrete theatralische Praxis des Balletts interessiert als vielmehr für den Tanz als eine Bewegungs- und Denkform, lassen seine Formulierungen nicht nur an Degas' Tänzerinnen-Bilder denken, sondern zugleich auch an andere Motive, insbesondere an die sich waschenden und kämmenden Frauen. Denn das Verbindende unter Degas' Sujets ist tatsächlich das Moment einer selbstbezüglichen, in sich zurücklaufenden Bewegung. Ruhende Posen gibt es, mit Ausnahme der Porträts, in seinem Œuvre kaum. So führt auch die Landschaft, die bei den Impressionisten eine entscheidende Rolle spielt, nur ein Nebendasein – allerdings mit bemerkenswerten Ergebnissen. Selbst da aber interessiert ihn in erster Linie deren Lebendigkeit:

> „Wenn die Blätter der Bäume sich nicht bewegten", schreibt er in einem Brief an Henri Rouart, „wie traurig wären die Bäume, und auch wir! [...] Es ist die Bewegung der Dinge und der Menschen, die zerstreut und sogar tröstet, wenn ein so Unglücklicher überhaupt getröstet werden kann."⁴

Erinnern, Wiederholen und Durcharbeiten in Edgar Degas' Werkprozess

Abb. 1: Edgar Degas, *Classe de danse*. 1871. Öl auf Holz. 19,7 x 27 cm. New York, The Metropolitan Museum of Art, H. O. Havemeyer Collection.

Abb. 2: Edgar Degas, *Groupe de danseuses*. Um 1900–05. Öl auf Leinwand. 46 x 61 cm. Edinburgh, National Gallery of Scotland.

Bewegung und ästhetische Lust gehen für Degas Hand in Hand. Das Beispiel der flirrenden Blätter, die ihm tröstende Zerstreuung bringen, verweist zudem auf den Zusammenhang zwischen Anmut, Unbestimmtheit und Versunkenheit, wie er im italienischen *vago* zum Ausdruck kommt.[5] Bezeichnend hierfür ist ein von Daniel Halévy in seinem Tagebuch aufgezeichneter Wortwechsel über die Serie von Landschaftsmonotypien, die in den 1890er Jahren in Erinnerung an eine Fahrt durch das herbstliche Burgund entstehen:

„Ich saß bei der Wagentür", so Degas in Halévys Aufzeichnung, „und schaute unbestimmt [vaguement]. Das hat mich auf den Gedanken gebracht, Landschaften zu machen. Es sind einundzwanzig.' – ‚Was? Sehr unbestimmte Sachen [des choses très vagues]?' – ‚Vielleicht.' – ‚Seelenzustände?' fragte mein Vater. [...] – ‚Augenzustände', antwortete Degas."[6]

Nach gängiger Auffassung setzt Degas' Spätwerk nach der letzten Impressionisten-Ausstellung 1886 ein, auf der Degas noch einmal mit zahlreichen Arbeiten vertreten ist, um fortan auf die Zurschaustellung seiner Werke fast durchwegs zu verzichten. Zu Recht wird das Spätwerk als Radikalisierung des bisherigen Œuvres beschrieben, insbesondere weil es sich auf ganz wenige Themen und Motive konzentriert, diese allerdings dutzend-, ja hundertfach wiederholt und variiert. Worin aber besteht die Radikalisierung *innerhalb* der Bearbeitung des Motivs, also *innerhalb* des einzelnen Bildes? Um eine noch perfektere Wiedergabe im Sinne naturalistischer Korrektheit geht es offensichtlich nicht. Diesbezüglich wären sogar nur Rückschritte zu vermelden, da eine der Eigentümlichkeiten des Spätwerks eben jenes angesprochene Vage ist. Was die Bilder zeigen, der Ort und selbst die Protagonistinnen, verschwimmen in einer irritierenden Unschärfe der Darstellung. Trotz der gesteigerten, ja betörenden Leuchtkraft, die Degas' Bilder jetzt erreichen, gibt es ein Negatives, welches das Sichtbare affiziert und die Lesbarkeit irritiert. Vergleichen wir dafür zwei Gemälde (*Abb. 1 und 2*), die sich vom Sujet her nahe stehen, aber im Abstand von fast dreißig Jahren entstanden sind.[7] Das erste Bild, das zu Degas' frühesten Tanzbildern gehört, ist exemplarisch für das, was schon den Zeitgenossen an Degas' damaligen Arbeiten auffällt: die asymmetrischen Kompositionen, die diskontinuierlichen Räume, die ungewohnten Blickpunkte und seltsamen Posen der Dargestellten sowie das neuartige Verhältnis von Betrachter und Bild. Der Raum ist zugleich breit und tief, nach Vorder-, Mittel- und Hintergrund klar strukturiert, und alles, was er enthält, wird präzise geschildert, die hohen Türen und schlanken Spiegel, die Weite des Tanzbodens und die Nacktheit der Wände. Die Ballerinen werden nach Kostüm, Haarfarbe und Pose sorgfältig unterschieden, und die Bilderzählung durch Details wie die Gießkanne bereichert, die zum regelmäßigen Befeuchten des Bodens diente. Als Interieur-Bild ist die kleine Tafel, die ganze 19,7 x 27 cm misst, auf größtmögliche Information hin angelegt, als Genre-Bild einer Tanzstunde zielt sie auf eine möglichst variantenreiche Narration. Das späte, gegen 1900 entstandene Gemälde zeigt im Mittelpunkt eine Tänzerin, die in ihrer Pose von der zentral gesetzten Ballerina des früheren Bildes

Abb. 3: Edgar Degas, *Après le bain, femme s'essuyant les cheveux*. Um 1890-05. Pastell auf Papier. 103,8 x 98,4 cm. London, National Gallery.

abzustammen scheint, und auch die asymmetrische Komposition, der abgewinkelte Raum und die seitliche Positionierung einer Tänzerinnen-Gruppe sind vergleichbar.[8] Doch in ihrer Erscheinungsweise unterscheiden sich die beiden Bilder grundlegend. Degas schließt näher zu den Figuren auf, welche jetzt die ganze Bildhöhe einnehmen. Der Raum verknappt sich, in der Breite, vor allem aber in der Tiefe. Das Pfefferminzgrün, das im früheren Bild als lokale Schattenfarbe eingesetzt wird, wandelt sich zum Träger eines irisierenden Lichts, das sich über ganzen Raum verteilt und zugleich dessen Tiefe aufsaugt, da es sich keiner bestimmbaren Beleuchtungsquelle verdankt, sondern mit der Materialität der Farbe verschmilzt. Ob hier trainiert, ausgeruht oder wirklich getanzt wird, lässt sich ebenso wenig bestimmen wie die Gesichtszüge der Tänzerinnen, deren silberweiß schimmernde Körper ineinander fließen. Das Weglassen der Möbel und aller weiterer Details, an denen das frühere Bild so reich ist, verstärkt die Ambiguität von Raum und Situation. Sie führt unter anderem dazu, dass die leicht gespenstische Öffnung auf der linken Seite erst im Vergleich mit dem früheren Bild als Spiegel und der weiße Farbfleck darin als gespiegeltes Tutu erkennbar wird. Gemessen an der Erzählfreudigkeit des früheren Bildes stellt sich eine gewisse Enttäuschung ein: Das Bild vermittelt den Eindruck, dass es, zumindest auf der Gegenstandsebene, nicht viel zu sehen gibt. Drei Unschärfen verbinden sich: die zeichnerisch-malerische, durch die ein Formloses die Form streift und ein Opakes die Transparenz angreift, sodann die situative, die Raum, Zeit und Handlung verschwimmen lässt, und schließlich die physiognomische, die jede Innerlichkeit ausschließt und die Figuren ins Unpersönliche gleiten lässt. Der im früheren Bild überraschend und augenblickshaft inszenierte Raum verwandelt sich in einen Gedächtnisort, der gesättigt wirkt von den überreichen, sich überlagernden Erinnerungen, die Degas in jahrzehntelanger Arbeit am Motiv aufhäufte. Das Vage dürfte folglich als Chiffre für ein Schweben aufzufassen sein – für ein Schweben zwischen innen und außen, Erinnerung und Sehen, das auf keine Seite hin aufgelöst werden kann, sondern an den Betrachter weitergegeben wird.[9]

Dieselbe Unbestimmtheit kennzeichnet auch die Bilder sich waschender und trocknender Frauen (*Farbabb. 5* und *Abb. 3*). Auch hier steht sie mit der Materialität des Mediums in unmittelbarem Bezug, sei es mit der *peinture à l'essence*, einer mit Terpentin stark verflüssigten Ölmalerei, sei es mit der porösen, ebenso weichen wie zerfurchenden Qualität der Pastellkreide. Erneut treffen wir auf anonymisierte Figuren, die auch dann gesichtslos bleiben, wenn sie sich nicht vom Betrachter abwenden, wie es die Regel ist. Gewiss sind Handlungen des Waschens, Trocknens und Kämmens erkennbar, doch sie werden kaum als Momente einer Erzählung kenntlich, sondern erscheinen losgelöst von Absicht und Ziel. Die Bewegung verdichtet sich zum „Ursprung der Beweglichkeit", zur „Bewegung in der Nacktheit ihres Auftauchens", wie sie Badiou in der Tanzkunst erkennt. Da das Bild sehr nahe zum Modell aufschließt, verknappt sich der Bildraum aufs Äußerste. Die malerische, situative und physiognomische Unbestimmtheit gewinnt hier den Zug, als müsse sie die radikale Intimität der Bilder ausgleichen: sie dadurch erträglich machen, dass sie uns das Dargestellte nicht nur zeigt, sondern im selben Zuge entzieht.

Bild und Bewegung

Indem Degas so nahe ans Modell herantritt, unterschreitet er jenen Abstand zwischen Augpunkt und Objekt, den der junge Künstler noch für unabdingbar hielt, um einen Körper zeichnerisch erfassen zu können.[10] Aus dieser Annäherung folgt, dass der Raum den Figuren nicht mehr vorgängig ist, so wie es im frühen Bild der *Classe de danse* (*Abb. 1*) der Fall ist. Die gravitätischen Körper dominieren jetzt das gesamte Bildfeld, dessen Mitte sie besetzen und dessen vektorielle Kräfte sie bestimmen, womit es Degas gelingt, Körperbewegung und Bildkomposition wechselseitig auseinander hervorgehen zu lassen. Der umgebende Raum hingegen bleibt eigentümlich amorph, nicht zuletzt deshalb, weil die Körper, zusammen mit den Tüchern, mit denen sie hantieren, die für die Raumorientierung wichtigen Stellen wie Zimmerecken oder Raumkanten verdecken.

Die Annäherung hat weiterhin zur Konsequenz, dass die Bilder meistens etwas zeigen, das von einem einzigen Blickpunkt aus gar nicht zu erfassen ist, sondern vielmehr verschiedene Blickrichtungen eines dynamisierten Sehens ineinander blendet. Im Pastell einer Frau in der Badeschüssel (*Farbabb. 5*), das Degas auf der achten Impressionisten-Ausstellung 1886 ausstellt, scheint der Augpunkt des Betrachters sowohl einer vertikalen wie einer horizontalen Drift unterworfen.[11] Die Badeschüssel ist eindeutig von oben, der Rücken hingegen frontal gesehen, während das aufgestellte Bein von einer Position weiter rechts aus festgehalten scheint. Die Bewegung des Blicks um die Figur herum erfährt ihre Entsprechung in der kompositorischen Anlage des Blattes, die vom Rund der Schüssel dominiert wird. Damit überlagern sich drei Bewegungen: erstens diejenige eines ungebundenen Blicks, zweitens diejenige der Figur, deren Hand zudem ein Moment von Bewegungsunschärfe einführt, sowie schließlich der Akt des Zeichnens, was insbesondere am rechten Bein der Frau sichtbar wird, das Degas in zwei Zuständen festhält. Auf diese Weise wird unentscheidbar, ob jene unterschiedlichen Beinhaltungen eher auf zwei voneinander abweichende Perspektiven oder aber auf ein Variieren der kompositorischen Bildorganisation zurückzuführen sind. In den Notizheften formuliert Degas ein Arbeitsprogramm, das sich genau dieser Bewegungsüberlagerung widmet und sie an verschiedenen Sujets durchspielt:

„Eine Serie von Bewegungen der Arme beim Tanz machen", notiert er, „sich selbst darum herumdrehend. Schließlich aus jeder Perspektive eine Gestalt oder ein Objekt, egal was, studieren. […] Um einen Raum herum ansteigende Stufen aufstellen, um das Zeichnen der Dinge von unten und von oben zu üben […]. Für ein Porträt im Erdgeschoss posieren lassen und in der ersten Etage arbeiten, um sich daran zu gewöhnen, sich die Formen und den Ausdruck zu merken und niemals *unmittelbar* zu zeichnen oder zu malen."[12]

Dasselbe nimmt er sich auch für Architekturstudien vor:

„Man hat noch niemals Monumente oder Häuser von unten nach oben und von nahem gezeichnet, so wie man sie sieht, wenn man in den Straßen an ihnen vorbeigeht."[13]

Parallel zu diesen Notizbucheinträgen entstehen einige von Degas' bekanntesten Werken, die das entworfene Arbeitsprogramm bildnerisch umsetzen. Zwei Beispiele seien herausgegriffen. 1879–81 arbeitet er an der Wachsplastik der *Petite danseuse de quatorze ans*.[14] Er bereitet sie durch zahlreiche Zeichnungen vor, die das Mädchen von allen Seiten festhalten, um die unterschiedlichen Aspekte schließlich zu einer plastischen Figur zu verschmelzen, die keine privilegierte Ansicht kennt, sondern für jeden Betrachtungswinkel formal perfekt ausbalanciert wird. Die unterschiedlichen Perspektiven auf die Figur werden von Degas in eine einzige Form eingefaltet, die sich in der Rezeption des Betrachters, wenn er um die Figur herumgeht, wieder in eine Fülle unterschiedlicher Aspekte ausfaltet. Ebenfalls 1879 entsteht das Gemälde *Miss Lala au cirque Fernando* (Abb. 4), das aufgrund des differenten Mediums auch anders verfährt.[15] Degas' Blick richtet sich in die Zirkuskuppel hinauf, womit er der Artistin folgt, die soeben dabei ist, sich an einem Seilzug in die Höhe ziehen zu lassen. Die sich überlagernden Aufwärtsbewegungen von Blick und Figur werden durch suggerierte Drehbewegungen um eine vertikale Achse ergänzt. Die unterschiedlich abgewinkelten Obergadensegmente erzeugen einen Dreheffekt, der entweder einer Betrachterperspektive zugeschlagen werden kann, die sich um die Figur herum-

Abb. 4: Edgar Degas, *Miss Lala au cirque Fernando*. 1879. Öl auf Leinwand. 116,8 x 77,5 cm. London, National Gallery.

bewegt, oder aber der Akrobatin selbst, die, lediglich an einem Punkt aufgehängt, sich um ihre Körperachse dreht. Ja, man könnte sogar davon sprechen, das Bild selbst drehe sich – eine Suggestion, die durch die eingelassenen Fenster, welche das Bild innerbildlich zu wiederholen scheinen, verstärkt wird.[16]

Degas steht jeweils nicht jenseits, sondern vielmehr inmitten des Raums, den er zeigt, und sein Sehen richtet sich nicht nur auf Körper in Bewegung, sondern bewohnt selbst einen Körper, der sich bewegt.[17] Eines der Probleme, das Degas sein ganzes Œuvre hindurch umkreist, ist folglich die Frage, wie diese unterschiedlichen Kräfte bildnerisch zu synthetisieren sind: wie die Momentanität und Kontingenz der Körperstellungen einerseits, der Perspektiven auf diesen Körper andererseits so verschränkt werden können, dass daraus eine Komposition entsteht, die in sich ausbalanciert erscheint, zugleich aber weder das Bewegungspotenzial des gezeigten Körpers noch die Mobilität des Sehens negiert. Man kann sich dieses bildplastische Problem kaum schwierig genug vorstellen, auch deshalb, weil das Bild auf diese Weise von vornherein auf seine Überschreitung hin angelegt ist. Viele von Degas' Äußerungen betreffen diese Problematik, zum Beispiel sein berühmter Ausspruch, die Zeichnung sei „nicht die Form, sondern die Art und Weise, die Form zu sehen", oder die in einem Brief formulierte Maxime, man müsse dasselbe Sujet zehn Mal, ja hundert Mal wiederholen, da nichts in der Kunst dem Zufall gleichen dürfe, nicht einmal die Bewegung.[18]

Die Synthetisierung von Körperbewegung, Sehbewegung und flächenbezogener Bildordnung vollzieht sich in Kompositionen, die bald mehr der Geometrisierung, bald mehr der Ornamentalisierung zustreben. Lineamente bilden sich heraus, die zugleich körper- und dingbezogene Kontur und Verlaufsformen des Blicks sind. Sie verbinden unterschiedliche Gegenstände und Raumebenen miteinander, sei es durch die Fortführung derselben Linie, sei es durch ein Spiel von Formwiederholungen.[19] *Miss Lala au cirque Fernando* (*Abb. 4*) ist dafür ein gutes Beispiel. Die Arme, Beine und die Rumpflinie der Akrobatin sind so im Strebewerk der Architektur verankert, dass die Zufälligkeit und Wandelbarkeit des Aspekts, unter dem sich die Szene darbietet, in einer sinnfälligen und doch höchst dynamischen Bildordnung aufgehoben wird.[20] Eine andere Variante zeigt das Pastell einer sich trocknenden Frau (*Abb. 3*). Degas verbindet die Kontur der Arme und der Schulterpartie zu einer rechtwinkligen, den Raum im Zickzack durchmessenden abstrakten Form. Sie verknüpft sich mit den übrigen Linien des Bildes, der Raumkante und dem Pantoffel links, der Sessellehne und der Badewanne rechts, zu einem Diagonalennetz, das zwar fest gefügt wirkt, zugleich aber frei und beweglich in den Bildraum „gehängt" erscheint.

Wiederum anders verfahren die mehrfigurigen Tänzerinnen-Bilder (*Farbabb. 6*). Die häufig nur ausschnitthaft gezeigten Körper werden so dicht zueinander geschoben, dass sich die einzelnen Körperglieder verflechten. Dadurch entsteht jenes raumzeitliche Ornament, das Valéry am Tanz beobachtete, dessen Beschreibung aber umstandslos auf Degas Bilder übertragbar ist:

„Indem dieselben Glieder", so Valéry, „sich verschränken, entfalten und wieder verschränken oder Bewegungen in gleichen oder harmonischen Zeitabständen einander antworten, entsteht ein *Ornament im Bereich der Dauer*, wie durch die Wiederholung von Figuren im Raum oder von ihren Symmetrien das *Ornament im Bereich der Ausdehnung* entsteht."[21]

Die annähernd spiegelbildliche Entsprechung zweier Figuren, so wie wir sie in diesem Pastell (*Farbabb. 6*) bei den beiden zentralen Figuren antreffen, finden wir bei Degas häufig. Fast immer handelt es sich um *contraposto*-Haltungen, bei denen der Kopf in die Gegenrichtung zum Körper gewendet ist.[22] Spiegeln sich zwei *contraposto*-Figuren ineinander, entfalten sie ein komplexes Spiel zwischen Abstoßung und Anziehung, Übereinstimmung und Differenz. Zugleich begegnen wir einem weiteren Fall jener innerbildlichen Reflexion, die auf anderer Ebene bereits bei *Miss Lala au cirque Fernando* zu beobachten war. Denn die wechselseitige Spiegelung der Tänzerinnen führt zu einer *mise en abîme* des Bildes. An der Nahtstelle zwischen den beiden Figuren, die wie eine quer durch den Raum führende Spiegelachse wirkt, scheint sich das Bild zu verdoppeln. Es enthält sich gewissermaßen selbst, was zur Folge hat, dass die Grenze zwischen Wirklichkeit und Bild verwischt wird. Gleichzeitig führt uns dieses Phänomen zum Arbeitsprogramm zurück, das Degas in seinem Notizbuch festhält. Denn im Zuge der Überlegungen, wie er die bewegte Körperlichkeit von Maler und Modell in die fixierte Einansichtigkeit des Bildes übertragen könnte, nimmt er sich die Verwendung von Spiegeln vor, und zwar nicht nur aus praktischen Erwägungen, sondern ebenfalls, um den Illusionismus des Bildes zu brechen. Dem Vorsatz, eine Figur aus jeder Perspektive zu studieren, fügt er hinzu, man könne sich dafür eines Spiegels bedienen, da man sich dann nicht vom Platz zu bewegen habe. Man müsse sich dann lediglich am Platz selbst niederbeugen oder sich zur Seite neigen, dadurch bewege man sich schon um sie herum. Einige Seiten später ergänzt er, man solle die Dinge nur als im Spiegel Gesehene zeichnen, um sich daran zu gewöhnen, „das Trompe-l'œil zu hassen".[23]

Sehen und Berühren

Aus bildgeschichtlicher Perspektive ist Degas eine schwierige und widersprüchliche Figur. Er lässt sich kaum in jene klassische Verlaufsgeschichte der Moderne integrieren, die, mit reicher Vorgeschichte in Klassizismus, Romantik und Realismus, vom Impressionismus ausgehend über Cézanne und den Kubismus die ungegenständliche Kunst des 20. Jahrhunderts entstehen sieht. Degas ordnet sich keiner dieser Strömungen zu, allerdings weniger, weil er ein gänzlicher Außenseiter wäre, sondern weil er sie sämtlich durchquert, ohne sich veranlasst zu sehen, zwischen ihnen zu wählen. Wenn man jene Entwicklung überdies mit Clement Greenberg als zunehmende Eliminierung der dritten Dimension zugunsten der „reinen Sichtbarkeit" des Bildes zu begreifen versucht[24], fügt sich Degas dieser Entwicklung allein schon wegen seiner um den Körper kreisenden Kunst nicht ein. Degas erweist sich viel eher als zentrale Figur einer *anderen* Geschichte der Moderne: der Geschichte einer Kunst, die nicht allein auf der visuellen Ähnlichkeit zwischen Welt und Bild beruht, sondern zumindest ebenso sehr auf einem Darstellungsprozess als materielle Berührung. In dieser Geschichte entfernt sich der dargestellte Gegenstand nicht aus dem immer abstrakter und unkörperlicher werdenden Bild, sondern Bild und Gegenstand bewegen sich umgekehrt aufeinander zu, bis es zum Zusammenstoß und zur Verschmelzung kommt. Der Maler seinerseits tritt immer näher an die Leinwand heran, so als verspürte er den Drang, ins Bild hineinzusteigen. Die Bildfläche wird zur Membran, wo beide Bewegungen aufeinander treffen und sich berühren. Körperlichkeit wird verschoben, übertragen und ausgetauscht. Dabei kreuzen sich Exkorporation und Inkorporation. Reale Körper werden ins Bild entkörperlicht, im Gegenzug verkörpert sich das Bild.

Bei Degas manifestiert sich die Darstellung als Berührung und Verkörperung auf ganz unterschiedlichen Ebenen, die hier jeweils nur angetippt werden können. Auf eine der offensichtlichsten kann hier sogar lediglich hingewiesen werden: auf den produktiven Wettstreit zwischen Bild und Plastik, die sich gegenseitig inspirieren und wechselseitig auseinander hervorgehen. Bleiben wir bei den Bildern, so sei zunächst das Motiv der Selbstberührung der Figuren angesprochen (*Farbabb. 6*). Auffällig oft werden die Tänzerinnen beim Zurechtzupfen ihres Kostüms, dem Befestigen einer Haarspange oder beim Binden ihrer Schuhe gezeigt, so dass Sehen und Berühren, Blickrichtung und Geste sich treffen. Stellt man sich überdies den Künstler vor, wie er genau diesen innerbildlichen Berührungspunkt zeichnet, also seinerseits Blick und Hand an jene Stelle lenkt, dann sehen wir eine Konstellation entstehen, in der nicht nur die Hände des Künstlers und der Ballerina sich wechselseitig wiederholen, sondern das Zeichnen mit dem Gezeichneten zusammenfällt.

Im Unterschied zu den Tänzerinnen liegt die Selbstberührung bei den Badenden sozusagen in der Natur der Sache. Gleichwohl ist bemerkenswert, wie häufig Degas Frauen zeigt, die sich trocknen (*Abb. 3*). Sie tun das mit Tüchern, die in Materialität und Textur den Wand- und Vorhangstoffen stark angenähert sind. Damit beginnt zwischen der Grundfläche des Bildes und den Wand- und Vorhangstoffen einerseits, zwischen den Wand- und Vorhangstoffen und den Badetüchern andererseits ein metonymisches Spiel. Degas scheint den Bildraum nur zu vertiefen, um ihn wieder an die Oberfläche des Bildes zurückkehren zu lassen und dabei Bild und Körper miteinander zu verflechten. Überspitzt könnte man sagen, die Figur trockne sich mit dem Bild selbst ab.

Die Überschneidung von Visualität und Taktilität zeigt sich weiterhin auf der Ebene der malerischen oder zeichnerischen Ausführung der Bilder. Der Darstellungsprozess hinterlässt eigensinnige Flecken und Kratzer, durch die jenes bereits früher beschriebene Formlose auftaucht, das die Form angreift und die Transparenz des Bildes trübt. Die heftigen Schraffuren auf dem Rücken der Frau (*Abb. 3*) sind teilweise Glanzlichter, die dem Körper Plastizität verleihen und dem Rücken gleichsam einen „Blick" einpflanzen.[25] Teilweise handelt es sich aber auch, etwa beim linken Schulterblatt, um Strichspuren, die eher die Bildoberfläche als den Körper markieren. Solche Stellen – zu denen der orangefarbene, gegenständlich nicht zu fassende Fleck unter dem rechten Oberarm hinzuzählen wäre – sind paradoxe Phänomene, da sie dem Dargestellten äußerlich bleiben, ja dessen Kohärenz in Frage stellen, als indexikalische Spuren des Künstlers jedoch die unmittelbarsten, sozusagen innerlichsten Stellen der Bilder sind. Sie haben einen ähnlich paradoxen Effekt wie bei der *Femme au tub* (*Farbabb. 5*) die plötzlich auftretende Unförmigkeit eines Beins, das sich aus dem anatomischen Zusammenhang löst und zu verfließen beginnt, dadurch aber umso fleischiger wirkt. Somit schillern die Markierungen, Schraffuren und Tupfen zwischen zwei bei Degas stets miteinander konkurrierenden Sinnen. Als Träger des Lichts verweisen sie auf den Sehsinn, als Fleck im Bild hingegen auf den Tastsinn.[26]

Degas pflegt einen höchst eigensinnigen Umgang mit den bildnerischen Techniken. So setzt er bei den Pastellen die einzelnen Farbstriche roh nebeneinander, ohne sie mit einem Tuch oder einem Lederlappen zur homogenen Oberfläche zu glätten, die traditionell als besonderer Reiz dieser Technik gilt.[27] Er schätzt die Direktheit des Mediums: die Möglichkeit, die Farbe in Gestalt der Pastellkreide in Händen zu halten, sowie Farbe und Linie mit einem einzigen Strich setzen zu können. Der Auftrag fast reinen Pigments lässt zudem eine Oberfläche entstehen, die derjenigen von Haut und Textilien, die Degas bevorzugt darstellt, besonders nahe kommt. Die roh schraffierende Pastelltechnik führt auf der einen Seite dazu, das Malen als „Darstellung" und das Malen als „Bedecken der Bildfläche" auseinandertreten, ja in Konflikt miteinander geraten zu lassen. Indem Degas' Pastelltechnik jedoch den Charakter des Färbens und Einreibens annimmt, so wie man Textilien färbt oder die Haut pudert, beginnen andererseits Farbmaterie und dargestellte Stofflichkeit, gezeigte Tätigkeit und zeichnerisches Handwerk ineinander zu fließen. Letzteres befördert Degas durch seine halb amateurwissenschaftlichen, halb alchemistischen Experimente mit den bildnerischen Verfahren, die auch der Pastelltechnik gelten.[28] Er modifiziert diese, als wolle er sein Atelier in jene Badestube verwandeln, die er darstellt. Um weichere und mattere, aber unvermindert leuchtkräftige Töne zu erreichen, wäscht er die Pastellkreiden mehrmals in Wasser und legt sie anschließend zum Trocknen in die Sonne. Oder er mischt die wasserlöslichen Pastelle mit Glyzerin und Soda, um auf diese Weise eine „Pastell-Seife", wie er es nennt, zu erhalten.[29] Schließlich entwickelt er ein Verfahren, Wasserdampf über die Bilder zu blasen, wobei eine geringere Bedampfung die Farbpartikel zu einem aquarellartigen, lasurähnlichen Film auflöst, eine stärkere Bedampfung die Farbe hingegen zu einer Crème verdickt, die er mit den Fingern verreiben kann. Indem er auf diese letztere Weise vor allem die Hautpartien behandelt, scheinen Malerei und Körperpflege tatsächlich ineinander aufgehen zu wollen.

Die Metonymie des künstlerischen Aktes

Einmal auf diese Korrespondenz zwischen gezeigter Tätigkeit und künstlerischem Tun aufmerksam geworden, lässt sie sich, in jeweils unterschiedlicher Ausprägung, auch bei den meisten anderen Sujets entdecken. Am Tanz fasziniert Degas nicht nur jene von Valéry beschriebene raumzeitliche Ornamentik, die ihm Anlass für die Versuche bietet, Linie und Bewegung zu vereinigen.[30] Der Künstler der zehn-, ja hundertfachen Wiederholung derselben zeichnerischen Geste spiegelt sich zugleich in der rigorosen Disziplin der Tänzerinnen, deren repetitives Üben von Haltungen und Schrittfolgen und deren Bereitschaft, ihr Selbst in der Technik zum Verschwinden zu bringen, die scheinbare Mühelosigkeit und formale Abstraktheit des Tanzes erst ermöglichen. Es dürfte also kein Zufall sein, dass unter den Tanzbildern die Darstellungen trainierender Ballerinen die weitaus umfangreichste Gruppe bilden. Eine andere Variante jener Korrespondenz finden wir bei den Wäscherinnen, beispielsweise den *Blanchisseuses portant du linge* von 1878–1879.[31] Das blendend weiße Leinen, das sie in ihren großen Körben tragen, sieht aus wie pure Farbe, die zugleich daraus herauszufließen scheint, um sich über eine Leinwand zu verteilen, die wie eine Mauer erscheint, die gerade mit breiten Pinselstrichen geweißt wird. In wiederum anderer Weise zeigt sie sich bei der *Repasseuse* von 1873[32], bei dem Degas das zu bügelnde Textil in heftigen Pinselstrichen aufträgt, deren Breite und Ausrichtung dem Bügeleisen und seiner Bewegung entsprechen. Degas hält nicht nur große Stücke auf die Sondersprache seines Metiers[33], sondern interessiert sich genauso für die speziellen Ausdrücke der Berufe, die er darstellt. So erinnert sich Edmond de Goncourt daran, wie Degas seine Wäscherinnen- und Büglerinnenbilder vorführt und dabei in deren Tätigkeit eintaucht, indem er „ihre Sprache spricht und uns fachmännisch den *pressenden* Bügeleisenstoß, den *kreisenden* Bügeleisenstoß usw. erklärt".[34]

In den 1890er Jahren entwickelt Degas zwei Methoden, die ihm das Weiterarbeiten an seinen Motiven erleichtern und zu einer spezifischen Form seriellen Arbeitens führen. Er stellt Konterabdrucke seiner Kohlezeichnungen und Pastelle her, indem er sie auf angefeuchtetes schweres Papier drückt, oder paust die Umrisse durch dünnes Pauspapier durch. Danach arbeitet er an diesen Kopien weiter, verändert, ergänzt und kombiniert sie, um davon gegebenenfalls erneut Abklatsche oder Pausen herzustellen, usw. Auf diese Weise entstehen zahlreichen Gruppen beinahe identischer, seitenverkehrter oder ineinander montierter Blätter, deren einzelne Exemplare keine Entwürfe im Hinblick auf eine endgültige Formulierung sind, sondern Stationen einer offenen Bilderfolge, die sich qua Berührung fortpflanzt. Dasselbe Phänomen wird erneut beim späten Picasso anzutreffen sein, der bei seiner obsessiven Wiederholung gewisser Sujets teilweise ebenfalls mit Durchpausverfahren arbeitet. Picasso kommentiert sein Tun mit Worten, die wohl auch auf Degas zutreffen dürften. Was ihn interessiere, sei die Bewegung des Malens, das dramatische Vorstoßen von einem Anblick zum nächsten, auch wenn dieser Vorstoß nicht bis zum Ende geführt werde. Er habe den Punkt erreicht, so Picasso weiter, wo ihn die Bewegung seines Denkens mehr beschäftige als sein Denken selbst.[35]

In den letzten beiden Jahrzehnten seiner künstlerischen Tätigkeit gewinnt Degas Bildproduktion den Zug einer sich selbst vollziehenden Reproduktion. Sie wird zu einem immanenten Prozess, von dem die Außenwelt und deren Wahrnehmung zunehmend ausgeschlossen bleiben. Von Darstellung in herkömmlichem Sinn – als einer auf dem Sehen gründenden Abbildbeziehung von Modell und Bild – kann hier kaum mehr gesprochen werden. Unter anderem daraus resultiert der entrückte, traumbildartige Charakter der späten Arbeiten, die etwas zeigen, das weniger von einem bestimmten Standpunkt aus gesehen als vielmehr aus einer horizontlosen Untiefe aufzutauchen scheint.[36] Gleichzeitig geht Degas immer stärker dazu über, nicht an neuen Werken zu arbeiten, sondern frühere Bilder oder Plastiken zu retouchieren (wörtlich: wieder zu berühren), womit die künstlerische Arbeit vollends zirkulär wird. Bei diesen Überarbeitungen gehen Schöpfung und Zerstörung Hand in Hand. Als das Atelier nach Degas' Tod inventarisiert wird, findet man nicht nur zahlreiche durch Übermalungen fast unkenntlich gewordene Bilder, sondern auch hunderte von Skulpturenteilen, die über die Etagen des Hauses verteilt sind.[37] Die Darstellung jener eigengesetzlichen, von allen zeitlichen, räumlichen und situativen Bedingtheiten freigesetzten Bewegungsformen, die Degas' Spätwerk umkreist, wird von der immanenten und zirkulären Bewegung des künstlerischen Tuns bis zu dem Punkt überformt, wo es zu einer Implosion kommt, die das Werk vernichtet.

In Degas' Werkprozess tritt ein metonymischer Zug heraus, der mit dem in Beziehung zu stehen scheint, was die Psychoanalyse als Metonymie des Begehrens beschreibt.[38] Der Künstler, der die tatsächliche Berührung mit einem anderen Körper offensichtlich kaum erträgt,[39] überträgt sie in den künstlerischen Prozess. Dinge und Materialien kommunizieren miteinander und stehen füreinander ein. In Haaren erkennt er den schimmernden Glanz polierten Holzes, in Kleidungsstücken Körper, in Steinen ein Schulterblatt und in der Haut eine Landschaft. Dabei sei es besonders die

Farbe, so Degas, die das Lebende, das Tote und das Vegetierende miteinander verbinde.[40] Wenn es eine Zäsur in seinem Œuvre gibt, dann vielleicht jene tiefe psychische Krise in der Mitte der 1880er Jahre, wo er spürt, dass in ihm, wie er in einem Brief formuliert, eine Türe zugefallen sei. Er fühlt sich alt und sieht einem einsamen, dauerhaft zölibatären Leben entgegen. Angesichts von lauter Projekten, die er ins Nichts laufen sieht, glaubt er den Faden auch in künstlerischer Hinsicht verloren zu haben.[41]

„Wo sind die Zeiten", klagt er in einem anderen dieser niedergeschlagenen Briefe, „in denen ich mich für stark hielt? Als ich voller Logik und voller Pläne war? Ich werde immer stärker abrutschen und hinabrollen, ohne zu wissen, wohin, eingehüllt in viele schlechte Pastelle wie in Packpapier."[42]

Doch dann scheint es Degas zu gelingen, eben jenes Eingehülltsein in die eigene Kunst als die ihm gemäße Quelle künstlerischer Energie zu begreifen. In dem Augenblick, wo Kunst und Leben auseinander zu laufen beginnen, investiert er sein Begehren ausschließlich in die Kunst. Gleichzeitig zieht er sich mit einer Entschiedenheit von der Welt zurück, welche die Zeitgenossen irritiert. Sie erklären sie mit einer Misanthropie, die Degas zwar wie ein Schutzschild vor sich her trägt, die aber in seinen Bildern und Plastiken nicht wiederzufinden ist, selbst wenn dies gelegentlich behauptet wird. So steht die Klage des alternden Degas, in seinen „Packpapieren" zu verschwinden, am Beginn der Zeit, in der seine eindringlichsten Arbeiten entstehen.

Anmerkungen

1 Theodore Reff, *Degas. The Artist's Mind*. London 1976, 55.
2 Degas, zit. in: Paul Valéry, *Degas Danse Dessin*. Paris 1946, 10; deutsch in: Paul Valéry, *Tanz, Zeichnung und Degas*. Übers. v. Werner Zemp, revidierte Auflage, Frankfurt/M. 1996, 7 (Übersetzung modifiziert).
3 Alain Badiou, *Petit Manuel d'inesthétique*. Paris 1998, Kapitel 6: „La danse comme métaphore de la pensée", 91–111, bes. 92 ff.; deutsch: Alain Badiou, *Kleines Handbuch zur In-Ästhetik*. Übers. v. Karin Schreiner, Wien 2001, Kapitel 6: „Der Tanz als Metapher für das Denken", 79–96, bes. 80 ff.
4 Degas: Brief an Henri Rouart (ohne Datum [1886]), in: *Lettres de Degas*. Gesammelt und kommentiert von Marcel Guérin, mit einem Vorwort von Daniel Halévy, Paris 1945, 119 (Übersetzung M. L.).
5 Vgl. dazu die Bemerkung Italo Calvinos: „Ich erwähne nebenbei, daß das Italienische meines Wissens die einzige Sprache ist, in der das Wort *vago* [vage, unbestimmt] auch die Bedeutung ‚anmutig, reizvoll' haben kann: Dank seiner ursprünglichen Bedeutung [*vagare* = umherschweifen, auf der Wanderschaft sein] schwingt in *vago* eine Idee von Bewegung und Veränderlichkeit mit, die sich im Italienischen ebensogut mit dem Ungewissen und Unbestimmten wie mit der Anmut und dem Liebreiz verbindet." (Italo Calvino, *Lezioni americane. Sei proposte per il prossimo millenio*. Mailand 1988, Kapitel 3: „Esattezza", 57–77, hier: 59; deutsch: Italo Calvino, Sechs Vorschläge für das nächste Jahrtausend. Harvard-Vorlesungen. Übers. v. Burkhart Kroeber, München/Wien 1991, Kapitel 3: „Genauigkeit", 81–112, hier: 86).
6 Daniel Halévy, *Degas parle*. Hg. v. Jean Pierre Halévy, Paris 1960, Neudruck 1995, S. 131 f. (Übersetzung M. L.) – Zu den späten Landschaftsmonotypien, vor allem zu deren Eigenart, die visuelle

Impression in einen singulären drucktechnischen *Abdruck* zu verwandeln, der in seiner beinahe unförmigen Abstraktheit auf paradoxe Weise vergeistigt wirkt, siehe: Carol Armstrong, *Odd Man Out. Readings of the Work and Reputation of Edgar Degas*. Chicago/London 1991, 205–209.

7 Zum präzisen Vergleich dieser Bilder, siehe: Richard Kendall, Signs and Non-Signs: Degas' Changing Strategies of Representation, in: *Dealing with Degas. Representations of Women and the Politics of Vision*. Hg. v. Richard Kendall und Griselda Pollock, London 1992, 186–201, bes. 186–190; zur malerisch-koloristischen Ausführung des späteren Bildes, siehe auch: Ders., *Degas beyond Impressionism*. Ausst. Kat. The National Gallery, London. London 1996, 115.

8 In der Zwischenzeit entstehen mehrere Pastelle und Ölgemälde, die als Zwischenglieder in der Entwicklung des Sujekts gelten können; siehe beispielsweise: Paul-Andé Lemoisne, *Degas et son œuvre*. 4 Bde., Paris 1946–1949, Nr. 768 u. Nr. 769.

9 Studien im Umfeld des früheren Tanzbildes zeigen, dass Degas die Figuren schon damals in einer Weise groß, flüssig und summarisch entwarf, die dem späten Bild sehr nahe kommt. Degas hat die Details nachträglich einem Bild hinzugefügt, das sich dadurch zwar dem Publikumsgeschmack annäherte, auf den er damals zielte, sich aber im gleichen Zuge von seinen Interessen zu entfernen scheint. Zu diesen Vorstudien, siehe: Richard Thomson, *The Private Degas*. London 1987, 46–48. – Für die „schwebende" Malweise der späten Bilder, in welcher die Immaterialisierung des Gezeigten und die Materialisierung des Bildes qua Malerei sich kreuzen, war Delacroix eine wichtige Inspirationsquelle, und zwar nicht nur durch seine Bildschöpfungen, denen sich Degas damals als Sammler wie als Kopist erneut zuwandte, sondern auch durch dessen *Journal*, das 1893 publiziert wurde und das sich Degas vorlesen ließ. Zur Rolle des Vagen in Delacroix' *Journal*, siehe vom Verf., Subjekt und Medium in der Kunst der Moderne. Delacroix – Fontana – Nauman, in: *Zeitschrift für Ästhetik und Allgemeine Kunstwissenschaft* 46, 2001, 227–254, bes. 230–237.

10 „Wenn man das Relief zeichnen will, muss man von seinem Modell dreimal so weit entfernt sein wie dessen größte Ausdehnung beträgt." (Edgar Degas, Notizbuch 1 [1853], 2, in: *The Notebooks of Edgar Degas. A Catalogue of the Thirty-Eight Notebooks in the Bibliothèque Nationale and Other Collections*. Hg. v. Theodore Reff, 2 Bde., Oxford 1976, Bd. 1, 35 [Übersetzung M. L.]).

11 Zur Ausführung dieses Pastells siehe die präzise Beschreibung in: Anthea Callen, *The Spectacular Body. Science, Method and Meaning in the Work of Degas*. New Haven/London 1995, 126 f.

12 Degas, Notizbuch 30 (ca. 1877–1883), 65 u. 210, in: Reff (wie Anm. 10), Bd. 1, 134 (Hervorhebung Degas; Übersetzung M. L.).

13 Degas (wie Anm. 12), 196, in: Reff (wie Anm. 10), 134 f. (Übersetzung M. L.).

14 John Rewald, *Degas. Works in Sculpture. A Complete Catalogue*. New York/London 1944, Nr. XX. Zum Entwurf und zur Ausführung dieser Plastik, siehe: Thomson (wie Anm. 9), 80–86, sowie: *Degas*. Hg. v. Jean Sutherland Boggs/Henri Loyrette/Michael Pantazzi/Gary Tinterow, Ausst. Kat. Galeries nationales du Grand Palais, Paris. Paris 1988, 342–346.

15 Die parallel zum Notizbuch 30, in welchem Degas das zitierte Arbeitsprogramm notiert, benutzten Notizbücher 29 und 31 enthalten mehrere vorbereitende Skizzen zu diesem Bild. Siehe: Reff (wie Anm. 10), Bd. 1, 132 u. 135, sowie die entsprechenden Reproduktionen in Bd. 2.

16 Degas spielt über sein ganzes Œuvre hinweg mit Bildern im Bild, welche die Beziehung zwischen Bild und Blick reflexiv brechen; siehe dazu: Reff (wie Anm. 1), Kapitel 3: „Pictures within Pictures", 90–146. *Miss Lala au cirque Fernando* wird von Reff in diesem Zusammenhang allerdings nicht diskutiert.

17 Vgl. Valéry, *Degas* (wie Anm. 2), 61; deutsch: Valéry, *Tanz* (wie Anm. 2), 41: „Der Künstler tritt vor und tritt zurück, er neigt sich bald nach dieser, bald nach jener Seite, er blinzelt, er benimmt sich, als sei sein gesamter Körper nur ein Zubehör seiner Augen, er selber vom Scheitel bis zur Sohle ein bloßes Instrument im Dienste des Zielens, Punktierens, Linierens, Präzisierens."

18 Degas, zit. in: Valéry, *Degas* (wie Anm. 2), 129; deutsch in: Valéry, *Tanz* (wie Anm. 2), 85; Degas, Brief an Paul Bartholomé (17. Januar 1886), in: *Lettres de Degas* (wie Anm. 4), 119 (Übersetzung M. L.).

19 Zum Ornamentalen bei Degas, siehe: Marion Vogt, *Zwischen Ornament und Natur – Edgar Degas als Maler und Photograph* (Diss. Saarbrücken 1996). Hildesheim/Zürich/New York 2000.

20 Zur Relation von Kontingenz und Komposition bei Degas siehe: Max Imdahl, Die Momentfotografie und ‚Le Comte Lepic' von Edgar Degas (1970), in: Ders., *Zur Kunst der Moderne*. Hg. v. Angeli Janhsen-Vukićević (Gesammelte Schriften, Bd. 1), Frankfurt/M. 1996, 181–193, besonders die Formulierung, 187: „Es geht in den Bildern von Degas nicht um Strukturen der Versöhnung von Komposition und Kontingenz, sondern es geht um Extremformulierungen des einen unter der Bedingung des anderen."

21 Valéry, *Degas* (wie Anm. 2), 26; deutsch: Valéry, *Tanz* (wie Anm. 2), 18 (Hervorhebungen Valéry).

22 Zum *contraposto* bei Degas siehe: Thomson (wie Anm. 9), 56 ff. Degas studierte es an den alten Meistern, beispielsweise am Jüngling, der die Treppe hinaufsteigt, in Raffaels *Schule von Athen*, und übertrug es auf zeitgenössische Motive, seien es Tänzerinnen oder auch Körbe tragende Wäscherinnen, wie auf einem großartigen Gemälde von ca. 1878-1979 (Privatsammlung; Lemoisne [wie Anm. 8], Nr. 410).

23 Degas, Notizbuch 30, 65 u. 210, in: Reff (wie Anm. 10), Bd. 1, 134 (Übersetzung M. L.).

24 Clement Greenberg, Modernist Painting, in: *The New Art. A Critical Anthology*. Hg. v. Gregory Battcock, New York 1966, 100–110, hier: 105.

25 Zum Licht bei Degas vgl. folgenden Notizbucheintrag: „Viel an den Effekten des Abends arbeiten, Lampen, Kerzen usw. Das Reizvolle ist nicht immer die Quelle des Lichts zu zeigen, sondern den Effekt des Lichts." (Degas, Notizbuch 23 [1868–1872], 45, in: Reff [wie Anm. 10], Bd. 1, 117 [Übersetzung M. L.].) Degas arbeitete häufig bei künstlichem Licht, und auch seine Motive, beispielsweise das Ballett und das *Café concert*, sind Welten künstlicher Illumination. Zur Entstehungszeit dieses Pastells beschäftigte er sich zudem intensiv mit der Fotografie, und auch hier wählte er meistens die abendliche Dunkelheit, um den Raum mit mehreren Petroleumlampen sorgfältig auszuleuchten und auf diese Weise die Glanzpunkte gezielt auf Menschen und Dinge zu verteilen. Degas scheint sich jeweils für die Triangulation zu interessieren, die das Licht, das beleuchtete Objekt und den Blickpunkt in einer Weise aufeinander bezieht, dass jede Bewegung eines dieser Elemente zu einer Veränderung der Erscheinungsweise des Gegenstandes führt. Das Interesse an dieser Triangulation ist im Zusammenhang mit Degas' Eigenart zu sehen, die Kompositionen kaum je orthogonal, sondern meistens schräg anzulegen. – Zu Degas' fotografischem Verfahren, siehe: Antoine Terrasse, *Degas et la photographie*. Paris 1983, bes. 16 u. 24 f., sowie: Douglas Crimp, Positiv/Negativ: Eine Bemerkung zu Degas' Photographien, in: *Wege zu Edgar Degas*. Hg. v. Wilhelm Schmid, München 1988, 310–323; zur Rolle und Ästhetik der künstlichen Beleuchtung von öffentlichen und privaten Räumen im Paris des 19. Jahrhunderts, siehe: Wolfgang Schivelbusch, *Lichtblicke. Zur Geschichte der künstlichen Helligkeit im 19. Jahrhundert*. München/Wien 1983, bes. die Kap.: „Der Salon", 149–178, u. „Die Bühne", 179–209.

26 Im Französischen sind „tache"/„Fleck" und „touche"/„Berührung" etymologisch verwandt. Siehe dazu: Richard Shiff, Cézanne's physicality: the politics of touch, in: *The language of art history*. Hg. v. Ivan Gaskell und Salim Kemal, Cambridge 1991, 129–180, bes. 146 u. 168 f. – Zur Konkurrenz von Seh- und Tastsinn bei Degas siehe: Armstrong (wie Anm. 6), 197 f.

27 Zu Degas' Pastelltechnik siehe: Callen (wie Anm. 11), 124 ff.

28 Siehe dazu insbesondere: Reff (wie Anm. 1), Kap. 7: „The Artist as Technician", 270–303, außerdem: Vogt (wie Anm. 19), 76 ff.; Kendall (wie Anm. 7), 60 ff. u. 97 ff. – Auf die zahlreichen Experimente mit anderen künstlerischen Medien, insbesondere mit verschiedenen Drucktechniken, kann hier nicht weiter eingegangen werden, obschon sie im Zusammenhang des hier Diskutierten äußerst aufschlussreich sind. Siehe dazu den informativen Katalog über die Lithografien und Radierungen: *Edgar Degas: The Painter as Printmaker*. Hg. v. Sue Welsh Reed und Barbara Stern Shapiro, Ausst. Kat. Museum of Fine Arts, Boston. Boston 1984. Zu den Monotypien, siehe: Eugenia Parry Janis, *Degas Monotypes. Essay, Catalogue and Checklist*. Ausst. Kat. Fogg Art Museum, Harvard. Cambridge/MA 1968.

29 Vgl. das entsprechende Rezept in Degas' Notizbuch 34 (1880–1884), 3 verso, in: Reff (wie Anm. 10), Bd. 1, 140.

30 Entsprechend soll Degas gesagt haben, die Tänzerin sei für ihn „nur ein Vorwand zum Zeichnen".

(Zit. in: George Moore, The Painter of Modern Life, in: *Magazine of Art*, 13 [1890], 416–425, hier: 423 [Übersetzung M. L.]).
31 Privatsammlung; Lemoisne (wie Anm. 8), Nr. 410; vgl. (meine) Anm. 22.
32 New York, Metropolitan Museum; Lemoisne (wie Anm. 8), Nr. 356.
33 Valéry, *Degas* (wie Anm. 2), 133; deutsch: Degas, *Tanz* (wie Anm. 2), 87.
34 Edmond et Jules Goncourt, *Journal. Mémoires de la vie littéraire*. 3 Bde., Bd. 2: 1866-1886, hg. u. komm. v. Robert Ricatte, Paris 1989, 570 (Eintrag vom 13. Februar 1874). (Hervorhebung Goncourt; Übersetzung M. L.). Der Hinweis auf diese Stelle in: Reff (wie Anm. 1), 273.
35 Zit. in: Rosalind E. Krauss, The Im/Pulse to See, in: *Vision and Visuality*. Hg. v. Hal Foster (Dia Art Foundation, Discussions in Contemporary Culture, Bd. 2), Seattle 1988, 51–75, hier: 74. Krauss widmet sich in diesem Text (sowie in dem Buch, das unter anderem darauf aufbaut: Dies., *The Optical Unconscious*, Cambridge/MA 1993), dem Verhältnis von Sehen, Berühren und Trieb in einer Weise, die auch für den hier skizzierten Zusammenhang einschlägig ist, obschon Krauss ihre Beispiele sämtlich dem 20. Jahrhundert entnimmt.
36 Die Immanenz der späten Bildproduktion verbindet sich häufig mit der *innerbildlichen* Spiegelung einzelner Figuren, die am Beispiel der *contraposto*-Figuren im Pastell der *Danseuses* (Abb. 6) diskutiert wurde. Diese Spiegelung führt, so wurde festgestellt, zur Verwischung der Grenze zwischen Wirklichkeit und Bild – ein Befund, der auch für die hier angesprochene Relation *zwischen* den einzelnen Bildern gilt.
37 Reff (wie Anm. 1), 299 ff.
38 Auf diese Nähe zwischen künstlerischen und psychischen Prozessen spielt der Titel dieses Aufsatzes an, indem er den Titel von Freuds Abhandlung über metonymische Prozesse in der psychoanalytischen Kur zitiert: Sigmund Freud, Erinnern, Wiederholen und Durcharbeiten (1914), in: Ders., *Schriften zur Behandlungstechnik* (Studienausgabe, Ergänzungsband), Frankfurt/M. 1975, 205–215.
39 Siehe das in seiner Schüchternheit bewegende Notat im Notizbuch 30 (1877–83), 15, in: Reff (wie Anm. 10), 133: „Eines Abends legte ich meine Hand auf ihre Schulter, befangen und verwirrt. Ich wusste nicht, was ich tat. Dann fühlte ich ihre Wange, die sie zu ihrer Schulter geneigt hatte und die plötzlich meine Hand berührte." Vgl. auch Manets Beobachtung: „Es fehlt ihm an Natürlichkeit; er ist unfähig, eine Frau zu lieben, er kann es ihr nicht sagen, geschweige denn etwas tun." (Brief Manets an Berthe Morisot, zit. in: Reff [wie Anm. 10], 31, Anm. 3. [Übersetzungen M. L.]).
40 Vgl. Degas, Notizbuch 22 (1867–1874), 3 f. und Notizbuch 30 (1877–1883), 208, in: Reff (wie Anm. 10), 110 u. 134, sowie: Halévy (wie Anm. 6), 132. Vgl. auch das berühmte Pastell einer Steilküste von 1890/92 (Sammlung Jan und Marie-Anne Krugier; Philippe Brame und Theodore Reff, *Degas et son œuvre. A Supplement*. New York 1984, Nr. 134). Ihm liegt das Pastell einer sitzenden Frau, deren Haar gekämmt wird, zugrunde. Degas dreht es um 90 Grad und arbeitet es zu einer Landschaft um.
41 Degas, Brief an Henry Lerolle (21. August 1884), in: *Lettres de Degas* (wie Anm. 4), 80 (Übersetzung M. L.).
42 Degas, Brief an Paul Bartholomé (16. August 1884), in: *Lettres de Degas* (wie Anm. 4), 79 (Übersetzung M. L.).

Gerhard Neumann

Traumbild und Stillleben
Präsenz und Absenz in der Poetik Robert Musils

1.
Wenn von der „Gegenwart der Bilder" die Rede ist, so begreift man wohl deren Gegenwärtig-Machen – als eigentliche Arbeit der Mimesis – heute nicht mehr im Sinne einer umstandslosen Abbildung von Wahrgenommenem, sondern als eine Operation, die mit einem doppelten Status des wahrgenommenen Bildes rechnet; dass nämlich in diesem Bild, das sich als gegenwärtig präsentiert, eine zweifache Energie wirksam ist: die der Konstruktion wie zugleich diejenige der Löschung des Bildes; die Dynamik der Gestaltung und der Prozess der Entstaltung gleichermaßen; damit aber getragen vom Bewusstsein, daß die Präsenz des Bildes nicht ohne dessen vorgängige wie nachträgliche Absenz gedacht werden kann. Dabei ist es offensichtlich, dass dieses prekäre Problem der Repräsentation von Welt – als der spezifischen Krise des Bildes in der Moderne – nicht nur die Maler und ihre Deuter, sondern auch die Dichter und ihre Leser beschäftigt. In diesem Feld des Repräsentations-Disputs scheinen mir nun aber nicht diejenigen literarischen Autoren am interessantesten zu sein, die sich der Frage nach der Gegenwart der Bilder – sei es nun in der erfahrenen Welt oder im verfassten Text – von der Rhetorik her nähern, also etwa dem Blick auf den Status der Tropen im Erzählen von Wirklichkeit; sondern vielmehr diejenigen, die sich Gedanken über das morphologische Geschehen der Bildwerdung selbst machen; also über das Fühlen, das Handeln, das Reflektieren oder, genauer gesagt, das „Sinnen"[1] – wie es bei Hegel heißt –, das zum Auffinden, zum Entstehen und zur Verwandlung von Bildern führt: zu deren Bedrohung mit Auflösung einerseits, zu deren Stabilisierung als „Stillleben", als „nature morte" andererseits. Man könnte sogar behaupten, dass es nicht wenige Dichter gibt, die ihre Texte – gewiss im Gewand, oder unter dem Vorwand[2], eines politischen, erotischen oder pädagogischen Narrativs – im wesentlichen als Geschichte der Wahrnehmung und Bildschöpfung schreiben und zu lesen geben; also als ein Schritt um Schritt sich bildendes und umbildendes Szenario dessen, was „die Gegenwart des Bildes" in der Kultur heißen kann: nicht ein „lebendes Bild", ein „tableau vivant", sondern vielmehr ein „Roman des Bildes", ein „Bildungs-Prozess" im Spiel mit dessen problematischem Präsenz-, Repräsentations- und Performanz-Charakter, seinem Triebschicksal (um mich eines Freudschen Begriffs zu bedienen) und dessen Metamorphosen in der Kultur.

Ein solcher Roman des kulturellen Schicksals der Bilder in der Moderne, ihrer Konstruktion und ihrer Löschung, ist in ausgezeichneter Weise Robert Musils unvollendetes Riesenwerk „Der Mann ohne Eigenschaften". Ich möchte diesen Text geradezu als die serielle Inszenierung einer Geschichte der Bilder in der modernen Kultur lesen: jener Bilder insbesondere, die das Brechen ihrer Referenz in Szene setzen; also in ihrer Präsenz zugleich von der Vorgängigkeit und Nachträglichkeit ihrer Absenz zeugen, oder diese Präsenz gerade erst im Zusammenspiel zwischen Vorgängigkeit und Nachträglichkeit gewinnen. Musils Roman erzählt – und hierauf läuft die These meiner Überlegungen hinaus – die Geschichte des Bildes als Repräsentationsmedium von Wirklichkeit; und zwar in Gestalt einer Geschichte der erotischen Energie in der Kultur. Genauer gesagt: Mimesis-Geschichte, also Geschichte der Wahrnehmung und Gestaltung von Wirklichkeit, bindet sich für Musil an die Geschichte einer inzestuösen Verdopplung, eines Tabu-Geschehens; an die Erzählung eines Geschwister-Inzests. So gesehen erweisen sich Bilder als Träger und Ausdrucksformen der nie arretierbaren erotischen Dynamik der Kultur, Eros aber umgekehrt als Träger der Episteme der Welt.

Die Geschwisterliebe zwischen Ulrich und seiner jüngeren Schwester Agathe, die der Roman „Der Mann ohne Eigenschaften" zu schreiben sich anschickt, lässt sich somit als Geschichte des Bildes und seiner Funktionen in der Kultur begreifen. In einem Brief an Franz Blei vom 9. Juli 1934 sagt Musil über seine Novelle „Die Vollendung der Liebe", die er selbst als eine Vorstudie zum „Mann ohne Eigenschaften" verstanden hat, er schreibe „die letzte Liebesgeschichte [...], mit der dieser interessante Gegenstand untergehen wird"[3]. Die Idee der Androgynie als epistemischer Weltformel, die in der „Vollendung der Liebe" nur anklingt, wird im „Mann ohne Eigenschaften" in die Vorstellung des Geschwisterinzests, der „Zwillingsliebe" umgewandelt. Diese Geschichte einer Geschwisterliebe, die der Roman ausschreibt, rückt die Idee des Inzests fast unvermerkt, aber nachhaltig, in die Korrespondenz zu einer dualistischen Weltformel. Sie wird zum Modell des „Gleichnisses", wie Musil formuliert, durch das Bilder (als Ab-Bildungen der Welt) ihre Gegenwart empfangen und ihren Status zwischen Präsenz und Absenz, zwischen Referenz und Referenzlosigkeit gewinnen. Musil geht – obwohl er zweifellos einer der rationalsten Autoren ist, die die deutsche Literatur besitzt – bei der Konzeption seines Romans doch davon aus, dass sich das Problem des Bildes in der Kultur nicht logisch bearbeiten oder gar philosophisch lösen, sondern nur szenisch veranschaulichen läßt: durch Erzählen der Konstruktion des Bildes als einer Sequenz von Erlebnissen, mit denen die Räume geschaffen werden, die zu Schauplätzen der Herstellung und der Stabilisierung, aber auch der Bedrohung und der Auslöschung von Bildern werden. Musil, der sich in seiner Frühzeit gelegentlich Monsieur le vivisecteur nannte, konzipierte, so gesehen, seine Texte von Anfang an als Schauräume von Experimentanordnungen. Man könnte mit Rücksicht hierauf sagen, dass er schon in der Novelle „Die Vollendung der Liebe", aber dann vor allem im Roman „Der Mann ohne Eigenschaften" die Probe aufs Exempel eines Theaters macht, auf dessen Bühne buchstäblich die „Gegenwart des Bildes" – als das Drama seiner impliziten Dynamik – gespielt werden kann. Es ist die Szene des Blickes, die Szene der Auffindung und zuletzt die Szene der Herstellung des Bildes, die Musil in diesen Sequenzen von Erlebnissen seiner Romanfiguren zu öffnen sucht. Diesem Schauraum, diesem Theater der Bildwerdung, das Musil in seinem Roman „Der Mann ohne Eigenschaften" inszeniert, möchte ich mich jetzt zuwenden.

2.
Gegen Ende des Ersten Buchs im zweiten Teil des Romans werden von Musil in zwei wichtigen Kapiteln die Prämissen für das zu entwickelnde Drama von der „Gegenwart des Bildes" geliefert. Das eine Kapitel (Nr. 115) entwirft dabei den erotischen Schauplatz der Bildwerdung, das andere (Nr. 116) den politischen: Beide Schauplätze gehören für Musil zusammen, bilden möglicherweise Segmente ein und desselben Ereignisraums im Feld einer zu konstruierenden Formel des Welterkennens. Ich möchte im Folgenden einen genaueren Blick auf diese zwei Kapitel werfen.

Das erstgenannte Kapitel trägt den Titel „Die Spitze deiner Brust ist wie ein Mohnblatt" und schildert, wie man bei solcher Betitelung vermuten kann, eine etwas prekäre Situation. Ulrich, der „Mann ohne Eigenschaften", nimmt teil an einer Soirée bei der Gesellschaftsdame Diotima, die er platonisch verehrt. Seine derzeitige Geliebte Bonadea dringt aus Eifersucht in diese Soirée ein – unter dem Vorwand, Ulrich wieder für den Strafprozess des Sexualverbrechers Moosbrugger zu interessieren, der in eine entscheidende Phase eingetreten sei. (In der Kulturgeschichte der Liebe, die der Roman zu inszenieren sucht, spielt die Konfiguration von Sexualität und Gewalt, die der Mörder Moosbrugger „repräsentiert", eine Schlüsselrolle.) Rachel, die Zofe Diotimas, die Ulrich ihrerseits verehrt, wittert einen amourösen Skandal und führt Bonadea, sei es nun aus Diskretion oder um der Pikanterie willen, ins Schlafzimmer Diotimas; dorthin geleitet sie auch Ulrich – freilich ohne dass Diotima etwas davon erfährt. Als Ulrich eintritt, steht Bonadea am Fenster und blickt in die „spiegelnde Undurchsichtigkeit" hinaus: „[D]ie warmen Spitzen ihrer Brüste", heißt es im Text, „berührten die kalten Fensterscheiben" (580). Ulrich hat sich inzwischen neben sie gestellt und sie blicken nun gemeinsam hinaus. Ulrich versucht, sich insgeheim über die Konfiguration Rechenschaft abzulegen, die hier Gestalt gewinnt: ein erotisches Fluidum, das zwischen ihm, drei Frauen und einem Sexualmörder zu „strömen" und zu „kristallisieren" beginnt (1113).[4] Lässt sich eine solche Szene konfigurativer erotischer Realisierung überhaupt verbildlichen, lässt sie sich mit den üblichen rhetorischen Mitteln „repräsentieren"? Lassen Dynamisches und Statisches dieser Situation der Bildwerdung sich aufeinander abbilden? Dies ist die Frage, die sich, als eine gewissermaßen metapoetische, für Ulrich (und die Erzählinstanz des Romans) stellt. Welche Art von Realität ist es, die hier erfahren wird, wenn von einem „Bild", wenn von einem „Gleichnis" die Rede ist? Ulrich hatte – so heißt es im Text – aufs stärkste den Eindruck, in eine mildkalte Oktobernacht hinauszustarren, obgleich es Spätwinter war, und es kam ihm vor, die Stadt sei in sie eingehüllt wie in eine ungeheure Wolldecke. Dann fiel ihm ein, daß man ebenso gut von einer Wolldecke sagen könnte, sie sei wie eine Oktobernacht. (580)

Aus diesem Gleichnis und der in ihm enthaltenen Kippstruktur, aus diesem „Vergleich", wenn man dem gängigen Sprachgebrauch der Rhetorik folgen will, springt Ulrich in seinen Überlegungen alsbald in ein zweites Bild hinüber, mit dem er sich seiner Konfiguration mit dem Mörder Moosbrugger (und den drei beteiligten Frauen) zu versichern sucht. Er werde, so Ulrich zu Bonadea, sich nicht für Moosbrugger verwenden, denn das wäre so, „wie wenn ich von der Spitze deiner Brust geträumt hätte, sie sei wie ein Mohnblatt. Darf ich darum schon glauben, daß sie wirklich eines ist?" (580)

Und dann erinnert sich Ulrich an einen Traum (es ist ein dritter Bildkomplex), den er kürzlich geträumt hat: von der vergeblich versuchten Überquerung eines Berghanges; von Schwindelgefühlen bei dieser Besteigung; also vom Scheitern des versuchten Überwechselns vom einen in das andere Terrain. Was sich hier wie ein erlebter Raum zu konfigurieren scheint, ist in Wahrheit eine Metaphernlandschaft, die Inszenierung eines Feldes der Grenzüberschreitung zwischen Eigentlichkeit und Uneigentlichkeit; im Grunde einer radikalen Destabilisierung von Referenz. Dieser Traum Ulrichs scheint ihm mit dem Bild vergleichbar, das, in der augenblicklichen Situation zwischen Präsenz und Absenz angesiedelt, die Struktur genau jener realen Situation wiedergibt, mit deren Bewältigung er im Augenblick beschäftigt ist: bei dem Blick durch den Rahmen des Fensters in eine Spätwinternacht, die wie eine Oktobernacht oder wie eine Wolldecke erscheint. Der Traum liefert so, wie der Text sagt, das Bild der „vergeblichen Versuche seines Geistes, die [...] ganz einem Gehn ohne Weg glichen, das über irgendeinen [Grenz-] Punkt nicht hinauskommt" und, bei allem traumatischen Bemühen, den Terrainwechsel nicht ermöglichen. Plötzlich aber, mitten in diesem Bewusstseinsdilemma, tritt in Ulrich „jene Helle des Bewußtseins ein, wo man mit einem Blick seine Kulissen sieht, samt allem, was sich dazwischen abspielt". Was hier, als Erkenntnisszenario, in Geltung tritt, ist die doppelte Vorstellung eines Theaters, das errichtet wird, und eines Fensters, das sich öffnet; Guckkasten und Rahmenüberschreitung also, das Paradox eines Blicks nach innen und eines Blicks nach außen zugleich. Ulrich erkennt:

> Die Beziehung, die zwischen einem Traum und dem, was er ausdrückt, besteht, war ihm bekannt, denn es ist keine andere als die der Analogie, des Gleichnisses [...]. Ein Gleichnis enthält eine Wahrheit und eine Unwahrheit, für das Gefühl unlöslich miteinander verbunden. Nimmt man es, wie es ist, und gestaltet es mit den Sinnen, nach Art der Wirklichkeit aus, so entstehen Traum und Kunst, aber zwischen diesen und dem wirklichen, vollen Leben steht eine Glaswand. Nimmt man es mit dem Verstand und trennt das nicht Stimmende vom genau Übereinstimmenden ab, so entsteht Wahrheit und Wissen, aber man zerstört das Gefühl. Nach Art jener Bakterienstämme, die etwas Organisches in zwei Teile spalten, zerlebt der Menschenstamm den ursprünglichen Lebenszustand des Gleichnisses in die feste Materie der Wirklichkeit und Wahrheit und in die glasige Atmosphäre von Ahnung, Glaube und Künstlichkeit. Es scheint, dass es dazwischen keine dritte Möglichkeit gibt [...] (581f.).

Mit dieser Reflexion gelingt es Ulrich nun zwar, sich aus seiner heiklen Situation mit Bonadea im Schlafzimmer Diotimas zu lösen, wobei Bonadea ihm entgegenhält: „Im Traum denkst du doch auch nicht, sondern du erlebst irgendeine Geschichte!" (582), und hinzufügt, daß sie ihrerseits ja auch in der Tat ganz von dem großen Gefühl getragen sei, „daß sie [selbst] eine Geschichte erlebe" (582). Aber Ulrich löst sein Problem - die Frage nach dem Status der Bilder in der Gefühls- und Gesellschaftswelt, in der er lebt - damit nicht; das Problem nämlich, „daß ein Mensch, auch nüchtern betrachtet, für den anderen nicht viel mehr bedeutet als eine Reihe von Gleichnissen" (580). Und es kommt ihm zum Bewusstsein, dass es offenbar nichts Drittes zwischen Wirklichkeit auf der einen, Traum oder Kunst auf der anderen Seite gebe: außer der schwarz spiegelnden Glaswand eben, die halb diaphan und halb opak ist, Durchblick und Spiegel zugleich.

Diese von Ulrich, dem „Mann ohne Eigenschaften", erlebte Szene – die man als eine Art von „staging" der Bildentstehung in der Kultur auffassen könnte – enthält alle Elemente, die für Musils Schauplatz der Herstellung des Bildes und der Konstruktion seiner labilen Präsenz in der Kultur von Bedeutung sind: Da ist das Fenster, das den Blick auf die Welt öffnet und zugleich blind ist; da ist der Rahmen, der für einen fokussierten Blick auf das Bild unerlässlich geworden ist – wie man übrigens seit Albertis berühmtem Traktat „De Pictura" weiß[5]; da ist die Glaswand zwischen innen und außen, eine Membran, die transparent oder opak ist, den Blickenden blendet und ihn zugleich widerspiegelt; da ist die Waage, die die Metapher zwischen Wirklichkeit und Traum bildet; da ist die Vertauschbarkeit der Pole des sprachlichen Gleichnisses, Wolldecke und Oktobernacht; da ist die Kulturtheorie vom Gleichnis als „zerlebter" Lebenseinheit, die Vorstellung vom Prozess der Zivilisation als einer dynamischen Spaltung in Denken und Erleben, in „Sein" und „Bedeuten"; da ist der Gedanke von der erotischen Konfiguration als Gleichnis mit zwei Unbekannten, eines inzestuösen Dualismus; da ist zuletzt die Utopie von einem Dritten, welches ein vermittelndes Bild, ja ein Fluidum sein könnte, das Vorbild und Abbild verbindet – das Organon eines Zwillings-Geschwisters, das in einer späteren Phase des Romans dann in persona (nämlich in Gestalt von Ulrichs Schwester Agathe) erscheinen wird; und zwar in dem späten Kapitel „Das Sternbild der Geschwister Oder Die Ungetrennten und Nichtvereinten" (1337). Dort wird Musil diese Bildfigur der Geschwisterlichkeit als Gleichnis der Weltordnung und als Organon der Ordnungsstiftung in der Welt entwerfen.

Das zweite Kapitel, mit dem Musil den Grundriss seines Anliegens einer Problemgeschichte des Bildes in der Kultur exponiert, folgt unmittelbar auf das eben erläuterte und trägt den Titel „Die beiden Bäume des Lebens und die Forderung eines Generalsekretariats der Genauigkeit und Seele" (583). Die Szene spielt im gleichen Salon wie die des vorangegangenen Kapitels, das Gespräch handelt aber nicht von Erotik, sondern von der Politik. Es entspinnt sich unter den prominenten Anwesenden ein Disput um die Notwendigkeit einer zündenden Idee für die sogenannte „Parallelaktion", ein vaterländisches Projekt in der Donaumonarchie, das in Konkurrenz zur Vorbereitung des Regierungsjubiläums Wilhelms II. in Preußen steht. Das Gespräch im Salon Diotimas konzentriert sich dabei mehr und mehr auf die Frage, wie eine bildhafte Vorstellung dieses Projekts, wie also ein politisches Symbol zu „etwas Wahrem und Wirklichem" gemacht werden könne (583). „Angesichts solcher Geschehnisse", heißt es da, „war es lächerlich, an Gleichnisse und verschwimmende Grenzformen zu denken" (591). Und dann ist – wiederum im kulturtheoretischen Verstande – von jenen beiden Bäumen des Lebens die Rede, die nach den Paradiesesbäumen aus der Genesis modelliert sind; den zwei Bäumen des Lebens und des Wissens, die die beiden Grundverhaltensweisen des schillernden Gleichnisses und der Eindeutigkeit repräsentieren: waches Denken und Handeln auf der einen Seite; „Verbindung der Vorstellungen, die im Traum herrscht" auf der anderen Seite: als die „gleitende Logik der Seele" (593), wie Musil sich ausdrückt. Und hier, in diesem Kapitel, wird sozial, ja politisch noch einmal verstärkt, was im zuvor behandelten Kapitel auf die individuelle Situation der Erotik gemünzt war. Ein Schlüsselsatz lautet: „[V]ielfältige Beziehungen des Menschen zu sich und der Natur […] lassen sich nicht anders begreifen als in Gleichnissen." (593) Jede „höhere Humanität", so Ulrich, bestehe in dem Versuch, „diese beiden großen Lebenshälften des Gleichnisses und der Wahrheit miteinander zu verschmelzen" – bei einer Trennung beider habe man „ein wenig Wahrheit gewonnen und den ganzen Wert des Gleichnisses zerstört" (593).

Was in diesen beiden Szenen, also den Kapiteln 115 und 116, in grundsätzlicher und die künftigen Ereignisse prägender Weise exponiert wird, könnte man als vierfach akzentuierte Modellierung der Strategien zur Verbildlichung von Welt lesen: als die Probe aufs Exempel der Fokussierung von Aufmerksamkeit in der Kultur durch die Liebesszene, die Wahrnehmungsszene, die Erkennungsszene (Anagnorisis) und die Szene der Versprachlichung. Dieses Szenendoppel erweist sich – in seiner Gesamtheit – als eine Art von Theater, eine In-Szene-Setzung der Möglichkeiten von Bildstiftung in der Kultur. Wenn somit diese beiden einander gegenübergestellten Szenen – am Ende des Ersten Buches des Romans – die Prämissen für das Problem der Bildstiftung in der Kultur bereitstellen, wie es sich Musil darstellt, so wird diese Frage dann im Zweiten Buch des „Mannes ohne Eigenschaften" in ein höheres Register geführt und in einer neuen Konfiguration erprobt: als eine Erotik der Weltwahrnehmung nämlich, die, mit der Brechung des Inzest-Tabus, jenseits aller kulturellen Lizenz liegt. Denn hier taucht Agathe auf, die vergessene Schwester Ulrichs, in der der Held des Romans sein „Zwillingsgeschwister" erkennt (und, genau genommen, auch ‚konstruiert', denn sie ist ja in Wirklichkeit gar nicht sein Zwilling): eine erotische Doppelgängergestalt, mit der zusammen er, wie er plötzlich gewahr wird, die Figur eines neuen „Gleichnisses" für das Weltverstehen bildet. Sie sei, so wird gesagt, „eine traumhafte Wiederholung und Veränderung seiner selbst": Ulrichs nämlich (694), des Bruders. Die vier Leitvorstellungen des Gleichnisses, wie Musil es als Organ der Welterfahrung begreift, erscheinen in der Verknüpfung des Paares mit aller Deutlichkeit verkörpert: Traum, Wiederholung (Verdopplung), Verwandlung (Metamorphose) und Entstellung (Anamorphose).

3.
Die beiden anderen für das Geschwister-Gleichnis als Wahrnehmungsmodell bedeutsamen Kapitel, denen ich mich nun zuwenden möchte, tragen die Titel: „Die Geschwister am nächsten Morgen" (1056ff.) und „Beginn einer Reihe wundersamer Erlebnisse" (1081ff.). Es handelt sich um jenen Moment im Roman, wo sich die zunächst ausgeschlossene dritte Möglichkeit des Bildes einzustellen scheint, von der zu Beginn die Rede gewesen war und in der die beiden „zerlebten" Hälften des Lebens sich vereinigen könnten: nämlich die Idee des Hermaphroditen. Ein Argument zu solcher Deutung (oder Umdeutung) liefert das Motiv der Zwillingsschwester, also das Bild des sich verdoppelnden Ichs, des „Hermaphroditen", wie es wörtlich im Text heißt, des „zusammengewachsene[n] Zwilling[s]" (659).

Zunächst also ein paar Bemerkungen zu dem Kapitel „Die Geschwister am nächsten Morgen": Hier findet sich erneut der für Musil so charakteristische Schauplatz der Zweisamkeit am Fenster, wie schon in jenem Kapitel, das den Besuch Ulrichs im Schlafzimmer Diotimas und die Zweisamkeit mit Bonadea zeigt: das Paar in einem geschlossenen Raum, die Placierung am Fenster, der Blick nach draußen; aber hier nun, im Gegensatz zu der heiklen Szene mit Bonadea, ist es „[d]er Traum, zwei Menschen zu sein und einer" (1060), der aus dem Blick des Bruders auf die Schwester erwächst. Und zwar so, „daß das quellende Wasser vor den Fenstern plötzlich fleischig wurde wie eine aufgeschnittene Frucht und seine schwellende Weichheit zwischen sie – Agathe – und Ulrich drängte" (1061).

Etwas ganz Ähnliches ereignet sich auch im zweiten genannten Kapitel. Dessen „wundersame Erlebnisse" beginnen mit einem Blick Ulrichs auf die Schwester: auf „die liebliche Körperlichkeit dieses Bildes" (1082), wie es heißt, die nun zu einem Gleichnis für das Weltverhalten und die Weltwahrnehmung gerät. Dieses „Bild" – so heißt es im Text – schien seinen „Rahmen verloren zu haben und ging unvermittelt und unmittelbar in den Körper Ulrichs über" (1082). Ulrich umfasst Agathe mit den Armen, hebt sie aus dem Rahmen des Bildes, das sie bietet, und trägt die Schwester „durch das dunkelnde Zimmer ans Fenster und stellte sie neben sich in das milde Licht des Abends, das ihr Gesicht wie Tränen überströmte" (1082). Genau an dieser Stelle des Textes, wo in einer einzigen Situation Rahmung, Rahmensprengung und Fensteröffnung ineinanderwirken, führt Musil im Blick auf die Gleichnisstruktur des Geschehens den Begriff des „Bildes" ein, seiner „Inbrunst", wie es heißt, in der Präsenz und Absenz zusammenschließen: „[M]an hätte es", schreibt Musil in Bezug auf diese Situation der Vereinigung, „vielleicht wieder mit der wundersamen Inbrunst eines Bildes vergleichen können, das für die Hand, die es von außen ergreift, nichts als eine lächerliche, angestrichene Fläche ist […] Der geschwisterliche Wuchs der Körper teilte sich ihnen [den Geschwistern] mit, als stiegen sie aus einer Wurzel auf." (1083f.). Diese Erkennungsszene, als „gemeinsame[r] Zustand […]" (1083), erscheint als „vollkommene […], wenn auch noch schattenhafte […] Vereinigung" (1083) – ein „schwärmerische[s] Gleichnis", wie der Text sagt. Und Ulrich hebt an diesem Zustand das in der Verdopplung „gesteigerte Selbst" (1085) hervor. Er sagt:

Es ist ein Gleichnis. „Wir waren außer uns", „Wir hatten unsere Körper vertauscht, ohne uns zu berühren", sind auch Gleichnisse! Aber was bedeutet ein Gleichnis? Ein wenig Wirkliches mit sehr viel Übertreibung. Und doch wollte ich schwören, so wahr es unmöglich ist, daß die Übertreibung sehr klein und die Wirklichkeit fast schon ganz groß gewesen ist! (1084)

An diese aus der Begegnung mit der Zwillingsschwester erwachsenden Experimente mit dem Bild-Begriff und seiner Gleichnis-Struktur – in den beiden Kapiteln „Die Geschwister am nächsten Morgen" (1056ff.) und „Beginn einer Reihe wundersamer Erlebnisse" (1081ff.) – schließt sich nun aber eine dritte Serie von Experimenten an. Jetzt präzisiert Musil den Begriff des Bildes, den er für das Gegenwärtig-Werden des Gleichnisses – im Sinne einer „Vereinigung" des ‚Zerlebten' – benutzt, durch denjenigen des Bildnisses, also des Porträts, und den des Stilllebens, der „Nature morte": Und zwar geschieht dies in einer Serie von diaristischen Aufzeichnungen Ulrichs. Agathe findet nämlich eine Art Tagebuch ihres Bruders, in dem dieser die Entstehung von Gefühlen, die Wirklichkeit bilden, zu rekonstruieren versucht – und zwar einerseits vor dem Hintergrund der zeitgenössischen Psychologie (die ja auch zeitweise ein Arbeitsgebiet Robert Musils war); andererseits aber vor der langen Tradition religiöser Mystik, der Aufzeichnungen eines Joachim von Fiore, einer Hildegard von Bingen, einer Therese von Avila. Ulrichs Gedankengang ist hier dieser: Wenn vorausgesetzt ist, dass die „amphibische Zweideutigkeit des Gefühls" (1162) bewirkt, dass dieses – so heißt es in diesen Aufzeichnungen – sich „in mir und außer mir" (1161) bildet, dann muss es darum gehen, die Grenze zwischen Gedanken und Gefühl auszukundschaften und so dem Bild, das genau an dieser Stelle zu entstehen scheint, auf die Spur zu kommen: „das Fühlen", so formuliert Musil an einer späteren Stelle, ist „die ‚Energie' im Kreislauf der geistigen Offenbarungen" (1249).

Im Blick auf das Gefühl in Bezug zum „‚äußeren und inneren Verhalten'" (1164) spricht Ulrich dann – abermals in seinem von Agathe aufgefundenen Tagebuch – von der „Inbrunst mancher Bildnisse – und es gibt Bildnisse, nicht nur Bilder, auch von Dingen". Diese Inbrunst der Bildnisse, nicht nur von Menschen, sondern auch von Dingen – man könnte auch von deren physiognomischem Pathos sprechen – beruhe „nicht zuletzt darauf, daß sich in ihnen das einzelne Dasein in sich hinein öffnet und gegen die übrige Welt abschließt" (1165). Anknüpfend daran nimmt dann Ulrich aber im Rückblick Bezug auf jene Szene, in der er Agathe aus dem „Rahmen des Bildes, das sie darbot", gehoben und neben sich an das Fenster gestellt hatte – mit dem Blick durch den Fensterrahmen nach draußen gerichtet. Es heißt da – und Agathe liest, was Ulrich über ihr gemeinsames Gleichnis-Erlebnis schreibt:

Als ich also Agathe auf den Arm nahm und wir uns beide aus dem Rahmen des Lebens genommen und in einem anderen [Rahmen] vereinigt fühlten, war vielleicht etwas Ähnliches mit unserem Gefühl geschehen [...] und darum sagten wir, wir wären aus der Welt gewesen, und in uns, und haben für dieses bewegte Ein- und Innehalten, diese wahre Einkehr und dieses Einswerden aus fremden Teilen den sonderbaren Vergleich mit einem Bild gebraucht. (1165)

Das so entstandene Bild, das Innewerden, „Inbrunst", Präsenz der Absenz im Innehalten zugleich ist, beweise aber – so Ulrich –, „wie sich zwei Geschehensbereiche, die einander völlig unähnlich bleiben können, doch in einander abzubilden vermögen" (1165). Worum es geht, ist also Mimesis, ein Abbildungs-Ereignis als Weltwahrnehmung, das Präsenz und Absenz, Innen und Außen spannungsvoll verbindet, rahmend und Rahmen auflösend zugleich, Inbegriff (Inbrunst) und Überschreitung in eins verschmolzen.

4.
Es ist nun aber dieser „sonderbare Vergleich" der Zwillingsbeziehung, des erotischen Erkennens zwischen Agathe und Ulrich, „mit einem Bild", der dann, in zwei späteren Szenen, noch einmal aufgearbeitet wird, und zwar im Kapitel „Es ist nicht einfach zu lieben" (1223ff.) und dem diesem zugeordneten komplementären Kapitel „Atemzüge eines Sommertags" (1306f.). Es handelt sich in beiden Fällen um die gleiche idyllische Situation: Ulrich und Agathe haben es sich an einem Sommertag im Freien in zwei Gartenstühlen bequem gemacht und sprechen über die Liebe. Es geht in diesem Gespräch um die Gegenstände der Liebe und um die verschiedenen „ungleichen Verbindungen", die sich zwischen Liebenden einstellen: Die Gegenwart des Bildes – als ein zutiefst heikles Ereignis, in dem die Präsenz des Bildes nicht ohne dessen vorgängige wie nachträgliche Absenz gedacht werden kann – erscheint im Gleichnis der Instabilität der Liebe und ihres Augen-Blicks. Beim Nachdenken über diesen „regelnde[n] […] Austausch" gerät Ulrich „auf das, was in der Malerei Stilleben genannt wird, oder nach dem entgegengesetzten, aber ebenso guten Vorgang einer fremden Sprache die Nature morte" (1229) heißt. Zunächst sei es ja etwas Lächerliches, mit einem gemalten Hummer oder spiegelblanken Trauben „de[n] menschliche[n] Appetit" zu malen; aber bei genauerem Nachdenken greife – so Ulrich – dieses Bild „tiefer zurück […]" (1229). Und Ulrich fügt hinzu:

> Denn in den wirklichen Stilleben – Dingen, Tieren, Pflanzen, Landschaften und Menschenkörpern, die in den Kreis der Kunst gebannt worden sind – zeigt sich etwas anderes, als sie darstellen, nämlich die geheimnisvolle Dämonie des gemalten Lebens. (1230)

Mit anderen Worten: Im Stillleben trete zweierlei zusammen und mache seinen spezifischen Präsenz-Status aus, Stillstellung *und* Prozess, Lebensdynamik *und* Mortifikation. Die „Nature morte" sei ein Bild, das etwas anderes zeigt, als es darstellt. Stillleben, so verstanden, bieten Präsenz und Absenz, Dynamik und Stillstellung des Bildes in einem. Es ist dann Agathe, die verständnisvoll ergänzt, „daß alle wahren Stilleben diese glückliche unersättliche Traurigkeit erregen" (1230). Genau diese Melancholie der Präsenz des Bildes, die Absenz impliziert, ist es aber, auf die es Musil in seinem Roman, der die Kulturgeschichte des Bildes erzählt, ankommt. Ulrich fasst den Gedanken auf folgende Weise zusammen: „Eigentlich malen alle Stilleben die Welt vom sechsten Schöpfungstag; wo Gott und die Welt noch unter sich waren, ohne den Menschen!" (1230)

Die Pointe, die in dieser Musilschen Bestimmung des „Bildes" zwischen Präsenz und Absenz steckt, möchte ich schon hier vorwegnehmen und formulieren, ehe ich den Gang der Argumentation über das Bild, seine „Gegenwart" und seine poetologische Funktion bei Musil weiter verfolge. Diese Pointe scheint mir Folgendes zu beinhalten: Die Abwesenheit des Menschen am sechsten Schöpfungstag in Anbetracht der Präsenz der Dinge im „Stillleben", der „Nature morte" im Angesicht Gottes schafft zwei einander entgegengesetzte Dimensionen der Unsichtbarkeit im Anwesenden, geboren aus eben jener „Nachträglichkeit"[6], in der der zum Bewusstsein erwachte Mensch in der Schöpfung sich immer schon befindet: eine Öffnung in die Transzendenz; und eine zweite Öffnung ins Unbewusste. Da ist auf der einen Seite die Öffnung in das Jenseits des ganz Anderen, also theologisch gesprochen, die Dimension der Realpräsenz in der Eucharistie, durch die im Gleichnis von Brot und Wein das Fleisch und das Blut Christi wahre Gegenwart erlangen – gerade indem dieses „ens realissimum", das in der Verwandlung anwesend ist, unsichtbar bleibt. Da ist auf der anderen Seite die Öffnung ins Unbewusste: also psychoanalytisch gesprochen, die Dimension der Gegenwartskraft des Traumas, das als verdrängtes, in seiner Bildlichkeit entstelltes „Gebilde" in den Bildern des Traums Präsenz und Absenz zuglich fingiert – und zwar seinerseits als Abwesendes, dessen Entstelltsein Bedeutung zugleich offenbart und verschließt. So ist es zum einen das Bildmuster der „ekstatischen Konfessionen" der Mystik[7], zum anderen dasjenige der Verschiebung und Verdichtung des Bildes im Sinne der Psychoanalyse, das die Musilsche Erörterung über die Labilität der Präsenz von Bildern prägt. Es ist, anders gesagt, der Ikonoklasmus der Psychoanalyse einerseits, das Repräsentationsparadox der Eucharistie andererseits; die zwei markanten Anschlussstellen für das Problem von der Gegenwart des Bildes in der Kultur, das mit dem „Stillleben" als Szene des Referenz-Bruchs, die das Bild selbst zur Schau stellt, gegeben ist.

In dieser Situation, bei der Vergegenwärtigung und „Inszenierung" des Zusammenhangs, in dem das Bildparadox steht, haben nun die beiden Geschwister beträchtliche Schwierigkeiten:

> Denn – so heißt es im Text – sich auskömmlich über die unheimliche Kunst des Stillebens oder der „Nature morte" zu äußern, war ihnen beiden deren seltsame Ähnlichkeit mir ihrem eigenen Leben hinderlich. (1230)

Der seltsame Reiz des Stilllebens sei – so Ulrich – nicht nur „Spiegelfechterei", sondern auch „ätherische Nekrophilie" (1231). Die Geschwister müssen konstatieren,

> [d]aß ihnen die zur Welt und von der Welt zurückführende Brücke des Handelns fehlte […] Unheilig betrachtet, erinnerten sie [d. h. die gemeinsamen Erlebnisse] alle ein wenig an ein Porzellan-Stillleben, und an ein blindes Fenster, und an eine Sackgasse, und an das unendliche Lächeln von Wachspuppen unter Glas und Licht, die auf dem Weg zwischen Tod und Auferstehung steckengeblieben zu sein scheinen und weder einen Schritt vor noch zurück tun können. (1311)

Der Stillleben-Status des Bildes impliziert also zweierlei zugleich: verzögerte Mortifikation zum einen und arretierte Epiphanie zum anderen.

5.

Eine abermals gesteigerte Konfiguration solcher Erwägungen über das Gleichnis, das Geschwister-Beziehung und Weltordnungsmodell zugleich zu sein beansprucht, bietet dann das schon erwähnte Kapitel „Das Sternbild der Geschwister Oder Die Ungetrennten und Nichtvereinten" (1337). Der hier erreichte Bild-Begriff besitzt nunmehr die denkbar größte Spannweite. Das Bild im hier verstandenen Sinne wird aus einer Wahrnehmung abgeleitet, die durch eine Glasscheibe erfolgt, ein halb opakes Medium, das den Blick teils passieren lässt, teils aber nur den Hineinblickenden widerspiegelt (1342): Präsenz und Absenz des Bildes stehen „auf der Kippe". Ulrich spricht von einem „Bildsein ohne Ähnlichkeit". Dies sei, so abermals Ulrich, „ein sehr allgemeiner und sehr unsinnlicher Begriff von Bildlichkeit": „In diesem Sinn kann eine mathematische Formel das Bild eines Naturvorganges sein, so gut wie die sinnliche äußere Ähnlichkeit eine Abbildung begründet" (1342). Mathematische Formel, die der genauen Abbildung entgegengestellt und durch ein Drittes der „Ähnlichkeit", also des „Gleichnisses" vermittelt wird: Dies ist die spezifische Konfiguration von „Mimesis", auf die es Musil ankommt. Es ist dies auch der Augenblick im Gespräch der Geschwister, wo Agathe auf die „neuen Maler" und ihre Ästhetik zu sprechen kommt – man schreibt etwa das Jahr 1938.[8] Diese Maler, so sagt sie, würde ein solcher Bildbegriff, der ja einer der „Abstraktion" ist, „in Begeisterung versetzen" (1342). Und Ulrich kommt eine Einsicht zu Bewusstsein, die untergründig ja schon den ganzen Roman durchzieht: „Man sagt doch von einem Gleichnis auch, daß es ein Bild sei. Und ebenso gut ließe sich von jedem Bild sagen, daß es ein Gleichnis wäre. Aber keines ist eine Gleichheit [...]." Daraus erwachsen die „ganz dunklen und unähnlichen Nachbildungen" (1348): „Sinnbild, Gleichnis, Bild, es geht ineinander über" (1345) Ein Bild, das als Gleichnis aufgefasst wird, erscheint als Spiegelfechterei und Nekrophilie, als Realpräsenz und Mortifikation von Sichtbarkeit zugleich.

Diese Weite des Begriffs, so Ulrich in dem genannten Gespräch mit der Schwester, sei geradezu das Merkmal der „erfinderische[n] Ungenauigkeit der Einbildung" (1345) – die zwischen Präsenz und Absenz oszilliert. Damit wird aber die ikonographische Reflexion ein letztes Mal mit der Geschichte der Liebe der beiden Geschwister zusammengeführt: „[W]as über Abbildungen gesprochen worden, verband sich darin mit dem Bild der Zwillinge" (1348) – das ja zugleich ein Sternbild, eine kosmische Figur ist.[9] Das „Gleichnis" erscheint nunmehr innerhalb eines weitgespannten Bedeutungsfeldes, das durch die Vorstellungen des Körpers, des Bildes, des Zeichens, der Formel, der Figur und des Ikons markiert ist. Ereignis, Bild und Sprache: Alle drei Momente stehen im Zeichen des „Gleichnisses", als der Weltformel, die auf dem Fundament der Mimesis aufruht und sich ins Kosmische erweitert, also das „Sternbild der Geschwister" bildet.

Musils Auseinandersetzung mit dem Problem des Gleichnisses erscheint mir deshalb so interessant, weil es im Grunde eine Auseinandersetzung mit der Frage nach dem Bild in der Kultur ist, seiner Funktion und seiner Herstellbarkeit. Diese Frage führt bei Musil in eine wahrnehmungstheoretische Aporie, die aus einer doppelten Erfahrung erwächst; der Erfahrung einerseits von der Ambivalenz des „wahren Zeichens" und seines Abbildungsanspruchs; der Erfahrung andererseits von der „Unschlüssigkeit der Welt" (724), wie Musil es gelegentlich ausdrückt.

Vor diesem repräsentationsaporetischen Hintergrund kann gesagt werden: Musils Roman „Der Mann ohne Eigenschaften" wird durchzogen von einer Experimenten-Reihe, die die Frage nach dem Status des Bildes, seiner Ambivalenz zwischen Präsenz und Absenz, seiner Stabilität und seinem Zerbröckeln (um nicht zu sagen seinem „Verfall", seiner „Dekadenz") narrativ entfaltet. Es ist eine Situationen-Reihe, die durch die szenischen Kerne der Vorstellungen Bild – Vergleich – Gleichnis – Analogie – Bildnis – Abbild – Stillleben – Traumbild – Symbol – Ikon – Parabel markiert ist. Die Hypothese, die hinter dieser Versuchsreihe steht, hat wiederum zwei Bestandteile: Zum einen geht es um die Erfahrung der wegrutschenden Bilder in der scheinbar so stabilen europäischen Repräsentationskultur – es ist ja zugleich ein altes Problem der Bildwissenschaft, bezeichnet durch die Stichworte der Perspektive wie der Anamorphose, wie sie bei Descartes und Niceron auftauchen und wie sie durch die Bücher von Baltrušaitis in ihrer Bedeutung bekräftigt worden sind.[10] Zum anderen geht es um die Erfahrung, dass die Bilder auf der Grenze zwischen Innen und Außen hergestellt werden und einer ständigen, labilen Verwandlung – einer dynamischen Gestaltung und Entstaltung zugleich – unterworfen sind. Musil schreibt:

> In Wahrheit ist das Verhältnis der Außen- zur Innenwelt nicht das eines Stempels, der in einen empfangenden Stoff sein Bild prägt, sondern das eines Prägstocks, der sich dabei deformiert, so daß sich seine Zeichnung, ohne daß ihr Zusammenhang zerrisse, zu merkwürdig verschiedenen Bildern verändern kann. (1435)

Zur Versuchsanordnung, die Musil entwickelt, gehören naturgemäß jene Elemente, die in der Geschichte der modernen Kunst sämtlich für die Herstellung der Gegenwart des Bildes von Bedeutung sind: das Fenster als Grenze zwischen Innen und Außen; die Ziehung eines Rahmens, der den Blick „steuert"; die in Rechnung-Stellung von Zentralperspektive und Focus; die Sicherung des Verhältnisses von Oberfläche und Tiefe; die Stabilisierung des Verhältnisses von Diesseits und Jenseits.[11] Die Versuche, die Musil im Fortgang seines Romans anstellt, laufen aber zuletzt auf jenes Bild-Paradox hinaus, dem er den Namen „Stillleben" verleiht: Je strenger die Stillstellung, desto heikler die Stabilität des Bildes; oder anders gesagt: Genau in der Stillstellung des Bildes bricht dessen dem Anschein nach so stabile Referenz; Präsenz wird somit immer schon von Absenz durchkeimt. Was Musil mit seinem Roman über die Herstellung von Bildern in der Kultur liefert, ist, so könnte man sagen, eine poetische Phänomenologie samt ihrer Crux einer Repräsentationsstrategie, die zwischen Epiphanie und Auslöschung ihr Spiel treibt, Bild als Gleichnis und Ungleichnis, als Ähnlichkeit und Entstellung zugleich begreifen muss. Dabei erzählt Musil dieses

Wissens- und Erkenntnisproblem als eine Liebesgeschichte, die zugleich die Geschichte eines Inzests ist: Der inzestuöse Liebesakt, das Zusammenspiel der „Ungetrennten und Nichtvereinten" (1337), der „Siamesischen Zwillinge" (899ff.), erscheint als Gleichnis des Aktes der Herstellung von Bildern; ein heikles Verdopplungsgeschehen der Produktion von Präsenz und Absenz, ein Vorgang des Erkennens der Welt, in dem Geist und Gefühl, „Genauigkeit und Seele" (597) – wie Ulrich einmal programmatisch formuliert – zusammenwirken. Salopp ausgedrückt: Musils Roman arbeitet an der Ausbildung eines „Generalsekretariats der Genauigkeit und Seele" (583); dessen Zentrum aber ist eine Bildagentur.

Exkurs 1: Der Ikonoklasmus der Psychoanalyse

Für Sigmund Freud sind die Bilder des Traums wie die des Bewusstseins a priori „falsche Bilder". Träume, wie Symptome, sind ihm nur Bilder, die einen tieferen Sinn, eine ganz andere Wahrheit verdecken, welche sich erst durch Bildabbau, durch Bildzersetzung finden lässt.[12] Bilder sind, wie schon Freud selber sagt, „virtuell". Man müsse sich erinnern, schreibt Freud in der „Traumdeutung",

> daß Vorstellungen, Gedanken, psychische Gebilde im allgemeinen überhaupt nicht in organischen Elementen des Nervensystems lokalisiert werden dürfen, sondern sozusagen *zwischen ihnen*, wo Widerstände und Bahnungen das ihnen entsprechende Korrelat bilden. Alles, was Gegenstand unserer inneren Wahrnehmung werden kann, ist *virtuell*, wie das durch den Gang der Lichtstrahlen gegebene Bild im Fernrohr. Die Systeme aber, die selbst nichts Psychisches sind und nie unserer psychischen Wahrnehmung zugänglich werden, sind wir berechtigt anzunehmen, gleich den Linsen des Fernrohrs, die das Bild entwerfen.[13]

Die Bilder, die gegenwärtig sind, sind Entstellungen (also geradezu „Abwesenheiten") dessen, was als Verdrängtes, als schmerzhaftes Trauma, vergeblich an die Oberfläche drängt. Schon in den „Studien über Hysterie" gehen Breuer und Freud davon aus, dass die Therapie der Hysterie darin besteht, die „unverträglichen Vorstellungen" dadurch unschädlich zu machen, daß der Analytiker (wie der Patient) sie in Sprache konvertiert; sie werden, als „entstellte Erinnerungssymbole", gewissermaßen in ihrer Bildqualität „abgetragen": „Ist einmal ein Bild aus der Erinnerung aufgetaucht", heißt es da, „so kann man den Kranken sagen hören, daß es in dem Maße zerbröckle und undeutlich werde, wie er in der Schilderung derselben fortschreite. *Der Kranke trägt es gleichsam ab, indem er es in Worte umsetzt.*" Ist dies gelungen, „schwindet das Bild, wie ein erlöster Geist zur Ruhe eingeht".[14]

Die Art, wie solche entstellten Bilder zustande kommen, die dann durch Therapie „abgetragen" werden könnten, erläutert exemplarisch die „Wolfsmann"-Studie Freuds von 1918 („Aus der Geschichte einer infantilen Neurose"[15]): Am Anfang steht hier

Abb. 1: Sergei Pankejeff (Freuds „Wolfsmann"), *Wolfstraum*. Federzeichnung, nach: Whitney Davis, Drawing the Dream of the Wolves. Bloomington/Indianapolis 1995, 32.

dasjenige, was Freud mit dem Titel „Der Traum und die Urszene" überschreibt: also das in einer Schreckens- und Lusterfahrung verdrängte Ereignis, das traumatische Erlebnis im eigentlichen Sinne, das entstellt zur Oberfläche des Bewusstseins drängt. Der Patient in Freuds Text erzählt seinen Traum, der alle Elemente enthält, die auch Musil in seinen Experimenten zur „Vergegenwärtigung des Bildes" aufbietet; und zwar in dem von ihm beanspruchten Sinne des „Stilllebens": Es ist Nacht, der Patient träumt, dass er aus dem Bett einen Blick durch das Fenster hinaus wirft. Das Fenster geht plötzlich von selbst auf: Der Patient gewahrt die weißen Wölfe auf dem Baum. Die einzige Bewegung im Traum ist das Aufgehen des Fensters. Die Wölfe, als „Beobachter", sind ganz und gar starre Aufmerksamkeit. Namentlich diese beiden Momente, so Freud, die völlige Ruhe und die gespannte Aufmerksamkeit, seien die Indizes des „Wirklichkeitsgefühls" im Traum. An sie muss man sich halten, um an das „latente Material" des Traums, an sein „wahres Bild" heranzukommen. „Wir erwarten", erläutert Freud und meint hierbei die Therapeuten, „daß dieses [manifeste] Material das unbekannte Material der Szene [des Traumas] in irgendeiner Entstellung wiederbringt, vielleicht sogar in der Entstellung zur Gegensätzlichkeit".[16] Was Freud an dem Traum-Bild des Wolfsmannes konstatiert, ist genau das, was auch Musils Charakteristik des Stilllebens auszeichnet: Referenz und Un-Abbildlichkeit treten

Traumbild und Stillleben 67

Abb. 2: Sergei Pankejeff (Freuds „Wolfsmann"), *Mein Bild*. Ca. 1950–60. Ölgemälde, nach: Whitney Davis, Drawing the Dream of the Wolves. Bloomington/Indianapolis 1995, 52.

aus den Merkmalen der Regungslosigkeit, der Mortifikation und der gespannten Aufmerksamkeit, die aus dem Bild kommt, zusammen: „die geheimnisvolle Dämonie des gemalten Lebens", wie Musil schreibt (1230). Es ist die Zeichnung überliefert, die Sergei Pankejeff, der „Wolfsmann", von seinem Traum – auf die Aufforderung Freuds hin – angefertigt hat. (*Abb. 1*)

Fünfzig Jahre später hat sich dieses Bild dann allerdings keineswegs zersetzt; es ist von der Imagination des Patienten keineswegs „abgetragen" worden; vielmehr malt es Sergei Pankejeff 1964 nunmehr als „authentisches Bild", als Gemälde, als „Stillleben", wenn man sich des Musilschen Begriffs bedient, noch einmal neu, mit Öl auf Leinwand in einen Rahmen gespannt. Er überschreibt es mit dem Titel „Mein Bild". (*Abb. 2*)

Der – wenn man so will – geheilte Patient (er hat seine Krise überlebt) trägt das ursprünglich durch das Trauma entstellte Bild nunmehr als Original – mit dem Authentizität fordernden Titel „Mein Traum" – in die Kunstgeschichte, in die Geschichte der europäischen Malerei ein. Es ist das Bild seiner bewältigten Krankengeschichte, seiner in die Ordnung der Kultur zurückgeführten Devianz. Damit aber, mit dieser ästhetischen Rehabilitation, ist zugleich das falsche, das entstellte Bild zum richtigen, zum authentischen, zum kulturell legitimierten geworden. Genau dies aber hat der „Wolfsmann" dann auch selber so gesehen: „Da mein Wolfstraum sozusagen ein ‚Bildertraum' war und so wichtig für mich war, hat sich die Erinnerung daran bis heute unverändert erhalten [...]", schreibt Pankejeff als 77-jähriger in einem Brief an Alexander Grinstein vom 18.12.1965. Aber jetzt ist das Bild, das ein entstelltes, falsches Bild war, durch seine Erzählung, nämlich die publizierte Kranken-Geschichte, auf paradoxe Weise zugleich und in einem abgetragen und authentifiziert. Es offenbart und macht sichtbar, was es verdrängt – es ist Präsenz und Absenz zugleich.

Exkurs 2: Das Repräsentationsparadox der Eucharistie

Eine vergleichbare Verbindung von Präsenz und Absenz bietet auch die theologische Überlieferung in der europäischen Kultur. Es handelt sich um das Problem des Brot-Worts und des Kelch-Worts, wie die Theologen sagen, in Bezug auf Christi Äußerung über das Abendmahl, jene Kernformel, über Brot und Wein gesprochen: „Nehmet, das ist mein Leib. [...] Das ist mein Blut des Bundes, das für viele vergossen wird" (Mk 14, 22–24). Nach dem Johannes-Evangelium kündigt Jesus seinen Opfertod bereits in der Rede über das Himmelsbrot in der Synagoge von Kafarnaum an: „Ich bin das lebendige Brot, das vom Himmel gekommen ist. Wer von diesem Brot ißt, der wird leben in Ewigkeit. Und dies Brot ist mein Fleisch, das ich geben werde für das Leben der Welt" (Joh 6, 51). Darauf erfolgt die skandalisierte Reaktion der Jünger: „Das ist eine harte Rede; wer kann sie hören." (Joh 6, 60) – So äußern sie ihr Unverständnis.[17] Was hiermit in Szene gesetzt wird, ist das Postulat und die Verleugnung von Realpräsenz zugleich: gebunden an die widersprüchliche Erfahrung, dass dasjenige, was gezeigt wird, nämlich Brot und Wein, ein Stillleben bildet, welches das Mysterium der Realpräsenz enthält, aber gerade nicht vor Augen stellt. Szenisch vergegenwärtigt wird diese Situation durch die Geschichte vom ungläubigen Thomas, der die Finger in die Wunde des toten Christus legt. Christus quittiert diese Ungläubigkeit mit der Bemerkung: „Weil du mich gesehen hast, Thomas, darum glaubst du. Selig sind, die nicht sehen und doch glauben!" (Joh 20, 29). Es ist eine Aporie, die der Manierist Caravaggio in seinem Gemälde unvergleichlich dargestellt hat. *(Abb. 3)*

Es ist Christus ohne Heiligenschein, der Menschensohn, der jeden Signals der Realpräsenz beraubt ist, dem hier der ungläubige Thomas den Finger in die Seitenwunde legt. Man könnte sagen, dass der Augenblick der Konstruktion von Realpräsenz im Abendmahl, der ja eine performative Geste *kat'exochen* darstellt, in eben dieser Deixis zugleich das Paradox der Repräsentation in die Welt setzt, wie es die Gebärde des ungläubigen Thomas zeigt: Realpräsenz erweist sich als das Nicht-Sichtbare schlechthin. Und dieses Paradox wird – heilsgeschichtlich gesehen – im Repräsentationsprinzip des figuralen Musters, wie es Erich Auerbach rekonstruiert hat[18], ein zweites Mal realisiert. Gemäß der Figuraldeutung stellt sich ja Realpräsenz erst her, wenn die Verheißung sich erfüllt; aber wenn dann Erfüllung sich einstellt, hat die Verheißung schon ihre Präsenz verloren. Spaltung des Augenblicks und Spaltung der

Abb. 3: Caravaggio, *Der ungläubige Thomas*. Ca. 1601–02. Öl auf Leinwand. 107 x 146 cm. Potsdam-Sanssouci, Bildergalerie.

Geschichte sind also die beiden Aspekte des Paradoxes der Repräsentation zwischen Präsenz und Absenz, wie dieses von Anfang an in der Eucharistie und in der Eschatologie nistet.[19]

Was sich bei Caravaggio bildlich verdichtet, ist der einzigartige Status des biblischen Gleichnisses als Parabel, als literarische Gattung.[20] Das Gleichnis hat die Autorität der Wahrheit nicht durch Augenschein, sondern durch das Wort; durch die Tatsache, dass Christus, der Gottessohn selbst, der Autor dieses Ereignisses der Realpräsenz ist, also spricht, was er vollzieht; und dass er es, als das nicht Sichtbare, durch seine Stimme authentifiziert – „ipsissima vox", wie der Kirchenvater sagt. Es ist die Legitimierung der Wahrheit dessen, was nicht sichtbar ist, durch die in der Stimme anwesende Körperpräsenz des Menschensohnes selbst.

Mit diesem Paradox der Unsichtbarkeit des ens realissimum ist das Malen der Eucharistie von Anfang an belastet. Man denke an die Stiftungsszene des Abendmahls, wie sie Leonardo in seinem Mailänder Fresko beispielhaft in Szene setzt, und wie sie Veronese in seiner Pariser „Hochzeit zu Kana" säkularisiert; man denke an das Kreuzesopfer, das im Menschlichen verharrt, wie es der Isenheimer Altar zeigt. Man denke aber auch an die Versuche, das Menschenopfer, das in Brot und Wein realpräsent gemacht wird, durch eine Vision der Kreuzesszene zu beglaubigen, wie

Abb. 4: Georg Flegel, *Stilleben mit Römer, Brezel und Mandeln*. 1637. Öl auf Eichenholz. 19 x 14,5 cm. Münster, Westfälisches Landesmuseum für Kunst und Kulturgeschichte.

es die Darstellungen der so genannten Gregorsmesse tun.[21] Man denke aber schließlich auch an die Schändung der Hostie, in der die Bewahrheitung des Sakrilegs augenfällig wird, wie sie Paolo Uccello in seinen Szenen aus den Palazzo Ducale in Urbino entwirft.[22] Man denke an Sodomas Monte Oliveto-Fresken und die im Refektorium gegebene Darstellung des Mehlwunders des Heiligen Benedikt, das als szenische Konfiguration entworfen ist und die Mahlzeit der Mönche mit Brot und Wein mit dem Kreuzesopfer im Hintergrund konfiguriert. Und man denke schließlich an die Tatsache, daß der Focus dieser Fragestellung sich im Lauf der europäischen Geschichte der Malerei allmählich auf das Stillleben zu richten beginnt, wie es in beinahe jeder Darstellung der Abendmahlsszene erscheint, unauffällig als „Tisch-Stück" in diese inseriert und doch dem nachträglichen Blick als herausgehobenes Ensemble ins Auge springend: Brot und Wein (in ihrer Realpräsenz indiziert durch das Fischsymbol), in deren Gegenwart die Unsichtbarkeit der Transsubstantiation „gezeigt" wird – das Paradox der eucharistischen Realpräsenz also, das Abwesenheit und Gegenwart zugleich ist. Exemplarisch verdichtet sich dieser Vorgang zum Beispiel in dem Stillleben Georg Flegels mit dem Titel „Stilleben mit Römer, Brezel und Mandeln" von 1637, das im Westfälischen Landesmuseum Münster aufbewahrt ist. (*Abb. 4*)

Einerseits wird hier nichts weiter gezeigt als ein Ensemble von Brot und Wein, eingebettet in ein Arrangement der Alltagswirklichkeit. Andererseits wird diese Situation durch den Zeichencode der Passion, Nüsse und Mandeln als Figurationen von harter Schale und süßem Kern der Leidensgeschichte Christi, konstelliert: als Kreuzesholz und Erlösungsversprechen zugleich.

Aber der Blick auf diese Szene des Alltäglichen ist gebrochen: Die Darstellung der Brechung der Lichtstrahlen auf das in Wein getunkte Brot erweist sich als ein hochartifizielles Kunststück, das auf das theologische Problem der „harten Rede" hinweist, die von der Verwandlung von Brot und Wein in Fleisch und Blut spricht. Das darstellungstechnische und ästhetische Moment, das, durch naturwissenschaftliches Studium erhärtet, ein optisches Experiment abbildet, deutet insgeheim und unter der Oberfläche zugleich auf das theologische Problem. Das Mystische wird durch eine naturwissenschaftliche Strategie vergegenwärtigt; das Unsichtbare durch die Aufmerksamkeit auf das Medium und die ästhetische Beherrschung eben dieses Mediums präsent gemacht. Stillleben dieser Art sind Repräsentationen der puren Formel der Eucharistie – ohne die Tafel des Abendmahls mit Christus und den Jüngern, wie sie die zahllosen Darstellungen des Cenacolo geben. Die bildliche Rede von Brot und Wein als Fleisch und Blut des Menschensohns wird durch die artistische Darstellung einer optischen Brechung „repräsentiert" und „gelöscht" zugleich. Die dem Flegelschen Bildexperiment zeitgenössischen optischen Studien über Lichtbrechung, von deren Kenntnis das Stillleben als Defiguration und Refiguration des Wahrgenommenen, als anamorphotische „Verstreckung" des Blicks Zeugnis ablegt, lassen das theologische Repräsentationsparadox im Licht naturwissenschaftlicher Technik erscheinen und wenden es zugleich ins Ästhetische. Das Mystische wird durch eine naturwissenschaftliche Strategie vergegenwärtigt und zugleich desavouiert. Was in Flegels Stillleben augenfällig wird, ist somit nichts anderes als die epochale Neuformulierung des christlichen Repräsentationsparadoxes durch die aufklärerische Erkenntnisphilosophie des Zeitgenossen Descartes[23]: mithin die zweifache Perspektivierung von Denkakt und Sehakt nach der Doppelformel „Ich denke, also bin ich." – „Ich habe eine Zentralperspektive, also sehe ich." Die Gegenwart des Bildes steht von nun an und vielleicht für immer in der Geschichte der Malerei im Zwielicht.

Anmerkungen

1 Vielleicht benutzt Musil diesen Begriff im Anschluß an Hegels *Philosophie der Geschichte*. Die griechische Welt, in: Georg Wilhelm Friedrich Hegel, Werke in 20 Bänden. Auf der Grundlage der Werke von 1832–1845 neu edierte Ausgabe. Redaktion Eva Moldenhauer/Karl Markus Michel. Bd. 12: *Vorlesungen über die Philosophie der Geschichte*. 2. Aufl., Frankfurt a. M. 1989, 275–338, hier: 289. In dem berühmten Kapitel „Atemzüge eines Sommertags" erläutert Musils Held Ulrich, der „Mann ohne Eigenschaften", seiner wiedergefundenen Zwillingsschwester Agathe seine Vorstellung von Kontemplation: ‚„Glaube und Liebe sind miteinander verwandt' bemerkte Ulrich. ‚Auch steht beiden, im Unterschied von den übrigen Gefühlen, eine eigene Art des Denkens zur Verfügung, die Kontemplation. Das bedeutet nun sehr viel; denn nicht die Liebe oder der Glaube selbst schaffen das Bild ihrer Welt, sondern die Kontemplation tut es für sie.' ‚Was ist Kontemplation?' ‚[...] mit einem Wort, das ahnende Denken [...] Man könnte es auch das Sinnen nennen."' Musils Roman wird zitiert nach der neu durchgesehenen und verbesserten Ausgabe von Adolf Frisé: *Der Mann ohne Eigenschaften*. Bd. 1: Erstes und Zweites Buch. Bd. 2: Aus dem Nachlaß. Reinbek bei Hamburg 1978, hier: 1307. Textnachweise finden sich nach der Seitenzählung künftig im laufenden Text.

2   Der Begriff des „Vorwands" als Grundgestus der Poetik spielt bei dem von Musil bewunderten Rilke einer entscheidenden Rolle. In seinem Aufsatz *Über Kunst* von 1898 sagt Rilke: „Das Kunstwerk möchte man also erklären: als ein tiefinneres Geständnis, das unter dem Vorwand einer Erinnerung, einer Erfahrung oder eines Ereignisses sich ausgiebt und, losgelöst von seinem Urheber, allein bestehen kann." (Rainer Maria Rilke, Werke. Kommentierte Ausgabe in vier Bänden. Hg. v. Manfred Engel u. a., Frankfurt a. M./Leipzig 1996, Bd. 4: Schriften. Hg. v. Horst Nalewski, 114–120, hier: 115).

3   Robert Musil, *Briefe. 1901–1942*. Hg. v. Adolf Frisé, Reinbek bei Hamburg 1981, 615. Diese Überlegung Musils spiegelt sich übrigens in den Gedankenspielen Agathes in Bezug auf ihre eigene Liebesgeschichte mit Ulrich wider: „Er wird keine andre Frau nach mir lieben, denn dies ist keine Liebesgeschichte mehr; das ist überhaupt die letzte Liebesgeschichte, die es geben kann!" Und Agathe fügte hinzu: „Wir werden wohl eine Art Letzte Mohikaner der Liebe sein!" (1094).

4   Der Begriff der „Kristallisation" ist aus Stendhals folgenreicher Abhandlung *Über die Liebe* bezogen. In „De l'amour" von 1822 gibt Stendhal diese Vorstellung nur in wenigen Zeilen als bildliches Theoriemodell; ein zunächst nicht publizierter Entwurf mit dem Titel „Le rameau de Salzbourg" dagegen bietet das ganze Szenario der „Kristallisations"-Theorie (Stendhal, *De l'amour*. Chronologie et préface par Michel Crouzot, Paris 1965, 333–324).

5   Leon Battista Alberti, *Della Pittura. Über die Malkunst*. Hg. v. Oskar Bätschmann, Darmstadt 2002, 93.

6   Vgl. Gerhard Neumann, Imprévu und Déjà-vu. Liebe auf den ersten Blick und Wahrnehmung der Welt: Das Drama des Erkennens, in: Günter Oesterle (Hg.): *Déjà-vu in Literatur und bildender Kunst*. München 2003, 79–100.

7   So lautet eine Formulierung Martin Bubers. Vgl. sein Buch *Ekstatische Konfessionen*, das Musil nachweislich benutzte: *Ekstatische Konfessionen*. Gesammelt von Martin Buber. Mit einem Nachw. hg. v. Paul Mendes-Flohr, 5. Aufl., Heidelberg 1984.

8   Es ist in Bezug auf die ihm zeitgenössische Ästhetik hier anzumerken, dass Musil die im „Nachlaß" veröffentlichten Kapitel 1937/38 in Druck gibt; die Romanhandlung aber zu Beginn des Fragment gebliebenen Werks auf den Sommer 1913 festgelegt wird.

9   Hier klingen Vorstellungen an, wie sie Mallarmé in seinem „Coup de dés" lyrisch umgesetzt hatte. Vgl. hierzu Gerhard Neumann, Wahrnehmungs-Theater. Semiose zwischen Bild und Schrift, in: Gerhard Neumann/Claudia Öhlschläger (Hg.), *Inszenierungen in Schrift und Bild*. Bielefeld 2004, 81–109 (= Schrift und Bild in Bewegung Bd. 7).

10 Vgl. Gerhard Neumann, Anamorphose. E.T.A. Hoffmanns Poetik der Defiguration, in: Andreas Kablitz/Gerhard Neumann (Hg.), *Mimesis und Simulation*. Freiburg i. Br. 1998, 377–417. Hierzu die Bücher von Baltrušaitis, in erster Linie aber: Jurgis Baltrušaitis, *Anamorphoses ou perspectives curieuses*. Paris 1969.

11 So entwirft Ulrich denn auch ein „Lebensverhalten, dem das Hiersein bloß ein Gleichnis des Dortseins wäre". Demnach bestehe „die einfachste" aller möglichen „Antworten" auf die Fragen der Geschwister nach der Liebe – die hier als eine Frage nach dem Bild in der Kultur interessiert – darin, „alles, was sie erleben, nur als Gleichnis hinzunehmen" sei. (1347)

12 Ich folge hier in vielem der Argumentation von Florian Schneider, Augenangst? Die Psychoanalyse als ikonoklastische Poetologie, in: *Hofmannsthal-Jahrbuch zur europäischen Moderne*, 9/2001. IIg. von Gerhard Neumann u. a., Freiburg i. Br. 2001, 197–240.

13 Sigmund Freud, *Studienausgabe*. Hg. v. Alexander Mitscherlich u. a., Frankfurt a. M. 1989, Bd. 2, 579, Hervorhebungen im Original.

14 Freud (wie Anm. 13), Bd. 11, 74, Hervorhebungen im Original.

15 Freud (wie Anm. 13), Bd. 8, 149–165; s. zu Freuds „Wolfsmann" die gleichlautende Dokumentation: *The Wolf-Man*. New York 1971 (dt. *Der Wolfsmann, mit der Krankengeschichte des Wolfsmannes von Sigmund Freud, dem Nachtrag von Ruth Mack Brunswick und einem Vorwort von Anna Freud*. Hg., mit Anm., einer Einl. und zusätzl. Kap. vers. von Muriel Gardiner, Frankfurt a. M. 1972).

16 Freud (wie Anm. 13), Bd. 8, 153.
17 Die Problematik läßt sich bei Johannes noch weiterverfolgen: „Da stritten die Juden untereinander und sagten: Wie kann der uns sein Fleisch zu essen geben? Jesus sprach zu ihnen: Wahrlich, wahrlich, ich sage euch: Wenn ihr nicht das Fleisch des Menschensohns eßt und sein Blut trinkt, so habt ihr kein Leben in euch. Wer mein Fleisch ißt und mein Blut trinkt, der hat das ewige Leben, und ich werde ihn am Jüngsten Tage auferwecken. Denn mein Fleisch ist die wahre Speise, und mein Blut ist der wahre Trank. Wer mein Fleisch ißt und mein Blut trinkt, der bleibt in mir und ich in ihm. Wie mich der lebendige Vater gesandt hat und ich lebe um des Vaters willen, so wird auch, wer mich ißt, leben um meinetwillen. Dies ist das Brot, das vom Himmel gekommen ist. Es ist nicht wie bei den Vätern, die gegessen haben und gestorben sind. Wer dies Brot ißt, der wird leben in Ewigkeit" (Joh 6, 52–58).
18 Erich Auerbach, Figura, in: *Archivum Romanicum* 22, 1938, 436–489.
19 Vgl. hierzu Gerhard Neumann, Ausblicke. E.T.A. Hoffmanns letzte Erzählung „Des Vetters Eckfenster". Erscheint demnächst in dem Band *E.T.A. Hoffmann*, hg. von der Stiftung für Romantikforschung im Verlag Königshausen & Neumann, Würzburg.
20 Vgl. hierzu Gerhard Neumann, 'Blinde Parabel' oder Bildungsroman? Zur Struktur von Franz Kafkas *Proceß*-Fragment, in: *Jahrbuch der deutschen Schillergesellschaft* XLI, 1997, 399–427.
21 S. hierzu Caroline Walker Bynum: Das Blut und die Körper Christi im späten Mittelalter: Eine Asymmetrie, in: *Vorträge aus dem Warburg-Haus*, Bd. 5, Berlin 2001, 75–119.
22 S. dazu Catherine Gallagher/Stephen Greenblatt (Hg.), *Practicing New Historicism*. Chicago 2001.
23 Descartes' *Discours de la méthode* datiert wie Flegels Stillleben auf das Jahr 1637.

Claus Volkenandt

Indirektes Zeigen von Wirklichkeit
Zur Abstraktion bei Piet Mondrian

Im Blick auf die Medialisierung und Konzeptualisierung der bildenden Künste, wie sie seit den 1960er Jahren in Gang gekommen ist, scheint es nicht nur legitim, sondern geradezu notwendig, im Hegelschen Sinne von einem Ende der abstrakten Malerei zu sprechen. Aber nicht nur die Künste selbst, zu deren die Abstraktion relativierenden Umbrüchen auch die Verschränkung von Ausstellung und Aufführung in Happening und Performance gehören, sondern der Wandel des kulturellen Selbstverständnisses im Zeichen der Postmoderne und die weltpolitisch eminent bedeutsame Auflösung des Ost-West-Konfliktes haben zum Verlust der gesellschaftlichen Leitfunktion der abstrakten Malerei geführt. Ihre nahezu geschichtsphilosophische Bedeutung in einem und für ein westliches Individual- und Freiheitskonzept hatte sie nach dem Zweiten Weltkrieg ideologisch überhöht. Mit diesem Ende der Abstraktion hat auch die Zeit der Emphase, mit der über die Abstraktion kunsthistorisch wie gesellschaftlich gesprochen wurde, ihr Ende gefunden.[1]

Der Rekurs auf Hegel wäre hier wenig ergiebig, wenn sich nicht mit diesem Ende der abstrakten Malerei zugleich ein Perspektivwechsel auf sie verbinden würde. Das Ende der Abstraktion meint das Ende einer bestimmten, hier: gesellschaftlich-kulturellen Funktion der abstrakten Malerei und mit diesem Ende die Eröffnung einer veränderten Sichtweise auf die Abstraktion jenseits ihrer ideologiekritischen Analyse. Dieser Blickwechsel deutete sich zunächst an den Stellen an, die unter der geschichtsphilosophischen Leitoption einer Identifikation von Abstraktion und Modernität aus dem Blick geraten waren: Formen einer gegenständlichen Moderne.[2] In ihrer Thematisierung formuliert sich eine Alternative zur modernistischen Gretchen-Frage von Ungegenständlichkeit versus Gegenständlichkeit, insofern in ihr Modi der bildlichen Darstellung in den Blick genommen werden, nicht aber das „pass or fail" einer Gegenstandslosigkeit leitend blieb und innerhalb der Gegenstandslosigkeit meist stilistische Differenzierungskriterien tonangebend waren.

Wirksam in diesem Blickwechsel ist eine schon länger schwelende bildgeschichtliche Fragestellung, die im übrigen von den eminenten Darstellungsumbrüchen der Moderne (und ihrer versäumten kunsthistorischen Aufarbeitung aus) in Gang kam[3], und die inzwischen dabei ist, aus den Optionen einer Bildwissenschaft sowohl das Fach Kunstgeschichte neu auszurichten als auch einen neuen disziplinären Bereich zu konturieren.[4] Fasst man die Arbeit an einer Bildgeschichte disziplinär wie interdisziplinär als Geschichte der sich historisch, und d. h. auch der sich strukturell verändernden Auffassungen von Darstellung auf, dann ist damit die Diskussion der abstrakten Malerei vor eine besondere Herausforderung gestellt, firmiert sie, die abstrakte Kunst, doch im anglophonen Sprachraum unter dem Label einer „Rejection of representation"[5]. Viel von dieser Auffassung der Abstraktion hat sich im deutschsprachigen Raum in dem zu einer Formel gewordenen Buchtitel Werner Hofmanns gesammelt: Von der Nachahmung zur Erfindung der Wirklichkeit: Die schöpferische Befreiung der Kunst, 1890–1917.[6]

Werner Hofmann versteht die Abstraktion in diesem Buch nicht nur als das Ende der bildlichen Nachahmung, sondern das Ende der Mimesis als das Ende eines Wirklichkeitsbezuges der Bilder überhaupt. Genau dieses Ende der Mimesis als das Ende des bildlichen Weltbezuges aber soll in den folgenden Überlegungen kritisch diskutiert werden. Sie fragen skizzenhaft danach, warum das Ende einer mimetisch verfassten Bildlichkeit zugleich das Ende allen bildlichen Weltbezuges überhaupt sein soll. Sie fragen, mit anderen Worten, nach einem genuinen Weltbezug der Abstraktion jenseits mimetischer Optionen eines bildlichen Wirklichkeitsbezuges. Damit korrespondiert, dass Mimesis und Poiesis, wie sie Werner Hofmann als Nachahmung und Erfindung gegenübersetzt, nicht geeignet sind, als Differenzierungskriterien von Tradition und Moderne zu fungieren. So konnten die Arbeiten vor allem von Max Imdahl und Gottfried Boehm gerade auch die eminent poietischen Qualitäten der älteren Kunst zeigen.[7]

Die folgende Skizze zum Weltbezug der Abstraktion trägt ihre Thesen und Argumente in zwei Schritten vor:
1) Der Konturierung einer Bildauffassung, die, im Anschluss an eine philosophische Hermeneutik und Positionen einer hermeneutisch verfassten Kunstgeschichte[8], das Bild (als Werk) als ein Zeigegeschehen entwirft, das sich in der Spannung von Zeigeordnung und Zeigeereignis konstituiert. Und
2) Der Erörterung eines möglichen Weltbezuges der Abstraktion im Blick auf einen der Protagonisten der Abstraktion, auf Piet Mondrian. Von einer anschaulichen Basis aus wird die *Compositie in lijn* diskutiert, die Mondrian in einer zweiten Fassung 1917 fertigstellt und die der Mondrian-Forschung als Mondrians Übergang zur eigentlichen Gegenstandslosigkeit gilt, als Bild also, das gerade mit allem Weltbezug bricht.

Bildliches und gestisches Zeigen

Fasst man das Bild als ein Zeigegeschehen auf, dann sind darin methodologische Prämissen aufgenommen, die Bilder als einen „stummen Logos" verstehen: als eine Sprache jenseits der Sprache.[9] Diese paradoxe Formulierung konturiert einen Bildbegriff, der dem Bild eine eigene Form von Grammatik und Bedeutungsarbeit zuerkennt, d. h. eine eigene Weise von Strukturiertheit, die in einer grundlegenden Differenz zur gesprochenen wie geschriebenen Sprache unserer Rede steht. Bildlichkeit entsteht und steht in einer Ordnung von syntaktischen wie paradigmatischen Momenten, deren Verknüpfung im Bild einen Geschehenscharakter gewinnt. Bilder sind, mit anderen Worten, durch eine eigene Logik der Organisation und damit durch einen eigenen Wert von Erkenntnis ausgezeichnet. In diesem Sinne sprechen sie eine Sprache jenseits der Sprache.

Diese ganz eigene Sprachlichkeit der Bilder ist dabei durch eine eminente Visualität ausgezeichnet. Sie ist auf ein Gesehenwerden hin angelegt, und zwar aus einem Zeigen heraus. Das Bild zielt auf einen anschaulichen Dialog mit dem Betrachter, indem es sich in der fruchtbaren Spannung von Sehen und Zeigen entfaltet. Aus dieser Spannung heraus, d. h. als ein Zeigegeschehen, ist es in bildtheoretischer Hinsicht durch drei Eigenschaften ausgezeichnet: es ist präsentisch, es ist intentional und es ist reflexiv.[10] Das Bild gewinnt darin etwas von einer Zeigegebärde, insofern das bildliche wie das gestische Zeigen hier und jetzt geschieht, also in einer eminenten Gegenwärtigkeit hervortritt. In dieser Präsenz zeigt es sowohl auf etwas als auch sich selbst. Der Kulturphilosoph Hans Freyer kann in diesem Sinne über die hinweisende Geste des ausgestreckten Zeigefingers sagen, dass die „Artung der Bewegung, ihr Tempo, ihre Form usw. [...] mich, wenn ich sie beachte allerdings etwas über die Ruhe und Erregtheit des Hinweisenden, also über seine seelische Lage erkennen lassen"[11], und dass insofern „die Geste außer ihrer hinweisenden Bedeutung in zweiter Linie auch Ausdruckswert"[12] hat. Aber, so fährt Freyer verdeutlichend fort, „als darstellende Gebärde bekommt sie ihren Sinn schlechthin dadurch, dass im Anschauungsraum das Bild einer Richtung hervorgerufen wird, deren Zielpunkt der gesuchte Gegenstand ist"[13]. In dieser funktionalen Erfüllung erschöpft sich das Bild im Gegensatz zur Zeigegebärde aber nicht. Es unterscheidet sich in seiner Form des Zeigens von dem Zeigen der Zeigegebärde.

Dieser Unterschied wird in einer dem Bild eigenen Zeitlichkeit fassbar, die als eine permanente Präsenz beschreibbar ist. Das aktuelle Verweisen der Gebärde hat sich in das bildliche Angebot des Verweilens gewandelt.[14] Das Verweisen der Gebärde in seiner Zeichenhaftigkeit hat sich bildlich in ein Verweilen verändert und ist darin in eine andere Form einer Aufforderung der Rezeption transformiert. Fordert das Verweisen der Zeigegebärde das Folgen, führt sie von sich fort, was bei Hans Freyer die Dominanz ihrer Intentionalität ausmacht, so fordert das Verweilen, das das Bild anbietet, zu einem anschaulichen Dialog auf. Es hält den Betrachter zunächst bei sich. Im Angebot des Verweilens verliert das Bild das Passagere der Zeigegebärde wie auch ihre Eindeutigkeit des „Da ist es!". Das Bild bindet selbst den Blick, leitet ihn, führt ihn herum, aktiviert ihn.

Aus dieser Blickbindung bezieht das Bild auch stärker als die Zeigegeste Intentionalität und Reflexivität des Zeigens: seine Gerichtetheit und seine Rückwendung, aufeinander. Zeigt die Geste im Verweisen auf etwas, so ist sie darin nicht nur situativ gebunden, sondern selbst perspektivierend und perspektivisch. Sie ist nicht neutral verweisend, sondern sie ist, um es überbetont zu sagen, tendenziös. Dieses meint nicht nur die Richtung, die sie vorgibt, sondern auch die Art und Weise, wie sie es tut. Mit dem Zeigen der Gebärde im Verweisen ist auch ein Sich-Zeigen der Gebärde selbst verbunden. In der Art und Weise, wie dieses Sich-Zeigen der Gebärde selbst ausfällt oder angelegt ist, bestimmt es das mit, worauf die Gebärde zeigt. Es gibt den Horizont, in welchem etwas ansichtig wird. Gegenüber der Zeigegebärde verstärkt das bildliche Zeigen das Verhältnis von Intentionalität und Reflexivität: Der Darstellungscharakter des bildlichen Zeigens legt das Zusammenspiel von Intentionalität und Reflexivität an einen Ort und in eine Zeit, welche verschiedenen Orte und welche verschiedenen Zeiten bildlich dadurch auch immer möglich werden. Genau dieses meint das bildliche Angebot des Verweilens.

Für die Zeigegebärde sind Gerichtetheit und Rückwendung des Zeigens dagegen rezeptiv in eine Distanz und Differenz gewiesen: Zeigt die Gebärde in ihrem Hinweisen auf etwas und zeigt sie sich darin selbst, so hat zum einen die zu verfolgende Intention der Geste einen anderen Fokus der Aufmerksamkeit als die Rückwendigkeit der Geste auf sich selbst. Zum anderen ist das Tendenziöse der Gebärde, die Art und Weise des Selbst-Zeigens, tendenziell der intentionalen Erfüllung vorgängig: „Schau, da ist es endlich". Beides, Ortsdistanz und Zeitdifferenz, fallen im bildlichen Zeigen zusammen. Mit anderen Worten: Das bildliche Zeigen ist ausgezeichnet durch eine primäre Simultaneität von Örtlichkeit und Zeitlichkeit. Dieses macht seine Gegenwärtigkeit aus, in der Intentionalität und Reflexivität aneinander gegeben sind. Dem bildlichen Zeigen ist die Simultaneität von Intentionalität und Reflexivität rezeptiv vorgängig, der Zeigegebärde dagegen ist sie rezeptiv nachträglich. Das bildliche Zeigen steht gegenüber der Zeigegebärde in einer forcierten Spannung von Intentionalität und Reflexivität. Es ist mithin, anders als die Zeigegeste, charakterisiert sowohl durch die Einheit als auch durch die Differenz von Zeigegerichtetheit und Zeigerückwendigkeit. Seinem Status nach ist es vorzeigend und anzeigend zugleich.

Diese notwendige Unterscheidung von bildlichem und gestischem Zeigen soll aber nicht den hier wichtigen Grundzug beider Formen von Zeigen überdecken: nämlich zeigekonstitutiv in einem Verhältnis von Intentionalität und Reflexivität des Zeigens zu stehen. Zeigen geschieht nicht nur präsentisch, sondern in der gegenwärtigen Gleichzeitigkeit von Sach- und Selbstbezug. Georg Misch beschreibt dieses, und seine Begrifflichkeit ist hier zuvor bereits fruchtbar geworden, als Rückwendigkeit und als Mitgehensüberschuss des Zeigens. So setzt das Hinzeigenkönnen der Zeigegeste für Misch „eine Distanzierung des Zeigenden zu dem, worauf er hinzeigt, voraus"[15]; und diese Distanzierungsleistung wiederum fußt für Misch darauf, „dass man seinen eigenen Standort einzunehmen vermag, d. h. aber eine rückwendige Bewegung zu sich selbst"¹⁶. Ebenso weist die Zeigegebärde für Misch „von sich aus durch ihren Sinn über sich selbst hinaus in die Umwelt hinein, und zwar weist sie von sich aus über sich hinaus auf das Gezeigte hin"¹⁷. Darin hat das Zeigen, eingedenk der spezifischen Differenz zwischen gestischem und bildlichem Zeigen, einen zentrifugalen wie einen zentripetalen Zug: einen Zug zur Welt und eine Rückwendung auf sich selbst. In diesem Sinne ist das Zeigen sowohl intentional: es zeigt etwas, wie auch reflexiv: es zeigt sich selbst. Es ist vorzeigend und anzeigend zugleich.

Weltbezug der Abstraktion

Diese Doppelzügigkeit des Bildes in seiner Zeigeleistung haben nun die kunsthistorischen Ansätze zur Abstraktion historiographisch linearisiert. Ihre Auffassung der Abstraktion aus den Optionen der Relation von Form und Inhalt hat den Weg in die abstrakte Kunst als den Übergang von der Referentialität der Werke zu ihrer Selbstreferentialität beschrieben. Aus den je unterschiedlichen Begriffen von Form und Inhalt sind damit sehr unterschiedliche Einschätzungen der Leistung und der Bedeutung der Abstraktion verbunden und darin auch sehr unterschiedliche Bewertungen der Selbstreferentialität. Je nach den Begriffen von Form und Inhalt sind in dieser Perspektive entweder der Symbolismus oder der Kubismus das Schlüsselereignis der Moderne, von dem aus der Weg in die Abstraktion führt.[18] Und je nach Relationierung von Form und Inhalt ist diese Selbstreferentialität der Werke gar nicht als solche gemeint und kann symbolisch, und wie es in manchen Ansätzen scheint: nahezu emblematisch, aufgeklärt werden[19], oder aber sie wird als Rückwendung der Intentionalität des Werkes auf sich selbst verstanden, die darin zu einer Selbstthematisierung von Werk und Werkprozessen wird.[20]

Nimmt man dagegen eine jüngst angestoßene Diskussion auf und fragt mit ihr von Cézanne aus nach der Moderne[21], d. h. im Zusammenhang hier: von Cézanne aus nach Mondrian, dann zeigt sich die Moderne und ihr Weg in die Abstraktion nicht mehr linear als der Übergang von einer Referentialität der Bilder zu ihrer Selbstreferenz. Die Pointe der Frage von Cézanne aus liegt vielmehr darin, dass das Zeigegeschehen des Bildes sich als ein Übersetzungsgeschehen organisiert, in welchem eine Übersetzung der Wirklichkeit in ein Bild stattfindet. Für Cézanne war dieses die Suche und das Finden von farblichen Äquivalenten, mit denen er in der Lage war, eine „Harmonie, die parallel zur Natur verläuft"[22], aufzubauen. Cézanne verbindet in seinem Werk programmatisch und paradigmatisch Bildautonomie und Wirklichkeitsbezug des Bildes und von ihm aus gesehen erscheint die Moderne und ihr Weg in die Abstraktion nicht als Übergang von einer Referentialität der Werke zu ihrer Selbstreferenz, sondern als eine Umorganisation des Verhältnisses von zentrifugalen und zentripetalen Kräften des Bildes, d. h. von Anzeigen und Vorzeigen.

Abb. 1: Piet Mondrian, *Compositie in lijn*. 1917. Öl auf Leinwand. 108 x 108 cm. Otterlo, Rijksmuseum Kröller-Müller.

Die These, die hier in der Folge des zuvor Skizzierten von Cézanne aus für Mondrian erprobt werden soll, liegt damit auf der Hand: der Weg Mondrians in die Abstraktion ist der Weg einer Inversion des Verhältnisses von Anzeigen und Vorzeigen und darin ein Weg zu einem grundlegend veränderten Modus der bildlichen Übersetzung von Wirklichkeit. Die Abstraktion erweist sich damit als eine Neukonstitution des bildlichen Weltbezuges unter den Bedingungen der Moderne. Exemplarisch soll dieses an eben jenem Werk Mondrians diskutiert werden, das als der Übergang seiner Bilder zur Abstraktion in einem engeren Sinne des Begriffes aufgefasst wird, der *Compositie in lijn*[23]. In ihr gelingt Mondrian nach Joop Joosten und Yve-Alain Bois die Etablierung einer vollständigen Immanenz des Bildes und damit das Ende eines bildlichen Weltbezuges.[24] Dieser Auffassung soll im folgenden von einer anschaulichen Basis aus widersprochen werden. Von Cézannes aus, d. h. hier: vom einen Bildgeschehen aus, dass sich in der Spannung von Anzeigen und Vorzeigen konstituiert, erscheint die *Compositie in lijn* gerade nicht als das Ende des bildlichen Weltbezuges, sondern vielmehr als ein Modus der bildlichen Übersetzung von Wirklichkeit und darin als eine neue Weise des bildlichen Weltbezuges.

Bereits auf den ersten Blick hin macht die *Compositie in lijn* (Abb. 1) aus ihrer eminenten visuellen Lebendigkeit den Eindruck hoher Komplexität. Sie zeigt sich in einer anschaulich greifbaren Spannung zwischen einer offenen, da unkonturierten Gesamtform auf der einen Seite und den deutlich sichtbaren Einzelformen auf der anderen Seite. Die Gesamtform baut sich aus diesen Einzelformen, d. h. aus den senk-

Indirektes Zeigen von Wirklichkeit 81

Abb. 2: Piet Mondrian, *Compositie 10 in zwart wit*. 1915. Öl auf Leinwand. 85 x 108 cm. Otterlo, Rijksmuseum Kröller-Müller.

Abb. 3: Piet Mondrian, *Compositie*. 1916. Öl auf Leinwand. 119 x 75,1 cm. New York, The Solomon R. Guggenheim Museum.

rechten und waagerechten Strichsetzungen sowie ihren Kreuzungen, auf. Damit zeigt die *Compositie in lijn* sowohl gegenüber der *Compositie 10 in zwart wit*[25] von 1915 (*Abb. 2*) als auch im Vergleich mit dem Strichnetzwerk der *Compositie* von 1916[26] (*Abb. 3*) eine ausgebaute Struktur von Plus-Minus-Setzungen, die nicht nur Blockstärke erreicht hat, sondern sich aus dieser Blockstärke, pointierter als in den Bildern zuvor, als eine bildeigene Basisstruktur zu erkennen gibt. Ebenso wird die *Compositie in lijn* von einer anschaulichen Spannung getragen, die zwischen der Gesamtform aus Einzelstrichen und Strichfolgen einerseits und dem Bildformat andererseits entsteht. Diese Differenz zwischen Gesamtform und Bildformat bringt ein bildliches Changieren zwischen betonter Flächigkeit und evozierter Räumlichkeit in Gang, das sowohl aus der Distanz der Gesamtform zum Bildrand als auch aus der Kommunikation mit ihm resultiert. Damit korrespondiert auch der präzise Sitz der Gesamtform im Bild, mit der die Gesamtform auf das Bildformat bezogen wird. In diesen gestalterischen Grundzügen ist die *Compositie in lijn* mit der *Compositie 10* vergleichbar. Mehr noch: sie bezieht sich in ihrer gestalterischen Herkunft auf sie, nicht allerdings ohne auch gestalterische Anleihen an die *Compositie* von 1916 zu machen. Diese Anleihen bestehen vor allem in der graphischen Stärkung der Liniensetzungen, die sie zu der erwähnten bildlichen Basisstruktur ausbaut.

Ein augenfälliger und entscheidender Unterschied zwischen der *Compositie in lijn* und der *Compositie 10* besteht darin, dass die *Compositie in lijn* keine Einweißung der Leinwand mehr kennt. Sie hat einen durchgehenden rein weißen Flächengrund, der im Zusammenwirken mit der Plus-Minus-Struktur andere anschauliche Akzente setzt. Sie werden vor allem darin wirksam, dass eine Interaktion zwischen den Plus-Minus-Setzungen und dem Flächengrund des Bildes nicht mehr nur an den Rändern der Plus-Minus-Struktur, wie dieses in der *Compositie 10* der Fall ist, geschieht, sondern an allen Stellen des Bildes, und zwar beständig. Es baut sich aus dieser Interaktion eine lokale Räumlichkeit auf, aus der Einzelformen und Flächengrund in einer direkten Beziehung stehen. Interessanterweise sind nun gerade die peripheren Strichsetzungen der Plus-Minus-Struktur, ihre Randsteine, von dieser räumlichkeitsevozierenden Interaktion ausgenommen. Sie zeigen eine Tendenz zur Vereinzelung und haben offensichtlich eine andere bildliche Funktion: Folgt man mit dem Blick ihrem Verlauf, so konturieren sie einerseits die Gesamtform der Plus-Minus-Struktur, sind darin nicht nur Rand-, sondern auch Grenzsteine. Andererseits sichern sie ebenso den Sitz der Gesamtform in der Bildfläche, indem sie Kontakt und Distanz zu den Bildrändern suchen. Mit anderen Worten: Sie sind auch Befestigungssteine der Gesamtform. In beiden Bildfunktionen tragen die Randsteine entscheidend dazu bei, dass sich neben einer Vielzahl von lokalen Raumereignissen auch eine gesamthafte Räumlichkeit aus der Struktur der Plus-Minus-Setzungen in der Anschauung aufbaut. Diese verfestigt sich aber nicht zu einer projektiven Darstellung: einer Figur auf einem Grund.[27] Vielmehr bleibt diese gesamthafte Räumlichkeit einerseits durch die vielen und ständig eintretenden lokalen Raumereignisse fortgesetzt instabil, tritt in eine anschauliche Aufbau- und Abbaubewegung ein. Andererseits wird diese Räumlichkeit, wie auch die lokalen Räumlichkeiten, durch die Breite und Dichte der

Liniensetzungen, d. h. ihre Blockstärke, planimetrisch zurückgebunden. Figur und Grund bleiben hier aus der Ambivalenz der Liniensetzungen äußerst beweglich gegeneinander.

Wie die *Compositie 10* zeigt auch die Plus-Minus-Struktur der *Compositie in lijn* in ihrer Gesamtform keine symmetrische Anlage der Strichsetzungen. Die Strichsetzungen variieren in ihrer Dichte, was sowohl ihre Einzelerscheinung als auch die Art und Häufigkeit ihrer Kreuzungen angeht. Aus ihrer Verteilung entsteht eine variantenreiche, iterative Struktur, die vor allem räumlich wirkt. Mit dem Fehlen der Einweißung der Gesamtform und aus der Stärkung der graphischen Erscheinung der Strichfolgen wird für Mondrian in der *Compositie in lijn* eine lokale Räumlichkeit möglich, die in besonderer Weise in den linien- und kreuzungsverdichteten Zonen der Plus-Minus-Struktur ihre Aktivitäten entfaltet. Der weiße Flächengrund wird in diesen Zonen einer erhöhten Raumaktivität im wahrsten Sinne des Wortes zu einem Zwischenraum. Seine Leistung und Wirkung besteht darin, Figur und Grund stetig zu verräumlichen und sie gerade nicht in einer hierarchisierenden Ordnung aneinander zu binden. Aus der gleichen gestalterischen Verfasstheit der *Compositie in lijn* verändert sich auch das räumliche Profil der Gesamtform. Sowohl gegenüber der *Compositie 10* wie auch gegenüber der *Compositie* von 1916 zeigt sich das räumliche Profil hier nicht mehr so sehr als ein plastisches Relief, sondern vielmehr in einer sphärischen Gesamtform. Darin nimmt die *Compositie in lijn* die Verräumlichung der Binnenform von der *Compositie* (1916) her auf und baut sie zu einem gestalthaften Gebilde aus. Aus dieser gestalterischen Anlage ihrer Gesamtform evoziert die *Compositie in lijn* anschaulich ein kugelförmiges Gebilde, dessen Gestalt sich aus der sphärisch verräumlichten Plus-Minus-Struktur ergibt. In seiner Wirkung hat Mondrian das Verhältnis von Figur und Grund verräumlichend aufgehoben.

Im Blick auf die anschaulich evozierte Gesamtgestalt der *Compositie in lijn* fällt ihr holistischer Charakter auf, wie er in der Kugelform angelegt ist. Sie prägt eine ganzheitliche Struktur aus, die in besonderer Weise vom quadratischen Format des Bildes und seiner schwarz-weißen Anlage getragen wird. Das Quadratformat wendet das Oval der Binnenform der *Compositie 10* ins Sphärische, während die graphische Stärkung des Liniennetzwerkes Strukturaspekte aufruft, die den einzelnen Strichsetzungen des Liniennetzwerkes einen basalen Charakter als bildliche Grundelemente gibt. Dazu trägt entscheidend auch der präzise, d. h. auf die Bildränder hin abgestimmte Sitz der Plus-Minus-Struktur im Bildfeld bei. Er ermöglicht einerseits den Gestaltaufruf, andererseits seine planimetrische Rückbindung in einer Flächenverankerung. Diesen gestalterischen Grundzug teilt die *Compositie in lijn* mit der *Compositie 10*. Während aber die *Compositie 10* aus diesem Grundzug ihren Weltbezug in der Form einer Chiffre gewinnt, so stellt sich gerade für die *Compositie in lijn* ein semantischer Vorrang des Ganzen, wie er als die Chiffre bildlich konstituierender Zug gesehen werden kann, nicht mehr ein.[28]

Zwar wird ein semantischer Vorrang des Ganzen in der angelegten Kugelform aufgerufen, in dieser Gestalt sogar komprimierter als in der Ovalform, aber die lokalen Raumereignisse, wie sie sich aus der Struktur der Plus-Minus-Setzungen fortgesetzt anschaulich einstellen, unterminieren diesen semantischen Vorrang. Die Teile, oder genauer: die bildlichen Grundelemente, verlangen ihr eigenes Recht, das neben die Bedeutungsaufladung aus der Gesamtgestalt tritt. In diesem Sinne kann auch für die *Compositie in lijn* besser von einer holistischen Struktur des Bildes gesprochen werden. Sie trägt beiden Bildmomenten Rechnung: sowohl der Matrixleistung der Plus-Minus-Struktur für die plastische Formbildung, die gerade darin die einzelnen Strichsetzungen zu bildlichen Grundelementen werden lässt, als auch ihrem Charakter als Medium im Vollzug des Gestaltaufbaus, wie er durch sie – im doppelten Sinne des „Durch": als Grund und Medium – geschieht. Hier ist, wie bei der Chiffre, zweifelsohne auch ein Zusammensehen im Spiel, das aber in der *Compositie in lijn* eine andere Form gewinnt. Aus ihrer holistischen Struktur heraus hat die *Compositie in lijn* die Spannung zwischen den semantisch unterdeterminierten Grundelementen und der semantisch überdeterminierten Gesamtform nicht nur eminent erhöht, sondern ebenso reflexiv aufgeladen. Die *Compositie in lijn* zeigt aus der Perspektive des Bildsinnes das zentrale Strukturmoment des semantischen Prozesses, nämlich den Umschlag (und seine bildlichen Bedingungen) der, von Cézanne aus formuliert, bedeutungslosen Grundelemente zu einer bedeutungshaften Gesamtform. In der sphärischen Anlage der Gesamtform zeigt Mondrian aber nicht nur dieses Geschehen des Umschlags auf einer semantischen Ebene, sondern eröffnet gerade aus der sphärischen Anlage der Gesamtform ein Bedeutungsfeld. In ihrem holistischen Charakter drängt die Gesamtform zur Bedeutung. Und aus diesem Drängen heraus fordert sie zu einer Qualifizierung ihrer Bedeutung auf.

Folgt man dieser Aufforderung der *Compositie in lijn*, dann ist ein Zusammensehen gefragt, das der holistischen Struktur Rechnung trägt, also den semantischen Prozessen und ihrer Aufladung der Bedeutung. Dieses scheint hier am ehesten durch einen Vergleich möglich, der auf die Bildung von Analogien zielt.[29] In diesem Sinne wird die holistische Struktur als Einladung an den Betrachter zu einer Analogiebildung wirksam. Folgt man in dieser Weise der *Compositie in lijn*, dann macht sie aus ihrer gestalterischen Anlage, insbesondere aus der graphischen Stärkung des Liniennetzwerkes zu bildlichen Grundelementen, einerseits das Angebot einer Strukturanalogie[30], andererseits ruft sie aus der Veränderung des Bildformates gegenüber der *Compositie 10* zu einer Quadratform eine betont sphärische Gestalt auf. Beide Momente: die bildlich angelegte Strukturanalogie und die bildlich aufgebaute sphärische Gestalt, schieben sich bedeutungshaft ineinander. Versucht man ihre Bedeutung näher zu qualifizieren, dann drängt sich am stärksten die Analogie zwischen Mikrokosmos und Makrokosmos auf.

Damit formuliert Mondrian nicht nur eine eminente naturphilosophische Spekulation, sondern mit dieser Naturspekulation wird zugleich, und hier entscheidend, ein Weltbezug der *Compositie in lijn* fassbar. Und dieser Weltbezug ergibt sich, und auch dieses ist hier entscheidend, aus der Immanenz des Bildes, nicht gegen sie oder alternativ zu ihr. Mondrian gelingt dieses, indem er Verfahren einer analogischen Zusammenhangsbildung bildlich fruchtbar macht. Logisch gesehen arbeitet die Analogie über eine Ähnlichkeit, die durch Vergleich erkannt wird.[31] Mondrian macht sie nun darin bildlich fruchtbar, dass er in der *Compositie in lijn* ein Beziehungsnetz aus einer elementar wie holistisch angelegten Struktur gibt. Er gibt mit dieser Doppelstruktur, in termini technici gesprochen, das Analogon, die Vergleichsgröße, und damit die Aufforderung an den Betrachter, die verglichenen Größen selbst ins Spiel zu bringen. Das Bild selbst fordert in seiner Bedeutungsaufladung, noch einmal technisch gesprochen, die Analogaten. Es gibt die Vergleichsgröße und fragt damit nach den verglichenen Größen.

Die *Compositie in lijn* zeigt sich damit als eine, wenn man so will, doppelt relationale Ordnung, und zwar zugleich einerseits in sich, in ihrem Selbstbezug, andererseits auch über sich hinaus, in ihrem Weltbezug. Organisiert sie sich in ihrer elementaren Struktur aus Plus-Minus-Setzungen zunächst vor allem in der Spannung zwischen einer Ordnung in der Fläche und einem anschaulichen Anspruch auf Räumlichkeit selbstbezüglich, so bildet sie gerade darin eine holistische Struktur aus, die aus ihrer eminenten Bedeutungsaufladung zu einem Vergleich auffordert. In diesem Vergleichsangebot zeigt sie sich selbst als Vergleichsgröße, die nach den verglichenen Größen fragt. Und genau darin gewinnt sie einen welthaltigen Sachbezug. Mondrian gelingt es in der *Compositie in lijn* mit anderen Worten, die zentripetalen Bildkräfte so anzulegen, das sie auch zentrifugal zur Wirkung kommen. In der elementar wie holistisch angelegten Grundstruktur des Bildes werden die selbstbezüglichen Relationen auch als sachbezügliche Relationen wirksam. Darin etabliert sich bildlich eine doppelte Ordnung: die von Anzeigen und Vorzeigen, und sie organisiert sich in einer Weise, in der aus dem Anzeigen das Vorzeigen, aus dem Selbstbezug ein Sachbezug hervorgeht.

Die Analogiebildung, aus der dieses geschieht, erweist sich damit als eine Form des Zusammensehens, die nicht mehr nur den anschaulichen Nachvollzug der bildlichen Gestaltungsstrukturen fordert, wie dieses noch in der *Compositie 10* gegeben war, sondern auf einen Mitvollzug des Betrachters zielt, d. h. auf eine Gleichzeitigkeit von anschaulicher Aktivität und erkennendem Sehen. Der Betrachter ist aktiv, was hier meint: wirkungskonstitutiv, in die bildliche Übersetzung mit einbezogen. Nur in dem Maße gelingt jetzt die bildliche Übersetzung, in welchem der Betrachter dem Vergleichsangebot des Bildes aus der bildlichen Bedeutungsaufladung zu folgen bereit ist und es im eigenen anschaulichen Vollzug einzulösen vermag. Ebenso heißt dieses, dass die *Compositie in lijn* die Möglichkeit eines bildlichen Weltbezuges schafft und ihn in ihrer sich erneuernden Gegenwart ihres Zeigens offenhält. Darin kommt auch aus dem Vorverständnis des jeweiligen Betrachters eine prinzipielle Deutungsoffenheit des Bildes ins Spiel. Insofern kann der Vorschlag, die *Compositie in lijn* in ihrem Weltbezug als eine Analogie von Mikrokosmos und Makrokosmos zu deuten, und der Versuch, dieses aus der gestalterischen Anlage des Bildes zu begründen, aus anderen Optionen des Betrachters heraus auch ein anderes Aussehen gewinnen und dem Dialog mit dem Bild ein anderes Profil geben. Diese Deutungsmöglichkeiten, und dieses ist hier zunächst zentral, basieren dabei auf den Möglichkeiten einer bildlichen Bedeutung, d. h. auf der Möglichkeit, aus der Struktur des Werkes zu einem Weltbezug des Werkes zu kommen. Was gemeinhin mit der *Compositie in lijn* als Weg Mondrians zu einer engeren Auffassung der Abstraktion, als Weg zu einer reinen Immanenz des Bildes und damit als des Verlustes seines Weltbezuges aufgefasst wird, zeigt sich dagegen in der hier vorgenommenen Perspektivierung als Arbeit an einem veränderten Modus des bildlichen Weltbezuges. Der Weg einer Stärkung der bildlichen Selbstbezüglichkeit bewirkt zugleich die Transformation des bildlichen Sachbezuges. Verändert sich die Struktur des Anzeigens, gewinnen die zentripetalen Bildkräfte eine andere Form, so wirkt dieses auf das bildliche Vorzeigen, die zentrifugalen Kräfte des Bildes, zurück. Mit der Stärkung des bildlichen Selbstbezuges in der Abstraktion erhält der bildliche Weltbezug eine Indirektheit: Das bildliche Übersetzen wird hier zu einem Vorgang, in welchem der Weltbezug des Bildes allererst aus seinem Selbstbezug zur Geltung kommt. Abstraktion meint also ein indirektes Zeigen von Welt, ein Vorzeigen ganz vom Anzeigen aus.

Anmerkungen

1 Siehe dazu Gerda Breuer (Hg.), *Die Zähmung der Avantgarde. Zur Rezeption der Moderne in den 50er Jahren*. Basel/Frankfurt a. M. 1997 sowie Sigrid Ruby, *"Have We An American Art?". Präsentation und Rezeption amerikanischer Malerei im Westdeutschland und Westeuropa der Nachkriegszeit*. Weimar 1999.
2 Siehe dazu: Kat. Ausst. *Canto d'Amore. Klassizistische Moderne in Musik und bildender Kunst, 1914–1935*. Hg. v. Gottfried Boehm/Ulrich Mosch/Katharina Schmidt, Kunstmuseum Basel. Bern/Basel 1996, Kat. Ausst. *Menschenbilder. Figur in Zeiten der Abstraktion (1945–1955)*. Hg. v. Manfred Fath/Inge Herold/Thomas Köllhofer, Städtische Kunsthalle Mannheim. Ostfildern-Ruit 1998 sowie Kat. Ausst. *Die andere Moderne. De Chirico, Savinio*. Hg. v. Paolo Baldacci/Wieland Schmied, Kunstsammlung Nordrhein-Westfalen, Düsseldorf/Städtische Galerie im Lenbachhaus, München. Ostfildern-Ruit 2001.
3 Siehe dazu Gottfried Boehm, Die Krise der Repräsentation. Die Kunstgeschichte und die moderne Kunst, in: *Kategorien und Methoden der deutschen Kunstgeschichte 1900–1930*. Hg. v. Lorenz Dittmann, Stuttgart 1985, 113–128.
4 Siehe dazu Christa Maar/Hubert Burda (Hg.), *Iconic Turn. Die neue Macht der Bilder*. Köln 2004 sowie Klaus Sachs-Hombach (Hg.), *Wege zur Bildwissenschaft. Interviews*. Köln 2004.
5 Mark Rosenthal, *Abstraction in the Twentieth Century: Total Risk, Freedom, Discipline*. Kat. Ausst. The Solomon R. Guggenheim Museum, New York. New York 1996, 1.
6 Werner Hofmann, *Von der Nachahmung zur Erfindung der Wirklichkeit: Die schöpferische Befreiung der Kunst, 1890–1917*. Köln 1970. Hofmanns Buch erschien im übrigen zuerst in englischer Sprache. Der Titel der amerikanischen Originalausgabe lautete: *Turning Points in Twentieth-Century Art: 1890–1917* (New York 1969).
7 Siehe exemplarisch dazu Max Imdahl, *Giotto Arenafresken. Ikonographie – Ikonologie – Ikonik*. München 1980 und Gottfried Boehm, *Bildnis und Individuum. Über den Ursprung der Porträtmalerei in der italienischen Renaissance*. München 1985.
8 Siehe dazu vom Verf., Art. „Hermeneutik", in: *Metzler Lexikon Kunstwissenschaft. Ideen, Methoden, Begriffe*. Hg. v. Ulrich Pfisterer, Stuttgart/Weimar 2003, 136–139.
9 Siehe dazu Gottfried Boehm, Der stumme Logos, in: *Leibhafte Vernunft. Spuren von Merleau-Pontys Denken*. Hg. v. Alexandre Métraux/Bernhard Waldenfels, München 1986, 289–304 sowie Gottfried Boehm, Jenseits der Sprache? Anmerkungen zur Logik der Bilder, in: Maar/Burda (wie Anm. 4), 28–43.
10 Vgl. dazu sowie zum folgenden Gottfried Boehm, Bildbeschreibung. Über die Grenzen von Bild

und Sprache, in: *Beschreibungskunst – Kunstbeschreibung. Ekphrasis von der Antike bis zur Gegenwart*. Hg. v. Dems./Helmut Pfotenhauer, München 1995, 23–40, bes. 38–40 (Das Zeigen) sowie Gottfried Boehm, Repräsentation – Präsentation – Präsenz. Auf den Spuren des homo pictor, in: *Homo Pictor*. Hg. v. Dems., München/Leipzig 2001, 3–13.

11 Hans Freyer, *Theorie des objektiven Geistes. Eine Einleitung in die Kulturphilosophie* (1923). Leipzig ²1928, 26.

12 Freyer (wie Anm. 11), 26.

13 Freyer (wie Anm. 11), 26.

14 Siehe dazu Hans-Georg Gadamer, *Wahrheit und Methode. Grundzüge einer philosophischen Hermeneutik* (1960). Tübingen ⁶1990, 156–160.

15 Georg Misch, *Der Aufbau der Logik auf dem Boden der Philosophie des Lebens. Göttinger Vorlesungen über Logik und Einleitung in die Theorie des Wissens*. Hg. v. Gudrun Kühne-Bertram/Frithjof Rodi, Freiburg/München 1994, 236.

16 Misch (wie Anm. 15), 236.

17 Misch (wie Anm. 15), 238.

18 Siehe dazu für Mondrian: Carel Blotkamp, Kunde von der Neuen Mystik. Niederländischer Symbolismus und frühe Abstraktion, in: Kat. Ausst. *Symbolismus in den Niederlanden. Von Toorop bis Mondrian*. Museum Fridericianum, Kassel 1991, 10–38 bzw. Yve-Alain Bois, Der Bilderstürmer, in: Kat. Ausst. *Piet Mondrian, 1872–1944*. Haags Gemeentemuseum, Den Haag/National Gallery of Art, Washington/The Museum of Modern Art, New York. Bern 1995, 313–380, bes. 334–344.

19 Vgl. dazu Kat. Ausst. *Das Geistige in der Kunst. Abstrakte Malerei 1890-1985*. Hg. v. Maurice Tuchman/Judi Freeman, Los Angeles County Museum of Art (1986). Dtsch. Stuttgart 1988, darin bes. die Texte von Maurice Tuchman, Verborgene Bedeutungen in der abstrakten Kunst, 17–61 sowie von Sixten Ringbom, Überwindung des Sichtbaren: Die Generation der abstrakten Pioniere, 131–153.

20 Siehe dazu Alfred H. Barr, Jr., *Cubism and Abstract Art*. Kat. Ausst. The Museum of Modern Art, New York 1936 sowie Clement Greenberg, *Die Essenz der Moderne. Ausgewählte Essays und Kritiken*. Hg. v. Karlheinz Lüdeking, Amsterdam/Dresden 1997, bes. die Texte: Zu einem neueren Laokoon (1940), 56–81 und Modernistische Malerei (1960), 265–278.

21 Siehe dazu Kat. Ausst. *Cézanne und die Moderne*. Fondation Beyeler, Riehen/Basel. Ostfildern-Ruit 1999.

22 Paul Cézanne, Brief an Joachim Gasquet vom 26. September 1897, zitiert nach Paul Cézanne, *Briefe*. Hg. v. John Rewald, Zürich 1979; siehe zu den hier angesprochenen Fragen auch Gottfried Boehm, *Paul Cézanne. Montagne Sainte-Victoire*. Frankfurt a. M. 1988.

23 Piet Mondrian, *Compositie in lijn*. 1917. Öl auf Leinwand. 108 x 108 cm. Otterlo, Rijksmuseum Kröller-Müller. Zur Entstehungsgeschichte des Bildes in seinen zwei Fassungen siehe *Piet Mondrian Catalogue Raisonné*, Bd. II: Joop M. Joosten, Catalogue Raisonné of the Work of 1911–1914. München/New York 1998, 255–257 (B82.83).

24 Siehe dazu Bois (wie Anm. 18), 315 u. 343–344.

25 Piet Mondrian, *Compositie 10 in zwart wit*. 1915. Öl auf Leinwand. 85 x 108 cm. Otterlo, Rijksmuseum Kröller-Müller.

26 Piet Mondrian, *Compositie*. 1916. Öl auf Leinwand. 119 x 75,1 cm. New York, The Solomon R. Guggenheim Museum.

27 Siehe dazu auch Bois (wie Anm. 18), 344.

28 Siehe zur Chiffre in literaturwissenschaftlicher Perspektive Karl Pestalozzi, Topos – Symbol – Chiffre, in: *Sprache im technischen Zeitalter* 5, 1962, 573–576 sowie Edgar Marsch, Die lyrische Chiffre. Ein Beitrag zur Poetik des modernen Gedichts, in: *Sprachkunst* 1, 1970, 207–240, bes. 209–214.

29 Siehe dazu Joachim Track, Art. „Analogie", in: *Theologische Realenzyklopädie*, Bd. II, Berlin/New York 1978, 625–650, bes. 625–630.

30 Siehe dazu Georg Klaus/Manfred Buhr (Hg.), *Philosophisches Wörterbuch*. Berlin ⁶1969, Bd. 1, 60–62: Art. „Analogie".

31 Siehe dazu Karen Gloy, Versuch einer Logik des Analogiedenkens, in: *Das Analogiedenken. Vorstöße in ein neues Gebiet der Rationalitätstheorie*. Hg. v. Ders./Manuel Bachmann, Freiburg/München 2000, 298–323.

Karlheinz Lüdeking

Die Undurchsichtigkeit der Fotografie

Dass die Fotografie zur Selbstreflexion fähig ist, dass sie in der Lage ist, in ihren Erzeugnissen nicht nur das Abgebildete, sondern auch ihre eigenen Abbildungsmodalitäten vor Augen zu führen, wurde gerade von jenem Kunsttheoretiker bestritten, dem ansonsten die fortwährende Nötigung zur selbstreflexiven Überprüfung sämtlicher kultureller Kompetenzen als das Signum der Moderne schlechthin galt: Clement Greenberg. Im Gegensatz zu den altehrwürdigen Künsten wie der Malerei und der Skulptur kann die durch und durch moderne Fotografie nach seiner Überzeugung die Eigentümlichkeiten ihres Mediums ganz einfach deshalb nicht zur Darstellung bringen, weil sie „das transparenteste von allen künstlerischen Medien" ist. Daher, so befand Greenberg 1946 und noch einmal 1964, sollte die Fotografie auch keinerlei Aufmerksamkeit auf sich selbst ziehen, sondern alles Interesse allein auf das von ihr Gezeigte lenken. Fotografien sind demnach nur gelungen, wenn sie den Eindruck vermitteln, man blicke ungehindert durch sie hindurch auf das von ihnen Dargestellte. Dagegen soll im Folgenden an vierzehn (zumeist sehr bekannten) Beispielen gezeigt werden, wie die Fotografie ihre medialen Besonderheiten in ihren eigenen Werken zum Thema machen kann. Es geht dabei immer um eine interne Selbstreflexion von Bildern, die allein für sich sprechen. Diese sind also – anders als in den frühen fotografiekritischen Arbeiten von Jochen Gerz – nicht auf eine Hilfestellung durch das Hinzutreten von anderen Bildern oder Schrifttafeln angewiesen.

Eine 30,2 cm mal 23,5 cm große Schwarzweißfotografie von Gyula Halász – besser bekannt unter seinem Pseudonym Brassaï – aus dem Jahre 1932 zeigt Nachtschwärmer in einem Vergnügungslokal. Ein Mann sitzt inmitten zweier Frauen an einem Tisch. Hinter ihm ist ein großer Spiegel in die Wand eingelassen. Darin sieht man nicht nur die Spiegelung der schon genannten Personen, sondern auch die anderer Gäste, die sich außerhalb des fotografierten Raumausschnitts aufhalten. Der Spiegel zeigt also die Projektion einer Szene, die der direkten Wahrnehmung unzugänglich ist. Dasselbe kann man von der Fotografie sagen. Auch sie verdankt sich einer optischen Projektion, die von den darin sichtbar werdenden Körpern selbst verursacht wird. Deshalb ist die Spiegelung immer die nächstliegende Metapher für die Fotografie. In Brassaïs Fotografie ist der Spiegel zudem, wie die Mattscheibe einer Kamera, von einem Liniennetz durchzogen. Gerahmt und gerastert ließ sich darin das veränderliche Geschehen verfolgen, bis der Apparat einen momentanen Anblick fixierte. Dieser verwirrt durch eine seltsame Duplizität: Im Spiegel sieht man ein Paar, dessen Haltung derjenigen des Mannes vor dem Spiegel mit der Frau in seinem linken Arm genau entspricht. Nur legt der gespiegelte Mann den anderen, den rechten Arm um die Frau. In der Verkehrung des Spiegels erscheint das eine Paar deshalb wie eine identische Wiederholung oder eine Abbildung des anderen. Indem Brassaï eine solche (scheinbar falsche) Spiegelung inszeniert, betont er allerdings etwas für die Fotografie Untypisches, da sich dieser Effekt gerade nicht durch die optischen Gesetze des Mediums erklärt. Deshalb könnte man, noch größerer Deutlichkeit zuliebe, eine solche Szene auch malen (wie Magritte es in seinem Gemälde *La reproduction interdite* von 1937 tatsächlich getan hat).

Die Undurchsichtigkeit der Fotografie

Abb. 1: Brassaï: *Bal musette des Quatre-Saisons*, 1932.

Eine 28,0 cm mal 20,2 cm große Schwarzweißfotografie von Florence Henri aus dem Jahre 1928 zeigt einen an die Wand gestellten Spiegel, in dem eine Frau zu sehen ist. Die Frau sitzt an einem Tisch, der sich aus parallelen Brettern zusammensetzt. Deren Fugen führen senkrecht auf die Wand und den Spiegel zu. Daher laufen sie auch in der Spiegelung bruchlos weiter. So erscheint der virtuelle Raum im Spiegel als gradlinige Fortsetzung des realen Raumes davor. Da die Frau nur in der Reflexion sichtbar wird, eröffnet der Spiegel zudem erst den Blick auf das Eigentliche. Die Spiegelung wird hier also nicht – wie bei Brassaï – in eine Beziehung zur gespiegelten Szene gesetzt. Sie steht für sich allein. Dabei wirkt sie so transparent, dass die beiden links und rechts sichtbaren Wandflächen fast den Eindruck erwecken, als seien hier aus dem durchgängigen Anblick eines homogenen Raumes willkürlich Partien herausgeschnitten oder abgedeckt worden. Doch zugleich erweist sich der Spiegel auch als völlig ebene Oberfläche, innerhalb derer der dunkle Frauenkörper sein Volumen einbüßt. Der Rumpf mit den davor verschränkten Armen wird zur Schablone ohne jede plastische Modellierung. Voluminös wirken nur die beiden Kugeln, die genau an der Scharnierstelle von Tisch- und Glasplatte platziert sind, um die absolute Flächigkeit der beiden Ebenen zu verdeutlichen, die sich hier schneiden. Zu sehen ist dabei nichts Ungewöhnliches, kein prägnanter Moment eines Geschehens, noch nicht einmal eine Bewegung. Schon vor der Fixierung durch die Fotografie ist alles still und reglos, wie bei einer Meditation über das Medium. Dieses präsentiert sich hier, wie die Spiegelung, als nahtlose optische Erweiterung des Realen, zugleich aber auch als eigenständige Erscheinung auf einer ganz anderen Ebene, die sich der Welt gegenüber querstellt.

Die Undurchsichtigkeit der Fotografie 93

Abb. 2: Florence Henri: *Selbstporträt*, 1928.

Eine 30,0 cm mal 40,0 cm große Schwarzweißfotografie von Dieter Appelt aus dem Jahre 1977 zeigt einen unrasierten Mann vor einem Spiegel. Doch was man im Spiegel sieht, erscheint hier – anders als in der Fotografie von Henri – nicht als klar strukturierter Raum. Aus der unbestimmten Tiefe nähert sich ein Kopf, dessen Kontur genau in die Umrisslinie des realen Kopfes passen würde, sie aber nicht berührt. Von den Rändern des Spiegels sieht man wenig. Er zeigt sich nicht als abgegrenztes Bild, sondern eher wie eine unsichtbare Barriere zu einer anderen Welt, die hinter der realen liegt. Sichtbar wird die gläserne Trennwand nur, weil der Atemhauch einen Fleck darauf erzeugt, der aber nicht, wie im Badezimmer, sofort wieder verdampft und verschwindet. Der Fleck bleibt, wie die Fotografie, fixiert in der glänzenden Fläche. Diese Fläche, die wegen ihrer Transparenz ansonsten unsichtbar bleibt, wird so unübersehbar. Doch der Fleck legt sich nicht nur auf das Glas, sondern auch auf das Gesicht, um es zu entstellen. Fast wie bei Bacon verschmelzen Nase, Wange und Auge zu einer amorphen Masse. Ausgerechnet der Atem, dieses untrügliche Zeichen des Lebens, zerstört durch sein Kondensat den Anblick des Doppelgängers. Der Atem, ein indexikalisches Zeichen wie die Fotografie, verunstaltet die ikonische Repräsentation dessen, der ihn ausstößt. Sein Hauch erstarrt in diffuser Formlosigkeit. Weil sie stets nur einen einzigen Augenblick festhalten kann, verfehlt die Fotografie das Leben und entstellt es in ihrem Bild. Die Fotografie kann das Leben also nicht „spiegeln". Sie macht aus dem Menschen eine Mumie, und selbst etwas so Flüchtiges wie der Atemhauch muss unter ihrem Medusenblick für immer erstarren. Das ist die melancholische Zeitstruktur der Fotografie, die sich in diesem Bild so deutlich zu erkennen gibt.

Die Undurchsichtigkeit der Fotografie

Abb. 3: Dieter Appelt: *Der Fleck auf dem Spiegel, den der Atemhauch schafft*, 1977.

Eine 23,2 cm mal 17,9 cm große Schwarzweißfotografie von Man Ray aus dem Jahre 1926 zeigt den Kopf einer jungen Frau, der einen großen Schlagschatten wirft. So wie die Spiegelung wird auch der Schatten von dem, was sich darin anzeigt, selbst erzeugt. Deshalb eignet auch er sich als naheliegende Metapher für die Fotografie. Im Rechteck des Bildes nimmt der Schatten hier jenen Platz ein, der bei Porträtaufnahmen dem Gesicht vorbehalten ist. An dessen Stelle sieht man jedoch – wie bei Appelt – wieder nur eine diffuse, gesichtslose Form. Innerhalb ihres Umrisses gleitet der reale Kopf wie durch den Hals einer Sanduhr nach unten. Seinen Schatten wirft der Kopf auf eine Wand, die in geringem Abstand hinter ihm aufragt. Vor ihm befindet sich, in ebenfalls geringem Abstand, die Kamera. Sie richtet sich frontal auf die Wand. Die Platte in ihrem Inneren, auf der die Aufnahme festgehalten wird, steht also parallel zu der Wand. Damit ist der grell beleuchtete Kopf in einer schmalen vertikalen Schicht zwischen zwei senkrecht gestellten Ebenen eingefangen. Nach hinten fällt nun der dunkle Schatten auf die Wand, während das helle Licht zugleich nach vorn, vom Gesicht reflektiert, auf die Platte der Kamera fällt. So erzeugt der Kopf gleichzeitig zwei verschiedene optische Projektionen seiner selbst: den Schatten hinter sich und die Fotografie vor sich. Um die beiden Ebenen dieser Doppelprojektion zusätzlich zu betonen und zu verbinden, hat der Fotograf seine Signatur unten rechts auf die Oberfläche des Abzugs gesetzt. Hier kann sie einerseits als Inschrift auf der Wand im Hintergrund gelesen werden, andererseits aber auch als eine Markierung auf der – ansonsten völlig transparenten – Ebene der Fotografie, durch die das geschminkte Frauengesicht wie durch ein Fenster zu sehen ist.

Die Undurchsichtigkeit der Fotografie

Abb. 4: Man Ray: *Kiki*, 1926.

Eine 21,7 cm mal 15,6 cm große Schwarzweißfotografie von Jacques-André Boiffard aus dem Jahre 1930 zeigt tote Fliegen auf einem klebrigen Fliegenfänger. Jeder einzelne der Kadaver mit seinen Flügeln, dem hülsenartigen Körper und den sechs Beinen ist zu einer bloßen Silhouette seiner selbst erstarrt. Doch was man hier sieht, sind keine Schatten. Es sind die leblosen Insekten selbst. Deren Körper, die sich in ihrer Agonie von der haftenden Fläche des todbringenden Streifens abzulösen versuchten, werden durch das Gegenlicht auf Figuren reduziert, die ebenso flach und schwarz sind wie ihre eigenen Schatten. Kein Licht kommt von vorn und keines von der Seite. So werden die Körper auch optisch noch einmal um das Volumen gebracht, das sie real schon verloren haben. Die Fliegen, die auf den verführerischen Film flogen, blieben daran kleben, und je verzweifelter sie sich nun bewegen, desto fester werden ihre Gliedmaßen in der Fläche fixiert. Nachdem dann die letzte Zuckung erlahmt ist, sind die filigranen Gestalten endlich mit scherenschnittartiger Deutlichkeit auf dem Film festgehalten. Dabei ergibt sich ein schon fast elegant choreographierter Höllensturz animalischer Engelsfiguren, die, wie die Tänzerinnen von Degas, im großen Bogen ganze Abfolgen verschiedener Bewegungsphasen demonstrieren. Die durchscheinende Folie, auf der diese erstarrten Momente festgehalten sind, bildet, wie man am linken Rand deutlich erkennt, wiederum eine vollkommen plane senkrechte Fläche, die parallel zu derjenigen verläuft, auf die das Bild in die Kamera projiziert wird. So wird der Film, auf dem die Fliegen verendet sind, zum Pendant des Films in der Kamera, der jenen anderen Film aufgenommen hat. Die Fliegen sind also gleich zweimal (und im doppelten Sinne des Wortes) auf den Film gebannt.

Die Undurchsichtigkeit der Fotografie 99

Abb. 5: Jacques-André Boiffard: *Les mouches*, 1930.

Eine 20,4 cm mal 30,5 cm große Schwarzweißfotografie von Lee Friedlander aus dem Jahre 1981 zeigt einen umzäunten Sportplatz. Im Vordergrund überzieht ein Gewebe aus Maschendraht das gesamte Bild. In seinem Netz ist das Sichtbare gefangen. Unübersehbar materialisiert sich darin ein senkrechter Schnitt durch die „Sehpyramide" der Kamera, die daraus wiederum das Rechteck des Bildfeldes ausgeschnitten hat. Durch dieses virtuelle Fenster wird das Aufgenommene erfasst. Sein Rahmen bestimmt die Projektionsfläche, auf der sämtliche Punkte der dahinter liegenden dreidimensionalen Realität die ihnen entsprechenden Koordinaten in der Ordnung des Bildes finden müssen. Dieses wird durch den Zaun mit seinen rautenförmigen Öffnungen in eine für das Auge nicht mehr übersehbare Anzahl von gleichartigen Elementen zerlegt und digitalisiert. Dasselbe bewirkte auch schon das – zum Beispiel von Dürer empfohlene – gerasterte Velum, durch das der Maler die Welt anvisieren konnte. Friedlander verdeutlicht also eine Abbildungsstruktur, die nicht nur die Fotografie, sondern das perspektivische Bild allgemein charakterisiert. Von spezifischer Bedeutung ist das homogene Raster, welches das gesamte Bild überzieht, aber deshalb, weil es genau wie die überall gleichförmige Oberfläche der Fotografie an allen Seiten über das willkürlich begrenzte Format des Abzugs hinausweist. Zugleich zieht das Raster alles in der Fläche zusammen. Die Distanz des gesamten Spielfeldes implodiert, und so liegt das vordere Basketballbrett plötzlich in derselben Ebene wie das hintere, das wiederum direkt neben das Schild tritt, das noch diesseits am Zaun befestigt ist. Dieses Schild markiert mit seiner Aufschrift – wie der kondensierte Atem bei Appelt – eine Barriere. Wir müssen draußen bleiben: vor dem Zaun, vor dem Bild.

Die Undurchsichtigkeit der Fotografie 101

Abb. 6: Lee Friedlander: *Tokyo*, 1981.

Eine 19,4 cm mal 24,5 cm große Schwarzweißfotografie von Harry Callahan aus dem Jahre 1952 zeigt eine Frau in einem winterlichen Wald. Ihr Gesicht liegt genau auf der Mittelsenkrechten. Nahezu symmetrisch legen sich einige Baumstämme in gebührendem Abstand schalenförmig um sie herum. Zusammen mit anderen, die von den beiden unteren Ecken diagonal ins Bild weisen, erzeugen sie einen starken Zug in die Tiefe. Von dieser fast so demonstrativ wie bei Uccello zur Schau gestellten Räumlichkeit ist oberhalb des Horizonts nichts mehr zu erkennen. Dort gibt es nur noch ein Gewirr von Ästen, das sich – wie der Maschendraht bei Friedländer – über die gesamte obere Bildzone ausbreitet. Dabei streben die Äste nicht nur, wie gewöhnlich, diagonal nach oben. Sie wachsen auch seitwärts, kreuz und quer, wie wuchernde Adern in seltsamen Schwüngen über die Fläche, schließen sich hier und da zu übergreifenden Liniaturen zusammen, bilden Knoten, und manchmal scheinen sie sogar die Umrisse imaginärer Gestalten anzudeuten. (Über dem Kopf der Frau überhöhen sie zum Beispiel dessen Konturen – ähnlich wie der Schatten bei Man Ray – noch einmal ins Große.) All das erinnert bewusst an Gemälde von Pollock, wobei die hellen Partien des Himmels der in seinen Bildern oft noch durchscheinenden Leinwand entsprechen. Das Gespinst der Linien entsteht hier zwar aus der Überlagerung von unzähligen Ästen und Zweigen, die sich tatsächlich weit hintereinander im Raum befinden. In der Fotografie wird dieses Hintereinander aber zu einem bloßen Nebeneinander von unzähligen Grauabstufungen, die allesamt in derselben Ebene liegen. So zeigt sich mit großer Prägnanz das eigentümlich texturlose „all-over" der Fotografie, deren durchgehend identische Oberfläche sich von dem, was sie darstellt, an keiner Stelle irritieren lässt.

Abb. 7: Harry Callahan: *Eleanor, Chicago*, 1952.

Eine 146,0 cm mal 189,0 cm große Farbfotografie von Andreas Gursky aus dem Jahre 1997 zeigt das 296,5 cm mal 530,8 cm große Gemälde *One, Number 31* von Jackson Pollock im *Museum of Modern Art* in New York. Da die Fotografie – wie das Beispiel von Callahan verdeutlichte – schon die Wahrnehmung realer räumlicher Tiefe nur unzulänglich vermittelt, ist es kaum verwunderlich, dass sie von den rein imaginären Räumen, die in der Malerei ihrerseits schon aus der Fläche eröffnet werden, noch weit weniger wiedergeben kann. Das wird besonders deutlich, wenn Gurskys Fotografie, wie hier rechts, nur schwarzweiß und in grotesker Verkleinerung reproduziert wird. Aber auch in der großen Farbfotografie sieht man nicht Pollocks Gemälde, sondern nur eine bestimmte Art, es zu sehen. Anders als vor Friedrichs Seelandschaft sind einem hier die Augenlider keineswegs weggeschnitten. Doch was man bemerkt, sind eher Lidschatten einer Apparatur, durch deren Sehschlitz das Gemälde anvisiert wird. Durch die dunkleren Streifen am oberen und unteren Bildrand (die sich einfach aufgrund der Lichtverteilung ergeben) wird das Gemälde auf Distanz gehalten. Es kam, wie es scheint, auf der horizontalen Mittelachse ins Blickfeld und wird so auch wieder verschwinden. Der Fotografie ist damit schon das Menetekel ihres mechanischen Vorrückens zum nächsten Motiv eingeschrieben. Auffällig ist auch, dass es nirgendwo Abweichungen von der geraden Linie und dem rechten Winkel gibt. Gursky zeigt das Gemälde nicht (wie Struth) aus der Sicht der Museumsbesucher, sondern aus der unmenschlichen Perspektive seiner Plattenkamera, die alles in orthogonaler Präzision erfasst. So verdeutlicht die Fotografie weniger den Kontext, in dem das Kunstwerk wahrgenommen wird, als vielmehr die Kadrierung des Sichtbaren durch ein Medium, das anders sieht als wir.

Die Undurchsichtigkeit der Fotografie 105

Abb. 8: Andreas Gursky: *Ohne Titel VI*, 1997.

Eine weitere, 146,0 cm mal 172,0 cm große Farbfotografie von Andreas Gursky aus dem Jahre 1994 zeigt die Wartehalle eines Flughafens. Auch hier sieht man, was keine Fotografie angemessen zeigen kann: die Tiefe des Himmels und die Unberechenbarkeit der Wolken. Im Kontrast dazu erkennt man unten das durchkonstruierte Terrain der geometrisch abgezirkelten Rollbahnen. Auf deren dunklem Belag erscheinen die geschwungenen Linien und die weiß umrandeten Ovale wie jene von Computern erzeugten Muster, die durch die Designer der Technoszene populär gemacht wurden. Das alles sieht man durch große Fenster, die mehrere Ansichten derselben Szenerie herausschneiden. Diese folgen einander wie in einer fortsetzbaren Serie. Andererseits schließen sich die ersten drei Tafeln aber auch zur Einheit eines Triptychons zusammen. Jedes Fenster präsentiert sich dabei als gerahmtes diaphanes Tableau. Deshalb erscheint jedes der Fenster wie ein Bild, eine riesige Fotografie dessen, was dahinter liegt. Weil aber bei Bildern, die man nicht von vorn, sondern, wie hier, von der Seite betrachtet, die perspektivische Verzerrung mental kompensiert wird, meint man in den drei Fenstern Ansichten zu sehen, die sich eigentlich aus einer ganz anderen Position als der eigenen ergeben: von einem Punkt weiter vorn und weiter rechts. Zugleich dringt der Blick aber auch senkrecht durch die Oberfläche von Gurskys Fotografie und dann im spitzen Winkel weiter durch die Fenster auf das Flugfeld. Es geht also auch hier um die *cadrage*. Das Außen erschließt sich dabei aus dem Inneren, aus einem Gehäuse, das sich makellos und unpersönlich darbietet wie ein Modell von Thomas Demand, mit Parallelen und Planquadraten. Aus diesem künstlichen Raum, der das Sichtbare rahmt und verfügbar macht, starrt das Glasauge der Fotografie auf Wolken und Himmel.

Die Undurchsichtigkeit der Fotografie 107

Abb. 9: Andreas Gursky: *Schiphol*, 1994.

Eine 163,0 cm mal 229,0 cm große Farbfotografie von Jeff Wall aus dem Jahre 1979, die in einem Lichtkasten von hinten beleuchtet wird, zeigt eine Frau, einen Fotografen und eine große Plattenkamera. Hier erscheint – anders als bei den anderen besprochenen Aufnahmen – der Apparat sogar in eigener Gestalt. Als höchste Instanz nimmt er in dem durch die beiden senkrechten Stangen gegliederten Triptychon das zentrale Feld ein. Schon deshalb wäre hier von fotografischer Selbstreflexion zu sprechen. Aber von Selbstreflexion muss auch in einem ganz wörtlichen Sinne die Rede sein. Das gesamte Bild zeigt nämlich eine Spiegelung. Das bemerkt man nicht sofort, doch dann sieht man, dass der Drahtauslöser mit der linken Hand bedient wird, dass der Griff des Stativs nicht wie gewöhnlich rechts angebracht und das winzige Wappen des Herstellers auf der Kamera seitenverkehrt wiedergegeben ist. Das ließe sich noch damit erklären, dass vom Negativ eine seitenverkehrte Vergrößerung gemacht wurde. Gewissheit erhält man jedoch durch die Blickrichtung des Fotografen. Sie ist nur so zu erklären, dass der Fotograf, vor einem großen Spiegel stehend, jene Stelle anvisiert, von der sein Blick – Einfallswinkel gleich Ausfallswinkel – genau zu der Frau reflektiert wird, die ebenfalls vor dem Spiegel steht. Der Raum, in den man hineinblickt, liegt also nicht – wie ansonsten fast immer – jenseits, sondern diesseits der Bildfläche. Die Kamera sah sich selbst ins Objektiv, als sie dieses Bild aufnahm. Die Oberfläche der Fotografie, die den Blick doch zumeist ganz ungehindert passieren lässt, wird hier zu einer undurchdringlichen Wand, an der das Sehen abprallt und zurückgeworfen wird. So wird die Existenz der Projektionsfläche, obgleich sie überall völlig transparent bleibt, zwar nicht sichtbar, aber doch deutlich spürbar.

Die Undurchsichtigkeit der Fotografie 109

Abb. 10: Jeff Wall: *Picture for Women*, 1979.

Eine 19,4 cm mal 24,6 cm große Schwarzweißfotografie von Brett Weston aus dem Jahre 1937 zeigt eine zerbrochene Fensterscheibe. Ursprünglich hatte dieses Fenster die Aufgabe, den Blick durch sich hindurch gleiten zu lassen. Doch nun hat das gerahmte Glas seine Transparenz verloren. Blind geworden führt es nur noch seine eigene opake Oberfläche vor Augen, die sich, wie die einer Fotografie, in einer Vielzahl von Grautönen darbietet. Die Fensterscheibe zeigt nur noch ihre eigene körnige Struktur, nicht aber das, was hinter ihr liegt. Durch dieses Fenster, das keines mehr ist, kann man nun aber doch wieder hindurchsehen, weil es zerstört wurde. Die Mitte ist herausgebrochen und nur an den Rändern sind noch unregelmäßige Scherben stehengeblieben. Durch diese Öffnung blickt man ins Dunkle. Doch die dunkle Öffnung wird sogleich auch zu einer Figur von eigener Präsenz. Bei der Betrachtung dieser unregelmäßig konturierten, in sich völlig unmodulierten tiefschwarzen Fläche schwankt der Blick fortwährend zwischen zwei konkurrierenden Aspekten: Einmal sieht man ein Loch in der Scheibe, die im Scharnier des unteren Bildrandes leicht nach hinten gekippt ist, dann wieder sieht man – fast wie bei Malewitsch – nur eine abstrakte schwarze Form, die nicht mehr in der schiefen Ebene des fotografierten Fensters liegt, sondern in der Fläche der Fotografie selbst. Diese beiden Sichtweisen werden noch dadurch unterstützt, dass die am weitesten vorragenden Zacken rechts und links bis zum Rahmen des Fensters, oben und unten jedoch bis an die Ränder der Fotografie reichen. So zerbricht inmitten des Bildes nicht nur die abgebildete Fensterscheibe, sondern auch die Transparenz des Bildes. Man blickt nicht mehr durch und hat nur noch die stumme Substanz des entwickelten Fotopapiers vor sich.

Die Undurchsichtigkeit der Fotografie 111

Abb. 11: Brett Weston: *Broken Window, San Francisco*, 1937.

Eine 24,3 cm mal 36,7 cm große Farbfotografie von Harry Callahan aus dem Jahre 1982 zeigt zwei von der Sonne beschienene Gebäude. Deren durchgehende Vorderfront kippt, wie die zerbrochene Scheibe bei Weston, leicht nach hinten aus ihrer Parallelität mit der Bildfläche heraus. Von dunkleren Partien umrahmt erscheint die Fassade wie die Rückseite einer *black box*, in die das Licht hineinfällt. So präsentiert sich die Fassade wie ein Bild, das erst durch eine Belichtung sichtbar wird. Ihre aus der Umgebung – wie in einem Entwicklerbad – hervortretende Bildhaftigkeit wird dadurch unterstrichen, dass die helle Vorderfront der beiden Gebäude flach wie eine einzige ornamentierte Tafel erscheint. Nirgendwo gibt es einen Einblick: die Jalousien sind herabgelassen, die Fensterläden geschlossen und im Schaufenster sieht man auch nur einen zugezogenen Vorhang. Zudem ist die Wand des einen Hauses mit Kacheln überzogen, die es hermetisch nach außen abschließen. So entsteht der Eindruck, als sei das alles *nur* Fassade ohne etwas dahinter, bloße Oberfläche aus nebeneinander geordneten Fragmenten. Vor dieser Fläche hat sich nun, kreisförmig wie ein Objektiv, eine dunkle Scheibe postiert, die den Blick verstellt. So findet sich auch in dieser Fotografie inmitten des Sichtbaren wieder ein blinder Fleck. Es ist die Rückseite eines Schildes, das sich – ähnlich wie in Monets Ölskizze der *Gare Saint-Lazare* – dem Blick wie ein Warnzeichen entgegenstellt. Nur im Rund dieses Schildes, das noch durch den gekrümmten Rücken des Passanten apostrophiert wird, ereicht der fotografische Abzug ein so tiefes Schwarz, dass darin, anders als in den anderen verschatteten Partien, gar nichts mehr zu unterscheiden ist. Auf diese Weise gibt sich auch hier, eher dezent, die opake Materialität der Fotografie zu erkennen.

Abb. 12: Harry Callahan: *Portugal*, 1982.

Eine 18,1 cm mal 26,6 cm große Farbfotografie aus dem Jahre 1979, ebenfalls von Harry Callahan, zeigt eine von Häusern gesäumte Straße. In der Ferne steht ein einzelner Mensch, aber es geschieht nichts, schon gar nichts Spektakuläres. Spektakulär ist hingegen, wie diese banale Szene durch einen optischen Schnitt in zwei Teile zerlegt wird. Links stürzen die Fluchtlinien der Häuserzeile mit dem davorliegenden Gehweg Schwindel erregend in die Tiefe. Rechts blickt man dagegen nahezu frontal auf die Häuser, und auch die Straße wird hier zu einem monochromen grauen Rechteck. Getrennt sind die ungleichen Bildhälften durch eine vertikale Linie. Sie folgt zunächst dem Rand des Gehsteigs, läuft rechts an dem schwarzen Mast empor und zerteilt sich schließlich in die dünnen Drähte, die aussehen wie Schnittspuren, die ein scharfes Messer in der Fotografie hinterlassen hat. Selbstreflexiv ist diese Fotografie deshalb zu nennen, weil sie unübersehbar verdeutlicht, dass die radikale Spaltung des Sichtbaren nur durch das Bild selbst erzeugt wird. Der Raum, den es abbildet, kann nicht in derselben Weise zerfallen. Einen Riss gibt es darin nicht. Nichts hindert daran, vom Gehweg auf die Straße zu treten. Der Anblick des Ganzen spaltet sich nur deshalb in zwei Teile, weil die reale Struktur des dreidimensionalen Raumes in die ganz andere Struktur einer zweidimensionalen Fläche überführt wurde. Eine Linie gibt es nur in der Fläche, und hier entsteht sie auch nur deshalb, weil sich die Projektionsfläche an einem ganz bestimmten Ort befindet. Stünde die Kamera weiter rechts oder links, käme die Spaltung im Bild nicht zustande. In der augenfällig zugespitzten Differenz zwischen ihrer eigenen planimetrischen Struktur und der des abgebildeten Raumes offenbart die Fotografie sich selbst als ein Transformationsmedium des Sichtbaren.

Die Undurchsichtigkeit der Fotografie 115

Abb. 13: Harry Callahan: *Ireland*, 1979.

Eine 22,7 cm mal 16,7 cm große Schwarzweißfotografie von Albert Renger-Patzsch aus dem Jahre 1929 zeigt ein dünnes Bäumchen vor einer Winterlandschaft. An dieser Landschaft ist nichts Bemerkenswertes. Ohne den Baum im Vordergrund wäre sie kaum fotografiert worden. Doch als solcher bietet auch der Baum keinen sonderlich interessanten Anblick. Daher wird er auch nicht einmal in voller Größe gezeigt. Erst indem beides zusammenkommt, der Baum und die Landschaft, entsteht ein Bild, dass befremdet, weil der Baum nicht nur Repoussoir sein will. Er leitet den Blick nicht höflich an sich vorbei, sondern stellt sich ihm demonstrativ in den Weg. Er verweigert den Eintritt ins Bild, markiert eine Grenze und trennt das Davor vom Dahinter. Oben, in der gleichförmig hellen Fläche des Himmels, bilden die Äste mit ihrer Verzweigungsstruktur noch ein körperloses Diagramm. Doch nach unten schwellen sie an wie Venen und vereinigen sich in dem Stamm, auf dem das Licht erstrahlt, wie auf einer schimmernden, viskosen Substanz, die – ganz vorn auf der Haut der Fotografie – langsam nach unten fließt, um plötzlich hinter den talgartigen Ablagerungen des alten Schnees zu verschwinden. So bringt der Baum eine starke Spannung von Vorn und Hinten ins Bild. Zugleich aber teilt er dessen Fläche auch in eine linke und eine rechte Hälfte. Durch die starke Beleuchtung steht die Vorderseite des dünnen Stammes in einem extremen Kontrast zu seinen dunklen Seiten. So entsteht eine gleißende Linie, die blitzartig durch das Bild fährt. Sie zerstört die organische Kontinuität der Landschaft, deren Fragmente nun – durch den schmalen Zwischenraum des unregelmäßig verlaufenden Risses getrennt – wieder nah nebeneinander liegen wie die Hälften eines als Erkennungszeichen geteilten und wieder zusammengefügten *symbolons*.

Die Undurchsichtigkeit der Fotografie

Abb. 14: Albert Renger-Patzsch: *Das Bäumchen*, 1929.

Was hat die Betrachtung der vierzehn Beispiele ergeben? Es hat sich gezeigt, dass der Fotografie eine ganze Reihe von Möglichkeiten offenstehen, in ihren Werken auf ihre eigenen medialen Besonderheiten aufmerksam zu machen. Durch die Aufnahme von Spiegelungen und Schattenwürfen kann sie andeuten, dass auch sie selbst, so wie jene, nur durch Lichtstrahlen entsteht, die von den abgebildeten Dingen ausgehen, um anderswo optische Spuren dieser Dinge zu hinterlassen. Allein der Fotografie ist es dabei jedoch gegeben, solche Spuren auch zu fixieren. Wenn sie das tut, hält sie aber immer nur einen erstarrten Moment aus der Vergangenheit fest, der inzwischen, dem Fluss der Zeit entrissen, nur noch mortifiziert zugegen ist. Das Befremdliche dieses geisterhaften Stillstands, das unterschwellig aus allen ihren Bildern spricht, kann die Fotografie noch eigens hervorheben, indem sie den Anblick einer Szene genau dann festhält, wenn darin eine Deformation sichtbar wird, die sich im Fortgang des Geschehens sofort wieder aufgelöst hätte. Aufschlussreiche Entstellungen können sich aber auch ergeben, wenn nicht ein besonderer Zeitpunkt, sondern ein besonderer Raumpunkt für die Aufnahme gewählt wird. Da die Fotografie aus der Projektion einer dreidimensionalen Realität auf die dafür präparierte Fläche in der Kamera entsteht, treten die abgebildeten Dinge im Bild immer in Konstellationen zusammen, die es vorher nicht gab. Dabei kann die Fotografie die Künstlichkeit dieser nur von ihr selbst erzeugten Konstellationen noch zusätzlich betonen, indem sie die Bildfläche einer Ordnung unterwirft, die sich von jener des abgebildeten Raumes deutlich abhebt. Die Fotografie zeigt dann zwar weiterhin einen Raum, in den man, wie durch ein imaginäres Fenster, hineinblickt, sie nötigt den Blick aber zugleich, dieses Fenster selbst als eine autonom strukturierte Fläche wahrzunehmen. Dazu bedarf es allerdings nicht unbedingt einer Kamera. Auch mit bloßem Auge finden sich in der Realität immer wieder Punkte, an denen sich die Ansicht der Welt zu einem Tableau von auffallender Schlüssigkeit zusammenfügt. So kommen auch Maler zu ihrem Motiv. Wer eine Szene malen will, blickt dabei jedoch direkt in den offenen Raum, der abgebildet werden soll. Wer dieselbe Szene fotografieren will, sieht hingegen von Anfang an schon ein Bild. Das Sichtbare erscheint in Form einer Projektion auf die Mattscheibe, und diese unterscheidet sich vom realen Anblick der Welt ganz erheblich, denn hier hat man es plötzlich nicht mehr mit Körpern zu tun, sondern nur noch mit flachen Silhouetten. Diese treten innerhalb eines vorgegebenen Rahmens in rein planimetrische Beziehungen zu einander, welche sich schon bei der geringsten Bewegung der Kamera dramatisch verschieben. Alles, was auf der Mattscheibe erscheint, gelangt überdies auch nur durch die Vermittlung eines Apparats dorthin, dessen Aufbau dem des Auges widerspricht. Das Licht fällt durch die monokulare Öffnung eines Objektivs mit speziell geschliffenen Linsen ins Innere und erzeugt dort Bilder, deren Form nur durch die unerbittlichen Gesetze der Optik bestimmt sind. So fehlt der Kamera zum Beispiel die Fähigkeit, Dinge zu beschönigen oder einfach zu übersehen. Der Apparat sieht anders als ein Auge. Diese Differenz kann die Fotografie auf vielerlei Weise hervorheben und enthüllen. Dazu kann es, um eine bislang noch nicht erwähnte Möglichkeit zu nennen, unter Umständen schon genügen, dem Bild eine unmenschliche Schärfe zu verleihen. (Wer wirklich vor dem

Sportplatz aus Friedlanders Fotografie stünde, sähe entweder nur den Zaun oder er sähe ihn überhaupt nicht, weil er sofort verschwindet, sobald sich der Blick auf die Häuser im Hintergrund fokussiert.) Zudem findet die Fotografie, wie sich zeigte, auch mancherlei Metaphern, um ihre Herkunft aus dem technischen Gerät zu bezeugen. In diesem Gerät, im dunklen Inneren der Kamera, wird zunächst ein optisches Bild auf den Film oder die Platte geworfen, um es dort festzuhalten. Doch dieses Bild wird später noch einmal auf eine andere Fläche projiziert und abermals fixiert. So entsteht schließlich ein Abzug auf Papier oder Folie, der in seiner gleichmäßig indifferenten Beschichtung keinerlei Tiefe erkennen lässt, wohl aber eine starke Neigung, sich in der Ebene nach allen Seiten auszudehnen. Auch diese Besonderheit, die sich erst in ihrer dinglichen Verkörperung bemerkbar macht, kann die Fotografie, wie sich zeigte, bis zu beträchtlicher Auffälligkeit kultivieren. Die Eigenheiten eines Mediums lassen sich allerdings niemals nur auf diejenigen seines materiellen Substrats reduzieren. In der Fotografie ist das noch weitaus offensichtlicher als in der Malerei, denn sie entsteht, anders als jene, nicht aus einer Bearbeitung der Bildfläche, sondern nur aus einer Projektion auf diese Fläche. Deshalb wäre es abwegig, die besondere Materialität des fotografischen Abzugs mit ebensolcher Konsequenz erforschen zu wollen, wie etwa Robert Ryman das in der Malerei tun konnte. Das fotografische Bild erwächst nicht aus seiner eigenen physischen Basis, es ist ein Effekt einer davon zunächst ganz unabhängigen optischen Erscheinung, die im Prinzip auf jeder beliebigen Fläche sichtbar werden kann. Deshalb sieht man in der Fotografie stets auch zu allererst die Spur des Fotografierten. Selbst wenn sie sich als völlig monochrome Fläche darböte, sähe man darin immer noch ein Abbild: von Milch oder Teer oder Blut. Die Fotografie zeigt unweigerlich ein anderes, sie zeigt nie nur sich selbst. Daher ist es durchaus nicht unangemessen, dem Medium eine besondere „Transparenz" zu bescheinigen. Nur kann man daraus nicht den Schluss ziehen, dieses Medium sei einer selbstreflexiven Enthüllung seiner eigenen Besonderheiten ebensowenig fähig wie ein Spiegel oder ein Schatten. Die zuvor kommentierten Fotografien beweisen das Gegenteil. Zwingend ist dieser Beweis allerdings nicht, denn er appelliert an die Fähigkeit und die Bereitschaft, in den Bildern mehr als nur das jeweils Abgebildete zu sehen. Hierzu ist eine besondere Bemühung erforderlich, denn zunächst sehen wir alle in jeder dieser Fotografien wohl nichts anderes als nur ein Abbild der jeweils gezeigten Realität: einer Ecke in einem Nachtlokal, eines Mannes vor einem Spiegel, eines umzäunten Sportplatzes, einer zerbrochenen Fensterscheibe, eines dünnen Bäumchens. Alles dies zeigen die Fotografien wirklich, denn jede von ihnen ging schließlich aus einer Projektion der durch sie wiedergegebenen Realität hervor. Und eben darauf beruht auch ihre „Transparenz": In jedem Fall ist es das Projizierte selbst, das in seiner Projektion erscheint. Diese Tatsache kann eine Fotografie, die sich auf sich selbst besinnen möchte, unmöglich abstreiten. Sie muss sich, im Gegenteil, sogar ausdrücklich dazu bekennen. Nur dann kann sie deutlich machen, dass die Dinge in ihrer Projektion nicht so erscheinen, wie wenn man sie leibhaftig vor sich hätte. In ihrer Selbstreflexion darf die Fotografie ihre eigentümliche Transparenz also nicht verleugnen. Sie kann nur versuchen, in der Transparenz ihrer Bilder zugleich auch deren Voraussetzungen und Konsequenzen sichtbar zu machen.

Repräsentation

Hans Belting

Gesicht und Maske*

1.

Das Porträt ist jene Art von Maske, die sich in der Kultur des Westens ausgebildet hat, eine vom Gesicht abgezogene Maske, die in der Porträttafel oder im Fotoabzug ihren Träger gefunden hat.[1] Der Träger war also nicht, wie in früheren Kulturen, ein lebender Darsteller der Maske, sondern ein Objekt: eine symbolische Oberfläche, die zum Vergleich mit einem lebenden Gesicht und zur Erinnerung an ein gestorbenes Gesicht in einem sehr spezifischen Sinne einlud. Von diesem spezifischen Sinne wird die Rede sein, denn darin liegt auch eine westliche Einschätzung, und Einübung, des Gesichts, die zu Unrecht für eine universale Angelegenheit gehalten wurde. Auch der Westen ist nur eine lokale Kultur. Der anthropologische und der kulturell gebundene Gebrauch des Gesichts, obwohl in vielerlei Hinsicht verbunden, bieten bei näherem Blick auch aufschlussreiche Unterschiede.

Beginnen wir deshalb mit einem historischen Vorspiel, das die Geburtsstunde des neuzeitlichen Porträts in Erinnerung ruft. Ein solches Porträt war gleichsam eine Anmaßung, weil es seinem Träger eine Ewigkeit verlieh, die das Gesicht nicht besaß. Anders gesagt, machte sich das Porträt in jenem elementaren Hiatus breit, der zwischen Totenschädel und Gesicht aufriss. Man kann wohl die historische Sicht auf diese Dinge dahin zusammenfassen, dass sie das Gesicht als Maske auf dem Schädel, der im Tode zum Vorschein kam, auffasste. Wo diese Maske ausfiel, trat das Porträt als ihr Stellvertreter ein. Im Hinblick auf die eherne Regel der Vergänglichkeit alles Irdischen bedurfte es als kühne Selbstverewigung *in anticipo* einer besonderen Rechtfertigung.[2]

In den Beinhäusern blieben damals für die Mehrheit keine Gräber, sondern nur Schädel übrig. Sie konnten nicht mehr blicken und starrten aus leeren Augenhöhlen, aber hatten einstmals ein Gesicht getragen. Das Gesicht war ihnen im Tode abgezogen worden wie eine Maske, die ihre Pflicht getan hatte. Was blieb aber übrig, wenn die Maske im Tode zerfiel? Was oder wer hatte sich denn zu Lebzeiten hinter der Maske verborgen? Eine Maske machte doch nur Sinn, wenn da jemand war, der sie trug. Wohin war der jemand entschwunden? Nach dem Augenschein hatte schon zu Lebzeiten der Schädel hinter dem Gesicht gesteckt. Jetzt kam er offen zutage. Das Leben hatte den Tod verborgen. Der Rest war eine Sache des Glaubens. Er allein beantwortete noch eine Frage, für die der Augenschein keine Antwort mehr bot.

Im Zeitalter digitaler Gesichtskonstruktionen scheint das Porträt kein Thema mehr zu sein. Nur reduzieren wir dabei seinen Sinn auf ein historisches Klischee und unterliegen dem Irrtum, beim Porträt sei noch alles einfach gewesen. Das Porträt nahm aber von Anfang an aktiven Anteil an der Entwicklung des neuzeitlichen Personenbegriffs und warf die Frage auf, was im Menschen die Sichtbarkeit leistet. Es setzte den Konsens voraus, dass nur zwei Zustände der Ordnung des Sichtbaren angehören, im Leben das Gesicht und im Tode der gesichtslose Totenschädel. Folglich treten beide Ansichten simultan als Bildthemen in das Repertoire der Kunst ein. Sie verweisen aufeinander in einem schrecklichen Widerspruch. Gerade deshalb wurde das lebende Gesicht als Maske verstanden, hinter welcher der Tod lauert.

Heute bekommen wir von Toten keine Schädel mehr zu sehen. Der Tod, der ohnehin tabuisiert wird, ist bei Personen im öffentlichen Leben nur der Anlass, von ihnen ein Foto oder einen Film zu zeigen, also Bilder, in denen sie noch als Lebende erscheinen. Auch solche Bilder dienen als Masken, die sich an die Stelle des toten Gesichts setzen. In der frühen Neuzeit dagegen nahm man den Verstorbenen eine Totenmaske ab, in welcher ihr Gesicht vor der Verwesung gerettet wurde. Man behandelte das Gesicht dabei wie eine Maske, die man vom Schädel ablöste. Aber auch von lebenden Gesichtern ließ sich eine Maske dieser Art abziehen. Eine solche Prozedur ließ sich am Körper nur mit geschlossenen Augen praktizieren und setzte also die Stilllegung des Ausdrucks im Gesicht voraus. Auch ein lebendes Gesicht musste sich wie eine Maske verhalten, wenn von ihm eine Maske abgenommen wurde.[3]

Die Maske ist schon im frühen Orient, wo sich in einer sesshaften Gesellschaft der Totenkult ausbildete, ein für alle Mal erfunden worden. Sie gab der Leiche das Gesicht zurück, das diese im Tode verloren hatte. Dabei entstanden Masken zweierlei Art. Neben dem mit Lehm oder Gips überformten Schädel, über den gleichsam ein neues Fleisch gezogen wurde, trat in der gleichen Kultur eine Maske aus Stein oder Ton, welche zum Schädel Distanz hielt und ihn vor dem Blick verbarg. Mit dieser Erfindung war das Rätselspiel von Außen und Innen, von Davor und Dahinter, von Sichtbarkeit und Unsichtbarkeit zu einem unvorstellbar frühen Zeitpunkt eröffnet, nämlich 6000 Jahre vor Platon, der für diese Fragen den philosophischen Diskurs erst begründete. Natürlich gibt es für diese Erfindungen keine zeitgenössischen Kommentare. Doch wurde mit diesen Masken das Bild eingeführt, um den Toten in einem festen Ritual das Gesicht zurückzugeben. Daraus ergeben sich Rückschlüsse auf die frühe Einübung des Gesichts, das als soziales Zeichen den ganzen Körper vertrat.[4]

Die Inkarnation der Maske – wenn man im Sinne Batailles von der Verkörperung einer lebendigen Maske sprechen darf – kulminiert in dem, was man als „faziale Maske" bezeichnet hat.[5] Die mimische Aktivität des Gesichts mündet nicht nur im Zeigen und Bedeuten, sondern besteht ebenso im Verbergen und Täuschen. Im Gesicht können wir unsere Gefühle mit dem gleichen mimischen Akt sowohl sichtbar machen wie auch der Sichtbarkeit entziehen. Derselbe Signifikant wird dazu benutzt, um Falsches und Wahres zu repräsentieren. Erst die künstliche Maske legt sich auf einen einzigen Ausdruck fest oder entzieht den Ausdruck der Deutbarkeit. Sichtbar ist nicht das Gesicht, das wir *haben*, sondern das Gesicht, das wir *machen*. Jede Mimik löst die Sequenz vieler Gesichter aus, während erst die Maske ein einziges Gesicht zeigt.

Im Umfeld des Todes hat die Maske eine ontologische Bedeutung, während sie im Leben über die Ambivalenz der Täuschung verfügt. Eine Maske tragen heißt im sozialen Umfeld doch nur, sein wahres Gesicht zu verbergen. Schon in der lateinischen Antike wird, in der Entlehnung vom Schauspiel, für Maske und Rolle der gleiche Begriff benutzt. Cicero hat ihn von der griechischen Philosophie übernommen, wo der Begriff *Prosopon* sowohl Maske als auch Antlitz heißen kann, und ihn mit *persona* wiedergegeben. In metonymischer Erweiterung konnte der Begriff Maske leicht auf die Rolle des Mimen übertragen werden. Cicero beschreibt folglich das menschliche Handeln in einer Rollentheorie, und Seneca fügt hinzu, dass man die Rolle spielen müsse, die man übernommen habe. Bei Erasmus von Rotterdam wird das Täuschungsmoment der Rolle im Munde der Torheit zu einer positiven Leistung. In Anspielung auf seine antiken Quellen lässt er die Torheit sagen, man solle den Spielern auf der Bühne nicht die Masken abreißen, denn die Zuschauer wollten nicht ihre natürlichen Gesichter sehen. Der Zuschauer verlange nach der Illusion, die in der Maske und der Schminke liege.[6]

2.
In den Uffizien von Florenz hat sich der Schiebedeckel eines verlorenen Porträts erhalten, auf dem uns eine Maske aus leeren Augenhöhlen anstarrt, wenngleich sie die Haut eines lebenden Gesichts trägt. Die Inschrift liefert dazu die Lesehilfe: „Jedem seine Maske", was man auch übersetzen kann: „Jedem seine Rolle" (*Sua Cuique Persona*). Das einstige Porträt, das von diesem Schiebedeckel verhüllt war, wird durch diese Inszenierung als Maske entlarvt, mit welcher sich der Träger tarnt. Entscheidend ist die Ambivalenz zwischen Maske und Gesicht. Die Maske *ist* das Gesicht. Auf der Rückseite eines Porträts, das ebenfalls aus dem frühen 16. Jahrhundert stammt, ist ein anonymer Totenschädel zu sehen, der durch die Inschrift als Wappen des Porträtierten bezeichnet wird: *Insigne Sum Ieronymi Casii*. Der Schädel fängt selbst an zu sprechen, als besäße er diese Fähigkeit und könnte über einen Namen verfügen. Tatsächlich ist er aber das Wappen jedermanns, und also anonym. Nur mit dem im Tode gebliebenen Namen stellt er die Beziehung zu einer Person her, die im Tode ihr Gesicht verlor. Da aber der Schädel erst nach dem Verlust der Identität sichtbar wird, bietet er uns ein Bild der Bildlosigkeit, denn er hat inzwischen das Bild verloren, welches er im Leben trug, das Gesicht.[7]

Wir werden von solchen Darstellungen an den schon fast vergessenen Kontrast von Fleisch und Schädel erinnert, in welchem damals die körpereigene Nähe von Leben und Tod kontempliert wurde. Mit der Amnesie des Todes ist heute auch der Schädel aus unserem Blick gerückt. Statt dessen reden wir über den neuen Kontext von sterblichem Fleisch und virtuellem Gesicht, dessen Inkarnation nicht mehr erwünscht ist. Mit der Exkarnation reduziert sich das Gesicht auf eine technologisch hergestellte Oberfläche, die über das vergängliche Gesicht gesiegt hat. Sie drückt kein sinnliches Leben mehr aus, das dem Alterungsprozess unterworfen ist, sondern tritt als konstruiertes Gesicht zu dem residualen Fleisch und dem darin verborgenen Totenschädel in einen ontologischen Gegensatz, in dem die Todesfurcht verdrängt wird. Die Seelenfrage, mit ihrem Topos der Unsterblichkeit, wird inzwischen an die Technologie delegiert.

Im Alltag scheint sich die Herrichtung des echten Gesichts zur Maske auf Schminke und Frisur zu beschränken. Deswegen haben auch, neben den Modedesignern, Friseure immer noch Konjunktur. Sie werden sogar zur Entscheidung darüber angerufen, ob ein Bundeskanzler seine echte Haarfarbe zeigt oder nicht, wobei die Vermutung, er habe seine Haare gefärbt, eine heftige Debatte über die Irreführung der Öffentlichkeit über sein Aussehen und auch sein Verhalten ausgelöst hat. Man debattierte plötzlich über das echte Gesicht des Kanzlers. Im Fernsehen werden inzwischen alle Personen, die in einer Talkshow auftreten, zu sekundären Schauspielern mit TV-gerechter Maske, die der Maskenbildner herstellt.

Wir müssen heute eigens daran erinnert werden, dass ein Gesicht als eine lebende Maske bemalt wurde, um als soziales Zeichen zu wirken. In frühen Kulturen gingen Gesicht und Maske eine Symbiose ein, ohne sich noch voneinander unterscheiden zu lassen. Das galt so lange, wie soziale Rollen noch fest kodiert waren. Die Analogie von Gesicht und Maske ist die Begründung des gemalten Porträts. Ein standesgemäßes Gesicht konnte nur eine vereinbarte Maske sein, die sich über individuelle Ähnlichkeit hinweg setzte. Der soziale Umgang mit der Porträttafel geriet in Vergessenheit, seit wir Porträts nurmehr im Museum anschauen. Er verlangte nach einem Interface, einer Schnittstelle für die symbolische Kommunikation mit jener Person, an die man sich hinter dem Porträt wandte. Da wir heute Schnittstellen nur im Umgang mit technischen Systemen kennen, ist uns dieser Blickkontakt mit Bildern eher fremd geworden. Doch ist das Tafelbild insofern Interface gewesen, als es den Betrachter aufforderte, mit jemandem zu kommunizieren, der nicht mehr selber sprechen und blicken konnte. So ließ sich eine Vertragsleistung erfüllen oder Fürbitte für eine Seele im Jenseits einlegen.[8]

Im Falle des Porträts behaupten Gesicht und Blick einen eigenen Raum, von dem die Betrachter durch den Rahmen des Bildes getrennt sind. So bietet sich das gerahmte Bild als Schnittstelle zweier Räume an, des realen und des gemalten Raums. Nur im gemalten Raum kann die gemalte Maske des Porträts den Status eines Gesichts behaupten, während sie im Raum der lebenden Körper nur eine leblose Maske sein kann. Das Porträt, als Fenster zu einem symbolischen Raum, ähnelt der stillgelegten Oberfläche einer Maske, die von einem Gesicht abgezogen worden ist.

3.

Jean-Luc Nancy hat in seinem Buch „Le regard du portrait" die Analyse eines Porträts an einem Gemälde von Johannes Gumpp (gegen 1646) vorgenommen.[9] Der Maler sitzt mit dem Rücken zu uns im Bild und blickt in den links aufgehängten Spiegel, während er rechts sein eigenes Porträt malt. Wir sehen ihn also drei Mal, nämlich einmal mit dem Rücken, dann dort, wo er sich im Spiegel anblickt, und endlich auf dem gerade entstehenden Porträt, von dem aus er auf uns blickt. Die beiden Gesichter, die wir von Gumpp sehen (das gespiegelte und das gemalte), enthüllen „die Unähnlichkeit", die zwischen ihnen trotz des beiderseitigen Anspruchs der Ähnlichkeit bestehen. „Der Blick des Porträts belauert einen Blick, der auf es geworfen wird ... Der Spiegel zeigt das Objekt der Repräsentation, die Tafel deren Subjekt". Erst die Tafel, nicht der Spiegel, verleiht dem Gesicht eine dauerhafte Maske.

Das Spiegelbild existiert in unserer Gegenwart, das Porträt in unserer Abwesenheit. Diese Abwesenheit wird unterstrichen durch den Rücken des Malers, der uns den Blick auf seine Person verwehrt. Die Abwesenheit stellt im Porträt „die Bedingung dar, unter welcher sich das Subjekt auf sich selbst bezieht und sich also ähnelt". Dieser Selbstbezug vollendet sich paradoxerweise in dem uns zugewandten Rücken. Unser eigener Rücken bleibt uns bekanntlich ebenso unsichtbar wie das eigene Gesicht. Im Verhältnis zwischen Gesicht und Maske bildet sich auch das Verhältnis von Anwesenheit und Abwesenheit ab. In der Maske sind wir anwesend als andere. Das gilt selbst dann, wenn wir die Maske mit dem lebenden Gesicht ausdrücken.

Gumpps Gemälde repräsentiert die Erzeugung von Ähnlichkeit, Ähnlichkeit als Prinzip, wie Nancy schreibt, und nicht als Beweis an einem Individuum. Dabei tauscht das gemalte Gesicht seinen Platz gegen das echte Gesicht ein. Die gemalte Maske, wie ich sie nennen möchte, fixiert auch den Spiegelblick, dessen seitenverkehrte Ansicht sie übernimmt. Darin wiederholt sich die Verwandlung des Ich in einen anderen, also das uralte Spiel mit der Maske, auf neue Weise. Das Gesicht gehört jetzt nicht mehr dem Körper an, sondern wird auf einen anderen Träger, ein Medium übertragen, auf dem mit der Mimik auch die Arbeit der Zeit im Gesicht stillgelegt wird. Erst dort, wo die starre Maske die Ausdrucksarbeit unterbricht, wird das Gesicht auf einen paradoxen Begriff seiner selbst gebracht.

In Jan Vermeers Gemälde der „Schilderconst" (Kunst der Malerei) entwirft der Maler, der auch diesmal vom Rücken her gesehen ist, auf der Leinwand ein Gesicht, aber es ist nicht das Gesicht einer Person, sondern paradoxerweise das Gesicht der Malerei, die sich mit Attributen wie Ruhm (Lorbeerkranz und Trompete) und Theorie (Buch) als Allegorie einführt. Der Maler verbirgt sein eigenes Gesicht, während er für die Kunst dadurch ein Gesicht erfindet, dass er sie porträtiert. In dieser Fiktion wird die Malerei metonym mit einer Person. Die gewählte Leinwand erlaubt im Format nur ein Brustbild, womit sich die Darstellung auf ein Porträt bezieht. Die überdimensionale männliche Maske, die auf dem Tisch liegt, fordert als Gesichtsform zum Vergleich mit dem gemalten Porträt heraus, das auch nichts anderes als eine Maske sein kann.[10]

Die Modellsitzung, die Gumpp und Vermeer malen, wurde in der europäischen Kunst durch die so genannte Lukas-Madonna eingeführt. Hier entwarf erstmals ein Maler das Porträt vor dem lebenden Modell. Als sich die einstige Ikone im Vollzug der Mimesis dem Blick eines Malers unterwarf, verkündete ihre Produktion erstmals das Lob der Malerei. Bei Vermeer hat sich das gleiche Thema signifikant gewandelt. Jetzt malt sich die Malerei selbst. Deswegen entzieht uns der Maler, der zum Allgemeinbegriff geworden ist, sein Gesicht. Zugleich kehrt sich das Verhältnis von

Modell und Bild um. Erst im Bild kommt die Malerei, die ohne Bild nicht existieren kann, zu sich selbst. Bei Vermeer posiert sie für den Maler, wobei sie zum Objekt des Blicks wird, der auf sie fällt. Deswegen senkt das Modell auch den Blick, der es zur Person machen würde. So entsteht eine Asymmetrie zwischen beiden, die in einer echten Porträtsitzung fehl am Platze wäre. Das blickende Subjekt aber bleibt anonym. Es verkörpert den Blick der Malerei, die Gesichter in Masken verwandelt. Indem er die Beobachtung de-subjektiviert, feiert Vermeer die Beobachtung als Norm seiner Zeit für die wissenschaftliche Optik. Zugleich konterkariert er diese Idee durch die Rhetorik, die in der Allegorie liegt.

4.

In der zeitgenössischen Installationskunst geraten die Betrachter selbst ins Bild. Die Invasion der Bilder in ihren Raum verändert ihr Körpergefühl. Wir erfahren unser eigenes Gesicht als Maske. Das ist die Wirkung in einer Installation von Gary Hill, die uns mit zwei Videobildern desselben Manns empfängt. „Facing Faces" spielt aber ein Doppelspiel, indem dieser Mann an uns vorbei auf sein eigenes Double blickt, das dann den Blick auf uns richtet. So entsteht ein Zirkel von drei „faces", der unser eigenes Gesicht einschließt. Wir können entweder den abgewandten Blick des linken Bildes betrachten oder den Blick des rechten Bildes erwidern. Während das gleiche Modell in „Standing apart" mit seinem ganzen Körper erscheint, zwingt es in dieser Installation unseren Blick auf sein Gesicht. Im Katalog sprechen George Quasha und Charles Stein davon, dass „a man is staring at a video image of himself which stares you right in the eyes. But of course the man is not a man. He is a video image. Alternatively: he is an angel – code word for liminal identity, the face of/in the medium, being at the threshold and facing both ways".[11]

Blicke, die Personen miteinander wechseln, vergrößern oder verkürzen die räumliche Distanz, welche zwischen den blickenden Körpern besteht. Blicke ziehen uns an oder weisen uns auf Distanz. Ihre Geometrie überlagert die Geometrie des realen Raums, in dem sich die Blicke kreuzen. Der Blickraum ist von der Aktivität oder Passivität der Blicke abhängig und verändert sich in jedem Augenblick (vielleicht sollte man sagen: mit jedem Augenblick). Im Übrigen wirkt ein Gesicht je nach der Distanz, in der es sich uns zeigt, entweder als Teil des ganzen Körpers oder, wie im Close-up, als selbständiger Ausdrucksträger, der sich aus der Körpertotalen befreit. In der Totalen wird die mimische Aktivität von der Körpersprache unterstützt, während sie sich im Close-up an deren Stelle setzt. Auch dann haben wir den Eindruck, den ganzen Körper anzublicken, wenn wir ein Gesicht anblicken.

Nur scheinbar gleicht die Situation bei Gary Hill jener in Gumpps Gemälde. Zwar nimmt der Betrachter im Raum wiederum den Platz ein, den dort die Rückenfigur des Malers besetzt. Doch fallen die Fragen nach der wechselseitigen Repräsentation von Gesicht und Bild anders aus. Die Symmetrie von Spiegelblick und gemaltem Blick kommt nicht zustande. Uns trifft wirklich der Blick eines anderen. Sein „face" begegnet uns wie ein anderes Gesicht, mit dem wir Blicke tauschen. Aber diese Analogie geht wiederum nicht so weit, wie sie zwischen Körpern stattfände. Vielmehr gibt es eine Pseudo-Analogie mit „live"-Bildern im gleichen Raum. Sie zwingt uns dazu, das Verhältnis von eigenem Gesicht und technischem Bild, also Maske, neu zu bestimmen. Würden wir uns hier auf einen echten Vergleich einlassen, so müssten wir unser eigenes Gesicht infrage stellen.

5.
Im Metaphernspiel von Gesicht und Maske war und ist Nam June Paik ein Meister. Seine Metaphern verwandeln sich in Werke, die gleichsam verkörperte Metaphern geworden sind. Noch bevor er den Schritt von der elektronischen Musik zum elektronischen Bild vollzog, ließ er sich 1961 anlässlich von Stockhausens „Originalen" in Köln mit einer Performance filmen, welche Gesicht und Maske in ein neues Licht setzte. Das mimische Spiel seines Gesichts, das Zucken und Blinzeln rings um seine geschlossenen Augen, das er einmal vergeblich glättet, um es maskenartig stillzustellen, bedeckt er ein andermal mit beiden Händen. Sie bilden dabei zeitweilig eine lebende Maske, hinter der das Gesicht verschwindet, und zwingen unseren Blick, zwischen dem Anblick von Maske und Gesicht zu pendeln, während er die Hände schließt und wieder öffnet.[12]

Zwanzig Jahre später kommt es zu einer erweiterten Aktion, in der Paik eine echte Maske ins Spiel bringt. Im Jahre seines fünfzigsten Geburtstags, 1982, ließ Paik eine Bronzemaske seines gealterten Gesichts als Unikat anfertigen, das er „Selbstportrait I" nannte. Aber die Pointe besteht nun darin, dass die Bronzemaske das Gleiche tut, was Paik damals mit seinem lebenden Gesicht tat: sie bedeckt sich mit zwei ebenfalls in Bronze gegossenen Händen. Um die Analogie mit der alten Performance zu pointieren, ließ Paik den Film von 1961 im Video abspielen und setzte sich mit der neuen Bronzemaske lächelnd neben den Monitor, als führte er sein Double vor. Der Kontrast von Gesicht, im Video, und Maske, in der Skulptur, fällt zusammen in einer paradoxen Symmetrie, in der Paik die „live"-Geste der Performance in Bronze wiederholt und fixiert. Es kommt zu einem tautologischen Akt, wenn Paik die Maske mit zwei Händen verhüllt, als wäre sie sein Gesicht, womit er die einzige mir bekannte Maske schuf, die, obwohl sie ein abwesendes Gesicht verhüllt, von zwei Händen ihrerseits noch einmal verhüllt wird und damit ihr Maskenspiel offenlegt.

Aber das Spiel mit den Analogien, in denen sich Metaphern verbergen, ist immer noch nicht ausgespielt. Die Bronzemaske gibt nicht Paiks junges, sondern ein Gesicht wieder, das zwanzig Jahre älter geworden ist. Wir sehen dreimal sein Gesicht: einmal sein echtes, einmal sein gefilmtes und einmal sein abgegossenes. Aber ist es dreimal dasselbe? Einmal liegt der Zeitunterschied, das andere Mal der Medienunterschied zwischen den Gesichtern. Der Gestus ist der einstige. Aber ist es noch sein Träger? Auch kommt der Vergleich von Performance und Skulptur nicht zur Deckung. Nicht die echten, sondern die bronzenen Hände bedecken die Maske. In der Performance simulierte Paik nur, mit seinen lebendigen Händen eine Maske zu schaffen. Jetzt fälschte er einen *closed circuit*, in dem drei Gesichter zirkulär aufeinander verweisen. Auch das lebende Gesicht verriet sich dabei als das Medium, das es in Wirklichkeit ist. Die Bronzemaske macht die doppelte Referenz auf das aktuelle Alter des lebenden Paik und auf den Paik von einst. Indem Paik für ein Foto posiert, bringt er den Zeitunterschied zwischen den beiden Performances zum Verschwinden.

In der Duisburger Ausstellung, die wiederum zwanzig Jahre später im Juni 2002 eröffnet wurde, konnte Paik nicht anwesend sein. Deshalb entschlossen sich die Kuratoren, die Bronzemaske von 1982 so vor dem Video von 1961 aufzustellen, als stünde sie vor einem Spiegel.[13] Es handelte sich nicht um einen *closed circuit*, wie ihn Paik in der Installation mit einer anderen Bronzemaske tatsächlich veranstaltete, denn die beiden Ansichten stellten Paik in verschiedenem Alter dar. Sie ähnelten sich im Gestus, mit dem sich Paik dem Blick, zu dem er uns listig auffordert, zugleich entzieht. „live"-Bild und Skulptur standen in dieser Version einander „en face" gegenüber, wie es sonst allein lebende Gesichter tun, und verwandelten sich in diesem Tête-à-tête beide in Masken, die nur verschiedene Medien benutzen.

6.

Gary Hill thematisierte die Maske in einem poetischen Video, das 1985 die Erinnerung an einen Japanaufenthalt festhielt. Sein Titel „Ura Aru" benutzt ein japanisches Palindrom, das vor und zurück lesbar ist und englisch lauten würde: there is a back/reverse side. Der Künstler setzt hier eine Theatersituation im Video um. Im zugehörigen Kommentar spricht Gary Hill über seine Verwendung von Schrift und Text, aber nicht von den Bildern. „A word is heard in context with an image on the screen, the tape reverses and the viewer is caught expecting nonsense and instead receives another word which works together with the initial word and changes the perception of the image." So beschreibt er sein Video als „a play on words, a play on time".[14]

Bei der Kamerafahrt durch eine Theatergarderobe ist plötzlich die Maske aus einer No-Aufführung so im Bild eingeblendet, dass sie nicht nur als eine Gesichtsmaske, sondern als eine Bildmaske wirkt. Aber im Close-up erscheint kein Gesicht, sondern eine lächelnde Maske, die eine Schauspielerin mit ihren Händen vor das Gesicht hält. Im Text ist von „unmasked closure" die Rede, bevor wir „mask culture" und im nächsten Augenblick „maske(d) disclosure" lesen. Erst dann taucht unter der eingeblendeten Bildmaske der Text „frame en(trance)" auf. Das unauflösbare Wortspiel von „closure", also Verschluss, und „disclosure", also Enthüllung, ist widerspruchsvoll auf die Maske bezogen. Das Video enthüllt eine Maske, die ein Gesicht verhüllt. Zugleich ist der „frame", das Bild im Bild, dem Video selbst wie eine Maske aufgesetzt. Die Hände lassen nicht erkennen, ob sie dabei sind, die Maske vom Gesicht abzunehmen oder sie dem Gesicht aufzusetzen. Wie der Untertitel des Videos besagt, steckt etwas hinter der Maske, aber wir bleiben darüber im Ungewissen.

In einer neuen Einstellung sehen wir einen Spiegel, auf dessen Oberfläche der Blick eines Mannes das eigene Gesicht verdoppelt. Seine Hand berührt den Spiegel dort, wo der Blick sein Spiegelbild entdeckt. In der nächsten Sequenz hebt sich der Vorhang vor der Bühne des No-Theaters. Hinter transparenten Schiebetüren bilden sich Körper im Schatten ab. In diesem Labyrinth bleiben Gesicht und Schatten nicht die einzigen Rätsel. Die „live"-Bilder des Video schieben sich zwischen die Bühnen-Szenen im No-Spiel. Die Bilder wechseln nur die Medien. Wir lesen die Palindrome der Texte ähnlich als Spiegelbilder wie die Gesichter, übrigens in englischer Sprache, während die Sprechstimme die originale Sprache des No-Theaters intoniert. Aber das Verwirrspiel kulminiert in der Maske. Sie ist starr, obwohl sie lächelt. Und sie wird von der Schauspielerin wie ein Körper bewegt, obwohl sie sich im Ausdruck nicht bewegt. In einer anderen Einstellung beschäftigt sich das männliche Gesicht eine Zeitlang mit seinem eigenen Spiegelbild, bis es durch eine Frau abgelenkt wird, die plötzlich das Gesichtsfeld im Spiegel durchschreitet. Die Bilder kommen und gehen ähnlich, wie wir das auch vor dem Spiegel erleben. In diesem Schauspiel der Bilder verlieren wir die Gewissheit, ob wir es noch mit Gesichtern oder schon mit Masken zu tun haben.

7.
Das Porträt löste schon zu Anfang alle Fragen der Repräsentation aus, mit denen wir uns heute noch herumschlagen. Ein Porträt führt sich als Bild des Gesichts ein, aber das Gesicht ist seinerseits Bild. Doch Bild von wem und Bild in welchem Sinne? Offensichtlich ist das mimetische Verhältnis, das zwischen Porträt und Gesicht besteht, nicht auf das Verhältnis von Gesicht und „Selbst" zu übertragen, das wir hinter dem Gesicht vermuten. Das Gesicht zeigt jemanden, den wir ohne Gesicht nicht kennen. Sichtbar ist allein das Gesicht. Es ist eine Lebend-Maske, an der sich Alter, Geschlecht und ethnische Prägung, also soziale Identität, ablesen lässt. Aber lässt sich daran auch das „Ich" ablesen?

Die Exkarnation des Gesichts, die wir in den heutigen Medien erleben (und die immer schon der Sinn von Maske und Porträt war), erscheint manchmal wie eine Flucht vor dieser immer noch wichtigsten Frage, die an das Gesicht gerichtet werden kann. Zwischen dem Ausdruck eines Gesichts und seinem Ausdruckswillen besteht ein offen-dynamisches und kein mimetisches Verhältnis im Sinne von Vorbild und Abbild. Die Mimesis wird erst in der Gesichts*arbeit* vollzogen. Legt man diese Arbeit still, so behält man nur eine Maske zurück. Aber auch das bewegte Gesicht ist Maske, nur in anderem Sinne. Ein Gesicht ist *Performance* und kein *Spiegel*. Auf seinem Schauplatz kommt die Bildproduktion nie zur Ruhe. Der Impuls zur Selbstdarstellung ist sichtbarer als das Ich, das sich darstellt. Das Selbst lässt sich nicht von der lebenslangen Arbeit am Selbstausdruck ablösen. Im Gesicht veranstalten wir Selbstsicherung in dem Sinne, dass wir behaupten, *wer* wir sind, und auch, *dass* wir sind. Im intersubjektiven Kräftespiel treten wir mit dem blickenden und dem sprechenden Gesicht auf. Mit dem Blick nehmen wir die Welt nicht nur wahr, sondern *sind* wir in der Welt als solche, die gesehen werden und Blicke tauschen. Erst die Arbeit am *Blick* macht das Gesicht zum *Bild*. Erst der Sprechakt vollendet den Ausdruck des Gesichts. Wie sehr der Sprechakt vom Mienenspiel abhängig ist, lässt sich heute überall in der Bahn bei Benutzern des Handy beobachten, die ihre ganze Mimik durchspielen, ohne von ihrem Gesprächspartner gesehen zu werden. Deswegen erweisen sich physiognomische Studien als zweifelhafte Hilfe, denn sie lösen das Gesicht von seiner Ausdrucksarbeit, in der es sich ständig neu erfindet.

Erst die Maske legt dieses Mienenspiel still. Sie unterbindet das Wechselspiel mit einem anderen Gesicht und erzeugt deswegen in uns ein Gefühl der Unterlegenheit. Wir lassen uns von Masken daher so leicht in Bann ziehen. Das liegt nicht nur daran, dass wir wissen möchten, wer hinter einer Maske steckt. Es liegt vielmehr an dem elementaren Kontrast mit unserem eigenen Gesicht. Eine unbewegte Maske unterwirft uns durch diese Asymmetrie ihrer Macht. Sie zwingt uns auch zur Frage nach ihrem Träger, die sich vor dem echten Gesicht nicht mit gleicher Gewissheit beantworten lässt. Schauspieler agierten in der Antike mit Masken. Sie tragen heute ihr eigenes Gesicht wie die Maske einer anderen Person und spielen jemand anderen, dem sie ihr Gesicht leihen. Indem sie ihr Gesicht wie eine Maske benutzen, übertragen sie ihre Identität auf die Maske.

Wer steckt aber hinter dem Gesicht? Das Gesicht drückt keinen anderen aus und repräsentiert doch ein Selbst wie einen anderen, der das Gesicht benutzt. Aber können wir sicher sein, dass sich das Selbst im Gesicht zu erkennen gibt? Oder benutzen wir unser Gesicht dazu, ein Selbst zu *spielen*? Erfinden wir ein Selbst, um uns den Selbstausdruck von den anderen bestätigen zu lassen? Was immer auch sich am Gesicht ablesen lässt, so schreibt uns erst der mimische Ausdruck (und seine soziale Kontrolle) vor, wie das Gesicht gelesen werden will. Das Selbst konstituiert sich erst in diesem Blicktausch, der auch vor dem Spiegel stattfindet. Im Blick ist die Aktivität des Gesichts zentriert. Mit Hilfe der Stimme und des Blicks erzeugt es Nähe oder Ferne, Begehren oder Furcht. Im Gesicht wird das Selbst eingeübt.

Die Frage nach dem Selbst mag deshalb schon nicht beantwortbar sein, weil sie eine moderne Frage ist. Vor Descartes, um die Dinge zu vereinfachen, fragte man nach der Seele, die sich als *anima rationalis* bequem vom Körper unterscheiden ließ, nämlich durch ihre „spirituelle Substanz", wie der Humanist Pico della Mirandola die Dinge bezeichnet, und sich durch ihre Doppelfunktion (Seele und Seele einer Person) als kollektiver Individualbegriff erwies. Selbst Descartes ist in der Meditation II, die dem „esprit humain" gewidmet ist, noch darum bemüht, für die „Seele, durch die ich bin, was ich bin" (wie es in einem Zusatz zur lateinischen Ausgabe heißt) einen anderen Begriff zu finden, den Begriff des „moi", den er genauso vom Körper trennt, wie es mit der Seele geschehen war. Seine Frage nach dem „moi" hat weder bei ihm noch in seiner Nachfolge eine endgültige Antwort erfahren. Jean Paul Sartre muss in dem berühmten Kapitel über den „Blick", das die Argumentation von „Sein und Zeit" auf den Punkt bringt (III.1.4), den anderen und seinen Blick bemühen, um zur Definition des Selbst zu kommen: „Ich bin jenes Ich, das ein anderer erkennt…", und „Es genügt, daß der andere mich ansieht, damit ich das bin, was ich bin." Wer ist aber der andere? In meinem Kontext wende ich das Argument, indem ich das *Erblickt-Werden* gegen den *Blick* eintausche und seine Performance auf das Gesicht beziehe. Das Selbst wäre demnach jenes, das im Gesicht mit Stimme und Blick einen Ausdruck sucht, der die Referenz auf ein „Ich" macht. In einem Essay über das menschliche Gesicht sprach Antonin Artaud von einer „force vide, un champ de mort. La … revendication … d'une forme … qui partait pour être autre chose que le corps … Les traits … tels qu'ils sont, il n'ont pas encore trouvé la forme qu'ils indiquent. Ce qui veut dire que le visage humain n'a pas encore trouvé sa face." Das Gesicht, so Artaud, „sucht noch sich selbst"[15].

Die Maske war die älteste Theorie, welche die Menschheit für das Gesicht erfand. Die soziale Identität wurde dadurch erworben, dass jemand ein Gesicht trug. So war es denn auch naheliegend, im Tode ein *verlorenes* Gesicht und im sozialen Kräftespiel ein unkodiertes, natürliches Gesicht gegen ein lesbares *Zweit*gesicht einzutauschen. Gerade das ist die Maske. Sie beweist uns, wie man das Gesicht in den verschiedenen Kulturen einübte und verstand. Die moderne Medienentwicklung hat nichts anderes als die neue Variante einer *bewegten Maske* hervorgebracht. Mit ihr sehen wir im TV die öffentlichen Gesichter der Prominenten und in der VR die künstlichen Gesichter der Replikanten. Die heutigen Masken, ein Medium für ein Medium, sind nicht starr wie die alten Masken und entfernen sich dennoch noch weiter vom Körper. Als dessen Double können sie nur im körperlosen Raum der Medien existieren. Selbst wenn sie auf Fotografie basieren, fliehen sie die Indexikalität der Körperspur, die der echten Fotografie eigen war. Aber sie verhalten sich wie die alten Masken, wenn sich die *Gesichtsfläche* in eine *Projektionsfläche* wandelt, um kollektive Bilder auf sich zu ziehen, also Bilder, die auf einen Akt der Verkörperung angewiesen sind.

Kehren wir noch einmal zu den Überlegungen zurück, die anfangs angestellt wurden. Das Gesicht ist eine Lebend-Maske, die sich aber in der Lebenszeit laufend verändert. Das hat schon Ligurinus in den Oden des Horaz im Alter vor seinem erbarmungslosen Spiegel beklagt (Ode IV.10). Wenn sich diese Maske auf Zeit im Tode auflöst, kommt darunter der Schädel zum Vorschein, der in frühen Kulturen gereinigt wurde, um den Toten in einem stabilen Erscheinungsbild festzuhalten. Der Schädel aber ist anonym, während das Gesicht immer eine Referenz macht, die Referenz auf ein Selbst. Aber hier liegt der Kern des Problems. Das Selbst muss sich im Gesicht als ein anderes darstellen, das *hinter* dem Gesicht steht und das Gesicht als Medium einer Performance benutzt. Es kann seinen Status als Selbst nur behaupten, wenn es zum Gesicht gleichzeitig und paradoxerweise Distanz hält, also das Gesicht nur als Medium darstellt.

In der Gesellschaft rückt der Kontrast von Schädel und Gesicht, von Tod und Leben, aus dem Blick. Wir bekommen keine Schädel mehr zu sehen, wie es noch Goethe tat, als er den Schädel Schillers in Händen hielt.[16] Auch Totenmasken oder Fotos von Leichen sind außer Gebrauch gekommen. In der Zeitung und im Fernsehen zeigt man die Toten mit lebenden Gesichtern. Es sind Masken, die den Anblick des Todes verbergen. Am Tage, nachdem er im November 2002 starb, prangte der Gründer des „Spiegel" neben der riesigen Schlagzeile „Rudolf Augstein ist tot", mit einem breit lachenden Gesicht aus dem Archiv. Wir wollen nicht wissen, dass ein solches Gesicht aufgehört hat zu existieren. Deswegen flüchten wir inzwischen zu virtuellen, elektronisch erzeugten Gesichtern, von denen wir wissen, dass sie nicht sterben können, und sei es auch nur, weil sie nie gelebt haben. Digitale Masken, die peinlich auf die Distanz zu echten Körpern achten, weichen der Referenz auf eine Person aus. Darin erinnern sie den Gestus, in dem die Maske über das Gesicht triumphierte. Aber mit dem Unterschied, dass sie nicht ein individuelles, natürliches Gesicht verbergen, sondern ein solches Gesicht, und seine Referenz, auslöschen. Was doch nur heißen kann, dass sie einen neuen Fluchtweg eröffnen, auf dem man dennoch der Frage nach dem Gesicht nicht entkommt.

Anmerkungen

* Dieser Text wurde als erste Skizze vorgetragen auf dem Wissenschaftlichen Kolloquium zum 60. Geburtstag von Gottfried Boehm im Oktober 2002 in Basel. Der Autor hat seither an dem Thema weiter gearbeitet und beabsichtigt ein Buch mit dem Titel „Gesicht und Maske" zu veröffentlichen. Der voraussichtliche Erscheinungstermin ist 2006.
1. H. Belting, Wappen und Porträt, in: Ders., *Bildanthropologie*. München 2001, 115ff. mit weiterer Lit. Dort auch, 34ff., zur Maske mit Referenz auf die Arbeiten von Th. Macho.
2. H. Belting, Repräsentation und Anti-Repräsentation. Grab und Porträt in der frühen Neuzeit, in: H. Belting/D. Kamper/M. Schulz (Hg.), *Quel Corps? Eine Frage der Repräsentation*. München 2002, 29ff.
3. G. Didi-Huberman, *Ähnlichkeit und Berührung*. Köln 1999 und Ders., *Être Crâne. Lieu, Contact, Pensée, Sculpture*. Paris 2000.
4. H. Belting, Bild und Tod, in: Ders. (wie Anm. 1), 150ff.
5. G. Treusch-Dieter/Th. Macho (Hg.), *Medium Gesicht. Die faziale Gesellschaft*. Ästhetik und Kommunikation, Heft 94/95, 1996.
6. H. Baader, Maske, Rolle, Porträt, in: R. Preimersberger u.a. (Hg.), *Porträt*. Berlin 1999, 239ff. und E. Leuschner, *Persona, Larva, Maske*. Frankfurt 1997.
7. Belting (wie Anm. 1), 134 und Baader (wie Anm. 6).
8. H. Belting/C. Kruse, *Die Erfindung des Gemäldes*. München 1994, 45ff.
9. J. L. Nancy, *Le regard du portrait*. Paris 2000, 41ff. und J. Woods-Marsden, *Renaissance Self-Portraiture*. Yale 1998, 25ff.
10. V. I. Stoichita, *Das selbstbewußte Bild. Vom Ursprung der Metamalerei*. München 1998, 289ff.
11. G. Quasha/C. Stein (Hg.), *Gary Hill's Projective Installations, Vol. 3: Viewer*. Barrytown, N.Y. 1997, 38ff.
12. W. Herzogenrath, Paik-Portraits, in: C. Brockhaus (Hg.), *N. J. Paik. Fluxus und Videokultur*. Ausst. Kat. Duisburg 2002, 22ff. und Ders., *N. J. Paik. Fluxus/Video*. Ausst. Kat. Bremen 1999, 38f. u. 257.
13. Vgl. Anm. 12.
14. R. C. Morgan (Hg.), *Gary Hill*. Baltimore 2000, 282f.
15. A. Artaud, in: *Mercure de France*, 1017, Mai 1948.
16. A. Schöne, *Schillers Schädel*. München 2002.

Christian Kaufmann

Gemalt, gekerbt, geritzt
Ornamente als Bilder in der Kunst Melanesiens:
Eine Fallstudie an Werken der Kwoma im Sepik-Gebiet
Neuguineas

Einleitung

Die Herausforderung, zwei Disziplinen im Dialog einander heute wieder näher zu bringen, gilt es anzunehmen. Gottfried Boehm hat insofern befreiend gewirkt, als er bereits 1990 zeigen konnte, dass es bei der Arbeit am Bild mehr auf eine Kombination aus konzentriertem Beobachten, rückfragendem Sehen und maßvollem Reflektieren ankommt, als darauf, Herrn oder Frau Gegenüber aus dem anderen Fach unter einer Woge von Wissensfetzen und Methodentips versinken zu lassen. Das lässt mich hoffen, der vorliegende Arbeitsbericht möge in seiner Unvollkommenheit eher eine neue Debatte eröffnen als eine vorangehende abschließen.

Gedanklich haben auch Ethnologen, beginnend mit A. C. Haddon, Paul Ehrenreich, Karl von den Steinen, Hjalmar Stolpe, Franz Boas, Emil Stephan und anderen, vor mehr als 100 Jahren[1] auf das zum Thema Ornament aus ihrer Sicht Wesentliche hingewiesen – manches wurde früh, manches erst später aufgenommen, so vom Basler Ethnologen Felix Speiser die Idee, dass Ornamente eingeschliffene Bilder seien, die durch stetiges Weiterumsetzen in der gekonnten Anwendung, z. B. beim Anbringen einer Zeichnung auf einem Pfeilschaft oder auf einem Tongefäß zum Kochen, sich vom Abbild entfernten, ohne im Zeichen die Erinnerung an den ursprünglichen Bildcharakter zu verleugnen.[2] Der deutsch-amerikanische Ethnologe Franz Boas hat die in den 1890er Jahren begonnenen Feldstudien zum Ornament und dessen bildlichen Funktionen und inhaltlichen Konnotationen konsequent fortgesetzt in seinem 1927 erschienenen Werk „Primitive Art". Stärker als Emil Stephan betont er die Bedeutung der vom entweder ideell-symbolischen oder gefühlsgebundenen Inhalt losgelösten Form, ohne die Kunst nicht zu denken sei, weder in ihrer je lokalen historischen Verankerung noch in ihrer weltweit dokumentierten Vielfalt: Ohne freie Formen gäbe es kein ästhetisches Erleben; ihre Abgrenzung ist Aufgabe des Ethnologen.[3] Viele der frühen Einsichten gingen in der Ethnologie verloren, nicht zuletzt, weil zuerst eine pseudo-genaue Physische Anthropologie nur noch harte Fakten anerkennen wollte (bis sich auch die essentialistischen Hypothesen hinter den Rassetheorien als unhaltbar herausstellten, war es schon zu spät) und weil später ein sozialwissenschaftlicher Paradigmenwechsel große Teile der Ethnologie mit Erfolg auf einen, wie es schien, vielversprechenden Pfad gelockt hat: weg von den materialgebundenen Ausdrucksformen und hin zu den Grundkonzepten jenseits konkreter Weltanschauungen. Die Annahme, dass die Ordnungen oder Strukturen hinter diesen Weltkonzepten, weil allgemein-menschlich, einem vergleichenden Forschen unmittelbar zugänglich seien, bleibt umstritten. Der Anteil der Interpretation bei fortschreitender Vereinheitlichung der Ergebnisse ist schwer abschätzbar. Der Gedanke, Ausdrucksformen zu untersuchen, um eher den Gewinn an Vielfalt als die Sinnentleerung der Strukturgedanken zu ergründen, hat daher etwas Verlockendes. Es ist allerdings bei den bildhaften Ausdrucksformen wie bei den Heiratsregelungen – was man zuerst zu verstehen meint, erweist sich als ganz anders gemeint. Das trifft erst recht dann zu, wenn wir im Bild nicht das Abbildhafte, sondern das indirekt Gemeinte suchen. Die in jeder Hinsicht vieldeutigen Ornamente stellen uns daher auf eine harte Probe.

Wie und wo entstehen bei Ornamenten die Schnittmengen zwischen von außen wahrnehmbaren, möglicherweise freien Formen und von innen projizierten Inhalten? Und vor allem: Können Außenstehende diese Schnittmengen überhaupt erkennen? Und wenn ja, auf welcher Ebene, einer individuellen oder einer über-individuellen?

Für die Ethnologen schälte sich dabei schon früh das Problem der Benennungen aus der Sicht der Hersteller heraus: Elemente wie Linien, Punkte, Kurven werden lokal unterschiedlich benannt, Aufbauteile wie Kreise, Rechtecke, Winkelbänder werden oft als typische Formen erkannt und benannt, für den Außenstehenden in der gleichförmigen Wiederholung sichtbar werdende Motive – sei die Wiederholung linear oder in irgendeiner Art symmetrisch bestimmbar – werden benannt und auch der jeweilige Ausdruckswert eines Motivs, das Darstellungsmotiv eben, kann sowohl vom Hersteller wie vom Benutzer (allenfalls auch unterschiedlich) benannt werden.

Unklar blieb aber in der Ethnologie, ob Bilder schlechthin und in Ornamente eingebundene Bilder im Speziellen überhaupt von den Herstellern einmal benannt werden müssen bzw. können, um wirksam zu sein. Sind visuell wahrnehmbare Bilder erschaubar, wenn wir ihre äquivalente sprachliche Fixierung nicht kennen (können)? Im Frageschema der Schnittmengen: Gibt es ein Abhängigkeitsverhältnis zwischen den Metaphern einer Sprache und den von derselben Gesellschaft in Ornamenten verschlüsselten Bildern? Wir könnten selbstverständlich noch grundsätzlicher danach fragen, ob und wie Ornamente neben ihrer ersten Aufgabe, nämlich zu gefallen und durch die Brillanz ihrer Ausführung die Ahnengeister im Hier und Heute zu erfreuen[4], überhaupt einer zweiten, selbständigen und auf die visuelle Vermittlung von Inhalten ausgerichteten Funktion gerecht werden können. Und wenn ja, unter welchen Umständen?

Ausgangspunkt

Diese offenen Fragen sollen nun an unserem Gegenstand: gemalten, geritzten und gekerbten Werken der Kwoma in Nord-Neuguinea einer Klärung näher gebracht werden. Es handelt sich dabei um gemalte oder in Knochen bzw. in Ton geritzte und/oder geschnittene, ja sogar modellierte *Zeichen*, die als Teile von *Mustern*, aber auch als selbständige *Darstellungen von Motiven* wahrgenommen werden. (*Farbabb. 4 sowie Abb. 1 und 2*)

Gemalt, gekerbt, geritzt 137

Abb. 1 a und b: Zeremonialgefäße, *aumar*. Kerbschnitt in lederhartem Ton, gebrannt:
a) Muster *mándanggaránggara*. Hergestellt um 1930 von Pi'ol-Nggailmindja, Saserman. H. 31,8 cm. Slg. C. Kaufmann 1966, Inv. Nr. Vb 22502 (links)*
b) Muster *ábugímbi*. Dorf Washkuk, Honggwama-Kwoma. H. 20 cm. Slg. A. Bühler 1955/56, Inv. Nr. Vb 14591 (rechts).

Abb. 2 a und b:
a) Dolch, *eki*. Oberschenkelknochen eines Kasuars, mit Kasuarfeder-Troddel, Waffe und Abzeichen des erfolgreichen Kriegers. Ritz- und Kerbverzierung. Muster: *áragumáka*. H. 34,5 cm. Slg. A. Bühler 1955/56, Inv. Nr. Vb 14451.
b) Holzschild, *méwoi*, aus der Bordwand eines alten Einbaums. Holz, Ritz- und Kerbverzierung. In den Händen von Yabokoma, bevor dieser die Bemalung hinzufügte. Dorf Meno-Saserman. 1972. Foto Annemarie Kaufmann-Heinimann.

Abb. 3: Tonkopf, *yina*. Gefäßartig aufgebaut, plastisch aufmodellierte Verzierung. Dorf Nai'uli, im benachbarten Yassean am oberen Sepik erworben. H. 37,5 cm. Slg. C. Kaufmann 1966, Inv. Nr. Vb 22565 (Foto H.Weber).

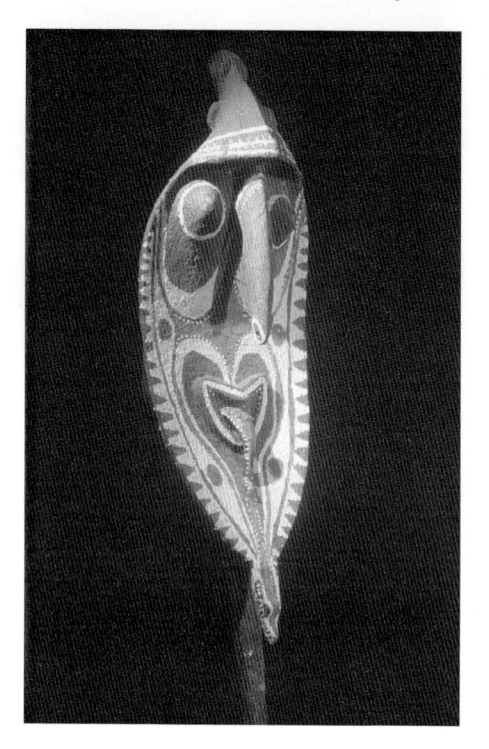

Abb. 4: Stabskulptur, *yénama*. Eigenname: Yéndump, Kelaua-Klan. Holz mit Schlicküberzug. Bemalt von Yessomari wie für ein Kultfest. Muster *kwásÿmá*. H. 172 cm. Dorf Meno-Saserman. Slg. M. Schuster/C. Kaufmann 1966, Inv. Nr. Vb 22354.

Kreise, Linien, Spiralen, pflanzenförmige Formen wie Samenkapseln, Tierförmiges wie Insektenfühler, Froschkörper, Flügelmuster, aber auch Motive wie Gesicht, Schlange mit menschenartigem Kopf, Krokodilskopf, Vogelschnabel, seltener auch die Formen eines menschlichen Teilkörpers.

Solche mehr körperhaften Darstellungen gab es bei den Kwoma in anderen Materialien und Techniken durchaus in ansehnlicher Zahl:
die zuerst als Töpfe aufgebauten und dann zu Köpfen ausgeformten Darstellungen von Ahnenwesen, die mit dem Yams (*Dioscorea esculenta*), der religiös wichtigsten Nahrungspflanze in Verbindung gebracht wurden (*Abb. 3*), die aus Holz geschnitzten maskenartigen Gesichter (*yenama*), die nach unten in Stäben enden (*Abb. 4*) und die grundsätzlich die gleiche Funktion hatten wie die (vermutlich älteren) Tonköpfe, die brettartigen gesichtsbetonten Figuren (*mindjama*) mit wiederum vergleichbarer Funktion sowie Personendarstellungen, etwa die Frauenfiguren für die *noukwi*-Zeremonien, durch die Yamsknollen und die aus dem Mark der Sagopalme gewonnene Stärke, ein weiteres Grundnahrungsmittel, miteinander in Verbindung gebracht wurden.[5]

Abb. 5: Brettskulptur, *mindja*. Holz. Die Bemalung wird in der Regel erst unmittelbar vor der Verwendung bei einem Yams-Fest angebracht. Dorf Tanggwinsham. Foto C. Kaufmann 1966.

Für die Interpretation der Ornamente stehen folgende Erhebungen zur Verfügung: erstens die von den Herstellern von Objekten beim Fotografieren oder Filmen ihrer Arbeitsgänge beziehungsweise beim Ankauf ihrer Produkte für das Museum 1966 und 1972/73 sowie 1983 erhobenen Angaben, zweitens die von Nutzern von Objekten aus gleichem Anlass erhobenen Auskünfte[6], drittens die Aussagen, die von unterschiedlichen Gewährsleuten in allen Kwoma-Dörfern zu vorgelegten Fotografien von bereits im Museumsbesitz befindlichen Werken im genannten Zeitabschnitt gemacht wurden[7] und viertens Auskünfte, die Douglas Newton bei seinen Erhebungen von Honggwama-Malern zwischen 1972 und 1975 erhalten, aber nicht publiziert hat.[8]

Zum Vergleich für den Einstieg ins Thema ziehe ich Werke aus einer anderen Gesellschaft des Sepik-Gebiets von Neuguinea heran, nämlich von jener der Inyai-Ewa vom oberen Korewori-Fluss. Es geht um Werke, die sich schon auf den allerersten Blick als vermeintlich leicht lesbare, unbemalte und aus Holz geschnitzte Bilder mit zum Teil gekerbten Ornamenten darbieten.[9]

Vier Schnitzereien, vier Einzelwerke, aber auch vier ikonographische Typen, hergestellt von ein und derselben Gruppe (*Abb. 5*). Wir schließen zuerst auf Männlein und Weiblein, auf Urbilder sozusagen – allerdings, ohne Kenntnis der Querbeziehungen sind sie nicht vernünftig einzuordnen.

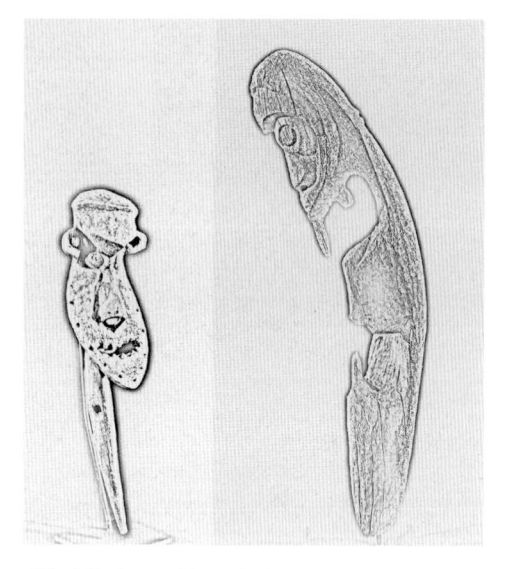

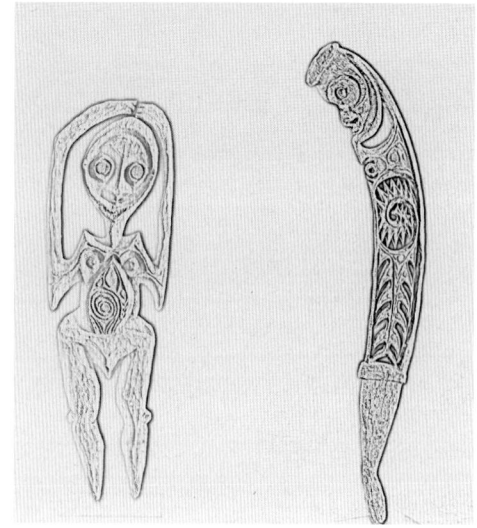

Abb. 6: Skulpturen-Typen der Inyai-Ewa, a–d:
a) Kopf einer Mutter des Männerhauses,Inv. Nr.: Vb 25451, H. 174 cm.
b) Mutter des Dendrolagus sp., Inv. Nr.: Vb 25445, H. 101 cm.
c) Skulptur einer Kulturheroin, Inv. Nr.: Vb 25453, H. 148 cm.
d) aripa-Figur mit Detail Bauchpartie. Ewa-Dörfer im Quellgebiet des Korewori-Flusses, Berggebiet südlich des Sepik-Mittellaufes, Nord-Neuguinea. Alle in Holz geschnitzt. Inv. Nr.: Vb 25393, H. 47 cm. Slg. M. Bonnefoy/D'Arcy Galleries, Ankauf 1971 nach Fotos.

Dass es bei einem kleinen unscheinbaren Kopf (*Abb. 6a*) auch um eine in melanesischen Kulturen allgemein sehr wichtige Beziehung zur symbolischen Mutter geht, vermögen wir beim besten Willen nicht direkt zu erschließen – oder vielleicht doch? Am ehesten bei der „Mutter des Dendrolagus" – dieser, ein auf Bäumen lebendes Beuteltier, das sog. Baumkänguruh, ist das wichtigste Jagdtier in dieser Region (*Abb. 6b*). Leichter ist an den *aripa*-Figuren zu verstehen, dass und wie Ornamentales durch Form und Benennung hier auf Organisches, auf Knochen und Innereien etwa verweist (*Abb. 6d*).[10]

Zwei Probleme kündigen sich in den Gegenüberstellungen an:
Muss Kunst sich tatsächlich aus den vegetativen Schlingungen oder allgemein-organischen Verknüpfungen des Ornamentalen lösen, um ganz selbständiges Werk, oder sagen wir vereinfachend, um ganz Bild zu sein? Ist die verzierte, d. h. mit Ornamenten aufgeladene *aripa*-Jagdhelferfigur weniger Kunst als der schlichte Kopf der Muttergestalt oder als die auf eine minimale Formel gebrachten Hakenfiguren der nördlichen und westlichen Nachbarn der Inyai-Ewa? Ist die *yenama*-Skulptur der Kwoma (*Abb. 4*) mehr Kunst als der *yina*-Tonkopf (*Abb. 3*) oder gar der *kwarau*-Tontopf und dessen Vetter, der *aumar*-Zeremonialtopf (*Abb. 7 u. 8*)? Die Frage bejahen hieße das Problem verkennen.

Gemalt, gekerbt, geritzt   141

Abb. 7: Kopfgefäß, *wasau* oder *kwarau*, als spitzbodiges Gefäß aufgebaut. Kerbschnittverzierung, plastisch aufmodellierte Teile sowie Durchbrechungen der Gefäßwand. Vom Töpfer Waswaiÿndu im Dorf Tanggwinsham hergestellt. H. 28,5 cm. Slg. C. Kaufmann 1966, Inv. Nr. Vb 22549. Foto H. Weber.

Abb. 8: Zeremonialgefäß, *aumar*, als spitzbodiges Tongefäß aufgebaut. Kerbschnittverzierung mit dem Muster *úku kwályep*, Wasserspinne. Aus dem Dorf Meno-Saserman. H. 20,5 cm, B. 19,5 cm. Slg. C. Kaufmann 1966, Inv. Nr. Vb 22506. Foto H. Weber.

Handelt es sich zweitens gar nicht um ein Problem der Ordnung in der Form – im Sinne von: hier repetitive Elemente des Ornaments, dort singuläre Gestaltung –, sondern vielmehr um eine Frage des inneren Zusammenhangs? Nämlich, ob Ornamente eher als aktive Bilder beziehungsweise als verschlüsselte Teile von aktiven Bildern oder aber eher als sozusagen automatisierte Wiederholung vorgelebter, auch vorgedachter Strukturen, als unterhaltsame, anziehende Formen auf der Augenweide eben, zu verstehen sind? In der Frage scheint schon die ganze Spannweite der Möglichkeiten auf; die Antworten können, wie der Gegenstand, nur mehrwertig und mehrdeutig ausfallen.

Der genauere Blick auf Beispiele aus der außereuropäischen Kunst mag hier einen vielleicht überraschenden Weg zwischen diesen Polen freilegen. Wobei gleich gesagt sei, dass das Fehlen eines Begriffes „Kunst" etwa in allen ozeanischen Sprachen nicht das Fehlen von Kunstwerken in diesen Welten bedeuten kann, so wenig wie das Fehlen eines Begriffes für „Natur" die Sache selbst und ihre Gegenposition, die Kultur, zum Verschwinden bringt.

Im Feld der ästhetisch wirksamen Ausdrucks- und Verständigungsformen gibt es Werke „wie Kunst" eben, in denen sich Elemente von Bild und Verzierung ineinander verschränken – so wie es in der von den Kwoma gelebten Umwelt in Neuguinea die gerodete Lichtung, sprich eigentlich die Pflanzung, sowie das Areal der Siedlung gibt, die vom umgebenden Wald und den Gebieten des Primär-Urwalds konzeptionell deutlich unterschieden werden, ohne dass das eine als spezifisch der Natur (unbestimmt) verbunden und das andere als Leistung der Kultur wahrgenommen würden. In dem immer am Hang gelegenen Pflanzungsareal unterscheidet der Pflanzer überdies nicht oben oder unten, sondern an deren Stelle „Kopf", „Körper", „Extremität" oder „Schwanz" und er versteht die Pflanzerde als die „Haut" (*shap*), somit das *Ganze* als eine Konfiguration mit körperhaften Assoziationen.

Damit sind wir schon bis in den Kern unseres Problems vorgestoßen:
Am Beispiel der Vielzahl von visuell wirksamen Werken der Kwoma (wie im Vorbeigehen der Inyai-Ewa und anderer Sepik-Kulturen) wird deutlich, dass wir den Kontext nach Hinweisen abfragen müssen, um die „Geschichte" freizulegen, die jedes einzelne Bild weiter vermittelt. Dass das Eine – in der Regel das Bild – nicht Sinn macht ohne das Andere, das Handeln im, hinter und durch das Bild: Die Vergegenwärtigung von Ahnenwesen im Zeremoniell ist nicht ohne die dramatische Inszenierung am Ritualort, dem Altar zu verstehen – dieser wiederum nicht ohne seine Konstruktion im Umfeld des Zeremonialhauses, das mit all seinen Ornamenten, die Malereien inbegriffen, als attraktiv ausgestattet gelten kann. Zu diesem umfassenderen Komplex, der insbesondere das Zeremonialhaus der Kwoma, die wichtigsten Nahrungspflanzen – Yams (und die Pflanzung) und die Sagopalme (samt Sagosumpf) – sowie die schöpfungszeitlich wichtigen Orte untereinander verbindet, gehören im weiteren die Ausrüstungsgegenstände von Initiierten, also die Zeremonialgefäße und die Knochendolche sowie von Personen und Figuren getragener Schmuck.

Mit anderen Worten: Anstatt zahllosen, isolierten Teilwerken stehen wir einem *Gesamtwerk* gegenüber, das primär nicht Kunst als Ausdruck ihrer selbst, sondern Bild, visuell wirksame Repräsentation der gesamten schöpferischen Ahnenwelt und ihrer Widersprüchlichkeiten im Hier und Heute, sein will. Angestrebt wird die Verschränkung, das Ineinander-Verschlingen der beiden Welten (Ahnenwelt bzw. Hier und Heute) und der beiden Zeiten (Schöpfungszeit bzw. Jetztzeit). Nichts mehr, aber auch nichts weniger. Diese Repräsentation kommt nur dank der Nutzung des ästhetischen Potentials zustande, das in allen Teilnehmern geweckt und von allen genutzt wird. Gerade das Aufblühen dieser Ausdrucksformen im Zeitpunkt meiner Feldforschungen (1966–1983) – d. h. von der spätkolonialen Epoche bis in die Zeit des Aufblühens des jungen unabhängigen Staates Papua-Neuguinea – zeigt, dass visuelle Kommunikation auf der Grundlage der Überlieferung auch möglich ist ohne die Unterwerfung unter den Zwang zur inhaltlichen Verständigung, der von traditionellen Machtstrukturen auszugehen pflegt. Die Werke haben daher eine selbstständige lokale Geschichte ihrer Wirkung, auch wenn sie von uns nur „wie Kunst" gedacht werden wollen. Wie ich zu dieser Behauptung komme, soll aus der Analyse des ethnographischen Materials hervorgehen.

Gemalt, gekerbt, geritzt 143

Abb. 9: Blick ins Innere eines Zeremonialhauses, *kúrumbu* : Die Hauptpfosten des Hauses sind mit figürlichen Darstellungsmotiven – im Vordergrund die Frau Tumbushkai und die Schlange Söpo – bemalt. Die Dachinnenflächen sind mit Malereien auf den Basisteilen der Palmblattstengel verkleidet. Dorf Tanggwinsham. Foto C. Kaufmann 1983.

Materialanalyse

Wenn wir die Decke des Zeremonialhauses, *kórumbu* (*Abb. 9*), vor unseren Augen in lauter Einzelwerke zerlegen – was sehen wir? Ornamente und Bildelemente in beinahe unüberschaubarer Vielfalt:
Die Bemalung wird, wie andernorts dokumentiert, bewusst in der Fläche angelegt. Dabei entsteht schrittweise aus den einzelnen Formelementen wie Linie, Kreis, Zackenband, Zickzacklinie, Winkelband ein Muster. Die das Darstellungsmotiv kennzeichnenden Merkmale werden in der Regel erst in der Schlussphase hinzugefügt. An einer Malerei wirken oft mehrere Maler mit, vor allem bei der Ausführung repetitiver Elemente, die sich in eine im voraus bekannte und konkret bereits erkennbare Struktur einfügen.[11]

Vergleichbar dem Malen ist das Verzieren von Tongefäßen. Neben einfacheren Ritz- und Einstichmustern auf Gebrauchskeramik, die zum Teil auch von Frauen ausgeführt werden, sind es die komplexeren, in Kerbschnitt-Technik ausgeführten Muster auf Zeremonialkeramik, die hier besonders interessieren. Diese Verfahren sind eine Spezialität der Männer-Töpfer. Ihre Anwendung setzt Geschicklichkeit, die Aneignung technischer und auch visuell-räumlicher Erfahrungen voraus. Das Muster erstreckt sich meist über die ganze Oberfläche des grob als spitzkegelig-bauchig zu umschreibenden Gefäßes. Die Gefäßoberfläche des Rohgefäßes wird im lederharten Zustand des Tons mit einfachen Ritzlinien, vom Töpfer als „Liane[nlinie]" bezeichnet, für das anzubringende Muster strukturiert. Gleich anschließend wird mit dem

Abb. 10: Yabokoma und Meshpok beenden im Dorf Meno-Saserman eine Malerei, *mbi* mit dem Muster *ábugímbi*. Foto A. Kaufmann-Heinimann 1973.

Abb. 11: Drei Malereien auf Basisteilen von Palmblattstengeln, *mbi*. Bemalt von Yabokoma (bei der mittleren assistiert von Meshpok) mit einem pflanzlichen Muster (links), dem Fliegenden Hund (Mitte) und dem Gesicht eines Geistwesens (rechts). Meno-Saserman. Foto A. Kaufmann-Heinimann 1973.

Einkerben begonnen, das noch am selben Tag beendet werden muss, bevor der Ton zu stark austrocknet. Im Unterschied zur Malerei werden hier nicht die gleichartigen Formelemente nacheinander auf der ganzen Fläche aufgebracht, sondern es wird nach dem erwähnten Vorzeichnen nach Sektoren vorgegangen. Zuerst werden der untere und der obere Rand der Fläche – meist in Form einer gezackten Linie – eingekerbt. Dann folgen, Sektor nach Sektor, kreisförmige Elemente und ausgezogene Linien, die meist kurvenförmig verlaufen; mit Winkelbändern und figurativen Zusätzen sowie allenfalls mit dem Freilegen von zusammenhängenden Flächen, die eingetieft werden, schließt der Töpfer ab.

Diesem schrittweisen Vorgehen entspricht auch der Charakter der Benennungen. Im Vordergrund stehen die Grundelemente: die Linie, d. h. die „Liane", das gezackte Band, der „Blattrand", der Kreis mit den eingeschriebenen parallelen Strichen, die „Frucht des nguma-Baumes".

Beim Kreis, bei den parallelen Zickzacklinien und beim Winkelband – den letztgenannten Musterelementen – erreichen wir bereits die Grenze zum Darstellungsmotiv, wie sich aus den Befragungen, insbesondere von Töpfern und von Keramiknutzern, bei den Kwoma ergeben hat. Je jünger die Befragten waren, desto eher hatten sie die Tendenz, die Musterung eines Topfes – das Ornament als Ganzes also – durch eine aus den Grundelementen abgeleitete Benennung wie „ápopók", Liane und „ngú-masýk", Baumfrucht zu charakterisieren. Je erfahrener als Töpfer, desto differenzierter die Antworten, wobei immer wieder betont wurde, letztlich wisse nur der Töpfer und Hersteller selbst, welches Motiv der Darstellung er in der Musterung des Topfes, *au maka*, umgesetzt habe. Von besonderem Interesse ist ein Vergleich gemalter und gekerbter Muster, weil es deutliche Überschneidungen gibt, sind doch beliebte Muster in beiden Medien realisiert worden. Die Terminologie deckt sich, außer dort, wo die eine Technik eine charakteristische Form zulässt, die mit der anderen nicht oder nur mit erheblichen Schwierigkeiten zu erbringen ist. So ist die auf den Malereien und auch beim Bemalen von Schnitzereien im Kwoma-Gebiet so beliebte Punktelinie, die „Hundespur" – bei der wir im Trippeln des Pinsels auf der Malfläche den Gang des Hundes förmlich zu sehen glauben – auf Töpfen kaum anzutreffen.

Betrachtet man die Kwoma-Musterungen auf Tongefäßen für das Initiationsritual des Yamspflanzers wie auch auf den Malflächen, mit denen die inneren Dachflächen ausgestattet wurden, in der Gesamtheit der zwischen 1955 und 1985 bekannt gewordenen Ausführungen, so ergeben sich einige Einsichten.

Gerade sehr repetitiv angelegte Muster, die eher auf dekorative Wirkung angelegt scheinen, können einen deutlichen Bildbezug aufweisen. Zwei Beispiele mögen dies verdeutlichen: das Motiv „Tausendfüßler", *manggeliko*, das sowohl auf Malereien wie auch auf Zeremonialgefäßen (*aumar*) in vergleichbarer Ausführung belegt ist. Noch deutlicher wird dies jedoch beim Motiv „Fliegender Hund", *abugimbi*, von dem es ganz unterschiedliche Fassungen in gemalter wie auch in kerbgeschnittener Form gibt. Hier lassen sich die Gründe für die Unterschiede sehr einfach in der unterschiedlichen Art der Flächenwirkung im Ganzen (weit gespannt in der Malerei, eng gewölbt auf dem Topf) wie auch auf der Oberfläche (geschlossen bei der Malerei, stark reliefiert mit einem spinnennetzartigen Effekt auf die Wahrnehmung beim Kerbschnitt) finden.

Je komplexer eine Musterung und damit wohl auch je individueller die Umsetzung eines Darstellungsmotivs geprägt ist, desto geringer wird die Chance, dass wir das Motiv mehr als einmal in den hier zur Verfügung stehenden Belegwerken antreffen.

Von 198 erfassten, d. h. benannten Darstellungsmotiven auf 270 gemusterten Objekten im Basler Museum[12] kann ich für 152 nur eine einzige Umsetzung belegen. Darunter befinden sich 11 mit Eigennamen belegte Muster. Einige Motive wurden auch auf anderen Bildträgern wie Knochendolchen, Speer- und Pfeilschäften, Rührspateln und Kalkbehältern identifiziert. Gerade auf langgestreckten Waffenteilen und Spatelstielen treten auch in Holz gekerbte Muster auf, die nicht oder nur selten auf Töpfe gekerbt oder auf Flächen aufgemalt worden sind.

In den Tabellen 1 und 2 werden nur die 198 dem Autor vom Hersteller (bei 110 Objekten bekannt) genannten oder vom Benutzer eines Objekts übermittelten Benennungen erfasst. Eigennamen sind nur wiedergegeben, wenn sie auch als neutrale Benennungen von Mustern verwendet wurden.

Tabelle 1: Die Bennennungen von Mustern, geordnet nach Anzahl der Nennungen zu Objekten (n>1)[13]

Anz.	Benennung des Musters	Deutsche Umschreibung
42	áragumáka	Gesicht eines übermenschlichen Wesens, eigentlich ein Wassergeistwesen, zuweilen mit zwei Gesichtern; einfacher: Bei den Saserman-Nachbarn in Yassean-Mayo wurde dazu einmal ausdrücklich das Geistwesen Argo genannt.
27	ápopók	Liane (mit Frucht); gemeint sind oft Linien und Kreise (siehe auch das nächstfolgende Muster).
22	ngumasÿkÿ	Baumfrucht, kreisförmig, mit mehreren parallelen Linien im Zentrum des Kreises.
16	úku wándjÿ	Wasser-Wellen, oft auch nur *wandjÿ*, Wellen; einmal gemeint: Wasserwellen zeichnen.
12	tápa kúnyik	Arme&Ellbogen-Gelenk, ev. auch Kniegelenk; einmal Ellbogen des Feuer-„Salamanders/Skinks/Chamäleons" oder Krokodils.
10	égel yát	Buschratten-Spur, Buschratte.
9	ngrisha	(Großer) Frosch.
9	ngúlimbi	Kleiner schwarzer Vogel, der sich bei Regen zeigt; auch als fliegendes Insekt gedeutet.
9	ábusir	Schwarzer Waldvogel.
9	wárkau	Schwarzgefiederter Waldvogel; Schwanz des schwarzen Waldvogels; abweichend auch als rot gefiederter Waldvogel.
7	wáken	Blatt des Wilden Taro, das als wirkmächtig gilt.
6	me:poko	Insekt, das sich in eine Liane einbohrt und dort wohnt; insbesondere das Insekt im Raupenstadium (sich in Schmetterling verwandelnd).

Anz.	Benennung des Musters	Deutsche Umschreibung
6	makapasapa	[Möglicherweise ein Eigenname].
6	ngalanggala	Gezähnter Blattrand des Pandanus.
6	úkwalyép (úku kwályep)	Libelle bzw. Wasserinsekt, das viele lange Beine hat; je einmal auch als vier kleine Gesichter bzw. als Schmetterling beschrieben.
5	ábsambarúka	Schmetterlingsart.
5	mauwail	Weißes Flughörnchen oder Baumgleiter bzw. Komet (ev. auch Sternschnuppe); Honggwama: Mauae (Eigenname).
5	sámÿló	Insekt; Libelle? (Ritzverz.).
4	ábutjok	Huhn, einmal zusammen mit Muschelringen.
4	mbóngahópo(sop)	Taro-Raupe („Taro-Schlange").
3	ábu sunggÿ	Vogel-Eingeweide (mäanderartig).
3	ábugímbi	Fliegender Hund.
3	ábusou manggÿr	Flügelmuster; eigentl. Rücken des weißen [Kakadu?].
3	kwásÿmá	Baumgleiter (Baumsäuger, mit Flughäuten), nachtaktiv, auch als Kleiner Fliegender Hund bezeichnet.
3	mándanggaránggara	Spinne.
3	moil(yï)	Fisch mit Fühlern (Wels).
3	námba'áp	Weiß-schwarz gefiederter Vogel, der auf der großen See- und Sumpffläche lebt.
3	úgundólo:m	Wasserinsekt.
3	wéinwangÿ	Schwarzer Papagei, mit roter Markierung am Hals.
3	wóngalámb	(Auf Zunge).
2	abokwás	Kleiner Fliegender Hund.
2	abunggó	Vogel mit langem Hals, zeichnet sich durch charakteristische, ruckartige Kopf-/Halsbewegungen vor und zurück aus; sein Ruf ertönt abends.
2	Arkai	In der Längsachse verdoppeltes Gesicht, mit je einer Nase und einem Mund unten beziehungsweise oben (auch Eigenname eines Geistwesens).
2	árkunjáulum	Insekt, das auf der Wasserfläche mit weit ausgreifenden Bewegungen gehen kann und nicht fliegt.
2	Magapusapÿ	(Eigenname, vgl. dazu das 5fach belegte mauwail).
2	mi:lsóma	Gesicht.
2	miluo	Liane.
2	mo	Wassergeist, eig. Krokodil.
2	nassa	Kokosbast.
2	ngríshanggár	Kleine Frösche [Kaulquappen?].
2	nouga	Mond, insbes. zunehmender Mond.
2	pápoil	Wasserinsekt mit langen Extremitäten; einmal als Darstellung eines Vorfahren mit dessen Eigennamen.
2	wágatóa	Bemalung, rot: Ornament mit Eigenbezeichnung Wagatoa (Eigenname eines Geistwesens); zugleich wágatóa, wilde Wespe?.
2	wárranggei	Wellen.
2	watjóu	Raupe des Brotfrucht-Käfers (Hornkäfer?).

Das gezackte Randmuster auf Zeremonialtöpfen, „gezähnter Blattrand" (ngalanggala), das den Topfrand begleitet und die Musterzone auf den allermeisten Töpfen nach unten gegen den spitz auslaufenden Fußteil abgrenzt, wurde bei Töpfen nicht gesondert notiert – nur bei gemalten Motiven, die meist als Gesichtsumrandung mit nach außen weisenden Spitzen ausgeführt werden (und von Außenstehenden als Bart gedeutet werden könnten). Es würde den Spitzenplatz einnehmen.

Die Häufigkeit der registrierten Nennungen bestätigt die gesprächsweise festgestellte Entkoppelung des Bildsinns von der Motivform eindeutig: So wie „Rankenmuster" im Deutschen nicht unmittelbar das Bild der Rebe hervorruft, rufen „ápopók", „ngúmasÿk", „(úku) wándje" und „tápa kúnyik" nicht mehr die Liane, die Baumfrucht, die Wellen oder das menschliche Gelenk ins Bild – die Motive haben sich verselbstständigt. Und die Kwoma-Gewährsleute ohne Expertenwissen, die ein Muster, das aus Kurven, Kreisabschnitten, Kreisen und weiteren Elementen aufgebaut ist, einfach mal als „Rankenmuster" oder eben „ápopók" bezeichnen, sagen deswegen noch nicht eine Unwahrheit.

Entsprechendes kann für die Gleichsetzung von „áragumáka" und „Gesicht" (unbestimmt) geltend gemacht werden. Auch hier gilt die Beobachtung, das weniger erfahrene Gewährsleute leicht bereit sind, Muster, die eine Gesichtsform enthalten, mit „áragumáka" zu benennen. Allerdings darf hier die Einschränkung nicht unterbleiben, dass anderseits in mehreren Fällen dem „Gesicht" ein Eigenname zugesellt wurde und dass damit das Gesicht einen Namen, beziehungsweise umgekehrt, dass ein unscheinbares Geistwesen „sein Gesicht" bekommen hat.

Je spezieller und seltener ein Muster, desto größer die Chance, dass das eigentliche Motiv der Darstellung sowohl im Musterbild selbst als auch namengebend in Erscheinung tritt. Das gilt etwa für den „Mond", einmal sogar spezifiziert als „zunehmender Mond", das gilt aber auch für das Darstellungsmotiv der großen Schlange (oder vielmehr des Schlangenwesens, das auch in menschlicher Gestalt auftreten kann) und das je nach Kwoma-Siedlung mit unterschiedlichen Namen angesprochen wird; in Saserman gilt es als Bild der Söpo, einer mythischen Schlangenfrau. Ein weniger offensichtliches Beispiel gibt das Motiv der Spinne mit ihren Beißgeräten ab; sie wurde als „mándanggaránggara" ausschließlich auf Zeremonialtöpfen angetroffen. Hier hilft erst die Benennung des Motivs, die durch den Sohn des Töpfers übermittelt worden ist, den Bildgehalt des Musters zu erahnen.

Welche Bilder für wen?

Dass die allgemeinen Musterelemente sowohl in gemalter Form als auch auf den Keramiken vorkommen, überrascht nicht; auch dass sie darüber hinaus weitere Verwendung, etwa auf Knochendolchen oder auf Kalebassen zum Aufbewahren des gelöschten Kalks (für den Betelgenuss) gefunden haben, gehört zu unserer Vorstellung von Nord-Neuguinea-Kulturen.

Tabelle 2a: Ornament nur in einem Medium nachgewiesen (Malerei oder Tonverzierung oder Schnitzerei)

ábusir	Vogel, 5 mal im Medium	Malerei auf *mbi*, Palmstengelunterlage
assa tjitju	Hundespur, ungezählt, im Medium	Malerei auf *mbi* sowie auf Holz
kwásÿmá	Baumgleiter, 3 mal im Medium	Malerei auf Holz
makapasapa	(Eigenname), 6 mal im Medium	Malerei auf *mbi*
mbongahóp	Taroraupe, 2 mal im Medium	Malerei auf *mbi*
mo	Krokodil, 2 mal im Medium	Malerei auf *mbi*
nouga	Mond, 2 mal im Medium	Malerei auf *mbi*
ukumbuiyÿ-kur	(Eigenname), 2 mal im Medium	Malerei auf *mbi*
wágatoa	Wilde Wespe und Eigenname	Malerei auf *mbi* (Sonderform) und auf Holz
wáken	Blatt des wilden Taro, 7 mal im Medium	Malerei auf *mbi* sowie auf Holzschnitzerei
égel yát	Rattenspur, 9 mal im Medium	Einstechen, Ritzen und Schneiden auf Ton bzw. Pilzmycel, auf 6 unterschiedlichen Gefäßarten und einem kleinen Kopf
mándanggaránggara	Spinne, 2 mal im Medium	Kerbschnitt auf Zeremonialgefäß *aumar*
námba'áp	Vogel, 3 mal im Medium	Kerbschnitt auf Topf *aumar*
ngúlimbi	Kleiner schwarzer Regenvogel, 7 mal im Medium	Ton, davon 4 mal Kerbschnitt auf Topf *aumar*
sámÿló	Wasserinsekt, 5 mal im Medium	Kerbschnitt auf Töpfen *aumar* und *kwarau*
úgundólo:m	Wasserinsekt, 6 mal im Medium	Kerbschnitt auf Topf *aumar*
úkwalyép (úku kwályep)	Langbeiniges Wasserinsekt, 3 mal im Medium	Kerbschnitt auf Topf *aumar*
wáranggei	Wellen, 2 mal im Medium	Kerbschnitt auf Topf *aumar*
watjóu	Brotfruchtraupe, 2 mal im Medium	Kerbschnitt auf Topf *aumar*
ábu sunggÿ	Vogel-Eingeweide, 3 mal im Medium	Ritzen und Kerben in Holz und Kürbisschale
abunggo	Vogel, 2 mal im Medium	Ritzen und Kerben in Holz auf Spatelstiel
wéinwanggÿ	Schwarzer Papagei, 2mal im Medium	Ritzen und Kerben in Holz auf Spatelstiel und Löffel

Sobald in ihrer Bedeutung spezifizierte Darstellungsmotive in mehr als einem Medium umgesetzt worden sind, stellt sich sogleich die Frage nach dem Sinnzusammenhang zwischen Motiv, bildwirksamer Umsetzung und Anlass ein.

Den einfachsten Fall haben wir schon erwähnt: Die sorgfältig gemusterten Netztaschen, die bei einem besondern Kultfest von den Frauen über dem Kopf hin- und herbewegt werden, so dass die Muster einen als Sichtblende ausgeführten Zaun am Männerhaus überragen und die im Zentrum des Zeremonialhauses aufgebauten Ah-

Tabelle 2b: Ornament in mehreren Medien nachgewiesen (Malerei, Ritz- und Kerbschnittverzierung in Ton, Pilzmycel, Holz, Knochen)

ábokwas	Kleiner Fliegender Hund, 1 mal Kerbschnitt in Ton, 1 mal in Holz.
ábsambarúka	Schmetterling, 3 mal Malerei, 2 mal Kerbschnitt in Ton.
ábugímbi	Fliegender Hund, 1 mal Malerei, 1 mal Kerbschnitt in Ton, 1 mal Schnitzerei und Bemalung.
abutjók	Huhn, 4 mal Malerei, 4 mal Kerbschnitt in Ton.
ápopók	Liane mit Frucht (auch Grundmuster), 6 mal Malerei auf *mbi*, 15 mal Ritzen oder Kerbschnitt in Ton, 4 mal Ritzen und Kerben in Holz.
áragumáka	Gesicht, 17 mal Malerei auf *mbi*, 2 mal Kerbschnitt auf *aumar*, 1 mal Ritzen in Ton, 2 mal Ritzen und Kerben in Pilzmycel, 7 mal Ritzen und Kerben in Knochen und Holz.
árkunjáulum	Insekt, das auf der Wasserfläche gehen kann und nicht fliegt, 1 mal Malerei auf *mbi*, 1 mal Kerbschnitt auf *aumar*.
mauwail	Weißes Flughörnchen, 3 mal Malerei auf *mbi*, 3 mal Kerbschnitt auf *aumar*.
mépoko	Insektennest in der Liane, 3 mal Malerei auf *mbi*, 3 mal Kerbschnitt auf *aumar*.
mi:lsóma	Menschliches Gesicht, 1 mal Malerei auf *mbi*, 1 mal Kerbschnitt auf *aumar*, 1 mal Ritzen und Kerben in Holz auf Spatel.
moil(yï)	Wels, 1 mal Malerei auf *mbi*, 1 mal Kerbschnitt auf *wasau*, 1 mal modelliert in Ton und bemalt.
ngalanggala	Gezähnter Blattrand, 1 mal Malerei auf *mbi*, 2 mal Malerei auf Holz, 3 mal Kerbschnitt auf *aumar* (gilt für alle Gefässe dieses Typs).
ngrísha	Frosch, 4 mal Malerei auf *mbi*, 2 mal Kerbschnitt auf *aumar*, 2 mal Ritzen in Ton, 1 mal Schnitzen in Ton.
ngríshanggar	Kleiner Frosch, 1 mal Kerbschnitt auf *aumar*, 1 mal Kerbschnitt auf Knochen für Dolch.
ngúmasÿkÿ	[Als selbstständiges Muster], Baumfrucht, 7 mal Malerei auf *mbi*, 4 mal Kerbschnitt auf *aumar*, 3 mal Ritzen.
tápa kunyik	Menschliches Knie- oder Ellbogengelenk, 1 mal Kerbschnitt auf Topf, 11 mal Ritzen und Kerben auf Holz für Speere und Spatel.
úku wándjÿ	Wasserwellen, 1 mal Malerei auf *mbi*, 2 mal plastische Verzierung auf Topf, *kwarau*, 9 mal Ritzen und Kerben auf Ton, 2 mal auf Holz, 1 mal auf Knochen.
wárkau	Biegung der Schwanzfedern eines schwarzgefiederten Waldvogels, 1 mal Malerei auf *mbi*, 6 mal Kerbschnitt auf *aumar* bzw. *wasau*, 2 mal Ritzen und Kerben auf Holz für Speer und Spatel.
wóngalámb	Punktelinie wie auf der Bauchhaut des Krokodils, 1 mal Malerei auf Holz, 1 Malerei auf *mbi*, 1 mal Kerbschnitt auf *wasau*.

nen-Vergegenwärtigungen direkt erfreuen mögen. Dieses Darstellungsmotiv, das Muster im Rückengefieder eines Vogels, ist meines Wissens nur auf Netztaschen, nicht aber auf Malflächen oder auf Tongefäßen umgesetzt worden.

Gesichtsdarstellungen finden sich in allen anderen Materialien, auch auf Speerschäften, nie auf Netztaschen, wohl aber umgesetzt auf Schmuck- und Wertstücken aus Maschenstoff. Mit Eigennamen spezifiziert wurden die Angaben eher bei den nicht-keramischen Objekten im Feld des Männerhauses: Pfostenbemalungen, bemalte Panggaltafeln für die Dachinnenflächen, Schmuck.

Abb. 12: Malerei, *mbi*. Muster *mbonggahóposóp*, Taroraupe, wichtig in einer Mythe. Gemalt von Hoposop im Dorf Begilam-Saserman. H. 132,5 cm, B. 41,5 cm. Slg. C. Kaufmann 1966, Inv. Nr. Vb 22898.

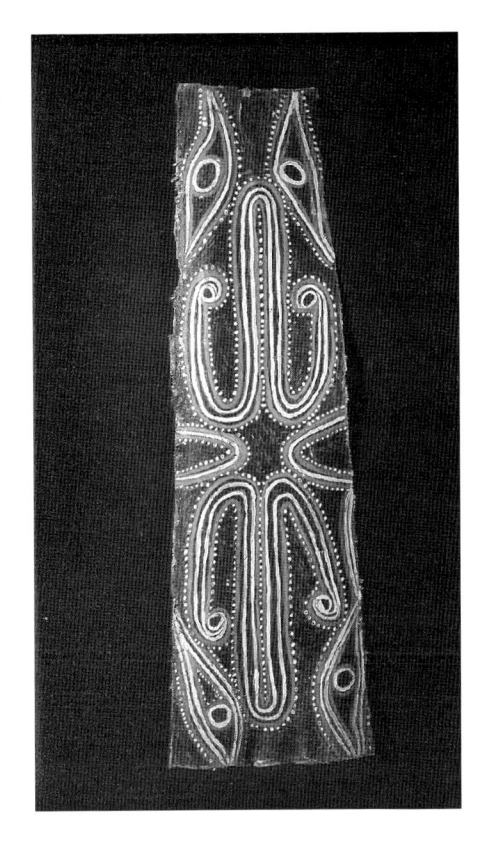

Für eine ganze Reihe von spezifizierten Darstellungsmotiven sind Ausführungen als Malerei und als Kerbschnittverzierung in Ton (oder auf dem Mycel-Knollen eines Pilzes) nachweisbar.

Zusammenfassend lässt sich bis dahin mit Blick auf das Anfertigen und Benennen von Mustern nachweisen, dass das Aufbauen aus neutralen Formelementen erfolgt, die inhaltlich noch nicht festgelegt sind: Gerade und Kurven („Lianen"), Kreise („Baumfrüchte" bzw. „Insektenbohrloch"), Winkelbänder („Flügelmuster" bzw. „Insektennest") und Punktelinien („Hundespur") werden zu Motiven zusammengefügt.

Die Motive werden benannt, entweder aufgrund ihrer Gesamtwirkung – z. B. als „Liane mit Früchten", was unserer Charakterisierung als Rankenmuster entspricht, als „Welle" beziehungsweise als „Gesicht" – oder aber aufgrund einer angestrebten spezifischen Form, so etwa die als Wasserinsekten- oder als Frosch-Muster charakterisierten.

Eine inhaltliche Festlegung erfolgte durch den Hersteller erst dann, wenn der Anlass dies erforderte oder zum Mindesten nahelegte: etwa bei der Anfertigung eines Zeremonialgefäßes für eine individuelle Initiation eines Yamspflanzers, oder beim Bau eines Zeremonialhauses und den dafür notwendigen Vorbereitungen. Dabei wurden zentrale Teile einer Musterkonfiguration so stark ausgearbeitet, dass daraus ein bildhaftes Teilornament entstand, das in der Vorstellung des Betrachters auch nachträglich noch ein umfassenderes Bild hervorzurufen vermag. Hier können wir von einem *Darstellungsmotiv* sprechen: Das Ornament als Ganzes meint ein spezielles Bild, das in ihm enthalten ist. Beispiele dafür geben etwa eine Schmetterlingsart, *ábsambarúka*, der Frosch, *ngrisha*, die Taroraupe, *mbonggahóposóp* (Abb. 12) oder die dem Wasser nahen Insekten *úkwalyép* und *sámÿló* ab. In dem der Hersteller das Darstellungsmotiv benannt hat, gab er seinem Werk einen Hinweis mit auf die von ihm ins Auge gefasste Deutungsstufe.

Die nächstspezifischere Stufe erreichen wir dort, wo die Benennung eines Darstellungsmotivs mit einem Eigennamen verbunden wurde. Wobei dieser Name je nach lokalem Deutungsbrauch entweder zum Eigennamen für die besondere Ornamentform als Ganzes wurde – als Beispiel mag die gemalte Wildwespe *wagatoa-mbi* gelten – oder der Benennung mit einem Gattungsnamen als besondere Ausprägung zugesellt wird: so wenn ein als *áragumáka* klassifiziertes Gesicht mit dem Eigennamen Arkai herausgehoben wird.

Unter diesem Gesichtspunkt ergaben sich auch auffallende Unterschiede zwischen Malern aus den Siedlungen der Saserman-Kwoma beziehungsweise jenen der Honggwama-Kwoma von Banggus, Washkuk und Mariwai. Letztere bevorzugten die Nennung von Eigennamen, die unmittelbar auf mythische Personen und Ereignisse einzelner Klane zurückverwiesen. Die Tendenz, selbst allgemein bekannte Kwoma-Motive für einzelne Honggwama-Klane zu beanspruchen, ist auch deutlich aus den von Douglas Newton 1972–1975 erhobenen Unterlagen ersichtlich (vg. Kaufmann o. J.). In unserem Zusammenhang bezeugt diese Haltung der Honggwama-Gewährsleute, dass wir es bei den in Frage stehenden Darstellungsmotiven tatsächlich mit Bildern (oder zum mindesten mit Teilbildern und Bildverweisen) zu haben. Die Bilder sind eben Teil des überlieferten, von den Klanen und den Ritualgemeinschaften kontrollierten Wissens – wie dies ja auch für die noch wichtigeren figürlichen Repräsentationen bei Kultfesten gilt.[14]

Wo individuelle Namen auftauchten, gab es meist auch eine Geschichte dazu, an die mit dem Bildwerk erinnert werden sollte. Diese Geschichten waren in ihrem Grundinhalt bei den Kwoma allgemein bekannt; wichtig war aber in jeder einzelnen Siedlungs- und Überlieferungsgemeinschaft die konkrete Einbettung in das lokale Wissen um das Weltbild. Dabei wurden, wie der Vergleich quer durch die Kwoma-Dörfer und ihre Werkdeutungen erweist, die Grenzen einzelner Klane und größerer Klangemeinschaften als Sozialverbände auch mehrfach überschritten. Mit anderen Worten, die im Kern nicht aber in den Details identische Geschichte ist unter anderen Klan-Vorzeichen in mehreren Siedlungen bekannt – und damit sind es auch die eingebundenen Bilder, z. B. die Schlangenfrau oder die kleinen Wasserläufer-Vögel (wie *namba'ap* und *sassa'ap*) und Wasserinsekten.

Da jede Klanüberlieferung über die darin auftretenden Personen beziehungsweise geschilderten Ereignisse mit klar definierten Orten in der Landschaft verbunden ist – was die Ansprüche der einzelnen Klane auf bestimmte Teile der Umwelt begründet –, bedurfte und bedarf es großer Anstrengungen der Kwoma-Experten, das Konfliktpotential sich konkurrierender Überlieferungen unter Kontrolle zu halten. Das Aufhängen und Benennen einer Malerei mit einer derart aufgeladenen Bildgeschichte im Männerhaus bildete einen durchaus politischen Akt, wie wir bei der Begehung von Zeremonialhäusern außerhalb des Saserman-Siedlungsverbandes, aber in Begleitung von Saserman-Experten, feststellen konnten. Die ästhetische Wirkung des betreffenden Bildes – ob in geglückter Form und strahlender Aufmachung – spielte in diesem Zusammenhang schon eine Rolle, ging es doch in diesen Werken im Kontext ihrer Präsentation am zentralen Ort des Dorfes ganz wesentlich um die Darstellung und Wahrnehmung politisch-militärischer Kraft eines Klanbündnisses und des von ihm angeführten Siedlungsverbandes. Das wiederum bildete den Anlass, die eigene Version im damals vorbereiteten eigenen Zeremonialhaus in Meno-Saserman nur umso überzeugender darzustellen.

Und genau diese Überzeugungskraft war sowohl bei den Saserman als auch bei den Honggwama-Malern am Werk, als es darum ging für die Museen in Basel beziehungsweise in New York eine repräsentative Reihe von Werken zu schaffen. Insofern sind diese im Zeitpunkt des Erwerbs zeitgenössischen Werkreihen durchaus auch als Selbstdarstellung der betreffenden Künstler zu sehen und zu werten.

Bedeutsam und klanpolitisch brisant war dabei der Umstand, dass über gleichförmige Darstellungsmotive, die abweichend benannt und so unterschiedlichen mündlichen Überlieferungssträngen zugewiesen wurden, im Grunde größere Zusammenhänge auf der Bildebene angesprochen, aber durch ihre verbale Ausdeutung gleichsam wieder neu in die engeren Schranken eines austarierten Netzes von Sozialbeziehungen eingebunden wurden.

Bemerkenswerte Beispiele ergeben sich gerade für mythisch wirksame Personen, die in Tiergestalt auftraten wie der große Tausendfüßler, *manggeliko*, die erwähnte Schlangenfrau Söpo oder der Fliegende Hund, *abugimbi*.

Ganz offensichtlich wird damit, dass die Bilder entweder so populär oder aber in ihrem Sinngehalt für das Weltbild so bedeutungsvoll sind, dass sie sich – so oder so – bis zu einem gewissen Grade verselbstständigt haben und sich gegen die kanonische Zuordnung der Verfügungsgewalt über sie durchsetzen. Das ist bemerkenswert und meines Erachtens ein wichtiges Argument dafür, sie als Werke „wie Kunst" zu betrachten.

Werke als Vermittler von Anschauungswissen

Wir haben damit auf einer unteren Stufe – also nicht auf jener übergeordneten der spektakulären Repräsentationen in Kultbildern und Zeremonialhausbauten – eine, wie es scheint wesentliche, Einsicht gewonnen: Den auf den ersten Blick unscheinbaren Ornamenten kommt im Rahmen der Kwoma-Ausdrucksformen ein selbstständiger Werkcharakter zu; dieser ist eher stärker ausgeprägt als bei den vom westlichen Kunstverständnis bevorzugten spektakulären großformatigen Objekten, z. B. den *mindjama*-Brettskulpturen. Dies lässt sich am besten an den Zeremonialgefäßen zeigen. Jedes einzelne Gefäß stellt für den Hersteller und andere Befragte ein individuelles Werk dar – ob von einem Anfänger probehalber angefertigt oder von einem anerkannten Experten: Hier wird individuelle Leistung einsichtig und nachvollziehbar, im günstigeren Fall auch noch eine Generation später.

Das perfekte Gefäß gilt als von einem namentlich noch bekannten, angesehenen Experten (*harpa ma*) für zeremonielle Zwecke angefertigt und verziert. Die perfekte Verzierung wurde dabei in eine Oberfläche hineingesehen, noch bevor die erste Linie gekerbt war. Kein Zweifel, die Herausforderung dieser Umsetzung im Technischen wie im Visuell-Konzeptionellen und die glückhaft beendete Realisierung (darüber entscheidet beim Töpfern letztlich der Brennprozess) bestimmen den Werkcharakter ebenso wie die inhaltliche Vorgabe, die sich der Töpfer mit dem gewählten Darstellungsmotiv selbst gestellt hat. Die geglückte Bogenlinie wird zum Fühler des Wasserinsekts, zum Körper und Flügel des Fliegenden Hundes, zum Gesicht eines Geistwesens oder zur Spinnenzange. Und das freut auch den einheimischen Betrachter.

Allerdings, alle diese kleinen Bilder oder Motive sind Teil eines größeren Bildes, und genau da kommen wir wieder ins Stolpern. Wenn's ja ein so gekonnt Numinoses bloß andeutendes Bild sein dürfte! Aber nein, es ist ein viel größer, viel umfassender angelegtes. Und dem Töpfermeister, dem Zeichen-Macher (so wörtlich: *au-maka-ma*), blieb es bis zu einem gewissen Punkt – welchem denn schon? – überlassen, ob er das Bildzeichen streng nach der Vorgabe der formalen Überlieferung oder aber individuell interpretierend oder gar als neu entwickelte Form gestalten wollte. Es lag an ihm, das Motiv noch ein bisschen anschaulicher, sprich nachbildender auszuführen, oder aber umgekehrt das Rätselhafte zur vollends abstrahierenden Form zu verdichten. Von der unter den Kwoma üblichen Praxis her war nach meinen Beobachtungen beides in gleichem Maße gerechtfertigt und akzeptiert.

In der Wertschätzung der Kwoma wurde die weniger individuelle Malerei unterhalb des Verzierens der Zeremonialgefäße eingestuft. Malen konnten unter den Augen von Könnern durchaus auch ganz junge, gerade erst erwachsene Individuen, noch lange bevor sie beginnen durften, sich mit dem Schnitzen von Holz oder dem Töpfern und dem Arbeiten in Ton auseinander zu setzen. Malereien konnten daher ganz unterschiedliche Entstehungsgeschichten haben: Von erfahrener, meisterlicher Hand angefertigte kamen an der Decke des Zeremonialhauses – oder beim Verkauf an Europäer seit den 1950er Jahren – neben andere, oft in sich wenig geschlossene Werke, die als gelungene Versuche akzeptiert wurden, aus der Tradition bekannte Bildvorstellungen umzusetzen.

Die einzelnen gemalten Elemente sollten die Decke eines Männerhauses nach Meinung seiner Erbauer in eine Wiedergabe des in den Mythen geschilderten Ur-Männerhauses verwandeln, das sich in einer jenseitigen Welt einst am Boden eines Sees befand und von Ahnen bewohnt wurde (und vielleicht noch wird). Ein Geschwisterpaar brachte einst als Kulturheroen das Wissen davon zu den Menschen. Eine

Gemalt, gekerbt, geritzt 155

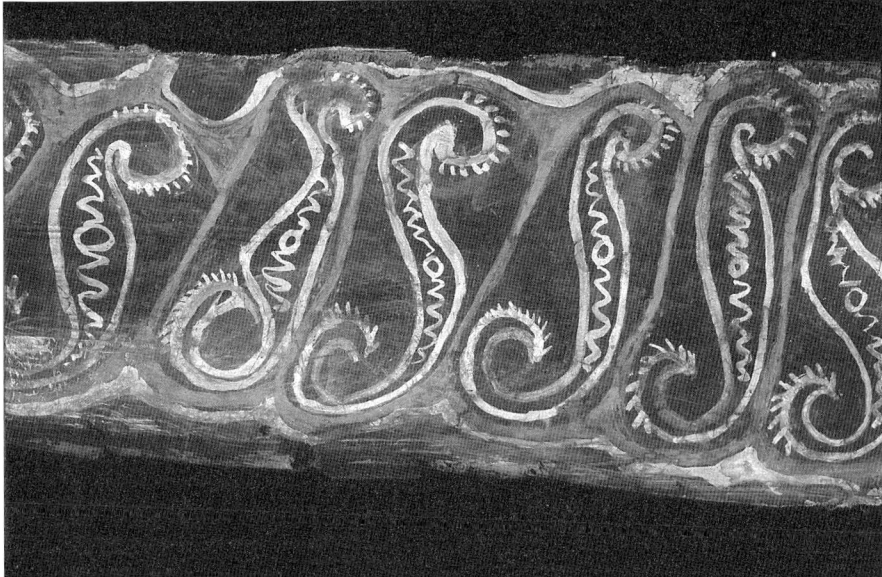

Abb. 13 a und b:
a) Muster *mánggelikó*, Tausendfüßler, auf Zeremonialtopf. Verziert von Yabokoma in Meno-Saserman. Um 1960. H. 23,5 cm, B. 20,7 cm. Slg. C. Kaufmann 1966, Inv. Nr. Vb 22480.
b) Muster *mánggelikó* (Detail), Tausendfüßler, auf Malerei aus Zeremonialhaus. B. der Malerei 30 cm. Slg. Dadi Wirz 1955, Inv. Nr. Vb 17624.

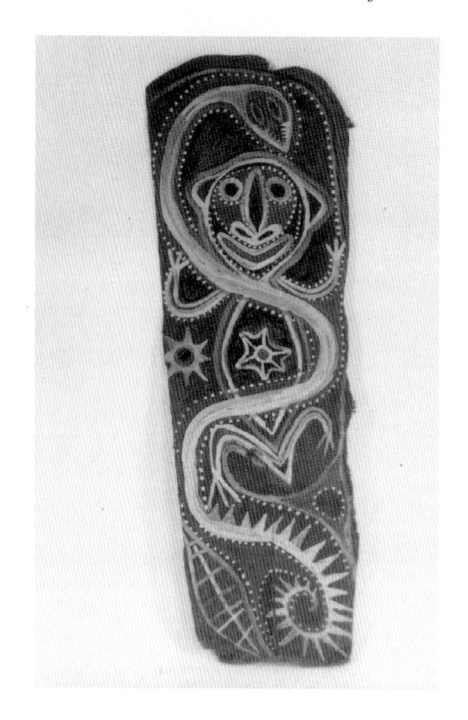

Abb. 14 a und b:
a) Malerei, *mbi*. Darstellungsmotiv Söpo. H. 103 cm, B. 42 cm. Dorf Washkuk oder Tanggwinsham. Slg. D. Wirz 1955 oder A. Bühler 1955/56, Inv. Nr. Vb 18051.
b) Malerei, *mbi*, Darstellungsmotiv Frau Tumbushkai und Söpo. Damit wird ein direkter Bezug zu einer Mythe hergestellt. Vergleiche dazu die Bemalung des Hauspfostens in Abb. 9, Dorf Begilam-Saserman. H. 104 cm, B. 34 cm. Slg. C. Kaufmann 1966, Inv. Nr. Vb 27370.

kosmologische Vision also, eine Bildwelt, die Anschauungen über die von den Ahnen den Menschen vermittelte Ordnung liefert.

Wie schon berichtet, blieb die Anordnung der bemalten Tafeln an der Decke eines Männerhauses weitgehend dem Zufall überlassen. Nicht zu allen Tafeln gibt es aus den verschiedenen Kwoma-Dörfern mündlich überlieferte Texte. Dort, wo wir sie kennen, bleiben die Texte oft äußerst knapp und schildern weder die Bildvorstellungen, noch deren Deutung. Es sind daher die gemalten Bilder selbst, die eine Anschauung aus einer anderen, der hiesigen Welt der Menschen aber eng verbundenen Ordnung vermitteln sollen.

Die Weltordnung erleben die Kwoma, die „Berg-" oder „Netztaschen-Leute", als die starke Einbindung ihres Handelns in die Bedingungen, die ihnen von der Umwelt auferlegt werden – das heißt ihre Einpassung in ein tropisches, feuchtheißes Klima mit tropischer Regenwaldvegetation. Ohne das von den Ahnen erarbeitete und von den physischen Vorfahren vermittelte Wissen wäre das menschliche Leben nicht zu bewältigen. Die Ordnung der Ahnen ist daher auch die Ordnung jedes gegenwärtigen Menschen. Symbiotisch kann man das nicht nennen, da es nur eine einzige umgreifende Ordnung gibt, die Immanenz und Transzendenz zusammenfasst – was bei den Kultfesten im Zeremonialhaus auch eindrücklich in Szene gesetzt wird. Das heißt auch, dass in dieser Weltordnung Kultur und Natur kontinuierlich ineinander übergehen, weil Naturerscheinungen und Kulturprodukte nur Teile der mit der Lebenswelt der Menschen verschränkten Welt der Ahnen sein können. Was uns als Domestizierung der Natur erscheinen mag, ist dem Kwoma-Töpfer oder -Maler das Hereinholen ins Bild eines nützlichen Teils der Ahnenwelt – der Tausendfüßler auf der Topfoberfläche oder auf der Malerei ein kleines Bildzeichen, das einen größeren Zusammenhang anschaulich ausdeutet.

Wir stehen nun vor einem paradoxen Ergebnis. Indem wir versucht haben, eine kleine Gruppe von Werken außereuropäischer Herkunft auf ihren Bildcharakter abzuklopfen, entschwindet uns endgültig die Gewissheit, die dem historisch-aufklärerischen Wissensgebäude so wichtige Grenze zwischen dem, was Leistung der Kultur und dem, was (Vor-) Gabe der Natur sei, entspreche einer universalen, allen Kulturen gemeinsamen Realität.

Es fällt uns vermutlich schwerer, uns die Verschränkung von Natur und Kultur zu einem ungeteilten Ganzen gedanklich vorzustellen als jene des Hier und Jetzt mit der Zeit der Ahnenwelt. Am leichtesten lässt es sich da aufzeigen, wo wie bei der Jagd ein universaler Zug zugrunde liegt. Menschen stellen, aus welchen Gründen auch immer, Tieren nach – die konzeptionelle Umsetzung kann sehr unterschiedlich ausfallen. Für den Kwoma-Jäger geht etwas von seiner in den Körperausdünstungen enthaltenen Seelenkraft in das erlegte Tier über – er darf es nicht selbst verzehren. Das Tier vereinnahmt den Jäger, nicht umgekehrt, er stirbt sozusagen einen Teiltod, der ihn der Welt der Ahnen näher bringt. Das Leben des einen im Hier und Jetzt setzt den Tod des anderen zwingend voraus – und umgekehrt. Ein Jagdstillleben kann für die Kwoma-Kunst kein Thema sein.[15]

Das ethnologische Problem mit den hier besprochenen, sozusagen kleinen Bildern, die sich jeweils in eine lokale Gesamtschau integrieren lassen, liegt darin, dass wir nur in einigen glücklichen Fällen dank neuerer Forschungen über soviel Wissen verfügen, dass wir das vorgestellte Gesamtwerk, wenn nicht im Original dokumentieren, so doch in den Grundzügen rekonstruieren können.[16]

In der kosmologischen Vorstellung melanesischer Kulturen gibt es also keine objektive, belebte oder unbelebte Natur. Was in die Darstellung einfließt, ist bereits Kultur. Der erste Fehlschluss liegt daher auf der Hand: bei den Naturvölkern sei eben alles Natur, Ergebnis natürlich triebhaften Handelns und Darstellens. Das Umgekehrte dürfte eher zutreffen: Je stärker die Verflechtung der Menschen mit ihrer Umwelt im täglichen Handeln, desto ausgeprägter gibt dieses Umfeld Anlass dazu, es in die Organisation der eigenen Gesellschaft real und symbolisch einzubinden.

Nicht das Dass, sondern das Wie wird damit entscheidend. Handeln kann symbolisch sein, Gesänge, Musik, Texte können symbolisch sein – und *Bilder* öffnen, beinhalten und erinnern, da wo sie zum Ausdruck gebracht werden, stets komplexe, d. h. mehrschichtige Symbolwelten.

Zum gegebenen Umfeld einer Menschengruppe gehören ja auch andere soziale Gruppen, die oft eine andere, meist unverständliche Sprache sprechen, andere Formen des Verhaltens, der Selbstdarstellung und des Nahrungserwerbs eingeübt haben und sich so der *Wir-Gruppe* gegenüber als Fremde vorstellen. Die Beziehungen zu diesen *Fremden* sind genauso ein wichtiger Teil der eigenen Lebensart wie jene zur Umwelt, womit auch gesagt ist, dass soziales Verhalten, das der Verständigung dient, wie solches, das die kriegerische Behauptung bezweckt, ebenso Anlass und Ausgangspunkt für symbolhaftes Handeln sein können.

Noch gar nicht gesprochen haben wir von den Ausweitungen der sozialen Gruppen entlang den Linien sozialer Allianzen, etwa durch Heirat, und von Verwandtschaft, insbesondere aufsteigend nach den kulturell geprägten Regeln von Abstammung oder absteigend nach jenen der Nachfolge.

Da somit die Unterscheidung Natur/Kultur hier nicht in der von uns gewohnten Form spielt (auch „Blut" ist nicht einfach Blut) und zugleich die kulturelle Bestimmung des Zeitbegriffs keine lineare ist, mit unüberwindbaren Abgrenzungen zwischen dem Davor und dem Danach, gehören zu den sozialen Gruppen auch die bereits verstorbenen Individuen, aber auch die in weiter zeitlicher Ferne aktiven Gründerahnen als Manifestationen nicht personalisierter göttlicher, ja kosmischer Kräfte ebenso wie die Nachgeborenen.

Jedes inhaltlich oder auch nur affektiv wirksame und somit fassbare (Teil-) Bild kann auf eine dieser Kategorien verweisen, oder, was ebenso plausibel ist, aufzeigen, wie genau die Kategorien ineinander verhängt sind. Das genau meint der Ethnologe Alfred Gell, wenn er von der Bedeutung des Ornaments und der „Decorative Art" als einer Technik des Be- und Verzauberns, einer „Technology of Enchantment" spricht. Das Ornament bindet den Benutzer als handelndes Individuum an die Gesellschaft und an die von den Ahnen gesetzte Ordnung des Handelns. Kunst ist immer auch ein Zeiger auf gesellschaftlich relevantes Handeln.[17]

Schlussfolgerungen

Wie ist dieser winzig kleine Ausschnitt aus einer großen und äußerst vielfältigen Welt außereuropäischer Kunst einzuordnen? Jede Generation muss versuchen, mit den Begriffen, die ihr zur Verfügung stehen, ihre Position neu zu bestimmen. Dürfen wir, so ist abschließend zu fragen, im Hinblick auf andere, uns fremde Kulturen überhaupt von Kunst sprechen, wenn es in den Vorstellungen der Angehörigen dieser Kultur oder Gesellschaft keinen Anlass dafür gibt, im Einklang mit der oder in Opposition zur Natur (oder was wir dafür halten) Kunstwerke in unserem Sinne zu erfinden und auf diesem Weg Dimensionen des Menschseins im Hier und Heute auszuloten?

Ich denke, wir dürfen nicht nur, wir müssen sogar. Unsere kurze Betrachtung des Bild-im-Ornament-Problems an Beispielen aus Nord-Neuguinea hat gezeigt, dass Bilder selbstständig werden können im visuellen Ausdruck wie in der gedanklichen Einordnung, ohne in symbiotischer Abhängigkeit von Naturformen zu verharren. Als künstlerische Leistung setzt eine bildhafte Umsetzung keine Befreiung vom Ornament voraus. Eher ist das Gegenteil zutreffend: Erst in der vollständigen Beherrschung des Potentials an Mehrdeutigkeit, das im Ornament steckt, entwickelt sich so etwas wie der spielerische Umgang mit Bedeutungsebenen, der zum Bild als künstlerische Ausdrucksform eine Voraussetzung bildet. Die ornamentale Ausschmückung und Wiederholung erhöhen die Wirkung der künstlerisch selbständigen Form eher als dass sie diese überkleistern – wie auch weitere Beispiele aus Neuguinea und dem weiteren Melanesien noch einmal zeigen könnten: Das Ornament tritt in Melanesien nicht an die Stelle von Kunst, es hat vielmehr seinen festen Platz darin; denn es ist als Bildpotential im gleichen Maß „wie Kunst" wie dies für die „großen" selbständigen Bildwerke ohne Einschränkung angenommen wird. Jedes Teilbild, und sei es noch so ornamental gestaltet, verweist immer auf ein größeres, umfassenderes, noch zu enthüllendes Bild, so wie umgekehrt im großen Bild sich auch seine ornamentale Umsetzung ankündigen kann.

Unsere Seherfahrung muss sich den Werken anpassen und unser Urteilsvermögen muss sich von diesen und ihrem Hintergrund infrage stellen lassen. Nur so ist die Fortbildung eines interkulturellen Kunstbegriffes und einer interkulturellen Kunstgeschichte denkbar. Das stand am Ausgangspunkt der Moderne, im Zeitalter des Jugendstils und der damaligen Aufmerksamkeit für das Ornament schon einmal zur Diskussion. Es ist wohl kein Zufall, dass die ethnologische Beschäftigung mit Kunst, die wesentlich von Noch-Nicht-Ethnologen, oft Medizinern oder Naturwissenschaftlern mit Tropenerfahrung, initiiert worden ist, ihre erste Auf- und Ausbauphase gerade in der Blütezeit des Jugendstils durchlief. Diese Kunst- und Wissenschaftsepoche war in wichtigen Aspekten ihrerseits von den Erfahrungen mancher Künstler und Kunstwissenschaftler in der Auseinandersetzung mit dem Orient, aber auch mit dem Fernen Osten, mit den Kunstwelten Chinas und insbesondere auch Japans geprägt. Es wird Zeit, den Kreis definitiv zu erweitern.

Worüber man sich in der Ethnologie vielleicht zu lange nicht richtig im Klaren war, ist, dass viele Formen, die wir aufgrund einer insgesamt entweder evolutionsgeschichtlichen oder kulturgeschichtlichen Perspektive grundsätzlich für urtraditionell halten, ihr Aufblühen dem Kontakt mit Außenstehenden, mit Handelspartnern und anderen Besuchern verdanken. Dazu haben vor allem im 19. und im 20. Jahrhundert manche Europäer gehört. Dass ich hier eine derart breite Auswahl von einem einzigen kleinen Ort und seiner Umgebung zeigen kann, hängt ja auch damit zusammen, dass die Kwoma-Gewährsleute unser Interesse an gewissen Aspekten ihrer Kultur und Gesellschaft bedient haben. Wir kennen aber für keines der in Neuguinea belegten künstlerischen Medien die reale zeitliche Tiefe der Traditionen – in Ansätzen zwar für die Keramik über vielleicht 400, ganz vage über 2500 Jahre, aber sonst können wir einzig feststellen, wie groß die Differenzierung der Formen und Inhalte im regionalen Umfeld für die vergangenen 50 bis 150, vielleicht 250 Jahre gewesen sein muss; auf rund 50 000 Jahre Kulturgeschichte Neuguineas bezogen ein Nichts.

Literatur

Boas, Franz, *Primitive Art*. New York 1955 (Original 1927, Repr. 1972).

Boehm, Gottfried, Das Fremde und das Eigene, in: W. Marschall e. a. (Hg.), *Die fremde Form – l'esthétique des autres*. Reihe Ethnologica Helvetica 16, 1992, 133–144, mit Texten zu den Abbildungen von Meinhard Schuster, ebd., 145–147.

Bowden, Ross, *Yena. Art and Ceremony in a Sepik Society*. Pitt Rivers Museum Monograph 3, Oxford 1983.

Bowden, Ross 1990, „The architecture and art of Kwoma ceremonial houses", in: N. Lutkehaus (Hg.), *Sepik Heritage. Tradition and Change in Papua New Guinea*. Durham 1990, 480-490.

Derlon, Brigitte, *De mémoire et d'oubli. Anthropologie des objets malanggan de Nouvelle-Irlande*. Paris 1997.

Gell, Alfred, *Art and Agency. An Anthropological Theory*. Oxford 1998.

Gunn, Michael, *Arts rituels d'Océanie: Nouvelle-Irlande dans les collections du musée Barbier-Mueller/ Ritual arts of Oceania: New Ireland*. Photographies de Pierre-Alain Ferrazzini. Milan 1997.

Haddon, A. C., *Evolution in Art: as Illustrated by the Life-Histories of Designs*. London 1895.

Hauser-Schäublin, Brigitta, *Leben in Linie, Muster und Farbe. Einführung in die Betrachtung aussereuropäischer Kunst am Beispiel der Abelam, Papua-Neuguinea*. Basel 1989 (a).

–, *Kulthäuser in Nordneuguinea*. Abhandlungen und Berichte des Staatlichen Museums für Völkerkunde in Dresden 43 (Monographien 7). Berlin 1989 (b).

Jeudy-Ballini, Monique, „Compensating Desire": The Price of Emotion in New Britain (Papua New Guinea), in: *Pacific Arts*, 19/29, 1999, 12–26 (Franz. Original: „Dédommager le désir": le prix de l'émotion en Nouvelle-Bretagne [Papouasie-Nouvelle-Guinée]), in: „Le beau". *Terrain, carnets du patrimoine ethnologique* 32, 1999, 5–20).

Kaufmann, Christian, Über Kunst und Kult der Kwoma und Nukuma (Nord-Neuguinea), *Verhandlungen der Naturforschenden Gesellschaft Basel* 79, 1968, 63–112.

–, *Das Töpferhandwerk der Kwoma in Nord-Neuguinea*. Basler Beiträge zur Ethnologie 12, Basel 1972.

–, Art and Artists in the Context of Kwoma Society, in: S.M. Mead (Hg.), *Exploring the Visual Art of Oceania*, Honolulu 1979, 310–334.

–, *Kwoma (Neuguinea, Sepik) – Herrichten und Bemalen einer Männerhaus-Ziertafel*. Film E 2187 des IWF, Göttingen 1978. Publ. Wiss. Film, Sekt. Ethnol., Serie 10, Nr. 4/E 2187, 1980(a).

–, *Kwoma (Neuguinea, Sepik) – Schnitzen und Bemalen eines Männerhaus-Zierbalkens*. Film E 2286 des IWF, Göttingen 1978. Publ. Wiss. Film, Sekt. Ethnol., Serie 10, Nr. 5/E 2286, 1980(b).

–, *Kwoma (Neuguinea, Sepik) – Töpfern und Verzieren eines Zeremonialgefäßes*. Film E 2188 des IWF, Göttingen 1979. Publ. Wiss. Film, Sekt. Ethnol., Serie 10, Nr. 25/E 2188, 1980(c).

–, *Pflanzer und Künstler. Zwei Rollen führender Männer bei den Kwoma (Papua-Neuguinea)*. Film D 1479 des IWF Göttingen. Publ.Wiss.Film., Sekt.Ethnologie, Serie 13, Nr. 25/D 1479, 1983.

–, Maschenstoffe und ihre gesellschaftliche Funktion am Beispiel der Kwoma von Papua-Neuguinea, in: *Tribus* 35, 1986, 127–175.

–, Malerei der Kwoma in Papua-Neuguinea: Ausdrucksform und Technik, Begleitveröffentlichung zu Film D 1693, in: *Publikationen zu wissenschaftlichen Filmen. Ethnologie* 20, 1998, 429–463.

–, *Korewori: Magische Kunst aus dem Regenwald: Eine einzigartige Sammlung von Holzskulpturen aus Papua-Neuguinea*. Basel 2003.

–, Painted Objects from the Central Sepik Area Seen in Changing Perspectives. Paper presented at session: *Intertwined Traditions: the Confluence of Art History and Anthropology in Oceania: Essays in Honour of Douglas Newton*. Nancy C. Lutkehaus (convenor). AAA Meeting Chicago, November 26, 2003 (= Kaufmann o. J.).

Küchler, Susanne, Making Skins: Malangan and the Idiom of Kinship in Northern New Ireland, in: J. Coote/A.Shelton (Hg.), *Anthropology, Art and Aesthetics*. Oxford 1992, 94–112.

Newton, Douglas, *Crocodile and Cassowary. Religious Art of the Upper Sepik River, New Guinea.* New York 1971.

Speiser, Felix, Pfeile von Santa Cruz, in: *Archiv für Anthropologie* N.F. 8, 1909, 308-311.

Stephan, Emil 1907, *Südseekunst. Beiträge zur Kunst des Bismarck-Archipels und zur Urgeschichte der Kunst überhaupt.* Berlin 1907.

Williamson, Margaret Holmes, Gender and the Cosmos in Kwoma Culture, in: N. Lutkehaus (Hg.), *Sepik Heritage.* Durham 1990, 385-394.

Anmerkungen

* Alle abgebildeten Objekte befinden sich im Besitz des Museums der Kulturen Basel, Foto Peter Horner (sofern nicht anders vermerkt).
1 Insbesondere A.C. Haddon 1895 und Emil Stephan 1907.
2 Speiser 1909: 310.
3 Boas 1955 [1972]: 14, 106–113 u. 279f. Stephan, 1907: 105–117, 119 u. 126, bemühte sich darum, auch die frei auftretenden Formen auf ihren Ursprung als Repräsentation von Naturformen zurückzuführen – die Freiheit künstlerischen Ausdrucks erzielen die Bewohner Süd-Neuirlands durch ihre Farbästhetik: bewusst gegen die Naturvorgabe eingesetzte Farben und Farbwerte.
4 Und dadurch ihre Präsenz sozusagen zu erzwingen – was neulich für die reich ausstaffierten Maskenkonstruktionen der Sulka auf Neubritannien im Detail überzeugend als Motivation des Ästhetischen von Jeudy-Ballini, 1998, dargelegt wurde. Vgl. zur Macht der Bilder über die Abgebildeten Gell 1998, 96–114.
5 Kaufmann 1968, Newton 1971, Kaufmann 1979, Bowden 1984.
6 Vgl. dazu Kaufmann 1972, 162–169 sowie die Filme zur Arbeitsweise der Maler, Schnitzer und Töpfer, d. h. Kaufmann 1980a–c sowie 1998.
7 Diese Aussagen dokumentieren einerseits eine erstaunliche Konstanz der Interpretation durch erfahrene Maler und Töpfer (im Gegensatz zu den undifferenzierteren Angaben wenig erfahrener Gewährsleute), andererseits machen sie aber auch örtliche Abweichungen deutlich zwischen den einzelnen Kwoma-Siedlungsgruppen. Ich stütze mich im Folgenden auf die Aussagen der Saserman-Gewährsleute, außer dort wo die von ihren Deutungen abweichenden Angaben anderer zur Diskussion stehen.
8 Dazu Kaufmann (o. J.); die wichtigsten Ergebnisse sind hier berücksichtigt.
9 Kaufmann 2003.
10 Vgl. Kaufmann 2003.
11 Strukturierung der Malflächen und Ablauf sind festgehalten in Kaufmann 1980a und 1998.
12 Alle an Ort und Stelle erworben 1966 und 1972/73. Dazu kommen weitere 78 Malereien und 17 verzierte Töpfe sowie die Ornamente auf Knochendolchen, Netztaschen, Kalkbehältern u. a. m. im Museum der Kulturen Basel. Zu den Netztaschenmustern Kaufmann 1986.
13 Weitere Muster wurden nur einmal identifiziert – vgl. Anhang. Auf einem Objekt können mehrere Muster nebeneinander angebracht sein.
14 Vgl. Newton 1971, Bowden 1984, 1990, Williamson 1992.
15 Ein anschauliches Eindenken in diese Zusammenhänge lässt sich am bereits erwähnten Beispiel der Kunst der Inyai-Ewa üben: vgl. Kaufmann 2003. Auch der Jäger am oberen Korewori-Fluss ist auf die Hilfe von Seelenwesen angewiesen. Sie jagen für ihn, kämpfen für ihn und treffen die Seele des Jagdtieres (oder eines Menschen), lange bevor er zur Jagd oder gar zum Kriegszug aufbricht. Das Problem für den Schnitzer ist daher: Wie schaffe ich es, die *aripa*-Hilfsseele zu veranlassen, dem selben Jäger immer wieder und möglichst wirksam zu helfen? Über das Bild, d. h. über die körperliche Erscheinung der Seele (oder ist es zugleich das jenseitige Bild des Jägers?), werden Individu-

um und Seele miteinander verbunden. Aber bis die aripa-Seele wirksam werden kann, ist sie auf die Unterstützung durch die „Mutter des Männerhauses" angewiesen – auch davon gibt es ein Holzbild – und muss sich mit der Mutter des Baumkänguruhs verständigen, damit diese die Seele eines (oder mehrerer) Jagdtiere freigibt und der aripa-Helfer seine Seelenjagd mit Erfolg zu Ende führen kann.

16 Beispielhaft kann hier auf das Zeremonialhaus der Abelam verwiesen werden, dessen Deutung Brigitta Hauser-Schäublin auf zwei unterschiedlichen Annäherungswegen dargelegt hat (Hauser-Schäublin 1989a und 1989b). Zu verweisen ist auch auf die Einrichtung von sogenannten Malanggan-Schauhäusern für Totengedenkfeiern in Neuirland, bei denen äusserst komplexe, ornamental aufgeladene Bildwelten zu deuten sind (Gunn 1997, Derlon 1997, Küchler 1992).

17 Gell 1998, 73–95.

Gerhard Kurz

Der Bildermann
Bild und Gottesbild bei Hölderlin

1.
Im späten, unvollendeten, wohl zwischen 1803 und 1805 verfassten Gedicht „Kolomb" feiert Hölderlin Kolumbus als einen Heroen der Neuzeit, da er mit seiner Entdeckung der Neuen Welt das Weltbild des abendländischen *orbis* revolutionär veränderte. Verglichen wird Kolumbus im Gedicht auch mit einem „Bildermann", der seine Bilder „umkehret":

> […]
> aber man kehret
> Wesentlich um, wie ein
> Bildermann, der stehet
> Und die Bilder weiset der Länder
> Der Großen auch
> Und singt
> […]
> (MA I, 427[1])

Der Ausdruck „Bildermann" meint den Kolporteur, den Wanderhändler von bebilderten Blättern, Flugblättern, Flugschriften, Heftchen, Büchern und auch „Bildern der Länder", also Landkarten.[2] Mit der Klemmleiste vor dem Bauch, an der die aufgerollten Blätter hängen, steht er z. B. auf einer Bank auf dem Marktplatz und „weiset" die „Bilder der Länder". Solche Bilder brauchte für seine Entdeckungsreise, die das Bild der Welt „wesentlich umkehrte", auch Kolumbus. An anderer Stelle im Gedicht heißt es: „Kolumbus in einc Landkarte siehet" (MA I, 427).[3]

Das Gedicht führt noch weitere Figuren aus der Mythologie und Geschichte an, deren Reisen den „vorigen *orbis*" (MA I, 429, Glosse zu V.85/86) veränderten: den Anführer der Argonauten Jason; Aeneas, der nach dem Untergang Trojas nach Italien floh und Rom gründete; die Endeckungsreisenden der Neuzeit Vasco da Gama, Anson, Bougainville. Zu dieser Reihe hinzugefügt werden auch die Kreuzfahrer, die Flibustier, der genuesische Admiral Andrea Doria – und, in die biblische Geschichte zurückgreifend, Moses, der das Volk Israel durch die Wüste zum Gelobten Land führte.

Eine Glosse zu den Flibustiern am Rande des Gedichts deutet die Funktion all dieser Figuren in weltgeschichtlicher Absicht: „Flibustiers Entdekungsreisen als Versuche, den hesperischen *orbis*, im Gegensaze gegen den *orbis* der Alten zu bestimmen" (MA III, 251). Eine Arbeitsnotiz zum Gedicht bedenkt auch den Alpenübergang Heinrichs IV.: „Muster eines Zeitveränderers/Reformators" (MA I, 426).

Im Kontext solcher „Reformatoren" und mit der Anspielung auf die berühmten Sätze, die Luther auf dem Reichstag zu Worms gesagt haben soll („Hier stehe ich. Ich kann nicht anders, Gott helfe mir, Amen.") kann die Wendung vom „Bildermann, der stehet", auch als eine Anspielung auf Luther verstanden werden. Wenig später ist auch die Rede von Mönchen und von einem, der als „Redner/Auftrat und als Pfarrherr/Im blauen Wamms" (MA I, 428). Appellativ konnte Luther auch „Bildermann" genannt werden, da er im Streit um die Duldung von Bildern und Skulpturen in der Kirche eine tolerante Haltung einnahm. Im lutherischen Einflussbereich blieben viele Bilder und Skulpturen in den Kirchen erhalten.

Auf das Gedichtfragment „Kolumbus" folgt im sog. Homburger Folioheft das Gedichtfragment „Luther". Darin stehen die Verse:

Nicht will ich
Die Bilder dir stürmen.
(MA I, 431)

Dem Bildersturm, dem Streit um die die Geltung von Bildern in der christlichen Religion kommt offenbar bei der Deutung Luthers in diesem Gedicht eine besondere Bedeutung zu. Der Dichter stellt sich auch in einer Art Versprechen oder Verpflichtung in diesem Streit um die Bilder auf die Seite Luthers. Dieser Streit erscheint offenbar als noch nicht abgetan. Der Sprechakt setzt voraus, dass ein Bildersturm eine mögliche Konsequenz des eigenen Handelns, d. h. des eigenen Dichtens sein könnte. Sonst wäre er überflüssig. Anders als bei Luther ist für Hölderlin jedoch auch die Sprache vom Problem des Bilderstreits betroffen. Wenige Zeilen später heißt es denn auch:

Gott rein und mit Unterscheidung
Bewahren, das ist uns vertrauet,
Damit nicht, weil an diesem
Viel hängt, über der Büßung über einem Fehler
Des Zeichens
Gottes Gericht entsteht.
(MA I, 432)

Offenbar wird Gott dann „mit Unterscheidung" bewahrt, wenn das „Zeichen" von ihm, z. B. die Bilder, *nur* als Zeichen verstanden werden, wenn zwischen Gott und Mensch unterschieden wird. Im Kontext von Hölderlins Seinsphilosophie und Poetologie erhält die Formulierung „mit Unterscheidung" zusätzlich den Sinn von

„in Unterscheidung". Das „Gott" genannte, den individuellen Menschen transzendierende Ganze des Lebens kann nur ex negativo dargestellt werden. Nach dieser Denkfigur, die auf die alte Tradition negativer Theologie zurückgeht, wird das Ganze in dem Maße bewusst oder fühlbar, wie es sich in Entgegensetzungen „heilig sich scheidend" (KLA II, 917) auflöst. Da, wo sich „Fühlender und Gefühltes scheiden wollen", ist die „individuellere Einigkeit am lebhaftesten und bestimmtesten gegenwärtig" (KLA II, 556). Aus dieser Denkfigur entwickelt Hölderlin eine Hierarchie der Gattungen nach dem „größern Grad des Unterscheidens" (KLA II, 427). Die höchste Gattung ist die Tragödie. In ihr „verleugnet", wie Hölderlin sagt, das „Bild der Innigkeit" seinen „letzten Grund" am stärksten und nähert sich dem „Symbol" an, „je unendlicher, je unaussprechlicher, je näher dem *nefas* die Innigkeit ist" (KLA II, 426). Nach der knappen Skizze „Die Bedeutung der Tragödien" (KLA II, 561) stellt sich das „Ursprüngliche" dadurch dar, dass das „Zeichen" oder die „Erscheinung" der Tragödie „an sich selbst als unbedeutend" gesetzt wird. Hölderlin mag dabei an den Untergang tragischer Helden wie Antigone und Oedipus gedacht haben.

Nicht diese Absicht der Unterscheidung, wohl aber die Absicht, Gott „rein" zu bewahren, birgt ein bilderstürmerisches Potential. Denn sie kann zur Überzeugung führen, daß jedwedes Zeichen die Reinheit des Bewahrens bedroht.[4] Geradezu in einem Gegenzug zu dieser ikonoklastischen Gefahr wird auch in „Kolumbus" auffallend häufig von Bildern geredet, neben dem „Bildermann" ist die Rede von Gefäßen (?), „voll, von Bildern" (MA I, 425), von einem „Menschenbild", das sich aus „Eindrüken des Walds" (MA I, 426), ein metonymischer Ausdruck vielleicht für das Abendland; dann werden die „Bilder/Der Jugend" apostrophiert, „als in Genua, damals/Der Erdkreis, griechisch, kindlich, gestaltet" (MA I, 428).

So verstanden wirft der aus der protestantischen Tradition des Wortes kommende Dichter in diesen beiden Gedichten auch die Frage nach der Geltung von Bildern und nach dem Verhältnis von Bild und Wort in einem weltgeschichtlichen, genauer geschichtstheologischen Horizont auf. Mit Werner Buschs Formulierung[5] könnte man diese Frage auch als eine Frage nach der Möglichkeit oder Unmöglichkeit eines ästhetischen Protestantismus verstehen.

Der reformatorische Streit um die Bilder[6] betraf nicht nur die gemalten, geschnitzten und gehauenen Artefakte in der Kirche oder bei kirchlichen Veranstaltungen, sondern auch die Phantasmata, die inneren Bilder, die Bilder im Kopf oder im Herzen. Für Karlstadt, Zwingli, Calvin und Bucer stellten Bilder in der Kirche Verstöße gegen das Gebot, von Gott kein Bildnis zu machen, und Verstöße gegen das Prinzip und den Primat der Heiligen Schrift dar. Das Bild fixiert den Glaubensvollzug an einen bestimmten Ort, die Schrift nicht. Andacht kann und soll überall sein. Daher ist auch die Kirche als besonderes Gebäude eigentlich entbehrlich. In der Darstellung Gottes in einem Bild sahen diese Reformatoren sowohl eine Erniedrigung als auch eine Vergötzung Gottes. Eine Erniedrigung, weil das Bild nur das ist, was es sinnlich abbildet. Bilder sind daher eigentlich ohnmächtig, wie Luther und Calvin sagen. Eine Vergötzung, weil das Bild in der Verehrung und Anbetung der Gläubigen das sein kann, was es abbildet, also kein Bild, keine Abbildung mehr, sondern das Abgebildete selbst. Darin liegt die Macht der Bilder. (Vor unserem Zeitalter allgegenwärtiger Bilder mussten Bilder auch mächtiger wirken.) So ließe sich die Position von Karlstadt und Zwingli zusammenfassen.[7] Für Luther und Zwingli betrieben jedoch nicht nur der katholische Kultus, sondern gerade auch die radikalen Ikonoklasten wie Karlstadt Idolatrie, weil sie die Bilder als Idole verstanden.[8]

Luther setzte alles auf die Verkündigung durch das Wort. „Denn auf den Worten stehet all unser Grund, Schutz und Wehre wider alle Irrtümer und Verführung."[9] Das Medium des Spirituellen ist, gerade weil es kein ikonisches Zeichen ist, das Wort. Es ist daher dem Bild religiös überlegen. Bilder sind nicht heilsnotwendig, sie sind nicht böse, sondern Adiaphora, weder gut noch böse: „Bilder, Glocken, Messgewand, Kirchenschmuck, Altarlichter und dergleichen halte ich für frei. Wer da will, der kanns lassen, obwohl ich Bilder aus der Schrift und von guten Historien für sehr nützlich halte, aber doch frei und in eines jeden Ermessen. Denn mit den Bilderstürmern halte ich es nicht."[10] Daher hat Luther das Bilderverbot auch nicht als zweites Gebot, sondern als Teil des ersten Gebots verstanden. Auf die Bildausstattung seiner Bibelausgabe legte er großen Wert.[11] Im Vergleich zu den reformatorischen Bilderfeinden konnte Luther daher als ein Bildermann erscheinen.

Die eigentliche Gefahr geht für Luther nicht von den Bildern aus, sondern von ihrer abergläubischen Betrachtung. Sollte die Belehrung durch Bilder für *pauperes* nötig sein, dann kann ihre mögliche Gefahr durch die Schrift und die Predigt neutralisiert werden. Zwingli war in dieser Hinsicht skeptischer: In der Kirche, dem Raum der Anbetung Gottes, könne jedes Bild zum Götzen werden.[12]

Die von den Reformatoren bestrittene Heilsbedeutung der Bilder wurde von der katholischen Kirche auf dem Tridentiner Konzil 1563 gerechtfertigt. Das Bild steht allen, die Schrift nur wenigen offen. Die memorative Kraft der Bilder ist höher als das Wort. Doch auch hier wird der Umgang mit religiösen Bildern Vorschriften unterworfen, die abergläubische Verehrung und Geschäftemacherei verhindern sollen. Die Bilder werden nun auf beiden Seiten hermeneutisch domestiziert, sofern sie überhaupt zugelassen werden, durch das Wort hier, durch das kultische Zeremoniell dort.

Bekanntlich hat Werner Hofmann den Bilderstreit der Reformation als einen Ursprung der modernen Bildästhetik interpretiert.[13] Und bekanntlich hat Hans Belting bei aller Relativierung, vor allem der Rolle Luthers, diese These bekräftigt. Auch für ihn ist die neuzeitliche Verwandlung des Bildes zum Kunstwerk ohne den reformatorischen Bilderstreit nicht verständlich.[14] Seit Luther, so Hofmanns These, ist das Bild freigegeben, daher einerseits auch problematisch, interpretationsbedürftig, theoriebedürftig geworden. Andererseits bedeutet diese Freigabe einen „Freibrief" für den Betrachter: „Was ein Bild ist, was es aussagt, was es bedeutet, entscheidet sich im Betrachter [...] Alles das hat mit Luther begonnen. Seine Abwertung der Bilder schlug in deren Aufwertung um, die Beschränkung erwies sich als Befreiung."[15]

Wie ihr Umgang mit Kunst lehrt, ist jedoch die Moderne die Ambivalenz des Bildes als Gegenstand kultischer Verehrung und Gegenstand, um mit Kant zu reden, interesselosen Wohlgefallens nicht losgeworden. In den Museen gehen wir mit andächtiger Stille umher. So falsch ist die im 19. Jahrhundert aufgekommene Rede von der Kunstreligion, von den Kunsttempeln für das Verständnis von Kunstwerken nicht. Gerade die Kunst der Avantgarde des 20. Jahrhunderts, die sich emphatisch von der Ästhetik des Abbilds gelöst hat und das Bild als seine eigene Präsenz begreift, hat die Tendenz, aus dem Bild strukturell ein ästhetisches Idol zu machen.

In seiner Analyse der Erzählung vom alttestamentarischen Bilderverbot entwickelt Gottfried Boehm aus der bilderlosen oder in Form der Schrifttafeln bilderschwachen Verkündigung Gottes durch Moses und der Verehrung eines Gottesbildes durch Aaron die prototypischen Möglichkeiten des Bildverständnisses und des Bilderstreits: „Zwischen bloßem Vertreten (d. h. ikonischer Unterscheidung, äußerster Unähnlichkeit) und ikonischer Ineinssetzung eröffnet sich allererst das weite Feld bildlicher Repräsentationsleistungen."[16]

2.

Für einen Dichter, der durch seine Herkunft aus dem protestantischen schwäbischen Milieu und durch sein theologisches Studium von der protestantischen Theologie des Wortes imprägniert ist, der sein Dichten von einem bestimmten Zeitpunkt an als Versuch versteht, unter den Bedingungen der Neuzeit von Gott zu reden, der in seinem Dichten mit sprachlichen und mentalen ‚Bildern' arbeitet, musste der Streit um die Bilder von größter Tragweite sein. Hölderlin arbeitete sich, so kann man sagen, am theologischen Potential des Bilderstreits ab. Dichtung, schreibt er Ende 1799, ist „in ihrem Enthusiasmus, wie in ihrer Bescheidenheit und Nüchternheit ein heiterer Gottesdienst". Sie soll „niemals die Menschen zu Göttern oder die Götter zu Menschen machen, niemals unlautere Idolatrie begehen, sondern nur die Götter und die Menschen gegenseitig näher" bringen. Vorbildlich ist die Kunst der Griechen, weil sie das „Göttliche menschlich" darstellten, „doch immer mit Vermeidung des eigentlichen Menschenmaßes" (KLA III, 411f.).

Wie aus den Versen der Hymne „Luther" schon hervorgeht, zielt Hölderlins Konzeption der Dichtung nun gerade nicht auf einen Sturm auf die Bilder. Vielmehr werden die Bilder, insofern sie es „mit Unterscheidung" bewahren, als ein legitimer und notwendiger Ausdruck des Göttlichen verstanden.

Den protestantischen Primat des Wortes und den Streit um die Bilder interpretiert Hölderlin im Kontext seiner Neubestimmung des Verhältnisses von Antike und Neuzeit und der Figur von Christus. Das Verhältnis von Wort und Bild fungiert dabei als eine Achse für diese Neubestimmung. Der Streit um die Bilder erscheint in seiner Perspektive als ein Streit, der zwischen dem neuzeitlich-christlichen Prinzip der Spiritualisierung und dem antiken Prinzip der Plastizität geführt wird, genauer, der je in der Antike und in der Neuzeit in unterschiedlichen Ausgangslagen zwischen dem Prinzip der Spiritualität und dem der Plastizität geführt wird.[17] Einer seiner Begriffe für diese antike Plastizität ist der der „Gestalt". Die Generation nach Winckelmann, zu der Hölderlin zählt, imaginierte sich den antiken Götterhimmel als eine Welt von plastischen Körpern, von „vergötterten Gestalt(en)".[18] Die „mannigfaltigen Gestalten" der griechischen Götter und die „Menschengestalt" griechischer Kunst preist Hyperion in Hölderlins Roman (KLA II, 90f.). „Apollo ging", heißt es am Anfang von „Der Einzige", an den „alten seligen Küsten" in „Königsgestalt" (KLA I, 343f., V.2ff.). Bekanntlich hat Hegel später in seinen „Vorlesungen über die Ästhetik" die „menschliche Gestalt" als das Formprinzip der von ihm klassisch genannten antiken Kunst, als das Formprinzip der von ihm romantisch genannten Kunst des christlichen Zeitalters den „Geist" bestimmt.[19]

Die Antike geht in Hölderlins „Ansicht" (KLA III, 471) aus von einem sinnlichen, wilden, „orientalischen" Ursprung, den sie „fassen" muß. Daher, als Reaktion auf diesen Ursprung, liegt in „athletischem und plastischem Geiste" (KLA II, 919), in der „Gestaltung" die „Haupttendenz" (KLA II, 918) griechischer Kultur. Dieser Ansicht nahe wird Nietzsche später die apollinischen Formen griechischer Kultur aus einem dionysischem Grund ableiten. Den Untergang der griechischen Kultur erklärt Hölderlin aus einer Verabsolutierung dieser Tendenz. Das hymnische Fragment „Luther" beginnt mit den Versen:

> meinest du
> Es solle gehen,
> Wie damals? Nemlich sie wollten stiften
> Ein Reich der Kunst. Dabei ward aber
> Das Vaterländische von ihnen
> Versäumet und erbärmlich gieng
> Das Griechenland, das schönste, zu Grunde.
> Wohl hat es andere
> Bewandtniß jezt.
> (MA I, 430, V.1ff.)[20]

Denn es verhält sich umgekehrt in der Neuzeit. Sie nimmt ihren Ausgang von einer Kultur nüchterner Reflexion, der „Schicklichkeit" (KLA II, 918). Daher ist ihre „Haupttendenz" die Begeisterung, die „schöne Leidenschaft" (KLA II, 460). Hölderlin umschreibt diese Tendenz auch mit „Geschick" oder „Schicksal" (KLA II, 918). In den „Anmerkungen zur Antigonä" werden in diese chiastische Entgegensetzung der Anlagen und Tendenzen von Antike und Neuzeit komparativische Unterscheidungen eingefügt. Dominant in antiker „Vorstellungsart" ist der „sinnlichere Körper" oder einfach der „Körper", dominant in neuzeitlicher „Vorstellungsart" der ‚geistigere Körper' oder einfach das „Wort" (KLA II, 918f.). Die wortgläubige Theologie des Protestantismus stellt so verstanden eine Konsequenz der christlichen Spiritualisierung der Welt dar. Sie verlangt in Hölderlins geschichtstheologischer Interpretation als Ausgleich die Wiedergewinnung antiker Sinnlichkeit, Fülle und Plastizität unter den Bedingungen der Neuzeit. In „Hyperions Jugend", einer Vorform des „Hyperion" – Romans, lässt Hölderlin Diotima ein utopisches „Bild der Geselligkeit" entwerfen: „guter Gott! Wie viel schöner ists nach diesem Bilde, zusammen zu sein, als einsam. […] wenn das Heilige, das in allen ist, sich mitteilte durch Rede und Bild und Gesang, wenn in Einer Wahrheit sich alle Gemüter vereinigten, in Einer Schönheit sich alle wiedererkennten […] wir singen andre Lieder, wir feiern neue Feste, die Feste der Heiligen in allen Zeiten und Orten, der Heroën des Morgen – und Abendlands" (KLA III, 242f.).

Der Begriff des Morgenlandes umfasst auch die jüdische Religion, die griechische Kultur verbindet in Hölderlins Deutung Morgenland und Abendland. In dieser Utopie, die im Kontext und später im ausgeführten Roman nicht relativiert wird, werden antike und christliche Religiosität zusammengeführt.

In den Gedichten um 1800 imaginiert Hölderlin die christliche Epoche gegenüber dem sinnlich-sichtbaren „Tag" der Antike als eine „Nacht", als eine dunkle Zwischenzeit. Die Hymne „Germanien" stellt den neuzeitlich-christlichen Spiritualisierungsprozess sogar als eine Fahrt in eine nächtliche Unterwelt dar:

Denn wenn es aus ist, und der Tag erloschen
Wohl trifft's den Priester erst, doch liebend folgt
Der Tempel und das Bild ihm auch und seine Sitte
Zum dunkeln Land und keines mag noch scheinen.
(KLA I, 335, V.20–23)

Diese Zeit der Nacht ist eine „dürftige Zeit", d. h. auch bedürftige Zeit, wie es in der Elegie „Brot und Wein" heißt: „und wozu Dichter in dürftiger Zeit?" (KLA I, 290, V.122). Hier wird diese Nacht als Zwischenzeit aber auch heilig genannt (KLA I, 287,V.48; 290,V.124), weil sie auch „stark machet" (KLA I, 289, V.116). Sie nötigt den Menschen zur Selbständigkeit – eine Voraussetzung für die zukünftige Aussöhnung von Nacht und Tag, die als ein Werk des Dionysos apostrophiert wird: Die Dichter „sagen mit Recht, er söhne den Tag mit der Nacht aus" (KLA I, 290, V.143). So erkennt Hölderlin im Christentum Fortschritt an Freiheit, Individualität, Spiritualität und Verlust an Sinnlichkeit und Ursprünglichkeit.

Ausgesöhnt und zusammengeführt wird indessen nicht einander Fremdes. In Hölderlins Deutung gewinnen der neuzeitliche Alltag und die christlichen Sakramentsgaben Brot und Wein eine in die Antike zurückreichende Tiefendimension. Dionysisches evozieren z. B. die von den Romantikern so bewunderten Eingangsverse von „Brot und Wein". Dionysisches, das vergeht, das aber jeden Tag wieder erfahren werden kann. Wenn es in der Stadt still und Abend wird, dann „rauschen" die Wagen hinweg, die Menschen gehen satt von „Freuden des Tags" heim. Dann ist der geschäftige Markt „leer" von „Trauben und Blumen" (KLA I, 285, V.2;5). Und Dionysisches, das bleibt: Musik (KLA I,286, V.7) ist aus fernen Gärten zu hören, „Immerquillend und frisch rauschen an duftenden Beet" die Brunnen (KLA I,286, V.10), Fichte und Efeu, Elemente des Dionysos-Mythos, sind ‚immergrün' (KLA I, 291, V.145). Brot und Wein sind „Gaben" (KLA I, 290, V.132) des christlichen Abendmahls, aber auch der antiken Götter Ceres und Dionysos. Sogar die Nacht ist Dionysos heilig. Schließlich werden die neuzeitlichen „Sänger", denen das „strömende Wort" (KLA I, 286, V.34) eigen ist, mit einer dionysischen Aura ausgestattet. Ausdrücklich werden sie mit des „Weingotts heilige[n] Priester[n]" verglichen, welche „von Lande zu Land zogen in heiliger Nacht" (KLA I, 290, V.123f.). In ihrer Tiefe bilden die beiden Epochen eine Einheit, eine Einheit der weltgeschichtlichen Vernunft in ihren unterschiedlichen epochalen Gestalten.

In „Friedensfeier" wird die Erfüllung dieser Utopie vorgestellt als die Entfaltung eines großen „Zeitbild[es]" (KLA I, 341, V.94), in dem der neuzeitliche „stille Gott der Zeit" sich in ein „Bild" entäußert:

> Wenn nun vollendet sein Bild und fertig ist der Meister,
> Und selbst verklärt davon aus seiner Werkstatt tritt,
> Der stille Gott der Zeit und nur der Liebe Gesetz,
> Das schönausgleichende gilt von hier an bis zum Himmel.
> (KLA I, 341, V.87ff.)

Vielleicht gehören zu diesem Bildkomplex auch die Verse aus der fragmentarischen Hymne „Heimath":

> Und der Himmel wird wie eines Mahlers Haus
> Wenn seine Gemählde sind aufgestellet.
> (MA I, 395, V.40f.)

Auffallend häufig, programmatisch häufig, wie man in diesem Zusammenhang daher vermuten kann, kommt in Hölderlins Gedichten nach 1800 also der Begriff des Bildes vor.[21]

Hölderlin kann, gut protestantisch, formulieren: „das Heilige sei mein Wort" („Wie wenn am Feiertage…", KLA I,239, V.20), er kann aber auch schreiben, dass die Künstler dem „heiligen Bilde" gehören, das sie „bilden" (Brief an Böhlendorff, KLA III, 468). Als Singen von „Gottes Bild" (KLA I, 344, V.26) versteht im Rückblick der Dichter sein Werk. Sogar der Gedanke, ein Bildnis von Christus herzustellen, taucht auf, wird aber sofort verworfen, genauer: der Gedanke bricht ab. Das lyrische Ich „hätt'" Reichtum, ein „Bild zu bilden". Ein solches Bildnis, das eine Ähnlichkeit – „und ähnlich/Zu schaun, wie er gewesen, den Christ" – postulierte, würde Christus auf eine Menschenfigur, „den Christ", wie es bezeichnend heißt, reduzieren und seine religiöse Bedeutung verfehlen (KLA I, 354f., V.164ff.).[22]

In Hölderlins poetischem Lexikon bezeichnet der Ausdruck Bild metaphorisch oder metonymisch auch das Gedicht. Dieser Sprachgebrauch war das Resultat einer Aufwertung der Einbildungskraft in der zweiten Hälfte des 18. Jahrhunderts, derzufolge die Poesie, die Sprache überhaupt als ein Bildmedium aufgefasst werden konnte.[23] Mit Bild wurden jetzt auch sprachliche und literarische Verfahren wie Metapher, Allegorie, Personifikation oder Vergleich bezeichnet, denen man Effekte mentaler Bildlichkeit zuschrieb. Schließlich hatte in der altphilologischen Exegese Heynes und der biblischen Exegese Herders und Eichhorns die Einbildungskraft als Vermögen der Bilderzeugung im neuen Verständnis des Mythos einen historischen Index erhalten. Mit seiner Bildersprache wurde der Mythos oder die Poesie der frühen Griechen und des Alten Testaments als eine genuine Ausdrucksform begriffen, als, um

Hamanns „Aesthetica in nuce" von 1762 zu zitieren, „Muttersprache des menschlichen Geschlechts."[24] Die Magisterspecimen des jungen Studenten Hölderlin über die „Parallele zwischen Salomons Sprüchwörtern und Hesiods Werke und Tagen" und die „Geschichte der schönen Künste unter den Griechen" belegen Hölderlins Aufnahme dieser Lehre. Belegt wird von dem letzten Specimen auch, dass der Ausdruck Bild seiner Etymologie entsprechend noch Bildnis bedeuten kann. Das Magisterspecimen seines Freundes Magenau trägt den Titel „Versuch über die Bilder der Orientalen in ihren Gedichten". Gemeint sind die Bilder des Alten Testaments, dessen Sprache Magenau, Lowth („De sacra poesi Hebraeorum", 1758/1761, 2. Aufl. 1770) und Herder („Vom Geist der ebräischen Poesie", 1787) folgend, als Poesie beschreibt. Auch die anderen Magisterspecimen aus dem Umkreis Hölderlins dokumentieren, wie gängig dieser Sprachgebrauch im Tübinger Stift war.[25]

In der Tradition dieses neuen Mythosverständnisses kann Hölderlin die einzelne Dichtung auch als „Mythe" begreifen. Im Essayfragment „Über Religion", das u. a. der Frage nachgeht, warum und wie die Menschen sich „„den Zusammenhang zwischen sich und ihrer Welt gerade *vorstellen,* warum sie sich eine Idee oder ein Bild machen müssen, von ihrem Geschick, das sich genau betrachtet weder recht denken ließe noch auch vor den Sinnen liege?" (KLA II, 562), wird die „Mythe" formal als ein „religiöses Verhältnis", als eine „Vorstellung" oder ein „Vortrag" bestimmt, in der „intellektuelle" und „historische", d. h. sinnlich erfahrbare Verhältnisse, nicht zu trennen sind. Die „Mythe" bildet einen Zusammenhang von Lebenstendenzen. Da diese formale Bestimmung der traditionellen Bestimmung von Poesie entspricht, kann Hölderlin folgern: „So wäre alle Religion in ihrem Wesen poëtisch." (KLA II, 567f.) Dies bedeutet aber auch für die Poesie, so wie sie Hölderlin auffasst, dass sie in ihrem „Wesen" religiös ist.

Vor diesem begriffsgeschichtlichen Hintergrund wird verständlich, dass Hölderlin Dichtung allgemein als ein „Bild des Lebendigen" (KLA II, 426) begreifen kann. Die im Brief an Böhlendorff verwendete Formulierung vom „heiligen Bilde" gewinnt darüber hinaus Brisanz, da sie den reformatorischen Streit um die Bilder aufruft.

3.
Den Übergang von der antiken zur christlichen Epoche fasst Hölderlin in einer Umdeutung von Christus, die er in der Hymne „Der Einzige" selbst „kühn" (KLA I, 345, V.52) nennt.[26] Entgegen christlicher Lehre ordnet er Christus der Antike zu und interpretiert ihn als einen Halbgott wie die antiken Halbgötter Dionysos und Herakles. Mit dieser Interpretation entzieht Hölderlin der christlichen Religion ihren monotheistischen Anspruch. Freilich entwirft er auch keine polytheistische Religiosität. Die verschiedenen Götter sind Formen des einen Weltgrundes, den er „Natur" oder „Gott" oder „Vater" nennt: mit „dein Vater ist/Derselbe" spricht im Blick auf die antiken Götter das lyrische Subjekt Christus in „Der Einzige" an (3. F., KLA III, 1498, V.65f.).

Es liegt nahe, dass daher Hölderlin im „Bildermann", der das Göttliche in Bilder zu fassen sucht, der „wesentlich umkehret", wohl auch sich gemeint hat. Mit einer solchen Deutung des Geschichtsprozesses kehrt er das neuzeitliche Welt-Bild „wesentlich" um.

Christus deutet er als Figur des Übergangs von der antiken zur neuzeitlichen Epoche. Er ist der letzte der antiken Götter und eröffnet zugleich die Neuzeit als spirituelle Epoche. Mit den antiken Göttern teilt er, in dem ein Gott „des Menschen Gestalt" annahm, wie es in „Brot und Wein" heißt (KLA I, 289, V.107), das Prinzip der Plastizität und des Bildhaften. Seine „Gestalt", an der von allen Göttern am meisten die „Schönheit hing", war ein „Wunder", formuliert Hölderlin in „Der Einzige" (KLA I, 354, V.136ff.). Der Ausdruck „Gestalt" akzentuiert einen antiken Horizont, der Ausdruck „Wunder" einen christlichen. Der Tod von Christus setzt die christliche Spiritualisierung frei.[27] Hier heißt es weiter, er „vollendet' und schloß tröstend das himmlische Fest"[28] (KLA I, 289, V.108).

Die Tendenz zur Spiritualisierung und Entsinnlichung setzte in Hölderlins Deutung freilich schon früher in der Antike ein:

Nämlich, als vor einiger Zeit, uns dünket sie lange
Aufwärts stiegen sie all, welche das Leben beglückt,
Als der Vater gewandt sein Angesicht von den Menschen,
Und das Trauern mit Recht über der Erde begann,
Als erschienen zu letzt ein stiller Genius, himmlisch
Tröstend, welcher des Tags Ende verkündet' und schwand,
[...]
(KLA I, 290, V.125ff.)

Die spätere Arbeit an den Hymnen „Der Einzige" und „Patmos" exponiert Christus noch stärker als in „Brot und Wein" als Übergangsfigur von der plastischeren Antike in die geistigere Neuzeit und setzt sie noch stärker der Frage aus, ob und wie ein mögliches und legitimes Bild von ihm zu machen sei. Christus kann sogar als eine Befreiung aus einer „Gefangenschaft" (KLA II, 1496, V.6) in antiker Religiosität gedeutet werden.

Die dem Landgrafen von Homburg gewidmete Hymne „Patmos" stellt den Übergang von der antiken zur christlichen Welt als Übergang vom sinnlichen Bild zum abstrakten Wort, vom Prinzip der „Gestalt" zum Prinzip der Spiritualität dar. Der Tod Christi markiert die Epochengrenze. Er erscheint auch in der Reinschrift von „Patmos" noch als antike „Gestalt", an der „am meisten/Die Schönheit hing" (KLA I, 354, V.137f.). In einer späteren Überarbeitung wird seine vergeistigende Bedeutung herausgestellt. Den Jüngern, die vom „Angesichte des Herrn" und der „Heimat", d. h. der Bildreligion nicht lassen wollten, sandte er den „Geist" (KLA I, 360, V.90ff.). In einer ebenfalls späteren Überarbeitung von „Brot und Wein" wird der Vers „Und vollendet und schloß tröstend das himmlische Fest" ersetzt durch den Vers „ein Aergerniß aber ist Tempel und Bild" (MA I, 379, V.108; KLA I, 737 liest: „In Ephesus ein Ärgernis aber ist Tempel und Bild"). Angespielt wird auf das „Bild" der Diana im Tempel von Ephesus, wegen dem es nach dem biblischen Bericht zu einem Aufruhr gegen die Christen kam. Denn Paulus habe gelehrt „Was von Händen gemacht ist, das sind keine Götter" (Apg.

19, 26). Eingeführt wird dieser Bericht von der Frage des Paulus an die Jünger in Ephesus: „Habt ihr den heiligen Geist empfangen, als ihr gläubig wurdet?" (Apg. 19, 2) Christus gehört als Gott in „des Menschen Gestalt" noch der Antike an, als „Geistiges" (MA I, 379, V.109) führt er in die spirituellere Neuzeit, der „Bild" und „Tempel" ein Ärgernis erregen.

Mit der Hymne „Der Einzige" arbeitet sich Hölderlin an der Schwierigkeit dieser Deutung des in seiner Geistigkeit „einzigen" Christus ab:

Es hindert aber eine Scham
Mich dir zu vergleichen
Die weltlichen Männer. […]
(KLA I, 345, V.60ff.)

Mit den im Gegensatz zum „geistigen" Christus „weltlichen Männern" sind die Halbgötter Dionysos und Herakles gemeint. Der Dichter schämt sich, weil das Vergleichen eine Grenzüberschreitung darstellen könnte, denn er „hänget" an diesem Einen. An einem hängen bedeutet lieben, aber auch ab–hängig sein:

Es hänget aber an Einem
Die Liebe. Diesesmal
Ist nämlich vom eigenen Herzen
Zu sehr gegangen der Gesang,
(KLA I, 346, V.83ff.)

Diesen „Fehl" der Selbstbezogenheit will das Ich nun gut machen und „noch andere" singen (KLA I, 346, V.88). In der dritten Fassung heißt es dann: „Schön/ Und lieblich ist es zu vergleichen." (KLA II, 1500, V.21f.) In der ersten Fassung werden die drei Halbgötter – sie sind je göttlich-menschlicher Herkunft! – als „Brüder" (KLA I, 345, V.48ff.) vorgestellt. In dieser dritten Fassung wird für ihren Zusammenhang die Metapher des Kleeblatts gewählt: „Herrlich grünet/ Ein Kleeblatt" (KLA II, 1498, V.75f.). Die Metapher einer anderen Trinität! Jeder Gott vertritt eine Tendenz des Lebens oder der Geschichte: Herkules wird verglichen mit einem „Jäger der Jagd", er vertritt das Heroische und Monarchische der „Fürsten"; Dionysos, hier Bacchus genannt, wird mit einem „Ackersmann" verglichen, er vertritt auch den „Gemeingeist". Mit einem „Bettler" wird Christus verglichen. Dann heißt es: „Christus aber ist/Das Ende" (KLA II, 1499 f., V.86ff.). Als „Ende" der Antike und als „Ende" überhaupt eröffnet er auch eine eschatologische Dimension, d. h. die Dimension einer futurischen Zeit und Geschichte. Im Kontext des Gedichts wird Christus auch, als „Lehrer" (KLA II, 1497, V.39), das Prinzip des Geistigen und das der Selbständigkeit zugeschrieben: „Christus aber bescheidet sich selbst" (KLA II, 1499, V.92). Bescheidet sich selbst heißt: nimmt sich zurück, aber auch: unterscheidet sich selbst, weist sich selbst aus, assoziativ: scheidet selbst. Und in Christus wird das Göttliche in einer höheren „Gegenwart" (KLA II, 1499, V.95) als in den anderen Halbgöttern erfahren. In ihm hat der „Vater" sein „Äußerstes" (KLA I, 346, V.97) getan, d. h. er hat sich ganz in die Welt entäußert (vgl. Phil.2,7). Insofern „erfüllet" Christus, „Was noch an Gegenwart/ Den Himmlischen gefehlet an den andern" (KLA II, 1499, V.94ff.).[29] Daher ist in der christlichen Neuzeit nicht nur eine Tendenz ins Geistige, sondern auch eine gegenstrebige, „antike" Tendenz ins Weltliche, ins Gegenwärtige angelegt. In der Nachfolge dieses Aktes müssen sich auch die Dichter der Neuzeit verstehen und nötigt sich auch Hölderlin, sich auf die Welt einzulassen:

> Die Dichter müssen auch
> Die geistigen weltlich sein.
> (KLA I, 346, V.104f.)

Diese „Ansicht" (KLA III, 1498, V.78) von Christus, wie er programmatisch schreibt, gibt Hölderlin als eine biographisch späte Ansicht an. Ansicht meint sowohl einen sinnlichen als auch einen intellektuellen Akt der Wahrnehmung aus der Perspektive der Neuzeit.[30] Als sich dem Bild entziehender Text war Christus nicht nur im „Haus" der antiken Götter, sondern auch ihm, dem Poeten selbst, lange verborgen. Nach einer imaginären Reise durch antike Landschaften heißt es dann:

> Viel hab' ich schönes gesehn,
> Und gesungen Gottes Bild,
> Hab' ich, das lebet unter
> Den Menschen, aber dennoch
> Ihr alten Götter und all
> Ihr tapfern Söhne der Götter
> Noch Einen such ich, den
> Ich liebe unter Euch,
> Wo Ihr den letzten eures Geschlechts
> Des Hauses Kleinod mir
> Dem fremden Gaste verberget.
>
> Mein Meister und Herr!
> O du, mein Lehrer!
> Was bist du ferne
> Geblieben? Und da
> Ich fragte unter den Alten,
> Die Helden und
> Die Götter, warum bliebest
> Du aus? Und jetzt ist voll
> Von Trauern meine Seele
> Als eifertet ihr Himmschen, selbst
> Daß, dien' ich einem, mir
> Das andere fehlet.
> (KLA I, 344, V.25ff.)

„gesungen Gottes Bild" – eine provokative Formulierung. Sie setzt sich über das biblische Verbot, sich von Gott ein Bild zu machen, hinweg. Die Formulierung spielt zu demonstrativ auf dieses Verbot an, als dass man sie nur als metaphorischen Ausdruck für das Dichten verstehen könnte.

In einer schon antiken Tradition bedeutet Singen hier feierliches, „frohlockendes" (vgl. KLA III, 470) Dichten.[31] Klopstocks Epos „Der Messias", auch ein Versuch, antike Form und christliche Botschaft zu verbinden, beginnt mit: „Sing, unsterbliche Seele, der sündigen Menschen Erlösung". Im Kontext und in der Tradition der auch bei Klopstock vorliegenden Bedeutung ist Singen als Besingen oder Singen von zu verstehen.[32] Der Sänger besingt oder singt von Gottes Bild. Diese Formulierung stellt die Unhintergehbarkeit des Medialen im Reden von Gott heraus. Er singt Gottes Bild, nicht Gott! Gleichwohl ist das Bild kein Abbild. Von diesem Bild wird gesagt, dass es „unter den Menschen lebt". Diese Formulierung zitiert den vorhergehenden Vers, wonach Zeus Söhne und Töchter „unter den Menschen" zeugte (KLA I, 344, V.12), und den Bibelvers, wonach Jesus „mitten unter ihnen" ist, wo zwei oder drei in seinem „Namen" versammelt sind (Matth. 18, 20). Dann bedeutet „Gottes Bild, das unter den Menschen lebt" nicht nur das jeweilige Bild, das sich die Menschen von Gott gemacht haben, sondern auch die jeweilige Praxis der Menschen. Hölderlin meint damit nicht nur die besondere religiöse Praxis, sondern allgemein das Handeln der Menschen in der Welt. Menschliche Praxis ist als solche schon ein „Gottes Bild". Die Rede vom „Leben" des Bildes greift die antike Vorstellung vom „Leben der Bilder"[33] auf und akzentuiert sowohl den Sitz dieses Gottesbildes in den Vorstellungen und der Praxis der Menschen als auch die Veränderlichkeit dieses Bildes.

Im Kontext kann der Nebensatz „das lebet unter/Den Menschen" auch wie ein Hauptsatz gelesen werden. Dann ist die Aufnahme des Gedichts „unter den/Menschen" der Ort, in dem „Gottes Bild" lebt. In diesem Sinne kann auch von Christus gesagt werden, dass er in der religiösen Praxis noch „lebt": „Denn noch lebt Christus" (KLA I, 356, V.205). So gelesen formuliert der Dichter damit auch einen grandiosen Wirkungsanspruch.

Die Veränderlichkeit im „Leben" des Gottesbilds wird zusätzlich pointiert, wenn Singen wörtlich und nicht nur als Metapher für eine pathetische poetische Diktion verstanden wird, genauer, wenn Singen als Metapher für die Medialität der Schrift verstanden wird. Singen ist endlich, flüchtig. Selbst die Erinnerung kann es nicht fixieren. Gottes Bild soll sich einer Fixierung selbst in der Schrift des Gedichts, wie man aus der poetologischen Metapher folgern kann, entziehen. Es muss daher immer wieder neu gesungen werden. So verstanden spannt die paradoxe Formulierung „gesungen Gottes Bild" ein ikonisches und ein ikonoklastisches Moment zusammen.

Was hat der Dichter als Gottes Bild gesungen? Autobiographisch kann sich dieses Singen auf Gedichte wie z. B. „Der Rhein", „Brot und Wein", „Der Mutter Erde", „Am Quell der Donau" und „Friedensfeier" beziehen, die alle ein Bild von Gott entwerfen. In der Hymne „Germanien" werden die antiken „Götterbilder" schon scharf „Vergangene" (KLA I, 334, V.2/13) genannt. Was besingt er, welches Bild von Gott entwirft er in dieser Phase, in der er an „Der Einzige" und „Patmos" arbeitet? Jetzt ist auch anzumerken, dass es nicht ‚Gottes Bilder' oder ‚der Götter Bilder' heißt. Offenbar bilden das einzelne Gedicht oder seine Gedichte zusammen das „Gottes Bild", das er gesungen hat. In unterschiedlichen Formen bilden Antike und Neuzeit zusammen das Bild des einen Gottes. Die einzelnen Bilder wie die Vergleiche mit einem Jäger, einem Ackersmann, einem Bettler, die Metaphern des „Hauses Kleinod", der „gefangene[r] Aar" (KLA I, 346, V.94) für Christus, die Vorstellung von drei Halbgöttern, die zusammen ein „Kleeblatt" bilden, werden bewusst als Bilder und Teile dieses einheitlichen Gottesbildes eingesetzt. Neben den bildlichen Ausdrücken wird mit „Christus aber ist/Das Ende" ein offenbar bewusst unbildlicher Ausdruck gewählt. Die Figur von Christus fügt sich und fügt sich nicht in das frühere Singen von „Gottes Bild".

Nachdem der Dichter sagt, dass er „Gottes Bild" gesungen habe, leitet er mit „dennoch" zur Suche nach Christus über. Er wird angeredet als der ferne (vgl. V.38f.: „Was bist du ferne/Geblieben?"), verborgene („verberget", V.35) und ausbleibende (vgl. V.42f.: „warum bliebest/Du aus?") Halbgott. In diesen Anreden wird Christus als eine zeitlich und räumlich sich entziehende Figur entworfen. Der zeitliche Entzug hebt ex negativo gerade die Dimension der Zeit heraus. Zeitlicher und räumlicher Entzug werfen die Frage auf, wie von Christus überhaupt ein Bild gemacht werden kann. Die zweite Fassung von „Der Einzige" betont den „räumlichen" Charakter des früheren Singens von „Gottes Bild":

> Viel hab' ich schönes gesehn,
> Und gesungen Gottes Bild
> Hab' ich, das lebet unter
> Den Menschen, denn sehr dem Raum gleich ist
> Das Himmlische reichlich in
> Der Jugend zählbar [...]
> (KLA I, 347, V.25ff.)

Nun wird in diesem Gedicht nicht nur mit Metaphern und Vergleichen, sondern eben in dieser Form des Suchens und Fragens, des Fragens gerade nach der Möglichkeit, sich von Christus ein Bild zu machen, das alte zu einem neuen „Gottes Bild" ergänzt.

In „Patmos", das mit den Versen beginnt, „Nah ist / Und schwer zu fassen der Gott", werden in der Mitte des Gedichts Bilder von Christus entworfen. Dabei wählt Hölderlin ein erstaunlich starkes Bild für Christus.

> Wenn nämlich höher gehet himmlischer
> Triumphgang, wird genennet, der Sonne gleich
> Von Starken der frohlockende Sohn des Höchsten,
>
> Ein Losungszeichen, und hier ist der Stab
> Des Gesangs, niederwinkend, [...]
> (KLA I, 355, V.179ff.)

Die metaphorische Gleichsetzung mit der Sonne, die von antiker und christlicher Tradition motiviert ist, die Vorstellung vom frohlockenden Sohn wird sogleich zurückgenommen zu einem „Losungszeichen", das interpretiert werden muss. Es ist Aufgabe des Gesangs, auf dem Spirituellen gegenüber dem Weltlichen und auf dem Weltlichen gegenüber dem Spirituellen zu bestehen. Die letzte Strophe von „Der Einzige", die mit dem Bild von Christus als „gefangener Aar" einsetzt, endet mit den schon zitierten Versen:

> Die Dichter müssen auch
> Die geistigen weltlich sein.
> (KLA I, 346, V.104f.)

Diese Verse formulieren eine Nötigung und eine Notwendigkeit zugleich.

In „Patmos" wird die „heilige Schrift" als stilles Offenbarungsmedium der Unmöglichkeit eines „ähnlichen" Bildes von Gott entgegengestellt. Selbstreflexiv kann wohl mit „heiliger Schrift" nicht nur die heilige Schrift, sondern auch dieses Gedicht verstanden werden. Die metaphorische Beschreibung nähert die Schrift gleichwohl einem Bilde an. Die „Starken" können Christus mit der Sonne gleichsetzen, darin könnte ein Verweis auf die Antike liegen, die „scheuen Augen", darin könnte im Kontext ein Verweis auf die Neuzeit liegen, brauchen die Vermittlung der Schrift. An ihrem „stillen Blicke" übt sich der Leser, um eine zukünftige Gegenwart des Göttlichen ertragen und verstehen zu lernen:[34]

> Wenn aber, als
> Von schwellenden Augenbrauen
> Der Welt vergessen
> Stilleuchtende Kraft aus heiliger Schrift fällt, mögen
> Der Gnade sich freuend, sie
> Am stillen Blicke sich üben.
> (KLA I, 355, V.191ff.)

In der Neuzeit gibt es nicht nur die Schrift, sondern auch „lebendige Bilder", Bilder der Natur, die das Göttliche in „liebender Nacht" (KLA I, 353, V.120 /117) bewahren. Gemeint sind wohl natürliche Phänomene, die als solche eine Einheit des Lebens darstellen und deswegen ein „lebendige Bilder" genannt werden können. Ihnen entgegengesetzt wird eine furchtbare Zerstreuung des „Lebenden" in der Neuzeit (KLA I, 353, V.121f.).

Die Zeichenhaftigkeit solcher Bilder und ihre Deutung gewinnen im Werk des kranken Hölderlin nach 1806 eine zentrale Bedeutung.[35] Zurückgenommen wird schon in der Hymne „Patmos" das Singen von „Gottes Bild" zugunsten der Deutung der ‚heiligen' Schrift. Diese Hymne, die zweimal den Gedanken oder Versuch, von Christus ein „Bild zu bilden" oder ein „Bild nachahmen", abbricht (vgl. KLA I, 355, V.165 ff.), endet mit den programmatischen Versen:

> [...] der Vater aber liebt,
> Der über allen waltet,
> Am meisten, dass gepfleget werde
> Der feste Buchstab, und bestehendes gut
> Gedeutet. Dem folgt deutscher Gesang.
> (KLA I, 356, V.222ff.)

In den Gedichten nach 1806 wird nun in einer neuen Gegenwendung die Schrift zurückgenommen zugunsten der Bilder. Diese Bilder werden nicht mehr von Menschen gemacht, sondern zeigen sich in der Welt den Menschen und müssen als „Zeichen in der Welt" („Der Frühling", KLA I, 465, V.8) wie eine Schrift gedeutet werden. Mit dem Vers aus „Der Einzige" zu reden, der dort auf Christus gemünzt ist: der Dichter „bescheidet sich selbst". Man könnte diese Entwicklung als die Entwicklung von einer christlich motivierten Bildkritik zu einer ebenso christlich motivierten Rechtfertigung und Auszeichnung des Bildes verstehen.

Eines der ersten Gedichte dieser Phase entwirft die Welt eines lutherischen Pfarrherrn:

> Freundschaft, Liebe, Kirch und Heilge, Kreuze, Bilder,
> Altar und Kanzel und Musik. Es tönet ihm die Predigt.
> (KLA I, 451, V.1f.)

In dem in Wilhelm Waiblingers Roman „Phaeton" (1823) überlieferten Prosagedicht „In lieblicher Bläue" werden solche Bilder heilig genannt. Gemeint sind mit diesen „Bildern" das metallene Dach des Kirchturms, das im Schein der Sonne in „lieblicher Bläue blühet"; das Geschrei der Schwalben, das den Kirchturm „umschwebet"; die Sonne, die das Blech färbt; die Wetterfahne, die oben „stille krähet"; ein Mensch, der unter der Glocke auf Treppen „herabgeht"; die Fenster, „daraus die Glocken tönen, sind wie Tore an Schönheit." Danach folgt der Satz: „So sehr einfältig aber die Bilder, so sehr heilig sind die, dass man wirklich oft fürchtet, die zu beschreiben" (KLA I, 479). Heilig werden diese Bilder nicht nur genannt, weil sie sich mit Kirchturm und Glocke auf den religiösen Kultus beziehen, sondern weil sie auch eine Einheit von Natur und Kultur, einer Bewegung nach oben und nach unten, von Innen nach Außen, einen Zusammenhang von Stille und Ton, von Geistigem und Weltlichem darstellen. In ihnen wird „offenbar", was Hölderlin „Gott" nennt: „Ist unbekannt Gott? Ist er offenbar wie der Himmel? Dieses glaub' ich eher." Offenbar wie der Himmel: der Himmel in seiner Bläue ist offenbar und abgründig zugleich. Unschwer ist im zitierten Satz von den Bildern die christliche Pathosfigur zu erkennen: das Einfältigste enthält das Höchste. In „Patmos" bewahren „einfältige[n] Augen [...] Abgründe der Weisheit" (KLA I, 353, V.118f.).[36] Diese Bilder werden nicht mehr gesungen, sondern, bescheidener, demütiger, „beschrieben" – selbst darin „wirklich oft" mit Furcht, weil sie „so sehr heilig" sind. Der Absatz endet mit dem Satz: „Doch reiner ist nicht der Schatten der Nacht mit den Sternen, wenn ich so sagen könnte, als der Mensch, der heißet ein Bild der Gottheit."

Die spätesten Gedichte evozieren immer wieder einen natürlichen Zusammenhang, der sich wie ein gerahmtes „Bild" zeigt. Das „herrliche Bild/Der Landschaft" glänzt (KLA I, 458, V.14f.); „Der Landmann […] siehet, wie das Jahr sich frohem Ende neiget, / In solchen Bildern ist des Menschen Tag vollendet." (KLA I, 463, V.10ff.); „Der offne Tag ist Menschen hell mit Bildern, / Wenn sich das Grün aus ebner Ferne zeiget," (KLA I, 465, V.1f.). Ein Herbstgedichtet endet mit der Evokation eines ikonenhaften Bildes: „Der ganze Sinn des hellen Bildes lebet / Als wie ein Bild, das goldne Pracht umschwebet" (KLA I, 470, V.11f.).

Anmerkungen

1 Die Werke Hölderlins werden mit folgenden Abkürzungen zitiert: Friedrich Hölderlin, *Sämtliche Werke und Briefe*. 3 Bde., hg. v. M. Knaupp, München 1992–1993 (MA); Hölderlin, *Sämtliche Werke und Briefe*. 3 Bde., hg. v. J. Schmidt, Frankfurt a. M. 1992–1994 (KLA). KLA und MA unterscheiden sich in den Textkonstitutionen der späten Gedichte. KLA modernisiert die Orthographie.
2 Vgl. Art. Bildermann, in: J. u. W. Grimm, *Deutsches Wörterbuch*. Bd. 2, Sp. 17.
3 Hölderlin selbst liebte Landkarten. Mit den Karten der vier „Weltteile" (KLA III, 381) hatte er ein Zimmer seiner Wohnung in Homburg dekoriert. Erdkarten bildeten damals häufig die Kontinente in der Form einer menschlichen Gestalt ab; davon ist auch die Metapher von Frankfurt als dem „Nabel/ Dieser Erde" (MA I, 423) inspiriert, vgl. A. Bennholdt-Thomsen/A. Guzzoni, *Analecta Hölderliana*. Würzburg 1999, 22ff.
4 Für den radikalen Bilderstürmer Karlstadt z. B. war die Anbetung der Bilder nicht von ihrer Existenz zu lösen. Die Anbetung eines Bildes ist die unvermeidliche Folge seiner Existenz, vgl. M. Stirm, *Die Bilderfrage in der Reformation*. Heidelberg 1977, 39f.
5 Vgl. dazu W. Busch, Caspar David Friedrichs ästhetischer Protestantismus, in: *Dimensionen ästhetischer Erfahrung*. Hg. v. Joachim Küpper/Christoph Menke, Frankfurt a. M. 2003, 113–137.
6 Aus der reichen Forschungsliteratur zum reformatorischen Bilderstreit nenne ich nur H. v. Campenhausen, Die Bilderfrage in der Reformation, in: *ZKG* (1957), 96–128, auch in: Ders., *Tradition und Leben*. Tübingen 1960, 361–407; Stirm (wie Anm. 4); B. Scribner, *Bilder und Bildersturm im Spätmittelalter und in der frühen Neuzeit*. Wiesbaden 1990; N. Schnitzler, *Ikonoklasmus – Bildersturm. Theologischer Bilderstreit und ikonoklastisches Handeln während des 15. und 16. Jahrhunderts*. München 1996; instruktiv die Artikel: „Bilder und Bilder Gottes", in: *Theologische Realenzyklopädie*, Bd. 6, Berlin 1980, 499–568; „Ikonoklasmus", in: *Handbuch religionswissenschaftlicher Grundbegriffe*, Bd. 3, Stuttgart 1993, 217–221; „Kultbild", in: *ebd.*, Bd. 4, Stuttgart 1998, 9–14; „Bilderkult", in: *Religion in Geschichte und Gegenwart*, 4. Aufl., Bd. 1, Tübingen 1998, Sp. 1562–1574.
7 Vgl. Stirm (wie Anm. 4), 141ff.
8 Vgl. *Martin Luthers Werke*, Weimarer Ausgabe, Bd. 18, 73: Der Bildersturm macht aus den Bildern das „Allerhöchst".
9 *Martin Luthers Werke* (wie Anm. 8), Bd. 30, I, 224.
10 *Martin Luthers Werke* (wie Anm. 8), Bd. 26, 509; vgl. auch Bd. 56, 493f.
11 Vgl. H. Reinitzer, Wort und Bild. Zu Übersetzungsprinzipien und Illustrationsweisen der Luther-Bibel, in: *Martin Luther. Text und Kritik* 30, 1983, 62–74.
12 Vgl. Stirm (wie Anm. 4), 142.
13 Vgl. W. Hofmann, Die Geburt der Moderne aus dem Geist der Religion, in: Ders. (Hg.), *Luther und die Folgen für die Kunst*. München 1983, 23–71.

14 Vgl. H. Belting, *Bild und Kult. Eine Geschichte des Bildes vor dem Zeitalter der Kunst*. 5. Aufl. München 2000, 510 ff.
15 Hofmann (wie Anm. 13), 46 u. 47.
16 G. Boehm, Die Bilderfrage, in: Ders. (Hg.), *Was ist ein Bild?*, 2. Aufl. München 1995, 331.
17 Vgl. dazu Hölderlins Briefe an Böhlendorff vom 4.12.1801 und nach der Rückkehr von Bordeaux, KLA III, 459–462 u. 466–468, sowie die Anmerkungen zu seiner Übersetzung der „Antigonae", KLA II, 913–921. Dieses Thema ist in der Hölderlin-Forschung intensiv behandelt worden. Eine knappe, klare Analyse: W. Binder, *Hölderlin und Sophokles*. Turm-Vorträge 1992, hg. v. U. Hölscher, Tübingen 1992, 61ff.
18 J.J. Winckelmann, Beschreibung des Torso im Belvedere zu Rom, in: H. Pfotenhauer u.a. (Hg.), *Frühklassizismus*. Bibliothek der Kunstliteratur, Bd. 2, Frankfurt a. M. 1995, 175; vgl. D. Burdorf, *Poetik der Form. Eine Begriffs – und Problemgeschichte*. Stuttgart 2001, 73 ff.; W. Strube, Art. „Gestalt", in: *Historisches Wörterbuch der Philosophie*, Bd. 3, Darmstadt 1974, Sp. 540–547.
19 Vgl. G. W. F. Hegel, *Vorlesungen über die Ästhetik*. Werke in zwanzig Bänden, hg. v. E. Moldenhauer/K. M. Michel, Frankfurt a. M. 1970, Bd. 13, 107ff.
20 In einem Brief an seinen Verleger Wilmans vom 28. September 1803 erläutert Hölderlin seine Prinzipien bei seinen Übersetzungen von „Antigone" und „Ödipus": „Ich hoffe, die griechische Kunst, die uns fremd ist, durch Nationalkonvenienz und Fehler, mit denen sie sich immer herum beholfen hat, dadurch lebendiger, als gewöhnlich dem Publikum darzustellen, daß ich das Orientalische [entspricht dem Begriff des Vaterländischen in „Luther"], das sie verleugnet hat, mehr heraushebe, und ihren Kunstfehler [d. h. die Verabsolutierung der „Kunst"], wo er vorkommt, verbessere" (KLA III, 468).
21 Vgl. den entsprechenden Eintrag in B. Böschenstein, *Konkordanz zu Hölderlins Gedichten nach 1800*, Göttingen 1964.
22 In einer Vorstufe zum „Hyperion"-Roman erscheint das Anbeten der Muttergottes, die hier Panagia genannt wird, als eine Handlung kindlicher Phantasie. Vgl. KLA II, 215, V. 209ff.
23 Diese Aufwertung der Einbildungskraft und des Bildes für die Wahrnehmung und Sprache ist z. B. ablesbar in Hamanns „Aesthetica in nuce" von 1762 sowie in Herders „Älteste Urkunde des Menschengeschlechts" von 1774 und „Über Bild, Dichtung und Fabel" von 1787. Vgl. B. Asmuth, Seit wann gilt die Metapher als Bild? Zur Geschichte der Begriffe „Bild" und „Bildlichkeit" und ihrer gattungspoetischen Verwendung, in: G. Ueding (Hg.), *Rhetorik zwischen den Wissenschaften*, Tübingen 1991, 299–309 sowie G. Dürbeck, *Einbildungskraft und Aufklärung*, Tübingen 1998.
24 J.G. Hamann, *Sokratische Denkwürdigkeiten. Aesthetica in nuce*. Hg. v. S.-A. Jørgensen, Stuttgart 1968, 81; vgl. als Überblick H. Graf Reventlow, *Epochen der Bibelauslegung. Bd. IV. Von der Aufklärung bis zum 20.Jahrhundert*. München 2001, 189ff; zur Wirkung dieser Lehre im Tübinger Stift zu Hölderlins Studienzeit vgl. W. G. Jacobs, Licht unter dem Scheffel. Hölderlins Lehrer Christian Friedrich Schnurrer, in: *Hölderlin. Christentum und Antike*. Turm-Vorträge 1989/90/91, hg. v. V. Lawitschka, Tübingen 1991, 28–45.
25 Vgl. den Abdruck der Specimen in: W. G. Jacobs (Hg.), *Zwischen Revolution und Orthodoxie. Schelling und seine Freunde im Stift und an der Universität Tübingen. Texte und Untersuchungen*. Stuttgart/Bad Cannstatt 1989.
26 Vgl. besonders W. Binder, Hölderlin: Theologie und Kunstwerk, in: Ders., *Aufschlüsse. Studien zur deutschen Literatur*. Zürich/München 1976, 281–309; J. Schmidt, *Hölderlins geschichtsphilosophische Hymnen ‚Friedensfeier', ‚Der Einzige', ‚Patmos'*. Darmstadt 1990 und die Kommentare Schmidts zu den Gedichten in KLA; E. E. George, *Hölderlin's Hymn „Der Einzige"*, Bonn 1999; J. Kreuzer, Philosophische Hintergründe der Christus-Hymne „Der Einzige", in: Hjb (2000–2001), 69–104; L. Müller „Entflohene Götter […]", Eine Bemerkung zu Hölderlins Hymne „Germanien", in: Hjb (2002–2003), 269–272.
27 H. v. Campenhausen, Die Bilderfrage als theologisches Problem der alten Kirche, in: W. Schöne (Hg.), *Das Gottesbild im Abendland*. 2. Aufl. Witten/Berlin 1959, 81, spricht von der „weltflüchtig-spiritualistisch-asketische(n) Tendenz des alten Christentums."

28 Vgl. Joh. 16,7: „es ist euch gut, dass ich hingehe. Denn wenn ich nicht hingehe, so kommt der Tröster nicht zu euch. Wenn ich aber gehe, will ich ihn zu euch senden."
29 Vgl. Matth. 5,17: „Ich bin nicht gekommen aufzulösen, sondern zu erfüllen."
30 Vgl. zum theoretischen Kontext Verf., Winkel und Quadrat. Zu Hölderlins später Poetik und Geschichtsphilosophie, in: *Hölderlin und die Moderne*. Hg. v. G. Kurz u. a., Tübingen 1995, 280–299.
31 Vgl. Art. „Singen", in: J. u. W. Grimm, *Deutsches Wörterbuch*. Bd. 16, Sp. 1067ff. Zur entsprechenden Rolle des Sängers in Hölderlins Gedichten vgl. Verf., Der deutsche Schriftsteller: Hölderlin, in: *Friedrich Hölderlin*. Hg. v. Th. Roberg, Darmstadt 2003, 81ff.
32 Grimm (wie Anm. 31), Sp. 1077.
33 Vgl. Art. „Bild II (griechisch – römisch)", in: *Reallexikon für Antike und Christentum*. Bd. 2, Stuttgart 1954, Sp. 304ff.
34 Diese Metaphorik lässt sich auf den Topos vom Licht der Schrift zurückführen, vgl. KLA I, 999, und G. Schäfer, Der spekulative württembergische Pietismus als Hintergrund für Hölderlins Dichten und Denken, in: *Hölderlin. Christentum und Antike* (wie Anm. 24), 69.
35 Vgl. U. Oelmann, Fenstergedichte, in: *Interpretationen. Gedichte von Friedrich Hölderlin*. Hg. v. G. Kurz, Stuttgart 1996, 200–212; Chr. Oestersandfort, Hölderlins Pseudonym ‚Scardanelli' als Künstlerkonfiguration einer Dichtung der Bescheidenheit, in: *„Es bleibet aber eine Spur/Doch eines Wortes". Zur späten Hymnik und Tragödientheorie Friedrich Hölderlins*. Hg. v. Chr. Jamme/A. Lemke, München 2004, 312 ff.
36 Vgl. z. B. Matth. 6,22: „Wenn dein Auge einfältig ist, wird dein ganzer Leib licht sein."

Werner Busch

Turner und Constable als künstlerische Antipoden*

William Turner ist 1775, John Constable 1776 geboren, sie gelten als die beiden größten englischen Landschaftsmaler. Beiden wird eine ungemeine Modernität attestiert, wenn auch Turner als der Radikalere gilt. So wie es bis heute in London Kunsthistoriker gibt, die allein auf das Warburg Institute schwören und solche, die ihr Heil nur im Courtauld Institute suchen, wobei die einen den anderen bloßes kennerschaftliches Interesse vorwerfen, die anderen den einen dagegen unsensible Elfenbeinturmgelehrsamkeit, so existieren bis heute in England Camps, die sich alleine Turner verpflichtet sehen und solche, die Constable mit Ausschließlichkeit lieben, wobei die einen den anderen ihren beschränkten Horizont ankreiden und die anderen den einen überzogene Intellektualität. Ich möchte zu erklären versuchen, wie es zu einer solchen Einseitigkeit kommt und was sich dahinter verbirgt. Meine These lautet: beide Positionen sind einer uralten Argumentationstopik verpflichtet, sie schließen mit Notwendigkeit einander aus, und erst ihre Auflösung macht den Blick frei für ein tiefergehendes Verständnis der Eigenheiten beider Künstler. Um dieser Argumentationstopik auf die Spur zu kommen, scheinen zwei Schritte vonnöten. In einem ersten Schritt sollen einerseits die durchaus vorhandenen Ähnlichkeiten in Kunst und Werdegang von Turner und Constable und andererseits die zweifellos ausgeprägten Unterschiede markiert werden, so wie die Forschung sie in der einen oder anderen Form immer wieder hervorgekehrt hat. Sodann soll in einem zweiten Schritt gefragt werden, ob die konstatierten Differenzen sich einem gemeinsamen Beurteilungsmodell verdanken und ob in diesem Beurteilungsmodell auch die Gemeinsamkeiten Platz finden. Wenn dieses Beurteilungsmodell gefunden, beschrieben und historisch hergeleitet ist, dann kann es durchsichtig werden für die von ihm zu schnell benannten Phänomene.

Im ersten Jahrzehnt des 19. Jahrhunderts, vor allem um die Jahre 1806 und 1807 entstehen Zeichnungen, Aquarelle und vor allem Ölskizzen von Turner und Constable von großer Ähnlichkeit. Das ist kein Wunder – die Anfänge beider Künstler sind höchst verwandt, wenn auch diejenigen Turners, trotz seiner niederen Herkunft, problemloser vonstatten gingen. Er war Londoner und sein Vater, Barbier und Perückenmacher, unterstützte seine künstlerischen Ambitionen durchaus. Constable kam aus der Provinz, aus East Bergholt im Stour-Tal in Suffolk. Sein Vater war Mühlenbesitzer. Da der älteste Sohn krank war, sollte John, der zweite, die Mühlen übernehmen. Sein

Wunsch, Künstler zu werden, stieß auf den entschiedenen Widerstand seines Vaters, er musste eine Lehre machen und konnte sich erst mit über zwanzig Jahren mit einiger Gewalt aus den ihn einengenden Zusammenhängen lösen und 1799 ein Kunststudium beginnen, an der gleichen Stelle wie Turner, dieser allerdings zehn Jahre zuvor, und zwar an den Royal Academy Schools in London. Zu diesem Zeitpunkt hatte Turner in der Royal Academy schon mehrfach Aquarelle ausgestellt. 1793 hatte er Dr. Munro kennengelernt und wurde ab 1794 für diesen in dessen abendlicher so genannter Akademie tätig, zusammen im Übrigen mit Thomas Girtin, dem von Turner bewunderten, vielleicht bedeutendsten Aquarellisten um 1800, dessen vorzeitiger Tod 1802 seine weitere Entwicklung verhinderte. Girtin und Turner arbeiteten gemeinsam an Kopien der Aquarelle von John Robert Cozens; Girtin war offenbar eher für die Umrisse, Turner für die farbige Fassung zuständig. Letztlich resultierte aus diesen und anderen Bemühungen die Gründung der Watercolour Society 1804. Das Interesse an Aquarellmalerei, gerade auch bei Amateuren, begann sich auf breiter Front durchzusetzen, nicht selten fungierten die Aquarelle in großem Format und in aufwendig gerahmter Form als günstiger Ölbildersatz.

Doch Constable hatte etwas dagegen zu setzen. Bereits 1795 lernte er Sir George Beaumont kennen, einen reichen Amateur und Sammler, der bereits 1764–69 während seiner Schulausbildung in Eton Unterricht bei dem dortigen Zeichenmeister Alexander Cozens, dem Vater John Roberts, genossen hatte. Vater und Sohn Cozens sind die Gründungsfiguren der englischen Aquarell- und Skizzenmalerei, von größtem Einfluss auf alles Folgende. Doch beschränkt sich dieser Einfluss nicht auf technische Dinge. Alexander Cozens hat eine Reihe kleinerer Traktate zur Landschaftsmalerei formuliert, die Prinzipien zur Erfindung von Landschaft propagieren. Eine gewisse Berühmtheit hat sein so genanntes „blot"-System erlangt, bei dem ganz aus dem Gefühl heraus ein Zeichenblatt mit monochromen Farbklecksen ungegenständlich strukturiert wird, um dann als Anregung für die Gestalt und Gestaltung von Landschaft zu dienen. Wie zu zeigen sein wird, ist dieses System von großer Wichtigkeit für Constable gewesen. Zugänglich konnte es ihm George Beaumont machen, der die Cozensschen Systeme mit ihren Illustrationen besaß mit zudem offenbar eigens für ihn verfassten erklärenden Versen. Doch George Beaumont war auch in Italien gewesen und hatte vor allem Ende 1782, Anfang 1783 in Rom engsten Kontakt zu John Robert Cozens gehabt. Am Ende der achtziger Jahre hat er ihn beschäftigt, Entwürfe und Aquarelle für sich malen lassen, u. a. in der Region seiner Kindheit, in Essex und Suffolk – wir erinnern uns, Constable kam aus Suffolk. Seine Werke und die seines Vaters hat er gesammelt, unter anderem im so genannten Beaumont-Album. All dies stand Constable zur Verfügung.

Vorläufig gilt es nur festzuhalten, dass Turner und Constable den gleichen Ausgangspunkt hatten, allerdings sollte man schon jetzt spezifizieren: Turner war mehr an der hoch differenzierten Aquarelltechnik John Robert Cozens' interessiert, Constable, zumindest im späteren Leben, mehr an den Systematisierungsversuchen Alexander Cozens'. Auch eine zweite ausgeprägte Gemeinsamkeit zwischen Turner und Constable hat im Falle Constables wieder direkt mit George Beaumont zu tun.

Turners Paragone mit Claude Lorrain ist ein Gemeinplatz der Forschung. Noch heute kommt die National Gallery in London Turners testamentarisch geäußertem Wunsch nach, indem sie sein eigenes Bild „Dido baut Karthago oder der Beginn des Karthagischen Reiches – Erstes Buch von Vergils Aeneis" von 1815 neben dem ihm aus der Angerstein-Sammlung vertrauten Claudeschen Seehafen-Bild mit der Hl. Ursula von 1641 gehängt hat. Die Künstlerlegende will es, dass Turner vor diesem Bild in Tränen ausgebrochen ist. Zeit seines Lebens hat er sich mit Claude auseinander gesetzt, ihn kopiert und paraphrasiert.

1823 – der Besuch wird noch in anderer Hinsicht wichtig werden – fuhr Constable auf den Landsitz von Sir George Beaumont in Leicestershire. Er hoffte, Sir Georges kleinen Claude, eine Landschaft mit Ziegenhirt und -herde, kopieren zu können, die er interessanterweise für eine Studie nach der Natur hielt. Vor Ort war er dann von einer ganzen Reihe von Claudes umgeben, kopierte neben der kleinen Landschaft auch die Landschaft mit Kephalos und Prokris – beide Bilder hängen heute in der National Gallery in London. Im eigentlichen Sammlungsraum Beaumonts hingen neben einer Reihe von Claude-Bildern Gemälde von Wilson und Poussin und im Frühstücksraum neben gleich vier Claudes ein Bild von Cozens und eines von Swanevelt. Am Ende seines Aufenthalts bei Beaumont schrieb Constable an seine Frau: „… but the Claudes, the Claudes, are all, all, I can think of here …"[1]. Dass er die kleine Ziegenlandschaft für eine „study from nature"[2] hielt, ist nicht so abwegig. Alexander Cozens, der Lehrer Beaumonts, war in Italien Schüler von Claude-Joseph Vernet gewesen, und Vernet brachte ihn dazu, mit ihm gemeinsam Aquarelle und wohl auch Ölstudien vor der Natur zu betreiben, mit der Begründung, dies habe zuerst Claude Lorrain getan. Sandrarts „Teutsche Academie" bestätigt uns dies: Claude Lorrain habe mit ihm zusammen in der Umgegend von Rom „mit Farben auf gegründt Papier und Tücher völlig nach dem Leben" gemalt, und er ergänzt: während er, Sandrart, nur nahsichtige Details gemalt habe, für den Gebrauch in Historien, „also mahlte hingegen er [Claude Lorrain] nur in kleinem Format, was von dem zweyten Grund am weitesten entlegen/nach dem Horizont verlierend/gegen den Himmel auf/ darinn er ein Meister ware…"[3]. Das heißt, Claude hat Aussichten, „views", vom Mittelgrund bis in fernste Fernen vor der Natur in Öl gemalt. Dieser Brauch hält sich bis weit ins 19. Jahrhundert. Von Claude hat sich keine derartige Ölskizze auffinden lassen. Meine These war schon vor einiger Zeit, dass sich diese Ölskizzen unter einem Teil des kleinformatigen Frühwerkes befinden. Claude hätte dann zu dem vor der Natur aufgenommenen einheitlichen Blick in die Ferne im Atelier den Vordergrund hinzukomponiert mitsamt seiner Staffage, zum Teil bestehend aus Einzelstudien zu Pflanzen und Bäumen, und dem Ganzen dann in einer Art glättender Ausgleichsarbeit den Skizzencharakter genommen. Er hätte so das bloße Naturstudium durch die erfundenen Teile, die der Landschaft auch ihr Thema geben, zu idealer Kunst nobilitiert, die Naturstudie dialektisch aufgehoben. Sandrart scheint eben dies gemeint zu haben, wenn er schreibt: Das Malen nach dem Leben „ist/meines dafürhaltens/ die beste Manier, dem Verstande die Warheit eigentlich einzudrucken: weil gleichsam dadurch Leib und Seele zusammen gebracht wird."[4] Diese etwas kryptische

Abb. 1: William Turner, *Snow storm: Hannibal and his army crossing the Alps*. 1812. Öl auf Leinwand. 146 x 237,5 cm. London, Turner Bequest, Tate Gallery.

Bemerkung zur Vereinigung von Leib und Seele, wir können auch sagen, von Materie und Geist, spielt auf ein Problem an, das sich im Folgenden auch zum Verständnis sowohl der Kunst von Turner wie auch der von Constable als zentral erweisen wird.

Doch vorerst weiter zu den unbestreitbaren Ähnlichkeiten zwischen beiden Künstlern. In den 1770er Jahren war das berühmte „Liber Veritatis" von Claude Lorrain, in dem er zeichnerisch seine Gemäldeerfindungen festhielt, um sie vor Fälschungen zu schützen, von Richard Earlom in Mezzotinto in rötlichem Braunton reproduziert worden. Damit lag ein Claudesches Repertoire sondergleichen vor, ein musée imaginaire für Künstler. Die Mezzotintowiedergabe erlaubte es, selbst wenn Earloms Stiche nicht von allerhöchster Qualität waren, differenzierte Tonabstufungen in monochromer Form vor Augen zu stellen. Das zeichnerische Pendant hierzu waren die großen Sepiablätter, deren Höhepunkt in Deutschland sich am Anfang des 19. Jahrhunderts in den Werken Caspar David Friedrichs findet, auch hier waren, wie beim Mezzotinto, technische Verfeinerungen Voraussetzungen für die Entwicklung eines differenzierten Sehvermögens, das der Rezeption der Kunst Turners, aber auch Constables entschieden entgegenkam. Turners Farbauffassung, die alles Erscheinende in unendlich zarten Übergängen zwischen Licht und Finsternis, Weiß und Schwarz eingespannt sieht, denkt dieses Verhältnis, das macht seine Auseinandersetzung mit Goethes Farbenlehre deutlich, nicht wie Goethe bloß polar, vielmehr sieht er alles Erscheinende aus dem strahlenden Licht des Weiß, das er mit der Sonne und dem Göttlichen gleichsetzt, hervorgehen (*Abb. 1*), aus dem ungestalteten Chaos drängt es ans Licht, der Künstler, dem Schöpfer gleich, verhilft ihm dazu, drängt es zur Konkretion, womit es als Konkretes sogleich der Gefahr eines zerstörerischen Dunkels ausgesetzt ist. Wir werden gleich sehen, warum Constable dieses dynamische Modell nicht hätte unterschreiben können. Ganz offensichtlich in Anlehnung an den Typus von Claudes „Liber Veritatis", aber doch in ganz anderer Absicht, gab Turner ab 1807 in einzelnen Lieferungen, die sich bis 1819 hinzogen, sein „Liber Studiorum" heraus, mit Stichen von verschiedenen Stechern nach existierenden Werken Turners, aber auch nach eigens für das „Liber" von Turner gelieferten Entwürfen. Im fortgeschritteneren Stadium lieferte Turner auch eigene Stiche. Wie eine frühe Anzeige deutlich macht, ging es Turner um den Versuch einer Klassifizierung verschiedener Landschaftstypen oder -genres: historische Landschaften, Berglandschaften, pastorale Landschaften, Marinebilder und architektonische Landschaften sind genannt. Offenbar steht dieser Klassifizierungsversuch in Zusammenhang mit Turners akademischen „Lectures" zur Perspektive, in der er früh bei Architekten ausgebildet worden war, und seinem Versuch, eine eigene Professur für Landschaftsmalerei an der Royal Academy zu etablieren. Turner war von seinem Kollegen, dem Aquarellmaler William Frederick Wells inspiriert worden, vor allem was die Konzeption der Pastorallandschaften angeht. Auf den Stichen finden sich klassifizierende Buchstaben. „P" steht dabei für Pastorallandschaften, „E. P." offenbar für „Elevated Pastoral" und hier finden sich die gehobenen Pastorallandschaften nach dem Beispiel Claude Lorrains mit literarischen Pastoralthemen als Staffage und klassischer Architekturkulisse. Ganz offensichtlich geht es Turner um die Markierung eines ganzen systematischen Feldes mit einem Landschaftstypus an der Spitze, der auf den Rang einer Historie zielt. Das Turnersche Verfahren ist genau demjenigen seines verehrten Vorbildes Sir Joshua Reynolds nachgebildet, der eine andere, traditionell niedrig eingestufte Gattung, die Porträtmalerei, durch Überblendung mit Prinzipien der Historienmalerei, in einem von ihm so genannten „composite style"[5], zu nobilitieren suchte. Claudes Bilder lieferten Turner sein Nobilitierungsvorbild.

Am Ende seines Lebens antwortete Constable hierauf. Er, der durchaus mit Hochachtung von Turner sprach, dessen Privatgalerie besuchte, bei einem Akademiemeeting neben ihm saß und anschließend von seinem „wonderful range of mind"[6] sprach – was John Gage den Untertitel seines Turner-Buches eingab –, konnte Turners „Liber Studiorum" nicht mögen. In einem bösen Moment sprach er von dessen „Liber Stupidorum"[7], und dennoch entwarf er ab 1829 seine „English Landscape Scenery", sie beschäftigte ihn bis zu seinem Tod 1837. Der Briefwechsel mit seinem Mezzotinto-Stecher David Lucas gibt Aufschluss über Constables Ziel bei der graphischen Umsetzung seiner Bilderfindungen. Einerseits, so heißt es schon im Vorwort seiner Einführung zur Publikation von 1833, ging es dem Unternehmen überhaupt nicht um finanzielle Interessen, sondern es handelte sich allein um die Ausführung einer angenehmen künstlerischen Beschäftigung, die auch anderen Vergnügen bereiten solle. Andererseits sei die Serie Ausdruck seiner Besessenheit, bestimmte Orte, „places", wiederzugeben, die ihn zum Maler gemacht hätten, ferner ziele die Folge darauf, das „Chiaroscuro der Natur" zu erklären.[8] Constable will also am Ende seines Lebens eine Art Rechenschaftsbericht über sein Tun vorlegen; die durchaus private Dimension wird hervorgekehrt, der wirtschaftliche Erfolg ist ihm gleichgültig. Wie die Bemerkung zum „Chiaroscuro der Natur" deutlich macht, kommt es ihm auf feinste Nuancen, Farbgradationen an, die den Künstler dazu führten, dem Mezzotinto-Stecher Lucas immer neue Korrekturen abzuverlangen, bis die Töne aus Constables Sicht richtig klangen. Während Turner also seine Entwürfe – und seien sie vom Ursprung her auch noch so abstrakt in der Anlage – letztlich gegenständlich legitimiert, geht es Constable gerade um eine tendenzielle Eliminierung des Gegenständlichen – es bleibt privat und damit der Öffentlichkeit verstellt – zugunsten der tonalen Gradation, die – Constable hat es oft betont – einen emotionalen Ursprung hat und einen emotionalen Response herausfordert.

Zwei weitere Gemeinsamkeiten der beiden Künstler seien betont, wobei, wie im Vorangehenden deutlich geworden sein dürfte, aus der Verwandtschaft letztlich immer Differenz wird. Turner wie Constable ging es gleichermaßen um die naturwissenschaftliche Fundierung ihrer Kunst. Wenn Turner sich stärker mit Geologie auseinandergesetzt hat, dann Constable mit Meteorologie, womit die beiden Leitwissenschaften der Zeit als Korrektiv ihrer Kunst aufgerufen wären. Zudem waren sie beide hochgradig an Fragen der Optik interessiert, sei es, wie bei Turner, in Form von Farbtheorie, sei es, wie bei Constable, in Form – um es altmodisch auszudrücken – von Überlegungen zur Luftperspektive. Beide gingen dabei von Maltechnik aus und suchten nach Äquivalenten für bestimmte optische Erfahrungen. Geologie musste Turner in verschiedener Hinsicht interessieren, er bekam Informationen aus erster Hand, da er mit einer ganzen Reihe von bedeutenden Geologen befreundet war. Die Geologie am Ende des 18. und Anfang des 19. Jahrhunderts kreiste um zwei Fragen: Wie alt ist unser Planet und wie ist er entstanden, neptunistisch, d. h. schrittweise durch Sedi-mentierung aus dem Wasser herauswachsend, somit evolutionär, oder aber vulka-nistisch, d. h. aufgrund dramatischer, katastrophaler Erdauffaltungen, somit revolutionär. Beide Fragen waren mit der Genesis, der mosaischen Erzählung von der Entstehung der Welt, in Übereinstimmung zu bringen, was, aufgrund der geologischen Forschungsergebnisse, zunehmend schwerfiel. Die Erde erwies sich als unendlich viel älter als angenommen, die Annahme einer einzelnen Sintflut als verantwortlich für das Aussehen der Erde als nicht mehr möglich. Prüfstein für diese Fragen waren primär die Alpen. Jahrhundertelang galten sie als schreckenerregend, von Gott geschickt als Strafe für die sündige Menschheit, jetzt, wissenschaftlich erkannt, konnte der Schrecken in sublimes Vergnügen umschlagen.

Turners sublime Ästhetik konnte hier ihre Rechtfertigung finden, nicht nur seine Alpendarstellungen mit dem Hannibal-Bild im Zentrum, sondern auch seine Sintflutdarstellungen, seine Lawinen- und Sturmbilder konnten gelesen werden als eine Stellungnahme zugunsten der Vulkanismusthese. Dazu passen auch die Ansichten von Bergseen, sei es nun der italienische Nemisee oder Lock Coriskin (*Abb. 2*) in den schottischen Hochlanden, denn diese Seen hatten sich als vulkanisch erwiesen. Schließlich ist auch an seine beiden dramatischen Ansichten von der Hebrideninsel Staffa (*Farbabb. 1*) zu erinnern, deren Basalthöhle nicht nur als Fingalshöhle des Ossian-

Abb. 2: William Turner, *Lock Coriskin*. ca. 1832. Aquarell. 8,9 x 14,3 cm. Edinburgh, National Galleries of Scotland.

Mythos galt, sondern als geologischer und architektonischer Ursprungsort. Das Einfahren in die Höhle aus wildbewegter See konnte geradezu als regressus ad uterum verstanden werden – die Höhle als Geburtshöhle. Um Gedanken des Ursprungs aus ungestalteter Farbmaterie kreist, wie wir gehört haben, alle Malerei Turners. Das Anslichtheben scheint die ideale Metapher für seine Kunst. Turner begreift dies als einen energetischen Prozess, Licht verwandelt Materie, es findet ein beständiger Energieaustausch statt. Turner konnte sich in dieser Auffassung auf Faraday berufen, mit dem er in den späteren zwanziger Jahren engeren Kontakt hatte. Es ist sicher nicht falsch, seine Kunst als direkten physikalischen Ausdruck dieser Energieauffassung zu sehen; beständige Transformation als unabschließbarer Prozess ist das eigentliche Thema seiner Kunst.

Constables Meteorologieinteresse dagegen fragt nicht primär nach den Gründen der permanenten atmosphären Transformation, sie nahm er als naturgegeben hin, er war auf die phänomenale Erscheinung im Moment konzentriert. Wie konnte die Erfahrung im Bilde wahr, quasi lebendig werden? Constable setzte sich intensiv auseinander mit dem meteorologischen Traktat von Thomas Forster in der Ausgabe von 1815. Man darf annehmen, dass er auch Luke Howards endgültige Zusammenfassung seiner meteorologischen Forschungen in seinem „Climate of London" von 1818–20 mit der ausformulierten Wolkenterminologie, die bekanntlich bis heute Gültigkeit hat und schon Goethe faszinierte, zur Kenntnis genommen hat. Bei der Umsetzung dieser Erkenntnisse in Malerei war ihm die Farbenlehre („Chromatics") von Charles Field behilflich. Field unterscheidet sorgfältig zwischen der Wahrnehmung von Licht und Farbe und ihrer Wiedergabe durch Farbpigmente. Ihm war die Farbigkeit der Schatten bewusst, ebenso die Tatsache, dass Gegenstände im atmosphärischen Raum farblich auf andere abfärben. Die Unterscheidung zwischen dem, was ein Gegenstand ist und wie er erscheint, führte Constable auf den Weg, nach einem malerischen Äquivalent für das zu suchen, was zwischen den Gegenständen liegt. Ihm ging es darum, ihre atmosphärische Hülle mit zu veranschaulichen, nicht nur die auf den Gegenständen liegenden Lichter wiederzugeben, wie das vor allem die holländische Malerei des 17. Jahrhunderts in größter Perfektion getan hatte, sondern auch die Luft im Raume selbst, als ein eigenständiges Medium. Seine Lösung war ein Netz aus weißen Lichtpunkten, das er am Ende des Malprozesses in unterschiedlicher Dichte über das ganze Bild legte. Man hat dies Constables „snow" genannt. Diese selbständigen weißen Punkte, die nicht mit den unterschiedlich vorkommenden Lichtstärken im Bilde identisch sind, als ein zuletzt über das Bild gelegter Schleier, der ihm eine atmende Lebendigkeit gibt, können uns darauf aufmerksam machen, dass der Constable'sche Malprozess das Turner'sche Verfahren genau umkehrt. Während Turner den Prozess des Auftauchens der Gegenstände aus dem Weiß des Lichts vorführt und die angedeutete Konkretion in Dunkelfarbigkeit am Ende des Prozesses steht, arbeitet Constable im Gegensatz dazu vom Dunklen zum Hellen. Nicht die Gegenstände tauchen auf, sondern sie werden wieder verhüllt, oder besser: eingehüllt in Luft, Tau, Sonne. Wir werden sehen, dass dies weitreichend semiotische Konsequenzen hat.

Zu einer letzten, etwas schwierig zu schildernden, wie man sagen muss, vermeintlichen Gemeinsamkeit, von der die Forschung spricht. Turner und Constable, so heißt es, hätten sich beide intensiv mit Geschichte, auch und gerade der nationalen englischen Frühzeit beschäftigt. Hier gilt es nun zu differenzieren. Keine Frage, Turner ist tief in die römische Geschichte und den antiken Mythos eingetaucht, und er hat sich auf der anderen Seite mit den dramatischen Veränderungen durch Industrie und Technik in der Gegenwart auseinander gesetzt; in der Zeit von 1825 bis 1838 hat er sich zusätzlich auf den Auftrag von Charles Heath hin mit, wie die in einzelnen Lieferungen und Zusammenfassungen erscheinende Serie genannt wurde, „Picturesqu Views in England and Wales" beschäftigt. Darunter befinden sich mittelalterliche Castles und Abbeys und auch eine dramatische Aquarelldarstellung von Stonehenge, um 1827 zu datieren. Die breiten Strahlenbahnen der Sonne machen deutlich, dass Turner sich mit Richard Payne Knights Theorie, bei Stonehenge handle es sich um einen antiken Sonnentempel, auseinander gesetzt hat. Daneben lässt sich nun leicht Constables hochdramatische Inszenierung von Stonehenge (*Abb. 3*) aus dem Spätwerk von 1836 stellen, und man könnte meinen, nie sei Constable Turner näher gewesen als hier. Doch es scheint nur so. Richtig ist sicher, dass die Darstellung hochgestimmt sublim erscheint und insofern Turners Feld betritt. Ebenfalls aus dem Spätwerk, der Zeit, als Constable mit David Lucas an der „English Landscape Scenery" arbeitete, stammt auch Constables andere zu Recht gepriesene historische Darstellung von Old Sarum. Sie wird in die „English Landscape Scenery" übernommen und ist dort von einem langen Text begleitet, der zwar die gesamte tief in die englische mittelalterliche Ge-

Abb. 3: John Constable, *Stonehenge.* 1836. Aquarell. 38,7 x 59,1 cm. London, Victoria & Albert Museum.

schichte eingreifende Bedeutung der ehemaligen Hauptstadt des Reiches referiert, doch all dieser Geschichtsunterricht ist unter die simple Überschrift gestellt „The pomp of Kings, is now the Shepherd's humble pride"[9]. Von der einst stolzen Stadt ist nichts als ein Hochplateau mit einigen Mauerresten übrig geblieben, die Natur hat sich den Ort zurückgeholt, und selbst wenn er noch Gedanken an Vergangenes hervorruft, es ist nichts als vergangene Größe, die ihn auszeichnet. Und so beginnt Constable seinen Text auch gar nicht mit Geschichtlichem, sondern mit einer Erklärung zu Licht und Schatten, zum Chiaroscuro in der Natur.

Ähnlich ist es bei der Stonehenge-Darstellung. Das großartige Aquarell trägt auf dem Passepartout die Beischrift, die auch im Katalog der Royal Academy-Ausstellung von 1836, in der das Blatt zuerst gezeigt wurde, abgedruckt war: „Das mysteriöse Monument von Stonehenge, fern steht es auf kahler, grenzenloser Heide, so unverbunden mit den Ereignissen der Vergangenheit wie mit den Bräuchen der Gegenwart, es führt dich zurück über alle historische Nachrichten hinaus in die Dunkelheit einer vollständig unbekannten Zeit"[10]. Nichts von Sonnenkult, kein Versuch der Deutung, auch hier haben sich Hirten eingefunden. In der Ferne winzig ein vorbeieilender Wagen, der für einen Moment die Gegenwart auftauchen lässt, doch über allem vor dramatischem schmutzigen Himmel ein doppelter Regenbogen, der das Himmelschaos durchbricht. Ob obskure Vorzeit oder irrelevante Gegenwart, die Natur in ihrer momentanen Offenbarung hebt die Zeit vollständig auf.

Ich halte es für möglich, dass Turner auf diese Geschichtskonzeption Constables direkt geantwortet hat – auf seinem vielleicht berühmtesten Gemälde „Rain, Steam and Speed – the Great Western Railway" von 1844. Ich möchte nur einen Aspekt dieser Ikone des Industriezeitalters beleuchten. Folgt man einer neueren Deutung von William Rodner von 1997 zu Turner, „dem romantischen Maler des industriellen Zeitalters", die mir im Übrigen sehr einleuchtet, dann stellen Turners Dampfschiff- und Eisenbahnbilder sicher keine einseitige Verherrlichung des Industriezeitalters dar, aber sie stellen sich der Gegenwartserfahrung, suchen nach malerischen Äquivalenten für die extreme Erfahrung von Schnelligkeit, optischer Auflösung etc., sie wissen durchaus um die Gefahren, die mit der Einkerkerung des Dampfes und seiner Befeuerung verbunden sind. Explodierende Dampfmaschinen, verheerende Zugunglücke sind ihm als Möglichkeit bewusst. Aber Turner feiert doch die menschliche Selbstüberwindung angesichts drohender Gefahren, nichts anderes meint die Definition des Sublimen. Natur und Technik finden sich in dramatischem Energieaustausch, der Mensch schafft ein labiles, aber doch zu bewunderndes Gleichgewicht. Von der uns rasend entgegenkommenden schwarzen Lokomotive mit goldenem Feuerschild an der Front wird auf dem Gleiskörper ein winziger Hase zu Tode gehetzt. Ohne Naturopfer scheint es nicht abzugehen. Dieser Hase, ein zweifellos absurdes Motiv im Bildzusammenhang, wenn auch in seiner Verweisdimension ein für Turner typisches Motiv, scheint mir ein bewusstes Constablezitat. Denn ganz links auf Constables Stonehenge-Aquarell flüchtet ein winziger Hase aus dem Bild, in Gegenrichtung zur fernen winzigen Kutsche. Er ist nicht Opfer der Gegenwart, sondern in den Naturkreislauf eingebunden, er verhält sich nicht anders als der Mensch. Von Fortschritt keine Rede.

Zwei Weltbilder scheinen einander gegenüberzustehen, man kann sie progressiv und konservativ, dynamisch und statisch nennen, doch es fragt sich, ob es nicht wichtiger ist festzustellen, dass sie sich gleichermaßen den Gegenwartserfahrungen verdanken und auf unterschiedliche Weise künstlerisch zum Ausdruck kommen. Folgenreich für die Moderne waren die künstlerischen Resultate beider Künstler. Aber man könnte auch ketzerisch fragen, ob nicht die Turnersche Position eher affirmativ ist, falsche Töne aufweist, während die Constablesche in ihrer weitgehenden Erfolglosigkeit vor der Öffentlichkeit stärker existentielle Züge aufweist, ehrlicher ist. Ob derartige Feststellungen angesichts von Kunstwerken müßig sind, kann man diskutieren. Festzuhalten bleibt, dass Turner mit seiner Position trotz seiner ausgeprägten Modernität, die in der Kritik durchaus auch bemängelt wurde – die Bilder galten als unfertig, als bloße Farbsoße, man meinte, nichts erkennen zu können –, letztlich entschieden erfolgreicher gewesen ist. Schon 1799 wurde er A.R.A., das heißt, er erlangte die Associate Membership der Royal Academy, und bereits 1802 wurde er R. A., Vollakademiker der Royal Academy und hatte sofort eine Reihe von Funktionen in der Akademie. 1804 gehörte er dem Rat der Akademie an, Aufträge häuften sich, er eröffnete im selben Jahr seine Privatgalerie, er wurde 1807 zum Professor für Perspektive gewählt und gab 1811 seine ersten sechs „akademischen Lectures", gleichzeitig propagierte er eine Professur für Landschaftsmalerei.

Abb. 4: John Constable, *Hadleigh Castle. The mouth of the Thames – Morning, after a stormy night*. 1829. 122 x 164,5 cm. New Haven, Yale Center for British Art, Paul Mellon Collection.

Constable hatte es sehr viel schwerer. Nach vielen vergeblichen Anläufen wurde er 1819 A.R.A., zum Associate, gewählt, die Vollmitgliedschaft wurde ihm lange verweigert, erst 1829 im Alter von 53 Jahren konnte er sie gegen Widerstände und allein mit einer Stimme Mehrheit erlangen. Immerhin verbrachte er den Abend nach der Wahl, den 10. Februar, zusammen mit Turner und George Jones, und sie waren, wie Constable wörtlich überliefert, „mutually pleased with one another"[11], wechselseitig angetan voneinander. Sein akademisches Aufnahmestück wurde „Hadleigh Castle" (*Abb. 4*). Das war durchaus gewagt und Constable hatte schlimmste Befürchtungen über die Rezeption des Bildes. Nicht zu Unrecht, der Empfang durch die Kritik war rüde, rüder als sonst. Der komplette Titel und die begleitenden Verse aus Thomsons „Seasons" machen deutlich, welchen dargestellten Ton Constable angeschlagen hatte. Der Titel lautet „Hadleigh Castle. Die Mündung der Thames – Morgen nach einer stürmischen Nacht". Die zentralen Begriffe, die in Thomsons Versen fallen, lauten: Melancholie, Einöde, Verfall, doch dann beruft er den Blick auf den Meereshorizont, schmeckt die salzige Luft und beschreibt den schwebenden Schimmer des Lichts auf dem Meere und die fortdauernde Unruhe der Natur.[12] Melancholie, das Wiedererwachen der Natur und fortdauernde Unruhe, genauer kann man den „mood" des Bildes nicht beschreiben. Man hat das Bild sublim genannt und den

Typus mit den Darstellungen von „Old Sarum" und „Stonehenge" verglichen. Das ist nicht falsch, ein erhabenes Naturschauspiel bietet der aufgewühlte Himmel schon, und die Ruine des Castles mit dem mittendurch gespaltenen Turm ist ein Gegenstand, der notwendig bestimmte Assoziationen auslöst. Und doch, schon die erneute Hirtenstaffage, auf die bereits ein wenig wärmeres Licht fällt, macht es deutlich: Dies ist kein dramatischer Höhepunkt, der, selbst wenn er Schrecken auslösen sollte, dem Betrachter das Bewusstsein der Möglichkeit der Selbstüberhebung und Selbstbewusstwerdung vor Augen fuhrt, im Gegenteil, dieser atmosphärische Moment ist, pathetisch gesagt, ein ewiger. Die Emotion, die er auslöst, treibt nicht wie auf einer Kurve (und wie bei Turner) einem Höhepunkt zu, sondern sie dauert fort als eine Grundgestimmtheit. Das hat für den Künstler auch ganz persönliche Gründe.

1828 war Constables Frau gestorben, mit der er in einem symbiotischen Verhältnis gelebt hatte, das Leben erschien ihm zunehmend sinnlos, er zweifelte an seiner Kunst, er wurde bis zu seinem Lebensende von Depressionen heimgesucht. Wohl kein Bild vor „Hadleigh Castle" hat so intensiv mit dem Lichtpunktschleier gearbeitet, der den dunklen Gegenständen erst ihre Existenz im Raum gab, ohne ihnen ihre Düsternis zu rauben. Das Licht bringt das Zerfallene, vom Unwetter Heimgesuchte, wieder zu Atem, es ist wie eine Reanimation. Constables letzte Jahre nach dem Tod seiner Frau und der zu spät erfolgenden endgültigen Aufnahme in die Akademie dienen der Rechtfertigung seiner bis dahin ausgeprägt privaten Künstlerexistenz vor der Öffentlichkeit. Er gibt späte Landschaftslectures, in denen er seine besonderen Vorstellungen von Landschaft ausbreitet, heraus, er versucht, mit den Mezzotinto-Radierungen seiner „English Landscape Scenery" dem Publikum einen repräsentativen Überblick über sein Oeuvre zu offerieren, „Hadleigh Castle" gehört im Übrigen dazu. Und wenn er selbst formuliert, in diesem Zusammenhang sei es nötig, dem Publikum den einen oder anderen Gegenstand als Symbol eines emotionalen Zustandes zu geben, so ist er doch damit sehr vorsichtig. Das grandiose Blatt von Salisbury Cathedral mit dem doppelten Regenbogen scheidet er aus, so dass David Lucas es erst nach Constables Tod publizieren kann. Offensichtlich erschien ihm das Gegenständliche hier als zu ostentativ. Er hatte die verschiedenen Darstellungen der Kathedrale in seinem Leben ja auch nicht primär wegen der beeindruckenden Großartigkeit der Architektur gemalt, aquarelliert, gezeichnet, sondern weil einer seiner wenigen frühen Förderer, der ihn auch moralisch Zeit seines Lebens unterstützte, Dr. Fisher, seit 1807 Bischof der Kathedrale von Salisbury war. Bischof Fishers Sohn John wurde Constables engster Freund und Briefpartner. So schien Constable zu spüren, dass die Kathedrale im Zusammenhang der „English Landscape Scenery" nicht als Monument seiner Freundschaft gelesen werden konnte.

Dass Constables Publikationsunternehmen vom Ansatz her widersprüchlich war, kann besonders eindrücklich das erste Blatt bezeugen. Es zeigt East Bergholt, Suffolk oder, wie es in einem alternativen Titel genauer heißt, „House and Grounds of the Late Golding Constable, Esq., East Bergholt, Suffolk". Das heißt, die Serie beginnt gänzlich privat, sie beginnt zu Hause, mit dem Anwesen, von dem aus Constable seine ersten künstlerischen Schritte getan hat, in dem er vom Haus selbst aus „Golding

Turner und Constable als künstlerische Antipoden 195

Abb. 5: John Constable, *Englisch Landscape Scenery Pl. 2, Vignette – Hampstead Heath, Middlesex*. 1831. Mezzotinto. 9,0 x 15,3 cm. London, The British Museum.

Constable's Kitchen Garden" und seinen „Flower Garden" 1815 als erste wirkliche Meisterwerke gemalt hat. Der Text zum ersten Blatt ist von Versen gerahmt, die die Natur, die Einsamkeit, das Landleben berufen, und die ersten Sätze lauten: „Da dieses Werk begonnen und vom Autor verfolgt wurde, allein mit Blick auf seine eigenen Gefühle als auch auf seine eigenen Ansichten von der Kunst, mag er entschuldigt sein dafür, daß er einen Flecken vorgeführt hat, zu dem er sich so sehr natürlich verbunden fühlt; und, obwohl er für andere ganz ohne Interesse oder irgendwelche Assoziationen sein mag, ist er doch für ihn beladen mit jeder lieben Erinnerung. Bei diesem Stich ist es das Bemühen gewesen, durch einen Reichtum an Licht und Schatten einem Gegenstand Interesse zu geben, der in anderer Hinsicht keinesfalls attraktiv ist"[13]. Dargestellt werden soll also auch in der tonalen Graphik die künstlerische Verlebendigung des Gegenstandes, nicht primär dieser selbst. Und so sitzt der kleine John Constable, begleitet von seinem Hund, unten rechts auf dem Mezzotinto und zeichnet seines Vaters Haus, das auch sein Geburtshaus ist. Und schon das nächste Blatt, das Constable nennt, „Vignette – Hampstead Heath, Middlesex" (*Abb. 5*), ist in gewisser Hinsicht gänzlich ungegenständlich, selbst wenn wir wissen, dass Constable in Hampstead Heath seine Sommerwohnung hatte, vor den Toren Londons in einem sandigen hügeligen Heidegebiet mit kleinen Teichen, das er unzählige Male dargestellt hat, und von wo aus man einen guten Blick auf London hatte und hat. Ein solcher „pond", ein solcher Teich ist links angedeutet und darüber, kein Zweifel, am äußersten linken Bildrand taucht winzig, aber im Licht, die Kuppel von St. Paul's auf. Mit der windig-stürmischen Vignette ist der Ton fürs Folgende angeschlagen, er gibt, wenn man so will, da die Darstellung gegenstandslos ist, Emotion pur. Mit den bei den letzten Blättern „Hadleigh Castle" und „Old Sarum" ist dann zwar ein dramatischer Schlussakkord gesetzt, der auch gegenständlich betonter erscheint, doch auch hier dominiert eindeutig der Stimmungswert.

Es ist an der Zeit, aus den Differenzen, die wir aus der Betrachtung der Gemeinsamkeiten deduziert haben, nun Konsequenzen für ein etwa zugrundeliegendes Modell zu ziehen, dem beide Künstler nolens volens gefolgt sind. Nolens volens insofern, als dieses Modell, das so gut wie aller öffentlichen Kunstbeurteilung zugrunde liegt, die Künstler dazu bringen kann, ihm entsprechend zu leben und zu handeln, dem für sie in Anschlag gebrachten Typus zu folgen. Am Anfang des 19. Jahrhunderts kommt es insofern zu einer Zuspitzung, als jetzt die Organe der öffentlichen Meinung so weit organisiert sind, dass jeder Schritt des Künstlers in der Öffentlichkeit beurteilt wird und umgekehrt der Künstler durch gezieltes Verhalten die öffentliche Meinung modellieren kann. Damit dies in der einen wie der anderen Richtung Sinn macht, braucht es verständliche, ja verbindliche normative Modelle der Beurteilung. Das klingt komplizierter als es ist, denn um ihren Zweck erfüllen zu können, müssen die Modelle holzschnittartig und ideologisch eindeutig sein.

Das wichtigste antipodische Modell in der Kunst ist über Jahrhunderte das aus der Antike stammende Modell der Gegenüberstellung von „klassisch" und „unklassisch", in der Antike hieß es: Attizismus kontra Asianismus. Es hat viele Ausprägungen gefunden und an dieses Modell hat sich viel angeschlossen. Für uns reicht es, zweierlei festzuhalten:

1. Eine klassisch idealistische Theorie der Kunst hat es über Jahrhunderte gegeben, eine Theorie des Unklassischen nicht. Das heißt, in der Definition ist das Unklassische immer das negative Gegenstück zum Klassischen. Ist das Klassische klar, korrekt, beherrscht, so das Unklassische unklar, unkorrekt, unbeherrscht. Das Klassische ist immer das Vernünftige, Regelgerechte, Normative, Offizielle, ja, Staatstragende, das Unklassische ist unvernünftig, Wildwuchs der Phantasie, verstößt gegen Regeln und Normen, ja, es ist gefährlich, da es das Offizielle unterminiert, in Frage stellt. Zur Deklassierung des Unklassischen aus der Sicht des Klassischen gehört es, dem Klassischen Literarizität, dem Unklassischen Illiteratentum zuzuschreiben. Da das Klassische sich am Ideal orientiert, ist das Unklassische allein auf die Wirklichkeit verpflichtet. Der klassische Künstler – oft ist es betont worden – gibt die Natur wieder, wie sie sein soll, der unklassische, wie sie ist. So beansprucht der klassische in jeder Hinsicht und Bedeutung den Geist für sich und überlässt dem unklassischen die Materie oder, wenn man es lieber christlich gewendet möchte, nach Paulus' 5. Galaterbrief: „Das Fleisch (caro) streitet wider den Geist (spiritus) und der Geist wider das Fleisch; dieselben sind widereinander …". Es kann hier nicht Aufgabe sein, die philosophische Tradition des Verhältnisses von Materie und Bewusstsein (Geist) zu verfolgen oder zu diskutieren, ob die Materie unabhängig vom Bewusstsein existiert. Wichtig ist allein zu betonen, dass Turner auf das Geschickteste den Part des Klassischen für sich beansprucht hat, während Constable der des Unklassischen blieb.

2. In der Geschichte der Kunst ist dieses Modell immer wieder personalisiert worden, seit dem 16. Jahrhundert wurden antipodische Paare benannt. Wobei es nicht verwundern sollte, dass ein und derselbe Künstler, je nach Argumentationszusammenhang, mal auf der einen, der klassischen, und mal auf der anderen, der unklassischen Seite auftauchen kann. Um nur wenige zu nennen: Raffael und Michelangelo, Annibale Carracci und Caravaggio, Bernini und Borromini, Poussin und Rubens, aber auch Rubens und Rembrandt, und um nach England ins 18. Jahrhundert zu kommen: erst Reynolds und Hogarth und dann Reynolds und Gainsborough, wobei letzteres Paar am ehesten das direkte Modell für Turner und Constable abgegeben hat. Zeitlich parallel zu Turner und Constable wären Ingres und Delacroix in Frankreich oder Joseph Anton Koch und Caspar David Friedrich, gefolgt von Moritz von Schwind und Adolph Menzel in Deutschland zu nennen, doch braucht uns dies nicht mehr zu interessieren. Viel verdanken diese Paarungen dem kunsttheoretischen Grundmodell der Gegenüberstellung von römisch-florentinischer Kunst auf der einen Seite und venezianischer Kunst auf der anderen Seite mit der zugehörigen Gegenüberstellung von Linie und Farbe, wobei die Linie das immateriellste Medium der Kunst ist, dem Geist am nächsten, der, nach klassischer Überzeugung, bereits im bloßen Umriss seinen vollständigen Ausdruck als Erfindung erreicht, während die Farbe, so gesehen, die bloße Materialisierung der Idee bedeutet, insofern bloß Akzidenz ist, nicht für das Wesen des Gegenstandes entscheidend.

Warum greift nun dieses Modell bei Turner und Constable, wo doch beide sich der Farbe und ihrer Nuancierung verschrieben haben? Im Falle Turners haben wir die Gründe zu einem guten Teil bereits referiert. Er zielt in vielerlei Hinsicht auf die Nobilitierung der Landschaftsmalerei, wir hatten gesagt, nach dem Modell Sir Joshua Reynolds', des Akademiepräsidenten. Sein „Liber Studiorum" bezeugte sein Gattungsbewusstsein, nichts ist in klassischer Hinsicht wichtiger, er weiß um die Angemessenheit eines jeden Typus. Die Literarisierung seiner Bilder ruft den alten „ut pictura poesis"-Topos auf, auch hier kennt er die Genres genau: Poetisches, Mythologisches, Historisches findet sich nebeneinander. Für den Connaisseur, der Neuerungen der Kunst gegenüber offen ist, liefert er eine doppelte Rechtfertigung für seine skizzenhafte Malerei. Vertieft er sich in ein Turnersches Bild, so wird er im Endeffekt zum Gegenstand geführt, er erfährt es als seine Leistung, den Gegenstand gefunden, dem Werk damit Rang und Sinn zugesprochen zu haben. Zugleich kann er nicht selten seine Kennerkompetenz beweisen, denn Turner, versatil wie er ist, reizt den klassischen Paragone aus.

Nicht nur mit Claude Lorrain misst er sich in immer neuen Varianten, Poussin kann er aufrufen, Tizian ebenso, etwa an einer äußerst raffinierten Paraphrase auf dessen „Petrus Martyr" in seinem „Venus und Adonis", womit er zugleich seine kunsttheoretische Kompetenz belegt. Seit Dolce, also der venezianischen Kunsttheorie des 16. Jahrhunderts, gilt dieses Bild als Inbegriff einer, wie man sagen könnte, Landschaftshistorie. Lomazzo hält es für die schönste Landschaft, die je gemalt wurde; Sandrart, der Herausgeber der „Teutschen Academie" hat es kopiert, und natürlich ist es auch Reynolds geläufig, im elften Discourse beschreibt er seinen Rang ausführlich. Aber Turner kann auch mit Rembrandt und anderen Niederländern wie Teniers, Willem van de Velde II oder Albert Cuyp spielen. Salvator Rosa kann er mit Rembrandt überblenden, ein venezianisches Motiv malt er mit Rembrandts Impasto, von Paraphrasen auf englische Vorbilder wie Wilson oder Gainsborough ganz zu schweigen. Auf ihn hätte die Bemerkung gepasst, die Gainsborough auf Reynolds gemünzt hat: „Damn' the man, how various he is"[14].

Reynolds wie Turner stehen verschiedene Modi der Kunst zur Verfügung, Constable verschiedene Modi der Natur, die er aufgrund unterschiedlicher momentaner seelischer, emotionaler Verfasstheit abrufen kann. Und noch in einer anderen Hinsicht ist Turner ein Klassiker und auch hierin ist Constable sein Antipode. Turner ist ein internationaler Künstler, mehrfach ist er in Italien gewesen, zuerst 1819. Belgien, Frankreich, Deutschland, die Schweiz waren seine ferneren Ziele. Sein Antipode Constable hat sich geweigert, sein eigenes Land zu verlassen, er sah auch gar keinen Sinn darin: „Still I should paint my own places best"[15]. Das markiert noch einmal die Differenz zu Turner überdeutlich. Constable kann, um die Wahrheit des Bildes zu gewährleisten, die Verbindung zu der ihm vertrauten Natur nicht abreißen lassen, und welche Natur war ihm vertrauter als die Heimatregion, mit der er alle persönlichen Erfahrungen verband, die er sich gefühlsmäßig angeeignet hatte, die sein Eigentum war, nicht nur, aber auch als sein väterliches Erbe. Turner dagegen, der mittels der Literarisierung des Gegenstandes in der Lage ist, ihn zu verobjektivieren, d. h. aber auch von sich als Person zu lösen und damit der Öffentlichkeit und ihren Konventionen anheim zu geben, Turner steht, um es so zu sagen, die Welt zur Verfügung.

Und doch, so privat Constables Position auch erscheinen mag, sie ist doch topisch. Es gibt den Topos der Italienverweigerung, und er verbindet Constable mit einer ganzen Reihe der als Antipoden zu klassischen Künstlern bereits genannten Namen. Sie alle haben explizit die Italienreise, also den Gang zum vermeintlichen Ursprungsort der Kunst, der eben nur der Ursprungsort einer bestimmten Art von Kunst, nämlich der klassischen ist, verweigert, so wie sie auch das Fremde als verbindliches Vorbild abgelehnt haben: Rembrandt, Hogarth, Gainsborough, Caspar David Friedrich haben mehr oder weniger gleichlautend argumentiert: sie bräuchten ihr Land nicht zu verlassen, das, was für ihre Kunst nötig sei, fanden sie nur in ihrer eigenen Sphäre. Doch die ausdrückliche Weigerung aller dieser Künstler, häufig auch auf Aufforderung hin, nach Italien zu gehen, ist vor allem eine Absage an das Klassische, das Literarische, das Normative, eine Absage an ein idealistisches Kunstkonzept. Aus der Sicht eines idealistischen Kunstkonzeptes allerdings bleibt für die Verweigerer dieses Konzeptes nur eine Klassizifierung übrig: Sie sind bloße Naturnachahmer, auf den materiellen, handwerklichen Aspekt der Kunst beschränkt, sie haben keinen Anteil an der Geistigkeit der Kunst, produzieren insofern keine eigentliche Kunst. Abschließend werden wir anzudeuten versuchen, wie wenig der Vorwurf der bloßen Naturnachahmung im Falle Constables wirklich greift.

Vorher sollten wir allerdings noch erwähnen, dass die Position der Italienverweigerer geradezu mit Notwendigkeit dem Missbrauch ausgesetzt ist. Ihr Bestehen auf der

Unverzichtbarkeit der intakten Nabelschnur zum eigenen Land, ihre Identifizierung mit dem Eigenen kann nationalistisch verstanden werden. Ich erinnere nur an Langbehns Rembrandtdeutschen und dem nach seinem Modell im Dritten Reich geprägten Friedrichdeutschen. Gelegentlich fördern die Künstler selbst eine derartige Klassifizierung, Hogarth etwa gab sich entschieden patriotisch, signierte Aufsätze mit dem Pseudonym „Britophil". Doch es gibt auch eine milde rückwärtsgewandte Form, ihr sind offensichtlich Gainsborough und Constable zuzuordnen. Die gewisse Verklärung des Ländlichen, die Propagierung des „rural retirement", des Rückzugs aufs Land, mit Horazischen Argumenten, angesichts von dramatischer Veränderung des Landes durch Landreform und Industrialisierung, die zugleich eine dramatische Veränderung der Besitzverhältnisse bedeutete, die Landarbeiter in Scharen in die Stadt trieb, ist für Constable nur bis zu einem gewissen Punkt seiner Entwicklung vertretbar, nur so lange die Verhältnisse in seiner Heimatregion die Fiktion unentfremdeter Natur für ihn zuließen.

Es sei abschließend gezeigt, dass dieser, man muss es wohl so dramatisch sagen, Zusammenbruch seines Weltbildes seine Kunst grundsätzlich veränderte. Macht man sich dies klar, dann wird auch deutlich, dass die Topik von „klassisch" und „unklassisch" nicht wirklich greift. Im Falle Turners gibt es nicht einen solchen Einbruch, ihn stabilisiert die mehrhundertjährige klassisch-akademische Tradition, ihn entlastet die Möglichkeit der Literarisierung seiner Gegenstände, der Konsens über die Bedeutsamkeit des Gegenständlichen, seine Bilder konnten durchgehend sublim bleiben. Für Constable stellt sich das Problem anders dar. Er malt in der Stadt seine Ausstellungsbilder, für die er auf dem Land, in seiner Heimatregion, die Motive, zumeist in Form von Ölskizzen gesammelt hat. Aus psychologischer Sicht kann man sagen, dass er die dem Vater verweigerte Arbeit in den Mühlen versucht, in Bildern der Heimat abzuleisten. Doch die patriarchalische Struktur, die auch in der landbesitzenden Familie Constable über Generationen gegolten hatte, beginnt in Frage gestellt zu werden. Golding Constable gerät in finanzielle Schwierigkeiten, er stirbt 1816, der jüngere Bruder Abram übernimmt die Leitung der Mühlen und die Verwaltung des Besitzes. Das Wohnhaus in East Bergholt und eine Mühle müssen in der Folge verkauft werden. Constable wird aufgefordert, für die Abwicklung der Geschäfte nach Hause zu kommen, reagiert erst nicht. Die Familie Constable zieht in ein kleineres Gebäude bei der Mühle in Flatford. Anfang der zwanziger Jahre kam es vor allem auch in Suffolk zu Aufständen der Landarbeiter. Die Umstrukturierungsprozesse führten zu Maschinenstürmereien. Nichts war mehr wie zuvor, Constable schränkt seine Besuche in der Heimat stark ein. Hatte er lange den Sommer im Stour-Tal verbracht, um im Winter in der Stadt zu malen, so weicht er jetzt nach Hampstead Heath aus. Doch malt er weiter seine Heimatregion, die Bilder allerdings werden zu Erinnerungsbildern an Vergangenes, er beginnt Motive, etwa aus Dedham und Flatford, zu mischen. Die Erinnerungsarbeit liefert nur noch Evokationen oder Bruchstücke einer Konfession, das macht die Vergegenwärtigung des Verlorenen unabschließbar. Die Nabelschnur ist durchtrennt.

Abb. 6: John Constable nach Alexander Cozens, *Wolkenstudien Nr. 1–7*. Ca. 1823. Bleistift mit Feder beschriftet. Je 9,3 x 11,5 cm. London, Courtauld Institute Galleries.

Constable beginnt ab 1819 seine so genannten „fix-footers" auszustellen, also Bilder einer Größe von etwa 1,40 x 1,90 m. In ihnen stellt sich, verkürzt gesagt, das Problem: Wie bewahre ich die Wahrheit des Erfahrungsmomentes der vor Ort aufgenommenen Ölskizze im fertigen Atelierbild auf, zumal sich diese Wahrheit als eine vergangene erwies. Constable reagiert sehr bezeichnend, er will sich zuerst der wissen-schaftlichen Wahrheit des Atmosphärischen versichern; 1821/22 fertigt er in Hampstead Heath beinahe einhundert Wolkenstudien in Öl (*Farbabb. 2*) an. Er will die Himmelsphänomene, in Kenntnis ihrer wissenschaftlichen Bedingungen, verinnerlichen, um über sie im Atelier verfügen zu können. Seine momentane Gestimmtheit im Atelier, die wiederzugeben ihm Verpflichtung gegenüber der Wahrheit ist, führt dazu, dass nicht der atmosphärische Moment der Ölskizze ins Bild übertragen wird, sondern die Ölskizze, die zudem das Format des offiziellen Bildes erhält, nur als Erinnerung des Motivischen gilt, das Atmosphärische wird neu instrumentalisiert.

Doch Constable reicht dies nicht. 1823 kopiert er bei George Beaumont die Illustrationen zu den Traktaten von Alexander Cozens (*Abb. 6*), vor allem seine zwanzig Wolkenhimmel, die bei Cozens in seinem Traktat „Various Species" mit sechzehn unterschiedlichen Entwürfen zu Erdregionen kombiniert werden können, jeweils ergibt sich dabei ein typischer Ausdruckscharakter, den Cozens begrifflich zu fassen sucht. Constable notiert auch diese begrifflichen Fixierungen der Ausdruckscharaktere.

Erinnern wir uns: Zu diesem Zeitpunkt kannte Constable längst die neuesten meteorologischen Forschungsergebnisse, warum faszinierten ihn dann Cozens' in den 1770er Jahren entstandene, wenn man so will, vormeteorologische Wolkenklassifizierungen? Offenbar sah Constable hier ein Verfahren, Ausdruck im Bilde abstrakt, allein von den bildimmanenten Gesetzen von Ponderation und Bewegung geleitet, zu stiften. Und so entwickelt sich erst jetzt schrittweise auch sein atmosphärischer „snow", ähnlich abstrakt, nicht allein von den wahrgenommenen Naturphänomenen herausgefordert. Man könnte sagen, die abgerissene Nabelschnur wird substituiert durch abstrakte, allein bildgestiftete Strukturen, die die verlorenen Gegenstände in dialektischer Hinsicht aufheben, d. h. für die Erinnerung bewahren. Der Schleier, der sich über sie legt und sie entrückt, ist Constables Form, sie überhaupt veröffentlichen zu können. Die gelegentliche Ähnlichkeit zwischen Turner und Constable, ihr scheinbar verwandtes Maß an Abstraktion, erklärt sich dadurch, dass Turner die Gegenstände im Moment ihres Auftauchens zeigt, Constable sie dagegen in nachträglicher Verhüllung. Turners Verfahren zielt auf Benennung und ist von daher kommunizierbar, Constables Verfahren löst das Benannte wieder auf und entzieht seine Bilder damit tendenziell der Kommunizierbarkeit.

Literaturauswahl

Ann Bermingham, *Landscape and Ideology. The English Rustic Tradition, 1740 – 1860*. London 1987.
Werner Busch, *Das sentimentalische Bild. Die Krise der Kunst im 18. Jahrhundert und die Geburt der Moderne*. München 1993.
Werner Busch, Klassizismus, Klassik, in: *Historisches Wörterbuch der Rhetorik*. Hrsg. von Gert Ueding, Bd. 4, Tübingen 1998, Sp. 1070–1081.
Werner Busch, Zur Topik der Italienverweigerung, in: Hildegard Wiegel (Hrsg.), *Italiensehnsucht. Kunsthistorische Aspekte eines Topos* (= Münchener Universitätsschriften des Instituts für Kunstgeschichte, Bd. 3), München und Berlin 2004, 203–210.
Gustl Früh-Jenner, *Abstraktionstendenzen im Werk J. M. W. Turners. Der Versuch einer Neubestimmung der Historienmalerei?* Phil. Diss. Tübingen 1991.
John Gage, *J. M. W. Turner. „A Wonderful Range of Mind"*. London 1987.
Kat. Ausst. *John Constable 1776–1837. A Catalogue of Drawings and Watercolours, with a selection of Mezzotints by David Lucas after Constable for "English Landscape Scenery" in the Fitzwilliam Museum, Cambridge*. Hrsg. von Reg Gadney, London 1976.
Kat. Ausst. *The Great Age of British Watercolours 175 –1880*. Royal Academy of Arts, London, München 1993.
Kat. Ausst. *William Turner und die Landschaft seiner Zeit*. Hamburger Kunsthalle, München 1976.
Ronald Paulson, *Literary Landscape: Turner and Constable*. New Haven und London 1982.
Marcia Pointon, Gainsborough and the Landscape of Retirement, in: *Art History*, 2, 1979, 441–454.
William S. Rodner, *J. M. W. Turner, Romantic Painter of the Industrial Revolution*. Berkeley/Los Angeles/London 1997.
Michael Rosenthal, *Constable: The Painter and his Landscape*. New Haven 1983.
Kim Sloan, *Alexander and John Robert Cozens. The Poetry of Landscape*. New Haven/London 1986.
Monika Wagner, Wirklichkeitserfahrung und Bilderfindung. Turner, Constable, Delacroix, Courbet, in:

Funkkolleg Moderne Kunst. Studienbegleitbrief, 2. Hrsg. vom Deutschen Institut für Fernstudien an der Universität Tübingen, Weinheim/Basel 1989, 52–62.

Monika Wagner, Wirklichkeitserfahrung und Bilderfindung, William Turner, in: Dies. (Hrsg.), *Moderne Kunst. Das Funkkolleg zum Verständnis der Gegenwartskunst*. Reinbek bei Hamburg 1991, 115–134.

Anmerkungen

* Der Beitrag wurde im Rahmen der Turner-Ausstellung in Essen vorgetragen und behält den Vortragscharakter bei. Er weist in den Anmerkungen nur die direkten Zitate nach.
1. Constable bei Sir George Beaumont: C. R Leslie, *Memoirs of the Life of John Constable. Composed Chiefly of his Letters*. Oxford 1980 (11951), 107–112, Zitat: 111.
2. Leslie (wie Anm. 1), 107.
3. Joachim Sandrart, *Teutsche Academie*. Bd. 1, Nürnberg 1675, 1. Theil, 3. Buch, 6. Capitel, 71 und 2. Theil, 3. Buch, 23. Capitel, 323, s. dazu Werner Busch, *Landschaftsmalerei* (= Geschichte der klassischen Bildgattungen in Quellentexten und Kommentaren, Bd. 3). Berlin 1997, 138–142.
4. Sandrart (wie Anm. 3), 1. Theil, 3. Buch, 6. Capitel, 71.
5. Sir Joshua Reynolds, *Discourses on Art*. Hrsg. von Robert R. Wark, New Haven und London 1988, 71f. (4. Diskurs 1771).
6. Leslie (wie Anm. 1), 44.
7. The Hon. Andrew Shirley, *The Published Mezzotints of David Lucas after John Constable*. Oxford 1930, 47.
8. Andrew Wilton, *Constable's English Landscape Scenery* (= British Museum Prints and Drawings Series). London 1979, 24.
9. Wilton (wie Anm. 8), 44.
10. Kat. Ausst. *Constable. Paintings, Watercolours and Drawings*. Hrsg. von Leslie Parris/Ian Fleming-Williams/Conal Shields, The Tate Gallery, London 1976, Kat. Nr. 331, 188.
11. Leslie (wie Anm. 1), 172.
12. Kat. Ausst. *Constable* (wie Anm. 10), Kat. Nr. 263, 156.
13. Wilton (wie Anm. 8), 26.
14. Ellis K. Waterhouse, *Reynolds*. London 1973, 10
15. John Constable, Brief an John Fisher, 23. Oktober 1823, in: R. B. Beckett, *John Constable and the Fishers. The Record of a Friendship*. London 1952, 82.

Matthias Haldemann

Kandinsky sieht Monet
Zum Verhältnis von Abstraktion und Impressionismus

1.

Monet und Kandinsky repräsentieren bekanntlich zwei Richtungen moderner Malerei: Impressionismus und Abstraktion.

Geht es um die Darstellung von Monets Einfluss auf die Malereigeschichte des 20. Jahrhunderts, so fällt der Name Kandinsky bald. Als einer der Ersten brachte dieser die Malerei des Franzosen vor dem Ersten Weltkrieg in den Zusammenhang mit der Abstraktion; zu einer Zeit, als viele Kritiker dessen Werk entwicklungsgeschichtlich bereits für überholt erachteten. Es sollten Jahrzehnte vergehen, bis die breite künstlerische Monetrezeption unter dem Vorzeichen der Abstraktion in den 1950er Jahren (in Paris und New York) einsetzte.[1]

Mein Thema scheint ein abgeschlossenes kunsthistorisches Kapitel zu behandeln, das sich wie folgt skizzieren lässt: Monets Beschäftigung mit den atmosphärischen Naturerscheinungen führte zu einer Befreiung der Farbe bis an die Grenze zur Gegenstandslosigkeit. Kandinsky vollzog den nächsten Entwicklungsschritt, indem er den Naturbezug seiner Malerei vollständig kappte und ein selbständiges Spiel klingender Farben und Formen entfaltete.

Die simple Formel überzeugt. Verstehen wir damit aber die Malerei von Monet und Kandinsky besser? Kaum. Fragen wir nach: Wie sieht Kandinsky Monet?

2.

In einer berühmten Textpassage in *Rückblicke* von 1913 äußert sich der Russe zu einem Heuhaufenbild von Monet (*Farbabb. 7*)[2]. Er beschreibt, wie er dem neuartigen Gemälde als junger Nationalökonom unvorbereitet in Moskau begegnete: „Vorher kannte ich nur die realistische Kunst, eigentlich ausschließlich die Russen, blieb oft lange vor der Hand des Franz Liszt auf dem Porträt von Repin stehen u. dgl. und plötzlich zum ersten Mal sah ich ein *Bild*. Dass das ein Heuhaufen war, belehrte mich der Katalog. Erkennen konnte ich ihn nicht. Dieses Nichterkennen war mir peinlich. Ich fand auch, dass der Maler kein Recht hat, so undeutlich zu malen. Ich empfand dumpf, dass der Gegenstand in diesem Bild fehlt. Und merkte mit Erstaunen und Verwirrung, dass das Bild nicht nur packt, sondern sich unverwischbar in das Gedächtnis einprägt und immer ganz unerwartet bis zur letzten Einzelheit vor den Augen schwebt. Das alles war mir unklar, und ich konnte die einfachen Konsequenzen dieses Erlebnisses nicht ziehen. Was mir aber vollkommen klar war – das war die ungeahnte, früher mir verborgene Kraft der Palette, die über alle meine Träume hinausging.

Die Malerei bekam eine märchenhafte Kraft und Pracht. Unbewusst war aber auch der Gegenstand als unvermeidliches Element des Bildes diskreditiert. Im ganzen hatte ich den Eindruck, dass ein kleines Teilchen meines Märchen-Moskau doch auf der Leinwand schon existierte."[3]

Die Passage folgt der erwähnten Formel: Kandinsky betont den abstrakten Monet, hebt den geschwächten Gegenstandsbezug des Gemäldes zu Gunsten der gesteigerten Farbwirkung hervor. Seine Sicht ist *einseitig*: Die Natur und insbesondere das Licht finden keine Erwähnung, obwohl ihnen Monets Hauptinteresse galt!

Das Heuhaufenbild ist Bestandteil einer Reihe von insgesamt 25 Werken, die ab 1888 entstand. Das neuartige Serienprinzip sollte der Vielfalt der Naturerscheinungen gerecht werden und in der Summe etwas von jener Ganzheit vermitteln, die sich auf einer einzelnen Leinwand nicht mehr einfangen ließ. Mit einem Naturalismus des Sehens war der übermächtigen Natur gleichwohl nicht beizukommen. Für Kandinsky ist das akribische Festhalten wechselhafter Eindrücke bedeutungslos. Er schätzt gerade die *Naturferne* des Heuhaufen-Gemäldes und hat, wenn man so will, die Konsequenzen aus Monets „Scheitern" gezogen, der die flüchtigen Erscheinungen wie ein obsessiver Bilderjäger verfolgte[4]: Kunst und Natur stellen für Kandinsky zwei „selbständige Reiche" dar, die man nicht vermischen soll, wie er in *Rückblicke* feststellt.[5]

Die Schilderung des Moneterlebnisses beim Besuch einer Schau französischer Malerei 1896 in Moskau kann trügen: Der Rückblick ist von Kandinskys künstlerischer Position im Jahr 1913 beeinflusst, als ihm die Konzeption einer vollständig gegenstandslosen Malerei gelang. Blenden wir also kurz zurück.

Nach dem Studium der Volkswirtschaft und Jurisprudenz zog er, wenige Monate nach der Begegnung mit dem Heuhaufenbild, Ende 1896 nach München, um eine künstlerische Laufbahn einzuschlagen. Ein Plakatentwurf, ebenfalls von 1896, verrät nichts vom Moneterlebnis, dafür die Nähe des Autors zum Jugendstil.[6] Ende der 1890er Jahre entfloh er den trockenen Unterrichtsstunden beim Privatlehrer Anton Ažbè durch Malen im Freien und machte zahlreiche impressionistische Ölskizzen, allerdings ohne direkten Einfluss Monets. Erst 1903 ist dieser in seiner künstlerischen Biographie fassbar: Kandinsky veranstaltete in München eine der ersten Monetausstellungen in Deutschland.[7] In den eigenen Arbeiten jener Zeit scheint die Steigerung der Farbwerte wichtiger als die eigentliche Erfassung des Motivs geworden zu sein.[8] Bei manchen Impressionen kündigt sich bereits eine eigentümliche Unruhe, etwas Drängendes, ein Beben hinter der oberflächlichen Naturidylle an – ein *affektiver Kontrast*, wie er für Kandinskys spätere Malerei bezeichnend werden sollte.[9] Insgeheim trieb ihn damals bereits die Abstraktionsfrage um.[10]

Wir können festhalten: Die Begegnung mit Monets Heuhaufenbild stellte für den mit moderner westlicher Malerei wenig vertrauten russischen Nationalökonomen sicherlich ein unvergessliches Erlebnis dar, zumal, wenn für diesen Ilja Repin zuvor das Maß aller Dinge gewesen war. Die wirkliche Bedeutung des Franzosen für seine eigene Malerei wurde ihm aber erst Jahre später bewusst.[11] Die Monet-Erzählung ist deshalb keine verlässliche biografische Quelle, als die sie in der Literatur meistens dient. Vielmehr handelt es sich um eine nachträgliche literarische Stilisierung als *Initiationserfahrung* der Abstraktion.[12]

3.
Sind Kandinskys Äußerungen zu Monet demnach überhaupt relevant?
Drei Punkte möchte ich hervorheben.
Erstens: In der Passage tritt ein Hauptbegriff auf, der in der Impressionismus-Diskussion kaum eine Rolle spielt: das „*Bild*".

Kandinsky betont, dass der Gewinn der freigesetzten Farbe und der unklaren Motivwiedergabe im Eindruck einer gesteigerten Einheitlichkeit des Gemäldes bestehe. Das Bild selbst drängt sich seinem Blick gewissermaßen auf und manifestiert seine *eigene Realität*.

Kandinskys Beobachtung hängt mit seiner eigenen künstlerischen Entwicklung zwischen 1908 und 1913 zusammen. Der Bildbegriff tritt erst dann in seinen Schriften auf, bezeichnenderweise in enger Verbindung mit dem Terminus „Abstraktion", was die Forschung bisher nicht beachtete.[13] Seine Beobachtung bringt uns zu einer wichtigen bildtheoretischen Feststellung: Eine von der Gegenstandswelt sich entfernende Malerei verliert nicht einfach ihren Referenten – wie oft behauptet wird –, in der gesteigerten Bildlichkeit gewinnt sie einen *neuen*. Die Schwächung des Fremdbezugs stärkt den *Selbstbezug*.

Zweitens: Kandinsky beabsichtigt keine adäquate Werkbeschreibung. Nicht das Gemälde an sich, sondern das persönliche, betont subjektive Betrachtererlebnis ist Gegenstand seiner Erzählung. Monet seinerseits strebte im Alter zunehmend danach, nicht die Natur an sich, sondern die eigene Naturerfahrung malerisch umzusetzen, um beim Betrachter ein Seherlebnis zu evozieren. Nicht von ungefähr war Monet für Cézanne ein „Auge". Und laut *Rückblicke* war es auch Monet, der Kandinsky die Augen für die Malerei bzw. für das Bild öffnete.

Damit komme ich zur These: Die Thematisierung des Sehens durch eine vermöge der malerischen Eigenmittel betonten Bildhaftigkeit – weniger die Abstraktion – verbindet Monet und Kandinsky jenseits kunsthistorischer Kategorien. Im Sehen suchte Monet malend die Natur zu erkennen. Der eigenen Wahrnehmung vertrauend, strebte er danach, ihr möglichst nahe zu kommen. Unter seinen Augen entzog sie sich jedoch in einem Strom unendlicher *Erscheinungen*. Der Gegenstand war von der eigenen Wahrnehmungsweise nicht mehr zu trennen und diese wiederum nicht von den Eigenschaften der Malerei: Farbe und Fläche.

Die Einsicht, dass alle Erkenntnisse über die Realität an den eigenen Erfahrungsinstrumenten zu messen sind und damit die Vorstellung einer Wirklichkeit *an sich* aufzugeben ist, wurde als eigentliche Revolution der Moderne bezeichnet. Die Erkenntnis ist auch Kandinskys Monet-Passage immanent, denn nicht das Heuhaufenbild an sich ist Gegenstand seiner Beschreibung: Im Rückblick sieht sich Kandinsky sehen.

Abb. 1: Claude Monet, *Le Bassin aux nymphéas*. 1917–1919, Öl auf Leinwand. 100 x 200 cm. Musée des Beaux-Arts de Nantes.

Monets Malerei veränderte sich wie gesagt. Waren es zunächst eher noch „Protokolle" von Naturbeobachtungen gewesen, so luden die späten Werke sich ab 1912 emotional auf und gewannen starke farbliche Ausdruckskraft. Der hymnische Blick auf die in Fluss geratene Natur beruht auf dem Konsistenzverlust der materiellen Welt. Im natürlichen Prozess ewigen Werdens teilt sich auch das (eigene) Schwinden mit. Malend schreibt sich der alternde Monet in die offene Farbstruktur seiner Seerosenbilder ein (*Abb. 1*). Sie verursacht eine seelische Resonanz: Außenblick und Innenerfahrung konvergieren, Impression schlägt in Expression um.[14] Der Beobachter wird zum Beteiligten, und treibt im Strom der blühenden Farbe mit.

Drittens: Monets Malerei bewirkt eine emotionale Teilhabe, sie aktiviert dank ihrer freien Farbigkeit und Motiv-Unschärfe aber auch die Vorstellungskraft.[15] So *imaginiert* Kandinsky an Monets Heuhaufen sein „Märchen-Moskau". Er beschreibt es in *Rückblicke* im Zusammenhang mit einem Sonnenuntergangerlebnis beim Kreml: „Die Sonne ist schon niedrig und hat ihre vollste Kraft erreicht, nach der sie den ganzen Tag suchte, zu der sie den ganzen Tag strebte. Nicht lange dauert dieses Bild: noch einige Minuten und das Sonnenlicht wird rötlich vor Anstrengung, immer rötlicher, erst kalt und dann immer wärmer. Die Sonne schmilzt ganz Moskau zu einem Fleck zusammen, der wie eine tolle Tuba das ganze Innere, die ganze Seele in Vibration versetzt. Nein, nicht diese rote Einheitlichkeit ist die schönste Stunde! Das ist nur der Schlussakkord der Symphonie, die jede Farbe zum höchsten Leben bringt, die ganz Moskau wie das fff eines Riesenorchesters klingen lässt und zwingt. Rosa, lila, gelbe, weiße, blaue, pistaziengrüne, flammenrote Häuser, Kirchen – jede ein selbständiges Lied – der rasend grüne Rasen, die tiefer brummenden Bäume, oder der mit tausend Stimmen singende Schnee, oder das Allegretto der kahlen Äste, der rote, steife schweigsame Ring der Kremlmauer und darüber, alles überragend, wie ein Triumphgeschrei, wie ein sich vergessendes Halleluja der weisse, lange, zierlich ernste Strich des Iwan Weliky-Glockenturmes. Und auf seinem hohen, gespannten, in ewiger Sehnsucht zum Himmel ausgestreckten Halse der goldene Kopf der Kuppel, die zwischen den goldenen und bunten Sternen der andern Kuppeln die Moskauer Sonne ist.

Diese Stunde zu malen, dachte ich mir als das unmöglichste und höchste Glück eines Künstlers."[16]

In Kandinskys Erinnerung verwandelt sich die materielle Welt in ein suggestives Bild interagierender Farben und Töne. Er beschreibt sein visuelles Moskauerlebnis wie eine halluzinatorische Transformation der Wirklichkeit. In der äußeren Beobachtung offenbart sich ihm eine tönende Vision.[17] Das Naturschauspiel als abstraktes Klangbild.

Sicherlich fällt es schwer, in Monets Heuhaufen Kandinskys Märchen-Moskau wiederzuerkennen. Gleichwohl trifft der Russe einen wichtigen Aspekt des Gemäldes. Bei längerer Betrachtung ist daran nämlich eine gravierende Veränderung feststellbar. Das gleichsam vom Blick ins Licht verursachte Flimmern löst nicht einfach die materiellen Eigenschaften der Motive auf: Im Flimmern zeigen sich autonome Farbdaten mit (Schlieren, Punkte), die sich mit den von ihnen bezeichneten Motiven nicht verrechnen lassen. Solchermaßen etabliert sich eine eigene, die ganze Leinwand überspannende Bildebene, wie es Kandinsky betont. Die Natur erscheint in einem Meer von Farbdaten. Motivgrenzen erhalten als Strukturierungen der Fläche eine neue, bildimmanente Funktion.

Während Kandinsky aber den Aspekt der Auflösung der natürlichen Erscheinungswelt in der für ihn märchenhaften Pracht autonomer Farbwerte hervorhebt, können wir wohl in Übereinstimmung mit Monet auch den umgekehrten Vorgang beschreiben: nämlich die „Geburt" natürlicher Erscheinungen aus der eigengesetzlichen Farbkonzeption. So erleben wir das Gemälde als einen sich immer neu wiederholenden Augenblick. Der raumzeitliche Landschaftsausschnitt ist in einem vibrierenden Farb-Licht-Raum *entgrenzt*.

Letztlich sind für Monet die Energiewerte der Natur (nicht ihre wechselnden Oberflächenreize) essentiell. Mit der Kraft der Farbkontraste macht er etwas davon im Werk erfahrbar: als gesteigerte visuelle Erlebnismomente höchster Vitalität. Kandinsky erinnert er damit an Moskau.

4.

Werfen wir einen vergleichenden Blick auf die Werke des Russen. Seine Moskauerinnerung nahm 1910/11 mehrfach bildnerische Gestalt an und ziert emblematisch den Umschlag seiner Hauptschrift „Über das Geistige in der Kunst"[18]. Bei zunehmender Abstraktion figuriert die Stadt auch als Formkürzel am oberen Rand der wichtigen „Komposition 5" von 1911 (*Abb. 2*). Obgleich das Gemälde an sich aus gegenstandslosen Linien und Farbflecken besteht, sind weitere motivische Versatzstücke vage erkennbar. Die gegenständlichen Spurenelemente sind für den Werkaufbau zwar

Abb. 2: Wassily Kandinsky, *Komposition 5*. 1911. Öl auf Leinwand. 190 x 275 cm. New York, Neue Galerie.

sekundär, spielen aber eine wichtige semantische Rolle: Gleichsam apokalyptisch wird hier der Untergang der materiellen Welt – Zeichen dafür ist gerade die befestigte Stadt mit ihren wankenden Türmen – in einem sintflutartigen Ozean autonomer Farben und Linien vorgeführt. „Komposition 5" erweist sich so als überwirklich-imaginäre Welt (von Abstraktion und latenter Gegenständlichkeit) - im Sinne des Autors als *Vision*.

Für Kandinsky hatte sich der Naturbegriff erweitert und unerwartet mit der abstrakten Malerei in neuer Weise wieder verbunden: Jenseits der bildnerischen Schematisierung als Landschaft – wie bei Monet – war für ihn zum einen die „innere Natur"[19] der Affekte zentral geworden. Natur musste nicht mehr dargestellt werden, – das emotionale Farberlebnis selbst war nun etwas Natürliches. Zum anderen erschien die Palette des Malers als „lebendes Farbenwesen"[20]: Farbe bildet Natur nicht ab, sie *ist* „ein Stück Natur"[21] – materiell wie emotional.

Äußere und innere Kräfte galt es vermöge bildnerischer Mittel zu aktivieren und als Essenz einer totalisierten und damit gänzlich undarstellbaren Wirklichkeit erfahrbar zu machen. Während sich bei Monet im Außen etwas Inneres mitteilt – als Hingabe an die Sichtbarkeit[22] –, geht es bei Kandinsky um die unmittelbare, konzeptionelle Verbindung von Außen und Innen, sinnlichem Prozess und psychischem Erlebnis. Die Verschränkung manifestiert sich auch an seiner zeitweiligen Gattungseinteilung: „Impressionen" und „Improvisationen" beziehen sich produktionsästhetisch (statt motivisch) auf den Entstehungsimpuls der Gemälde durch äußere oder innere Eindrücke.[23]

Die Pointe seiner anfänglich als extrem chaotisch empfundenen Bildsprache jener Zeit, die „Komposition 7" von 1913 (*Farbabb. 8*) beispielhaft repräsentiert, besteht, kurz gesagt, darin, dass man bei längerer Anschauung aus dem Gewirr allmählich einzelne Konfigurationen herauszuschälen vermag. Flecken, Schnüre, Gitter usw. zeichnen sich ab und ersetzen die Gegenstandskürzel von „Komposition 5". Aus der Matrix amorph-dissonanter Farb- und Formdaten öffnen sich vielfache Räume, und dynamische Bewegungen entstehen. Man glaubt eine Welt im Werden zu sehen. Doch alles zerrinnt sogleich wieder im Abgrund einer unbewältigbaren Flut konkurrierender optischer Reize. Das Bild selbst zerbricht und zersplittert.

Kein Künstler vor Kandinsky (und wenige nach ihm) gingen so radikal mit Malerei um. Nicht, weil er bloß auf Gegenständlichkeit verzichtete, sondern weil er die Bildeinheit bewusst riskierte: Störendes, Trennendes, Brüche, Farbdissonanzen gehören zu Vokabular und Syntax und tragen zur Erzeugung einer prozessualen „Harmonie der Gegensätze und Widersprüche"[24] bei. Im Hin und Her von Verbindendem und Trennendem erfährt sich der Betrachter unfreiwillig als *Akteur*. Er bemüht sich, das Durcheinander zu entwirren, Ordnungselemente zu erkennen, Bezüge herzustellen, kurz: sich zu *orientieren*. Denn der Autor vermittelt lediglich eine *Ahnung* von Einheit und bringt uns so erst auf die Suche danach. Die eigene Sehnsucht nach Übersicht und Klarheit wird bewusst. Gerade mit der Gefährdung seiner Einheit thematisiert der Maler das Bild, welches uns in seiner zeitgleichen Aussage über Monet bereits als zentraler Begriff auffiel und beschäftigte.

Wird bei Monet – zumal in den späten Werken – angesichts ihrer Fülle auch die schwindende Fassbarkeit der schattenhaften Natur bewusst, so ist diese Ambivalenz von Nähe und Entschwinden, Zeigen und Entziehen, Öffnen und Verschließen, von „Bloßgelegtem und Verschleiertem"[25] bei Kandinsky zum eigentlichen *Gehalt* der Kunst geworden. Seine abstrakte Sprache ist *selbst* eine Metapher für die Rätselhaftigkeit der Wirklichkeit. Nicht nur, weil sie keine figurative Welt mehr abbildet, sondern, weil sie uns gerade mittels einer übersteigerten Sichtbarkeit – alles drängt sich vor und rivalisiert miteinander – an die Grenze von Sichtbarkeit bringt und mit der Frage konfrontiert: Wie machen wir uns ein Bild von der Welt?

Der Autor verstrickt den Beschauer in den endlosen Prozess von Bildung und Entbildung. Dazu gehört, dass „Komposition 7" sich aus zahllosen Einzelbildern zusammensetzt, wie zum Beispiel der Zentrumskonfiguration mit schwarzem Punkt und mehreren Ringen. Umgekehrt können wir das Gemälde in der Vorstellung erweitern, es als Teil eines größeren imaginären Bildes verstehen. Bild und Einbildung, äußeres und inneres Bild überlagern sich. Wo Monet mit dem Serienprinzip der komplexen Wirklichkeit zu begegnen versucht, verfährt Kandinsky mit einer innerbildlichen Multiplikation: „Komposition 7" als endlose Kette ineinander verschachtelter Einzelbilder.[26]

Während bei Monet die sinnlich erfahrbare, informelle Natur als unerschöpfliche Energiequelle beschworen wird, ist für Kandinsky die totalisierte Realität innerhalb und außerhalb des Menschen ein konflikthaftes Ereignis physisch-psychischer Kräfte. Gerade dank seiner äußeren Realitätsferne ist das abstrakte Bild bei ihm paradoxerweise eine Metapher für Welterfahrung. „Komposition 7" entspricht Kandinskys Märchen-Moskau, das er in *Rückblicke* zum synästhetischen Urbild seiner als ikonenhaft-visionär verstandenen, radikal modernen Malerei stilisiert.[27]

5.

In *Rückblicke* fungieren die Erlebnisse von Monet und Moskau als zentrale Beispiele für eine besondere Art des *Sehens*, bei dem es um „die Fähigkeit des Erlebens des Geistigen in den materiellen und in den abstrakten Dingen"[28] geht.

Dieses Sehen richtet sich auf die Wirkungseigenschaften der sinnlich oder imaginativ erfahrbaren Wirklichkeit in Abhängigkeit von Farbe und Form. Es setzt ein bewusstes *Absehen* voraus. Das Wiedererkennen gegenständlicher Sachverhalte wird möglichst ausgeblendet zugunsten der Konzentration auf Farb- und Formdaten. Dabei geht es nicht allein um deren synästhetisch-emotionale Resonanz im Beschauer. Die optischen Daten schließen sich auf einer virtuellen optischen Ebene zusammen, die man wegen ihrer Elementarität als *primär* verstehen kann. Damit wird gleichsam ein *vor*gegenständliches oder auch *bildhaftes Sehen* etabliert. So wie es im alltäglichen Wahrnehmungsvorgang für uns unbewusst geschieht, wenn wir im Gehirn Nervenreize in elementare visuelle Daten übersetzen, aus denen wir dann sekundär ein gegenständliches Vorstellungsbild generieren, das uns die notwendige räumliche Orientierung allererst erlaubt.

Monet und nach ihm Kandinsky führen vermöge ihrer elementarisierten Malerei auf je eigene Weise an diese Anfänge der Wahrnehmung unterhalb des Bewusstseins heran und machen nicht zuletzt das Sehen als *kreativen* Prozess der Welterzeugung deutlich. In ihren Werken sieht der Betrachter wie *zum ersten Mal*. Man könnte sagen, dass sich Kandinskys Malerei gleichsam auf einer unteren Stufe des Sehens ansiedelt, um dort so etwas wie Wirklichkeit zu verankern. Bei Monet sind die optischen Daten dagegen auf einer gesonderten Ebene an ein wiedererkennbares Bild der äußeren Welt gekoppelt, was seine Malerei auf einer höheren Stufe des Wahrnehmungsvorgangs verortet. Der Unterschied zu Kandinsky ist folglich *graduell*. Die Frage der Gegenständlichkeit trennt die Künstler nicht grundsätzlich.

Das zeigt sich auch daran, dass der Russe später selbst wiederholt gegenständliche Elemente in seine Werke einstreute oder seine abstrakte Malerei sogar gegenständlich paraphrasierte – wie mit dem Moskaubild (*Abb. 3*) –, um so die Entstehung der sichtbaren Welt aus vorgegenständlichen Bild- bzw. Sehdaten als *inneren* Vorgang deutlich zu machen. Auf einer *Metaebene* erfolgt die innerbildliche Selbstreflexion der abstrakten Malerei über ihr Verhältnis zur sinnlich-imaginativ erfahrbaren Realität.

Monet wiederum soll sich in Reaktion auf Kandinsky zu diesem besonderen Sehen wie folgt geäußert haben: „Wenn Sie vor dem Motiv stehen, dann versuchen Sie zu vergessen, was für einen Gegenstand Sie vor Augen haben – Baum, Haus, Feld oder was auch immer. Denken Sie nur: Hier ist ein kleines blaues Quadrat, hier ein rosa Rechteck, hier eine gelbe Strähne – und malen Sie dies genau so, wie es Ihnen

Abb. 3: Wassily Kandinsky, *Moskau 1*. 1916. Öl auf Leinwand. 51,5 x 49,5 cm. Moskau, Staatliche Tretjakow-Galerie.

erscheint, genau die Farbe und die Form, bis es Ihren eigenen, unverfälschten Eindruck des Motivs vor Ihren Augen wiedergibt."[29]

Für Kandinsky ist das *doppelte Sehen*, wie ich es nennen möchte, bzw. der Wechsel vom gegenständlich-wiedererkennenden zum bildhaften Sehen ein Schlüssel für das Verständnis seiner abstrakten Malerei, wie er sie 1913 voll entwickelt hatte. Als signifikantes Beispiel für dieses doppelte Sehen erinnere ich an seine oben zitierte Schilderung des Märchen-Moskau.

Bevor wir auf die Bedeutung dieses besonderen Sehens für den Abstraktionsbegriff weiter eingehen, können wir festhalten: Monet und der Impressionismus haben nicht einen neuen Stil entwickelt, sie haben auch nicht allein einen besonderen Aspekt der Natur visualisiert oder bloß die Abstraktion vorbereitet. Mit der Neufundierung einer selbstreflexiv gewordenen Malerei unter Einbezug der visuellen Wahrnehmung haben Monet und der Impressionismus den modernen Bildbegriff mitbegründet - und damit das *Bild der Welt* verändert. Kandinskys Reverenz an Monet macht dies deutlich.

6.
Wir gelangen zur Frage nach der Abstraktion bei Kandinsky. Lässt sie sich in Bezugnahme auf die erörterten bild- und wahrnehmungstheoretischen Aspekte anders und differenzierter beschreiben, denn bloß als Gegenstandslosigkeit?

Die Beschäftigung mit der Theorie des Neoimpressionismus, besonders von Paul Signac, war für Kandinskys Bildkonzeption eine wichtige Voraussetzung. Vermutlich gar eine wichtigere, als das Monet-Erlebnis.[30]

Kandinsky interessierte, dass das Auge äußerlich getrennte Farbwerte aus Distanz betrachtet selbst zu mischen vermag. Die darauf basierende Malerei aus Punkten hat man Divisionismus genannt. Das analytisch in einfache Punktelemente dividierte Motiv synthetisiert der Beschauer zum Bild und erfährt sich als dessen *Mitproduzenten*. Ihm wird bewusst, dass sich die Faktizität des Werkes (die farbliche Beschaffenheit seiner Oberfläche) wesentlich von seiner Erscheinungsweise unterscheiden kann. Beide treten auseinander. Hierfür ließe sich – so mein Vorschlag – von Abstraktion in erweitertem Sinn sprechen, denn Zeichen und Bezeichnetes *spalten* sich. Im Werk ist das Zeichen sichtbar vom Bezeichneten abgezogen; beide gehören zwei unterscheidbaren Ebenen an.

Für Kandinsky bedeutet das abstrakte Bild demnach nicht allein Gegenstandslosigkeit, ebenso und vor allem ist es für ihn das *selbstreflexive* und daher autonome Werk. Monet und der Neoimpressionismus lassen sich damit folglich gut verbinden, da bei ihnen die elementaren malerischen Erscheinungswerte von der Gegenstandswelt *innerbildlich abstrahiert* sind. Sie verkörpern gewissermaßen das doppelte Sehen. Kandinsky erkennt, dass der Neoimpressionismus „ins Abstrakte greift", um nicht „das zufällige Stück Natur auf Leinwand zu fixieren, sondern die ganze Natur in ihrer Glanz- und Prachterscheinung zu bringen"[31]. Seine eigene Bildkonzeption ist demgegenüber eine *Radikalisierung*, kein Fortschritt.

Er erweiterte das Divisionismus-Prinzip in den Formbereich und erhob es damit zum Prinzip der Malerei selbst. Ein bildkonzeptionell bedeutender Zusammenhang zwischen seiner Abstraktion und dem Impressionismus. Wie entsteht so etwas wie Form in unserer Wahrnehmung überhaupt, welche optischen Gesetze gibt es hierfür? Fragen, die Kandinsky in der Bauhausschrift *Punkt und Linie zu Fläche* ausführlich erörterte.

Bei der Betrachtung von „Komposition 7" fällt der schwarze, mehrfach umrahmte Punkt auf. Er ist gleichsam der Antipode des Chaos: als kleinstmögliche und knappste Form von Einheit am Übergang zur Unsichtbarkeit, wie Kandinsky sagt.[32] Bewegt er sich, entsteht eine Linie, bewegt diese sich, resultiert daraus eine Fläche. In der Zentrumskonfiguration ist erstmals formuliert, was Kandinsky zehn Jahre später zum Titel des genannten Buches machen sollte: *Punkt und Linie zu Fläche*. Gemeint ist die *Transitorik* einfacher bildnerischer Formelemente. In seinen Werken ab 1912/13 sind sie folglich nicht nur als ein Nebeneinander auf der Fläche zu verstehen, sondern auch als ein mögliches *zeitliches* Nacheinander – wie Stufen eines *Evolutionsprozesses*, der für den Maler vom Punkt zu höher entwickelten, letztlich körperlichen Konfigurationen fortschreitet bzw. von diesen zum Punkt regrediert.[33]

Damit ist die *Temporalität* des Bildes angesprochen, die Kandinsky wohl als erster überhaupt theoretisch erörterte.[34] Bereits bei Monet ist Zeit nicht einfach nur dargestellt, das Werk selbst generiert vermöge seiner autonomen Struktur so etwas wie *Bildzeit*. Der Augenblick der in Fluss geratenen Natur wirkt deshalb nicht gefroren, sondern zeigt sich seinerseits temporal vermittelt: Dauer resultiert aus der sich stets neu aufbauenden Momentaneität des Bildeindrucks. Das Werk wird solchermaßen nicht als Gegebenheit erfahren, sondern als etwas, das in Erscheinung tritt. Genau dieses In-Erscheinung-Treten des für ihn damals neuartig-fremden Mediums Bild beschreibt Kandinsky als Haupterkenntnis des Moneterlebnisses.

Kommen wir auf den Form-Divisionismus zurück. Wie der Franzose operiert auch Kandinsky mit einer ungegenständlichen Grundstruktur einfachster Elemente. Doch im Unterschied zu Monet bleibt die Struktur nicht neutral, wenngleich man sie immer auch so sehen kann und soll, sondern erhält darüber hinaus eine *metaphorische* Qualität. Aus dem Punkt lassen sich *mikro-* und *makrokosmische* Welten ableiten – Zellen ebenso wie Gestirne.[35] Eindeutig wiederzuerkennen ist im optischen Energiekonzentrat letztlich zwar nichts, doch Kandinskys Malerei weckt und lockt die Imagination des Betrachters.

Wer an der Relevanz meiner Aussage hinsichtlich „Komposition 7" zweifelt, mag den Vergleich mit späteren Arbeiten der 1920er und 1930er Jahre machen, wo sich der hier noch eher verdeckte Zusammenhang deutlich zeigt.

Im Durcheinander extremster Kontraste, die aufgrund ihrer ungeordneten Überfülle als wilde Kraft erfahren werden, bilden wir uns vor „Komposition 7" für Augenblicke kompensatorisch einen grenzenlos kleinen wie großen Kosmos ein, bevor wir die Faktizität der bemalten Leinwand gewahren, auf welcher der schwarze Punkt auch wie ein bloßes Loch wirkt. Dabei erleben wir einen starken affektiven Kontrast von Unruhe und „sphärischer" Ruhe (wie umgekehrt ansatzweise bereits in Kandinskys frühen Naturimpressionen).

Vermittelt uns Monet ein alltägliches Landschaftserlebnis dank autonomer Farbstruktur gleichsam als Teil einer möglichen Totalität, so operiert Kandinsky anders: Das Außen bzw. die Natur verkörpert bei ihm die Bildfaktizität von Farbe und Leinwand. Daraus entsteht *in uns* die Vorstellung einer entgrenzten – eben kosmischen Wirklichkeit. Alles scheint jetzt im Gemälde zu schweben, d. h. der irdischen Schwerkraft entzogen zu sein. Obwohl ungegenständlich, divergieren Faktizität und Wirkung wie beim divisionistischen Werk. Wie kommt dieser Eindruck zustande?

Kandinsky entdeckte, dass einfachste gegenstandslose Formen dingliche Qualitäten aufweisen, die etwas *Körperliches* suggerieren, selbst dann, wenn wir uns voll bewusst sind, dass eigentlich gar nichts abgebildet ist. Das „*Ding*"[36] ist eine genuin bildnerische, virtuelle Konfiguration ohne gegenständlichen Referenten, aber mit gegenständlichem Assoziationspotential (Form, Gewicht, Farbe oder Konsistenz). Während bei Monet die Gegenstandswelt anschaulich in ihre bildnerischen Erscheinungswerte übersetzt ist, geschieht bei Kandinsky umgekehrt die partielle temporäre Verdinglichung von Erscheinungswerten, ohne dass Gegenständlichkeit im alten Sinne wiederhergestellt würde. Bei Monet erweist sich das natürliche Sein als Erscheinen, was die klassische Unterscheidung von Substanzen und Akzidentien aufhebt[37], bei Kandinsky umgekehrt das Erscheinen auch als potenziell-imaginäres Sein.

Jede autonome Farb-/Formsetzung ist folglich nicht nur „Klang" oder Impuls (als Kontrastphänomen), sondern ebenso Ding. Eine für das Verständnis von Abstraktion gravierende Feststellung, die in der Forschung bisher kaum Beachtung fand.

Abb. 4: Wassily Kandinsky, *Roter Fleck II*. 1921. 137,8 x 181,3 cm. München, Städtische Galerie im Lenbachhaus.

Zum ersten Mal thematisierte der Russe die Dinglichkeit mit dem schwarzen Bogen in „Komposition 5"[38]. Ein späteres Beispiel einer dinglichen Form ist „Roter Fleck" von 1921 (*Abb. 4*). Handelt es sich beim roten Fleck etwa um das geschmolzene Märchen-Moskau, das befreit im Makrokosmos schwebt? Die Assoziation an ein Herz macht die Konfiguration jedenfalls als ein Lebens- und Energiezentrum besonders sinnfällig.

Mittels einer gegenstandslosen, auf starken Kontrasten basierenden Klangsprache und einer dynamischen Form lässt sich ein gleichsam musikalisches Malereierlebnis vermitteln. Doch das spannungsgeladene Feld stärkster visueller Impulse bedeutet, so meine These, keine bloße Abkehr von der sinnlich-imaginativ erfahrbaren Wirklichkeit. Abstraktion stellt für Kandinsky auf einer autonomen Basis vielmehr zusätzlich einen neuartigen *Entwurf* für eine *mögliche Welt* dar. Während wir bei Monet in der Betrachtung der autonomen Farbstruktur immer das unscharfe oder angeschnittene Motiv wiederzuerkennen uns bemühen, gerade auch dann, wenn es sich zu entziehen scheint, leitet Kandinsky unsere *Imagination*. Statt wiederzuerkennen assoziieren wir. Wir sehen in die Bilder hinein, was dort als bewusst vieldeutiger Entwurf angelegt, aber eindeutig *nicht* vorhanden ist. Stets sind die Dinge *unterbestimmt*, weshalb das Auge ergänzt: Es schließt Linien zu Formen, gruppiert zerstreute ähnliche Elemente, schafft räumliche Tiefe etc. und beginnt Gegenständliches zu assoziieren. Dabei wird es gleichsam produktiv in die Irre geführt, denn kein eindeutiges Vorstellungsbild, auch kein abstraktes aus geometrischen Formen beispielsweise, wäre abschließend zu konkretisieren. Unser Wahrnehmungs- und Imaginationsprozess bleibt offen und geschieht so *bewusst*. Die *eingebildete* Welt löst sich sogleich wieder im Energiemeer fluktuierender Bilddaten auf, um sich an anderer Stelle in veränderter Gestalt erneut abzuzeichnen.

Das bildhafte Sehen vereinigt bei Kandinsky folglich das prozessuale, von optischen Kontrasten verursachte Sehen und das als ebenso prozessual erlebte Imaginieren. Franz Marc beschreibt es am Beispiel von Kandinskys Moskau-Bild von 1911: „Man sieht formal so gut wie nichts; aber man fühlt sofort das Schreckliche der Millionenstadt; man glaubt, die Wägen über die Brücken fahren zu sehen, das Dröhnen der Eisenbahnen, Feuersbrünste, Luxus und Not; alles dies fühlt man; man zittert förmlich und sieht alles visionär wie Dostojewsky, dessen Geist ihm zweifellos am nächsten verwandt ist."[39]

Derweise ließ sich Monets Landschaftsschema ersetzen. Freilich um den Preis, dass sich bei Kandinsky der Bezug zur sinnlich erfahrbaren Wirklichkeit allein dem bildhaften Sehen und der Faktizität von Farbe und Leinwand verdankt –, jenseits davon ist äussere Wirklichkeit nicht mehr denkbar.

Abstraktion ist für ihn jedoch nicht auf die Selbstreflexivität und faktische Gegenstandslosigkeit des Bildes beschränkt, also auf die Werkseite – es gibt für ihn zusätzlich auch das *abstrakte Sehen*, „das Erleben des Geistigen in den materiellen und in den abstrakten Dingen"[40]. Moskaus Kreml ebenso wie Monets Heuhaufenbild lassen sich abstrakt oder bildhaft sehen als entmaterialisierte, sinnliche Erscheinungen, als klingende Bilddinge. Kandinsky sieht beides unter den Bedingungen seiner abstrakten Malerei. Es ist im Grunde unerheblich, ob es sich um ein Gemälde, um ein Wahrnehmungsbild, Erinnerungsbild oder um ein Vorstellungsbild handelt. Kandinskys abstraktes Bild der Welt hat die Welt zum Bild gemacht.

Zum Schluss verweise ich nochmals auf „Komposition 7"[41]: Im Punkt als kleinstem möglichem Teil und elementarstem Bilddatum kommt bei Kandinsky alles zusammen: Anfang und Ende, Genesis und Apokalypse. Das Gemälde kann, muss aber nicht, im Entstehen aus Punkten ebenso wie in Auflösung in Punkten gelesen werden. Kandinsky führt die Entstehung und Auflösung der sprachanalogen Malerei anschaulich auf die formal-farblichen Grundelemente zurück.[42] Stets bewusst, einer bemalten Leinwand gegenüber zu stehen, erleben wir uns als Betrachter zwischen den Polen von Werden und Vergehen einer Bild-Sprache, darüber hinaus aber auch als Teil einer von uns assoziierten Kosmologie zwischen Urknall und schwarzen Löchern sozusagen. „Komposition 7" beschreibt einen transitorischen Augenblick auf einer umkehrbaren Zeitachse Richtung Vergangenheit und Zukunft. Ihr Zeitpotential kann man in die eine oder andere Richtung entwickeln und die konzentrisch-exzentrische Zwischenwelt von Chaos und Ordnung konträr zu Ende denken.

Der Punkt und alles daraus Entwickelte ist zugleich Bildfaktum, visueller Impuls und dingliche Metapher. An ihm fokussiert sich das bildhafte, sinnlich-imaginative Sehen. Am Punkt, der idealiter unendlich klein und unsichtbar ist, fokussiert sich ebenso das Bild einer physikalischen Wirklichkeit, die sich mehrdeutig aus Teil, Energie und Beobachtung generiert.[43] Wie bei Monet können wir uns an Kandinskys Welt-Bildern letztlich aber auch sehend unsere eigene Existenz in der Fülle des Nichts vergegenwärtigen.

Anmerkungen

1 Vgl. Ausst.-Kat. *Claude Monet ... bis zum digitalen Impressionismus.* Fondation Beyeler. München/Berlin/London/New York 2002. Auf die Bedeutung des Impressionismus für die Entstehung des abstrakten Bildes hat Gottfried Boehm mehrmals hingewiesen. Vgl. Ders., Das neue Bild der Natur. Nach dem Ende der Landschaftsmalerei, in: *Landschaft.* Hg. v. Manfred Smuda, Frankfurt a. M. 1986, 87–110. Die folgenden Überlegungen knüpfen daran an und sind als Dank für Gottfried Boehms inspirierende Lehre gedacht.
2 Um welches Werk es sich genau handelt, ist ungewiss. Vgl. Hans K. Roethel/Jelena Hahl-Koch, in: Wassily Kandinsky, *Die Gesammelten Schriften*, Bd. 1. Hg. v. Dens., Bern 1980, 151, Anm. 24.
3 Wassily Kandinsky, *Rückblicke* (1913), in: Kandinsky (wie Anm. 2), 32f.
4 Vgl. die Schilderung von Guy de Maupassant: „Das war in Wirklichkeit nicht mehr ein Maler, sondern ein Jäger. Er zog hinaus, gefolgt von Kindern, die seine Leinwände trugen, fünf oder sechs Leinwände, die dasselbe Motiv zu verschiedenen Tageszeiten und mit verschiedenen Effekten wiedergaben. Er nahm sie vor und liess sie sein, abwechselnd, je nach den Veränderungen des Himmels. Und der Maler, vor dem Motiv, wartete, spähte nach der Sonne und den Schatten und hielt mit einigen Pinselhieben den Sonnenstrahl oder die vorüberziehende Wolke rasch auf seiner Leinwand fest." – Guy de Maupassant, La Vie d'un paysagiste, in: *Gil Blas*, 28. September 1886, 1, Sp. 1–2.
5 Kandinsky, *Rückblicke* (wie Anm. 3), 42. Vgl. auch Kandinskys kritische Anmerkung: „Das ‚Licht- und Luftproblem' der Impressionisten interessierte mich sehr wenig. Ich fand immer, dass die klugen Gespräche über dieses Problem sehr wenig mit der Malerei zu tun haben. Wichtiger erschien mir später die Theorie des Neoimpressionismus, die im letzten Grunde von der Farbwirkung sprach und die Luft in Ruhe ließ." Ebd., 33, Anm.
6 Wassily Kandinsky, „Plakat für die Firma Abrikosow". Um 1896/97, München, Städtische Galerie im Lenbachhaus.
7 Kandinsky hatte den Verein „Phalanx" 1901 in München gegründet, um Ausstellungen zu organisieren. Bis 1904 realisierte er zwölf Ausstellungen, darunter 1904 auch eine von Paul Signac.
8 In einem Brief an Gabriele Münter vom 23. Februar 1904 nennt er sich einen „Impressionisten". In: Vivian Endicott Barnett, Kandinskys Hauskataloge: Kategorien, Formate, Stilmittel, in: *Der frühe Kandinsky 1900–1910.* Hg. v. Magdalena M. Moeller, München 1994, 51f.
9 In Kandinskys eigenem Interpretationstext *Der 'Kampf'* zum verschollenen Bild „Kampf in Rot und Grün" von 1904 spricht er von „Pointillieren", dessen Sinn er jedoch nicht in der bloßen Steigerung der Farbkraft, sondern in einem „psychischen Resultat" sieht. Daran zeigt sich bereits die Grundverschiedenheit zum französischen Impressionismus. In: Barbara Mackert-Riedel, *Wassily Kandinsky über eigene Bilder. Zum Problem der Interpretation moderner Malerei.* Weimar 2003, 75.
10 Vgl. das unveröffentliche Manuskript *Die Farbensprache* von 1904, Gabriele Münter- und Johannes Eichner-Stiftung, München. Darin spricht er bereits von „abstrakten Formen" als ornamentalen Gebilden und gibt als Fernziel seiner malerischen Entwicklung „freie" Formen ohne Natur- und Ornamentbezug an.

11 Ein Beleg dafür ist auch die Tatsache, dass Monet im Unterschied zu anderen französischen Vätern der Moderne (u. a. Delacroix, Cézanne, Signac, van Gogh) in Kandinskys früheren Schriften gar nicht genannt wird. Vgl. auch Kandinskys späte Relativierung von Monets Bedeutung für seine Malereientwicklung: „Ich bin aber Barr dankbar, weil er meine Malerei nicht vom Kubismus herausleitet, was hier in Paris nicht selten der Fall ist, sondern direkt von Cézanne, was auch meiner Meinung nach stimmt. Allerdings habe ich den ersten Schock vom Heuhaufen von Claude Monet erhalten, als ich noch Student in Moskau war. Damals verstand ich noch dunkel, d. h. „unterbewusst", dass der Gegenstand als solcher nicht wesentlich ist. Bei Cézanne verstand ich, dass der Maler malen muss." Brief an Galka Scheyer vom 29. Juni 1937; zit. n. Jelena Hahl-Koch, *Kandinsky.* Stuttgart 1993, 330.

12 In *Rückblicke* versucht Kandinsky seine Malerei in einen heilsgeschichtlichen Kontext zu bringen. Vorbestimmt scheint seine Biografie eigengesetzlich zu verlaufen. Die Auseinandersetzung mit künstlerischen Neuerungen seiner Zeit, die in *Über das Geistige in der Kunst.* Hg. v. Max Bill, Bern 1973 (München ¹1912) viel Raum einnahm, ist deshalb ganz ausgeblendet. Das frühe Moneterlebnis wird entsprechend überinterpretiert. Vgl. vom Verf., *Kandinskys Abstraktion. Die Entstehung und Transformation seines Bildkonzepts.* München 2001, Kap. 2.1, bes. 34–36, und Exkurs 2, 277–285.

13 Zu Kandinskys Abstraktionsbegriff vgl. vom Verf. ausführlich: *Kandinskys Abstraktion* (wie Anm. 12).

14 So bemerkt Monet im Gespräch mit Roger Marx 1909: „Die Interpreten meiner Malerei meinen, ich hätte in Verbindung mit der Wirklichkeit den letzten Grad an Abstraktion und Imagination erreicht. Mir wäre lieber, wenn sie darin die Hingabe meiner selbst erkennen wollten." Zit. n. Roger Marx, Les Nymphéas de M. Claude Monet, in: *Gazette des Beaux-Arts,* Juni 1909, 527.

15 Vgl. Monets Gespräch mit Roger Marx (wie Anm. 14).

16 Kandinsky, *Rückblicke* (wie Anm. 3), 29.

17 Vgl. Kandinskys Interesse für die inneren Welten des europäischen Symbolismus: u. a. Böcklin, Ensor, Kubin, Maeterlink, Redon, Roerich, Stuck. In der Frühzeit entstanden neben den Landschaftsimpressionen auch russophile Märchenbilder. Die konträren Werktypen verkörpern gleichsam Aussen und Innen, Perzeption und Imagination. Vgl. vom Verf. *Kandinskys Abstraktion* (wie Anm. 12), 59–68.

18 Kandinsky, *Über das Geistige in der Kunst* (wie Anm. 12). Zu den folgenden Werkanalysen vgl. vom Verf. ausführlich: *Kandinskys Abstraktion* (wie Anm. 12), 133–230.

19 Kandinsky verwendete den Begriff ab 1909. Vgl. Kandinsky, *Über das Geistige in der Kunst* (wie Anm. 12), 142.

20 Kandinsky, *Rückblicke* (wie Anm. 3), 41.

21 Kandinsky, *Rückblicke* (wie Anm. 3), 163.

22 Vgl. Anm. 14.

23 Vgl. Kandinsky, *Über das Geistige in der Kunst* (wie Anm. 12), 142. Der Begriff „Improvisation" ist gut gewählt, da er zwei Bedeutungen umfasst: Das unvorbereitete, spontane Tun und, vom it. improviso, das unvorhergesehene, für Kandinsky innere Bild. Vgl. auch die frühere Gegenüberstellung von Naturimpressionen und Märchenbildern.

24 Kandinsky, *Über das Geistige in der Kunst* (wie Anm. 12), 108f.

25 Kandinsky, *Über das Geistige in der Kunst* (wie Anm. 12), 78.

26 Vgl. Kandinsky: „Die große Komposition kann selbstverständlich aus kleineren in sich geschlossenen Kompositionen bestehen, die äusserlich sogar feindlich einander gegenüberstehen, aber doch der großen Komposition (und gerade in diesem Falle durch das Feindliche) dienen". In: Kandinsky, *Über das Geistige in der Kunst* (wie Anm. 12), 72, Anm. 1. Zahlreiche Studien zu „Komposition 7" sind erhalten. Darunter solche von einzelnen Bildpartien, die signiert als selbständige Werke gelten. Vgl. Magdalena Dabrowski, *Kandinsky Compositions.* The Museum of Modern Art. New York 1995.

27 Vgl. Kandinsky, *Rückblicke* (wie Anm. 3), 50.

28 Kandinsky, *Rückblicke* (wie Anm. 3), 49.

29 Zit. n. Lilla Cabot Perry, in: *Impressionisten. Monet, Pissaro, Sisley. Vorläufer und Zeitgenossen.* Ausst.-Kat. Kunsthalle Basel. Basel 1949, 7.

30 Kandinsky erwähnt die Schrift von Paul Signac, *D'Eugène Delacroix au néo-impressionisme,* Paris 1899 in: Kandinsky, *Über das Geistige in der Kunst* (wie Anm. 12), 49, Anm. 2 und in: *Punkt und Linie zu Fläche. Beitrag zur Analyse der malerischen Elemente.* Hg. v. Max Bill, Bern 1973 (Mün-

chen ¹1926), 16, Anm. 2. Vgl. zu Kandinskys Beschäftigung mit der französischen Kunsttheorie vom Verf., *Kandinskys Abstraktion* (wie Anm. 12), 44–46, Anm. 192 u. 194.
31 Kandinsky, *Über das Geistige in der Kunst* (wie Anm. 12), 49.
32 Vgl. Kandinsky, *Punkt und Linie zu Fläche* (wie Anm. 30), 21ff.
33 In Kandinsky, *Rückblicke* (wie Anm. 3), 30, führt er die abstrakte Kunst erstmals auf die Lebendigkeit des ruhenden und sich bewegenden Punktes (= Linie) zurück und entwickelt den Ansatz in seinen späteren Schriften weiter. Vgl. Wassily Kandinsky, Little Articles on Big Questions, 1919, in: Ders., *Complete Writings on Art*. Hg. v. Kenneth C. E. Lindsay/Peter Vergo, 2 Bde, London 1982, 425 f. und Kandinsky, *Punkt und Linie zu Fläche* (wie Anm. 30), 120, Anm. 1, wo Kandinsky die bildnerischen Grundelemente mit der Naturevolution vergleicht: „Die autonom gewordene abstrakte Kunst unterliegt auch hier dem „Naturgesetz" und ist gezwungen, ebenso vorzugehen, wie ehemals die Natur, die mit Protoplasma und Zellen bescheiden anfing, um ganz allmählich zu immer komplizierteren Kunstorganismen fortzuschreiten." Im Punkt erkennt er das Grundelement sowohl der Malerei als auch der Natur, deren Formen letztlich „kleine Raumkörperchen" seien, ebd., 38 f. Farblich erfolgt der evolutionäre Übergang für Kandinsky zwischen Weiss und Schwarz als „Nichts" vor dem Anfang bzw. nach dem Ende. Vgl. Kandinsky, *Über das Geistige in der Kunst* (wie Anm. 12), 95–98.
34 Vgl. vom Verf. ausführlich: *Kandinskys Abstraktion* (wie Anm. 12), Kap. 2.3.3, 51–54.
35 Vgl. Anm. 33.
36 Vgl. Kandinsky: „Die Linie ist […] ein Ding, welches ebenso einen praktisch-zweckmässigen Sinn hat wie ein Stuhl, ein Brunnen, ein Messer, ein Buch usw. […] Wenn also im Bild eine Linie von dem Ziel, ein Ding zu bezeichnen, befreit wird und selbst als ein Ding fungiert, wird ihr innerer Klang durch keine Nebenrollen abgeschwächt und bekommt ihre volle innere Kraft. So kommen wir zur Folge, dass die reine Abstraktion sich auch der Dinge bedient, die ihr materielles Dasein führen, geradeso wie die reine Realistik." In: Über die Formfrage, in: *Der Blaue Reiter*. Hg. v. Wassily Kandinsky/Franz Marc (München ¹1912), Dokumentarische Neuausgabe von Klaus Lankheit, München 1987, 161f.
37 Bildnerisch zeigt sich die Gleichsetzung von Sein und Erscheinung bei Monet in der häufigen Überblendung von Motiv und Spiegelbild.
38 Das Gemälde entstand Ende 1911 zeitgleich mit Kandinskys Aufsatz *Über die Formfrage* (wie Anm. 35), in dem die Dinglichkeit der Linie erstmals erörtert wird.
39 Brief an Maria Marc vom 10. Februar 1911; zit. n. Gisela Kleine, *Gabriele Münter und Wassily Kandinsky. Biographie eines Paares*. Frankfurt a. M. 1990, 364, Anm. 108. Die Schilderung von Franz Marc bezieht sich auf das zerstörte Gemälde „Impression 2 (Moskau)" von 1911.
40 Kandinsky, *Rückblicke* (wie Anm. 3), 49.
41 Vgl. die ausführliche Werkanalyse vom Verf. in: *Kandinskys Abstraktion* (wie Anm. 12), Kap. 7, 179–217.
42 Dabei beruft er sich auf die Kunsttheorie der Renaissance mit Alberti und Leonardo, die den Ursprung der Malerei mit Euklids Geometrie definierten (Punkt-Linie-Fläche-Körper). Dank der Abstraktion konnte Kandinsky diese Definition am Bild als Autogenese direkt veranschaulichen.
43 Früh interessierte sich Kandinsky für Physik und äußerte sich mehrfach und ausführlich zu physikalischen Fragen. Seine raumzeitliche Malerei weist Analogien zu Erkenntnissen der modernen Astro- und Atomphysik auf, namentlich zur Relativitätstheorie und Quantenmechanik. Bereits im unpublizierten Manuskript *Farbensprache* von 1908/09 spricht er davon, dass die Materie von bewegten Molekülen bestimmt sei, durch deren Bewegungsweisen sie sich unterscheide (Gabriele Münter- und Johannes Eichner-Stiftung, München). Er erwähnt auch die Atomteilung. Vgl. Hans K. Roethel/Jelena Hahl-Koch zu Kandinskys Äusserung über den Atomzerfall, in: Kandinsky, *Rückblicke* (wie Anm 3), 153, Anm. 26. Zu diesem in der Kandinsky-Forschung bisher wenig beachteten Thema vgl. vom Verf. *Kandinskys Abstraktion* (wie Anm. 12), Kap. 7.6, 214–217 und ausführlich: Christiane Schmidt: *Kandinskys physikalische Kreise. Kunst als Medium naturwissenschaftlicher Erkenntnis*. Weimar 2002.

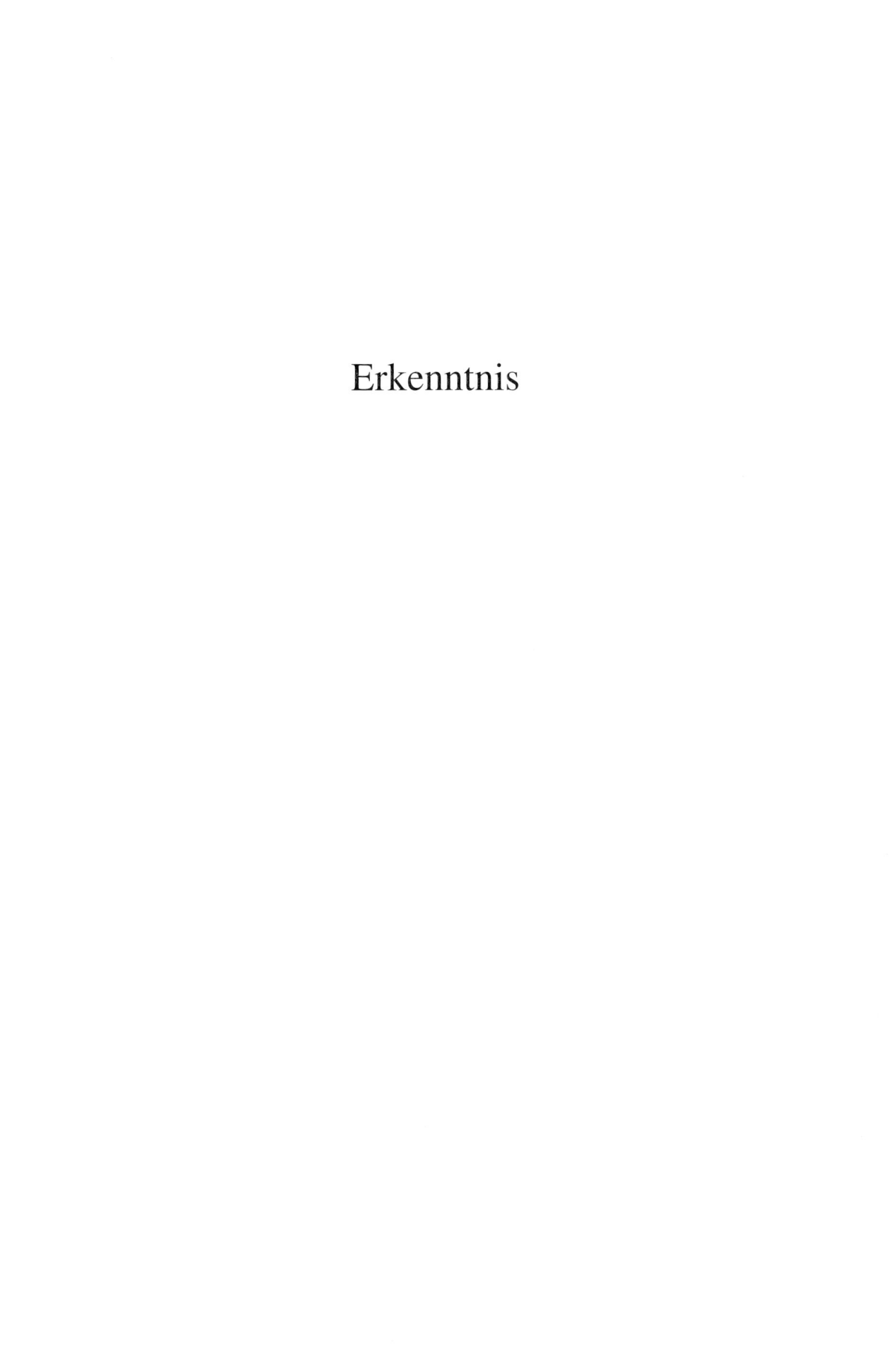

Erkenntnis

Achatz von Müller

Gegen die Zeit:
Die Ruinenvedute als Ideenbild
der Geschichte

In einer der schönsten romantischen Rom-Beschreibungen des frühen 19. Jahrhunderts, Wilhelm Müllers „Rom, Römer, Römerinnen" aus dem Jahr 1818, beklagt der Autor den Verfall der römischen Ruine. Wohlgemerkt geht es ihm dabei nicht um den Verfall einst intakter antiker Bauwerke, sondern um die Zerstörung der Naturwirkung der Ruine zu Gunsten ihrer geschichtlichen Einordnung. Die französische Archäologie, so die Klage, habe sich ganz der Ruinen bemächtigt, sie ihres reizvollen Bewuchses beraubt und damit zu Gunsten der wissenschaftlichen Analyse der Geschichte die Geschichte selbst zerstört: „Vorbei der schöne Schauer der Zeit beim Gang über die erhabene Ummauerung des Colisseums. ... Ich liebe das Alterthum mit dem frischen Leben der neuen Welt umschlungen zu sehen. Man geniesst so Beides freudiger und erkennt es tiefer durch den nahen Gegensatz."[1] Nur vordergründig geht es dabei um den Gegensatz von „malerischem Bild" und analytischer Wissenschaft. Es ist ein anderes Bild von Geschichte, dem Müller folgt.

Wofür steht die Ruine? Für eine Hypothese zur Rekonstruktion einer geschichtlichen Tatsache oder für die Vergegenwärtigung des geschichtlichen Prozesses, der zwischen dem sich unablässig wandelnden Blickpunkt der Gegenwart und einer von ihr entfernten Vergangenheit liegt? – Eben mit dieser Frage sieht sich Müller konfrontiert und zugleich durch die Fixierung der Archäologie auf einen spezifischen Zustand der Ruine in der Zeit sowie die entsprechende Abgrenzungsrekonstruktion gegenüber ihrer weiteren Veränderung durch die Zeit – bereits abgelaufener und künftiger – sich um die Möglichkeit der eigenen Antwort gebracht. Und so klagt er gegen die Wissenschaft im Namen der Geschichte, der Römer und der Maler[2]. Warum der Maler? – Gewiss zunächst wegen der Bedeutung der Begegnung von Natur und Geschichte zur Konstruktion des „Malerischen" in der romantischen Ästhetik, deren Prinzipien Müller durchaus vertraut waren.[3] Zugleich aber partizipiert er mit seinem Reflex auf das Malerische an einem Diskurs, der seit dem Quattrocento das „Bild" der Ruine in den Kontext historischer Theorie stellt. Das Ruinenbild verbindet sich in diesem Diskurs mit der poetischen Allegorie der Ruine, also ihrer Zeichenfunktion in fiktionalen Texten, der kognitiv epistemischen Rolle der Ruinenbetrachtung und durch alle seine Varianten schließlich mit allen denkbaren Formen der Reflexion über zeitliche Ferne und den Prozess der Geschichte, in dem sich Zeitdifferenz zur Bedeutungsordnung transformiert.[4] Im Bild der Ruine und ihrer poetischen oder zeichentheoretischen Allegorisierung vollzieht sich somit ein steter Reflex auf Zeitdifferenz und Geschichte. Das Bild der Ruine enthüllt sich als Geschichtsbild.

Doch welcher Art ist dieses Bild? In welche Diskurse über Geschichte bettet es sich ein? Und welche Rolle spielt die Ikonisierung dieses Diskurses? Der gleichsam emblematische Charakter des Ruinenbildes – Bild und Text zugleich zu sein – besitzt dabei ehrwürdige Tradition. „Par tibi, Roma, nihil, cum sis prope tota Ruina/quam magni fueris integre, fracta doces." Mit diesen Versen gab einer der „Humanisten um 1100", Hildebert von Lavardin, seiner Rombewunderung und Rommelancholie Ausdruck: „Dir, Rom, gleicht nichts, auch wenn Du fast gänzlich Ruine bist. Als Ruine lehrst Du uns, wieviel grösser Du gewesen sein musst".[5] Mit Hildebert hat das Ruinenbild teil am Romdiskurs des frühen Mittelalters, der Renovatio-Ideologie der Kirche und der weltlichen Gewalten, vor allem aber an der im 11. Jahrhundert rasant aufeinander zubewegten Verehrung für das transzendentale Rom der Märtyrer und das geschichtliche Rom des Imperiums. Die Rom-Elegie des Bischofs von Le Mans, späteren Erzbischofs von Tours[6], präsentiert die Ruine als Zeitbild des Vergänglichen, zugleich aber auch als Ahnung und Bewunderung historischer Größe. Im Bild der Ruine also fängt sich Geschichte als Relativierung gegenüber der Ewigkeit Gottes und des Gottesreiches, zugleich aber als säkulare Melancholie, die eben diese Relativierung der menschlichen Zeit und der von Menschen geschaffenen Schönheit und Größe betrauert. Solche Möglichkeiten gewinnt in der Tat erst das 15. Jahrhundert wieder, das in den Ruinenschilderungen der scheinbar allein antiquarisch gesinnten „Humanisten" Flavio Biondo, Poggio Bracciolini und vor allem Enea Silvio Piccolomini nicht nur die Ruine als Gegenstand wissenschaftlicher Neugier, sondern nicht weniger auch allegorischer Bedeutungszuschreibung entdeckt. Dabei reicht das Spektrum der Ruinenbilder, die diese Autoren liefern, von dem Bestreben möglichst authentische „Antike" zu liefern bei Flavio Biondo über die „realistischen" Schilderungen Poggios in seinem Traktat „De varietate fortunae", der als Elegie beginnt, bis zu den stimmungsvollen Bildern Eneas, der sein ganzes Augenmerk auf die Durchdringung der Geschichte durch die Natur legt.[7]

Durch die Ruine also versetzt sich das Quattrocento zurück in die verehrte Antike, durchmisst sie, imaginiert sie. Hildeberts Ruinenpoesie lässt sich dabei durchaus noch als Hintergrund denken – über alle epochale Differenz hinweg. Jedoch wird die Differenz zwischen dem 15. und dem 12. Jahrhundert schließlich doch unübersehbar: dem Verwesungsbild der Geschichte und der ihm zur Seite stehenden Trauer begegnen die Humanisten des Quattrocento mit dem archäologischen Gestus der Rekonstruktion. Für sie bietet das Ruinenbild den wissenschaftspoetischen Anlass zur Vergegenwärtigung des in und durch die Geschichte Verlorenen. Wenn Poggio oder Enea Silvio das Überwältigen der zerborstenen antiken Architekturen durch Pflanzenbewuchs und Wurzelwerk schildern, nehmen sie Attacken auf das scheinbar Zerstörbare wahr. Sie folgen damit L. B. Alberti, der im 10. Buch seiner „Baukunst" folgenden Hinweis gibt: „Die Zeit – so sagt man – vernichtet alles. Allzu hinterhältig und entkräftend seien die Plagen des Alters. Und die Körper können sich nicht gegen die Naturgesetze auflehnen, da sie ja alle einmal alt werden, so dass sogar einige den

Himmel selbst für vergänglich halten."[8] Umso bedeutsamer erscheint nun die rettende zivilisatorische Intervention des Beobachers, Analytikers, Rekonstrukteurs: des Humanisten. Es ist ein heilender Blick, der auf das scheinbar zerstörte Bild gerichtet wird. Ein protosäkulisierender Blick[9] isoliert antike Tempel, Kultstätten, Theater, Paläste, entrückt sie philologisch korrekt ihre ursprüngliche Funktion rekonstruierend eben diesen Zusammenhängen und verwandelt sie in monumentale Kunstwerke – in Bilder einer verehrten Epoche.

Die Zeit, die sich in den Ruinen durch bröckelnde Mauern und Pflanzenbewuchs sichtbar macht, erscheint in dieser Sicht nicht als verwandelnde Geschichte, nicht als Metamorphose sui generis, sondern als zerstörende Macht, der es zu begegnen gilt. Das Ruinenbild ruft zur Intervention gegen die Zeit auf. Damit aber wird idealtypisch Geschichte aus der Zeit geworfen. Die Ruine wird nicht nur zur – wenn auch melancholisch stimulierten – Geschichtsallegorie, sondern zur Kritik-Chiffre an der Zeit. Diese Eskamotierung der Geschichte durch die Negation der verwandelnden Kraft der Geschichte im Gewand der Zeit entspringt der bekannten humanistischen Hochschätzung der Antike. Das Bild ihres Verfalls ruft zum Widerstand gegen Zeit und Geschichte auf.

Die Staffage-Gestaltung der Renaissance kann derartige Chiffren durchaus rezipieren. In antiken Architekturzitaten werden seit dem Quattrocento in Zeichnungen, Tafelbildern und Fresken solche Möglichkeiten der Ruinensignatur gesucht und erprobt.[10] Zugleich deutet sich auch hier die Tendenz zur Emblematisierung dieses Motivs an. Diese Form sinnfälliger Autonomisierung des Ruinenmotivs zeigt in der Regel bröckelndes Mauerwerk antiker Herkunft, das von Pflanzen überwuchert, ja förmlich verschlungen wird. Zwei Varianten der jeweiligen *subscriptiones* solcher emblematischer Ruinenzitierungen mögen die Bandbreite der Deutungsmöglichkeiten illustrieren: So betextet die Emblemsammlung des Sebastian de Covarrubias eine solche Ruinenüberwucherung mit der Deutungssubscriptio „Es gibt kein Ding, das dauerhaft wäre – weder Koloss noch Pyramide noch Tempel. Alles vergeht und hinterlässt nur schwache Erinnerung." Dieser ganz dem Vanitas-Motiv ergebenen Deutung von 1610 stellt siebzehn Jahre später die berühmte Sammlung des Jacob Cats bei gleicher „pictura" folgende subscriptio gegenüber: „Die Mauern bieten dem Efeu Wachstum, das Efeu den Mauern Halt – gegenseitiger Dienst als Bild gegenseitiger Freundschaft"[11] (*Abb. 1*). So wird die Ruine zum Sinnbild der uralten, seit Renaissance und Barock wieder beschworenen Freundschaftslehren. Menschenwerk und das Werk der Natur in gegenseitiger Durchdringung enthalten offenbar die Möglichkeit zeitloser Vergegenwärtigung des „ewigen" Ökonomieprinzips der Reziprozität. Das Sinn-Bild der Ruine aber bewährt sich auch hier – wenn auch in gänzlich differenter Deutung – als Modell der Eskamotierung von Zeit. Die Zeit bringt die Dinge zu Verschwinden. Kein noch so mächtiger, noch so erhabener, noch so alter Gegenstand vermag ihr zu widerstehen. Oder noch einmal anders: Allein das Bild des Verfalls beschwört Dauer und mag somit zum Sinnbild für dauerhafte Tugendlehren werden. Ruinen-Zeit bricht oder verstetigt, aber eines wird mit ihr nicht verbunden: dass sie einen Wandel bewirkt, Neues schafft, Geschichte wird. Im emblematischen

Abb. 1: Emblem „*Efeu rankt um Ruinen*", nach: Symboloroum et emblematum es re herbaria desumtorum centuria una collecta a Ioachimo Camerario medico Norimberg, Noribergae 1590, Nr. 54.

Ruinenbild des 17. Jahrhunderts wird somit der Befund des Quattrocento bestätigt: Das Ruinenbild ist ein Zeit-Zeichen, aber kein Geschichtsbild.

Verdeutlicht wird dieser Befund, wenn man ihn an der archäologischen „Aufnahme" der Ruine misst. So zeigen Vergleiche zwischen den großen archäologischen Bildsammlungen von Bellori, Dal Pozzo und nach 1700 Montfaucon, dass es sich hier um „Konzentrationen auf eine entkontextualisierte Sachkultur" handelt, die somit weder der ästhetischen Würdigung der jeweils abgebildeten (Ruinen-)Denkmäler – diese setzt erst mit Caylus eine Generation später ein – noch der geschichtlichen Transformation der jeweiligen Antikenarchitektur zur „Ruine" nachgeht, sondern allein der Rekonstruierbarkeit der ursprünglichen, der intakten Architektur im Sinne einer „taxonomisch vorgehenden Zivilisationsforschung".[12]

Solche Befunde über die wissenschaftlich-analytische Ruinenpräsentaton in seriellen Kontexten zeigen diese zwar als eigene Gattung, die durchaus Bezüge zu naturwissenschaftlichen Bildpräsentationen und -sammlungen aufweisen, jedoch zugleich von einer ähnlichen Zeitbefangenheit und Geschichtslosigkeit geprägt erscheinen wie die emblematisch-moralischen Ruinenbilder oder die Renaissancestaffagen der Generationen zuvor. Die Antike als vorbildliches Normen- und Bezugssystem lässt offenbar Geschichte als Transformation *sui generis*, als Zeitdifferenz von Bedeutung ebenso wenig zu wie die „Querelle des Anciens et des Modernes" die agonale Parallelisierung der Epochen.[13] Gewiss deutet sich in der Bildsammlung Montfaucons „L'Antiquitée expliquée et représentée en figures" (seit 1719) auch ein gesteigertes Interesse am Mittelalter an. Allein dem Urteil Francis Haskells, trotz der Repräsentation des Mittelalters als Teil eines umfassenden Begriffs von antiker Vergangenheit handle „es sich dennoch um kein Geschichtswerk" ist wenig hinzuzufügen. Denn „wir finden nur wenig Sinn für die Chronologie, und auch der Stilwandel oder die unterschiedlichen Funktionen bleiben weitgehend unberücksichtigt"[14]. Selbst eine

Abb. 2: Cassiano Dal Pozzo, *Vedute mit Nerva-Forum (Rom)*. Italien, 17. Jahrhundert. Zeichnung. Windsor Castle, Royal Library. Inv.-Nr. 10.787.

doch überraschend weitgehend auf die Einlagerung der Ruine in die Geschichte eingehende Vedute wie die Zeichnung des Cassiano del Pozzo mit der Ansicht des Nerva-Forums in Rom bleibt merkwürdig steril. Die Ansicht nimmt sorgfältig den beobachteten Zustand bröckelnden Mauerwerks, fragmentarischen Giebelwerks, Säulenreste und sogar den mittelalterlichen Hintergrund des Torre delle Milizie auf. Und doch repräsentiert die Ruine nicht den Prozess der Geschichte, dem sie ihren Zustand verdankt, sondern erscheint als gänzlich „clean". Sie wirkt als retrospektive Typologie des angezielten, endgültigen und vollkommenen Zustands der idealen Vergangenheit, die diesen idealen Körper als figurale und architektonische Konstellation einst schuf (*Abb. 2*). In diesem Kontext erweist sich die Vedute Dal Pozzos als genuin antiquarisches Zeugnis – ein weiteres Beispiel für die von Werner Oechslin konstatierte der Archäologie, Architektur und bildlichen Diskurskultur um 1700 eigentümlichen Aneignungsgestik, die es verstand „antike Größe für künstlerische Ideale und Kulturprestige nutzbar zu machen"[15].

Nun müssen wir einen Augenblick innehalten. Was, so mag man sich fragen, ist aber mit der außerordentlichen Fülle der bekannten und durchaus reizvollen Rom-Veduten, die seit dem späten 16. Jahrhundert nahezu seriell angefertigt werden? Jenen malerischen Ansichten der ruinendurchfurchten Roma aeterna, die von den beiden Brueghels bis zu Gaspar van Wittel die frühneuzeitliche Rom-Imagination so entscheidend prägten? Und mehr noch: was mit den oft topographisch äußerst genauen Radierungen für den internationalen Tourismus mit ihrer zwischen Capriccio und

Archäologie schwanken Ruinenansichten? Die Rede ist von den Arbeiten eines Antoine Lafréry, Étienne Dupérac, Aegidius Sadeler, Pieter Schenck, Giacomo Lauro, Israel Silvestre oder gar mit neuartigen perspektivisch-mechanischen Methoden arbeitenden Künstlern wie Michele Marieschi, Canaletto und Giovanni Battista Falda. Keine Frage: In diesen Werken spielt die Ruine eine Hauptrolle, nicht nur wenn es um Rom geht. Und nahezu an all diesen Ansichten kann das Motiv bröckelnder Mauern und in sie hineinwachsender Pflanzen, das emblematische „Do Ut Des" von Natur und Architektur förmlich mit Händen gegriffen werden. Man werfe nur einen Blick in den entsprechend reizvollen Motiv-Katalog Lisa Oehlers.[16]

Tatsächlich handelt es sich bei dieser Gruppe malerischer und publizitischer Veduten in ihrer größten Zahl um Dekorationskunst und Coffee-Table-Grafik. Malerische und dekorative Effekte, Stimmungen stehen im Vordergrund. Zentrales Motiv der vegetabilischen Überwucherung der antiken Architektur und deren in Positur gesetzten Fragilitäten – also der „klassische" Ruinenduktus – ist nicht, das Hervorbrechen der Geschichte aus dem Leib der Ruine in Szene zu setzen, sondern die reziproke Bewegung der Vereinnahmung der Kunst durch die Natur und der Metamorphose der Kunst in Natur als Bedeutungsakt zu inszenieren. Auch dabei gilt, dass sich allenfalls Geschichte wiederum verflüchtigt, in Natur verwandelt, von der Geschichte der Natur aufgesogen wird. Einer anderen Gruppe – etwa Falda – geht es vor allem um Präsentation der urbanistischen Modernisierung durch Intervention päpstlicher Mäzene in ihrer eigenen Gegenwart. Entsteht hier ein Bild vom historischen Prozess, von der Metamorphose der Geschichte? Fast im Gegenteil. Denn Gegenwart und Antike – *antiqui et moderni* – werden in diesen seriellen Veduten unmittelbar aufeinander bezogen. Die Geschichte, die Distanz zwischen ihnen, bleibt leer.

Vor allem aber geht es in dieser Betrachtung über die Eskamotierung und den Einbruch der Geschichte in den Bild-Diskurs um jene Gruppe von Bildern, die Teil haben an der diskursiv-analytischen Funktion des Bildes, also nicht um Illustration. Mit einem Wort: Es geht um die bildliche Repräsentation antiquarischer und anderer historisch-analytischer Diskurse, die einem Kategoriensystem gehorchen, das seit dem Quattrocento die Rationalität der Weltrepräsentation durch Texte auf Bilder zu übertragen sucht.[17] Dabei sei allenfalls eingeräumt, dass die Grenzen stets fließend sind, aber dennoch idealtypische Zuordnungen nicht nur möglich, sondern notwendig bleiben. Fließend sind auch die Übergänge. So bedeutsam sie erscheinen und bei Vedutenkünstlern wie Falda, Vasi oder Canaletto auch mit leichter Hand herauszuarbeiten wären, geht es hier doch zur Verdeutlichung um die Signifikanz des Wandels, also um Kontur und Differenz. So lässt sich die im Seicento formulierte Haltung zu analytischen Funktion des „reproduzierenden Bildes" mit Belloris bekanntem Dictum zusammenfassen: „Chi desidera vedere pitture antiche le ammiri pure negli ornamenti delle loggie del Palazzo Vaticano condotti ... dagli discepoli di Raffaele, l' Apelle moderno"[18]. Der Kurzschluss zwischen Antike und Gegenwart bleibt aber, wie gerade das signifikante Beispiel Belloris zeigt, nicht auf das ästhetische Urteil beschränkt, sondern bezeichnet auch die von ihm und seinen Zeitgenossen entwickelte dokumentarische Funktion des Bildes. Dabei bleibt der „Ruine" im weitesten Sinne – also auch als Fragment oder als schlechter Zustand dokumentierter Werke – die Zuschreibung des Gegenwärtigen, Wahrgenommenen, Wirklichen: „il dettato belloriano, di documentare al vero lo stato delle cose, ossia anche i guasti, le lacune che apparissero nei oggetti scelti."[19]

Auf die Historisierung, das Eindringen historischer Zeit und Zeitdifferenz in die dokumentarische Graphik des frühen 18. Jahrhunderts hat die Forschung vielfältig verwiesen. Dabei ging es jedoch stets um die Ausweitung des geschichtlichen Motivkatalogs, also die Aufnahme byzantinischer oder mittelalterlicher Kunstwerke und Monumente in den analytischen Bildkanon oder um die Chronologie antiker Kunst.[20] Dass die Bilder jedoch immanent historisch, also Teil des historischen Diskurses werden, blieb eher unbeachtet.[21] Allerdings erfuhren die Rom-Veduten G. B. Piranesis, sofern sie als Ruinenbilder angelegt waren, deutliche Beachtung als geschichtliche Dokumente. Dabei galt die Aufmerksamkeit entweder ihrer Prägung durch die „Historische Architektur" Fischer von Erlachs[22] oder ihrer monumentalen Inszenierung von „mythischer und geschichtlicher Zeit"[23]. Noch deutlicher sah man allerdings die Capricci und Carceri als Konstrukte einer historisch inspirierten Bildkunst, die unter dem Eindruck der Geschichtstheorie G. B. Vicos nicht nur den ewigen Kreislauf des Geschichtlichen beschwor, sondern auch die römische Geschichte zum Modell dieser ewigen Wiederkehr erhob. „Corso" und „Ricorso" wären demnach die Zentralbegriffe der historischen Bildkunst Piranesis. „Lauf" der Geschichte in eine Zukunft, die sich als Wiederkehr des bereits Geschehenen zu erkennen gibt. Melancholie des Niedergangs, die sich in Hoffnung auf den Wiederaufstieg zu verwandeln vermag.[24]

Die Ricorso-Adaption nach Vico auch für die Veduten des Künstlers zu nutzen, wurde anlässlich einer grundlegenden Deutung des Frontispiz zum dritten Buch der „Antichità Romane" (1756) eindrücklich versucht. Der „römische Circus" Piranesis erscheint demnach als „aus der Ruinenrealität überwältigend wiederauferstehende antike Baukunst", die „das Ziel eines neuen schöpferischen Anlaufs, eines neuen ,Corso'" ergibt.[25] Damit ist ein durchaus bedeutsamer Hinweis gegeben, der Piranesi auch in seinen Veduten – zudem an der programmatischen Stelle eines Frontispiz der ersten grossen Rom-Bebilderung – als Adepten der Ricorso-Theorie Vicos erscheinen lässt. Und dennoch wäre zu fragen, ob damit die Geschichte in das analytische Ruinenbild zur Gänze eingezogen ist. Das Ricorso-Modell als ewige Wiederkehr des Gleichen wäre am Ende die Reduktion der Geschichte auf einen ewigen Kreislauf von Aufstieg und Verfall. In der Tat bietet die „Sccienza Nuova" des Giovanni Battista Vico in ihrer endgültigen dritten Auflage von 1744 eine derartige Lesart historischer Prozesse. Und zu Recht hat jene Piranesi-Forschung, die auf die Verbindung mit Vico hinwies, als wesentliche Merkmale der Übereinstimmung benannt: den Ricorso, den Modellcharakter der römischen Geschichte, die Abweisung der vermeintlichen Überlegenheit der griechischen Kultur gegenüber der römischen, die genuin italisch-etruskische Wurzel Roms etc.[26] Damit aber ist das Wesentliche der Geschichtstheorie Vicos nicht erwähnt: die Erhebung der Geschichte zur einzig erkenntnissicheren Wissenschaft. Für Vico liegt der Grund für diese kühne Affirmation in der Konstruktion des menschlichen Geistes, der nur beurteilen und erkennen kann, was er selbst ge-

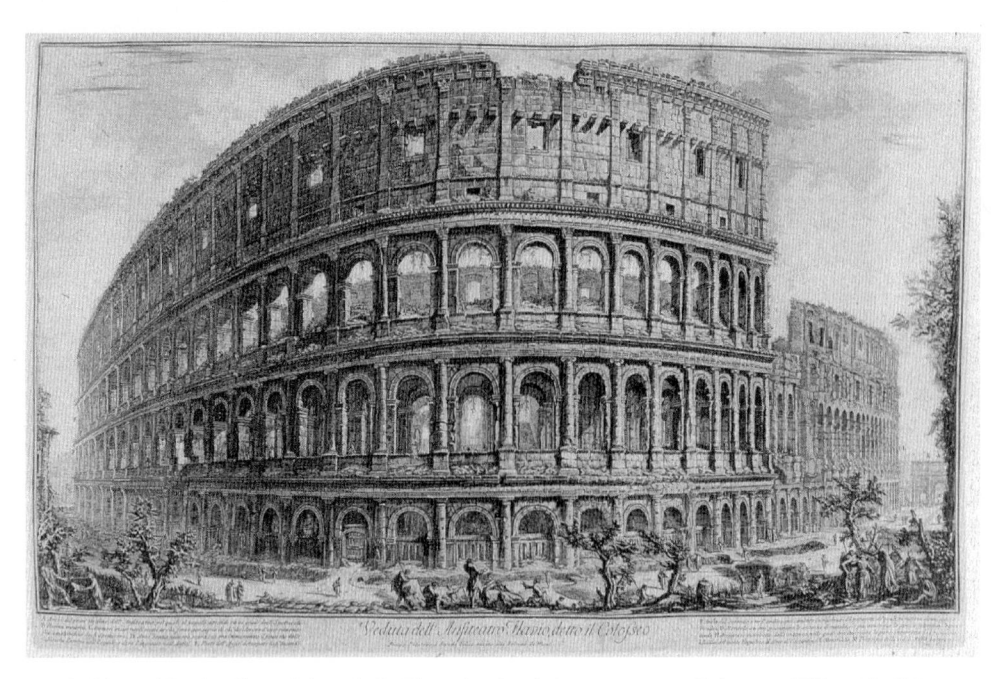

Abb. 3: Giovanni Battista Piranesi, *Ansicht des Flavischen Amphitheaters, genannt Kolosseum* (Wilton-Ely 191). Kupferstich. 405 x 685 mm, aus der Kupferstichserie: Vedute di Roma. Enstanden 1740er – 1770er Jahre, unvollendet geblieben.

schaffen hat. Die Geschichte als Produkt dieses Geistes öffnet sich ihm daher als einziger Gegenstand wissenschaftlichen Erkenntnisdrangs ganz. Die Übertragung des „verum-factum-Prinzips" auf die Geschichte als menschliche Schöpfung und als heuristisches Prinzip lässt diese doppelt einzigartig erscheinen. Sie ist einzig gänzlich erkennbar und einzig ein menschliches Produkt – wenn auch zwei Generationen vor Hegel jenseits aller Intention, gleichsam „hinter dem Rücken" der jeweils Agierenden.[27]

Der „geistige" Charakter der Geschichte im Sinne des intelligiblen Prozesses einer kulturellen Entität öffnet die Geschichte für Einsicht, Anschauung und rückkoppelnde Intervention. Der von Vico am Beispiel der römischen Geschichte erzählte Zivilisationsprozess, der vom Mythos zur Vernunft führt[28], öffnet sich am Ende der Anschauung und Einsicht des von Vico aufgezeigten Menetekels der Weltgeschichte. Die apokalyptische Drohung in den Schlussbetrachtungen der „Scienza Nuova", in denen der „reflektierten Bosheit der Menschen" die notwendige Abstumpfung und Verblödung folgt, die in gegenseitige Ausrottung und barbarischen Neuanfang mündet, wird mit der einleitenden Markierung der Bedeutung des platonischen Staates als einer Ordnung der Wissenden konfrontiert.[29] Dem entspricht die von Vico allerdings nicht in die letzte Auflage seines Buches übernommene „Pratica della Scienza nuova", die eine Entscheidungsmöglichkeit auf der Basis der Geschichtserkenntnis formuliert.[30] Über den Rückzug kann man rätseln, aber wahrscheinlich genügte Vico

Gegen die Zeit: Die Ruinenvedute als Ideenbild der Geschichte 229

Abb. 4: Giovanni Battista Piranesi, *Ansicht des Titusbogens* (Wilton-Ely 185). Kupferstich. 385 x 620 mm, aus der Kupferstichserie: Vedute di Roma. Enstanden 1740er – 1770er Jahre, unvollendet geblieben.

am Ende doch die offenere und geschichtlich komplexere, wenn auch düstere Freiheit, die er in der erwähnten Schlussbetrachtung einräumt. Tatsächlich ist eben die „Scienza Nuova" kein Lord-Chandos-Brief. Sie setzt auf Vernunft, Einsicht, und den „Geist der Geschichte".

Wenn Piranesi seine „Ruinen" auf dem Geschichtsbild Vicos errichten wollte, konnte er unmittelbar an diesen selbst anknüpfen: „So bringen die großen Trümmer der Urzeit, die für die Wissenschaft bisher unnütz waren, weil sie wüst, verstümmelt und verstreut dalagen, bedeutende Erleuchtung, da sie nun gereinigt, zusammengefügt und an ihren Platz gestellt sind ... Alle philologischen Beweise dienen dazu, uns zur Anschauung zu bringen, was wir gedanklich über die Welt der Völker erforscht haben – nach der Methode des Verulamiers (Bacon), die da lautet: ‚cogitare videre'"[31]. In diesem Sinne aber bringen die Ruinenbilder Piranesis Geschichte in der Tat zur Anschauung. Wer in den „Vedute di Roma" mit dem Colosseum das Konzept der „magnificenza" in unnachahmlicher Weise als „Vision der Ungeheuerlichkeit"[32] gestalten (*Abb. 3*) und fast gleichzeitig den Titusbogen in ein mittelalterliches Labyrinth aus bröckelndem Wehrturm, verfallendem Gartenpavillon und windschiefen Baumgrotesken verwandeln kann (*Abb. 4*), erklärt unablässig nur eines: Dieses sind die Zeugnisse menschlicher Geschichte. So ist sie, die Geschichte, da Menschen sie gemacht haben; sie kann von fürchterlicher, erschreckender Größe sein, aber zugleich von capricciohafter Verwinkelung zeugen. Dies ist das „verum-factum-Modell", auf das sich Piranesi von Vico bezieht. Die Geschichte erscheint als ungeheures, bedrohliches und zuweilen skurriles Bild, dessen Vorgabe die genau vermessene, archäologisch erforschte Ruine liefert. In seinen Ruinenveduten präsentiert Piranesi somit eine bildliche „Übersetzung" der Geschichtstheorie Vicos.[33] Der Diskurs dieser Ideenbilder setzt sich im Betrachter fort. Er ist unmitelbar an ihn gerichtet, dabei als reziproker Blick, als Zurückblicken gestaltet. Und mehr noch als Vico lässt Piranesi seine „Ruinen" über den Fortgang der Geschichte sprechen.[34] Unter dem Eindruck dieser Bilder kann nur wenig später C. F. Volney die „Ruinen" als Vorboten der Revolution erkennen: „Seyd mit gegrüsst, einsame Ruinen, heilge Gräber, schweigende Mauern … Als die ganze unterjochte Erde vor den Tyrannen schwieg, riefet ihr schon die Wahrheiten aus, die sie verabscheuen … In eurem Umkreis eingeschlossen, sah ich, der einsame Verehrer der Freiheit ihren Schatten aus Gräbern hervorgehn… und sah ihn seinen Flug nach meinem neubelebten Vaterlande richten."[35] Dies also ist die eigentliche Übersetzungsleistung Piranesis: Vicos Geschichte als Produkt des Menschlichen Geistes formuliert er um zu einer rationalen Apotheose geschichtlichen Gestaltens, ohne dabei pamphletisch oder dezisionistisch zu werden. Die Ruine bleibt ein Ideenbild der Geschichte.

Wie anders aber könnte Piranesi Vico in potentielle Handlung übersetzen, wenn nicht durch die Präsenz der Anschauung. Denn auch hier gilt die konstituierende Beobachtung G. Boehms: „Wenn Repräsentationen vor allem Präsenzen begründen wollen, dann erfüllt sich der Sinn der Bilder im Akt der Wahrnehmung, dann, wenn sie dem Betrachter eine Mitpräsenz ermöglichen, wenn, was wir ansehen, auch uns ansieht, der Blick dem Blick begegnet."[36]

Anmerkungen

1 W. Müller, *Rom, Römer und Römerinnen. Eine Sammlung vertrauter Briefe aus Albano*. Berlin 1820, II, 165.
2 Müller (wie Anm. 1), 164.
3 Vgl. W. Gilpin, *Five Essays on Picturesque Subjects with a Poem on Landscape Painting*. 3. Aufl., London 1808, 28 ff.
4 W. Rehm, *Der Untergang Roms im Abendländischen Denken. Ein Beitrag zur Geschichte der Geschichtsschreibung und zum Dekadenzproblem*. Darmstadt 1966, 67 ff; S. Heiland, *Die Ruine im Bild*. Leipzig 1953; H. Burda, *Die Ruine in den Bildern Hubert Roberts*. München 1967; A. Esch, Mauern bei Mantegna, in: *Zeitschrift für Kunstgeschichte* 47, 1984, 293ff.
5 P. E. Schramm, *Kaiser, Rom und Renovatio. Studien zur Geschichte des römischen Erneuerungsgedankens vom Ende des Karolingischen Reiches bis zum Investiturstreit*. II, Leipzig 1929, 300.
6 Zu Hildebert vgl. P. v. Moos, *Hildebert von Lavardin (1056–11). Humanismus an der Schwelle des höfischen Zeitalters*. Stuttgart 1965; W. Rehm, *Europäische Romdichtung*. München 1960; T. Stiefel, *The Intellectual Revolution in Twelfth-Century Europe*. New York 1985.
7 Vgl. Esch (wie Anm. 4), 312f.
8 L. B. Alberti, *Zehn Bücher über die Baukunst*. Hg. v. M. Theuer, Darmstadt 1991, 525.
9 Vgl. B. Hinz, Säkularisation als verwerteter Bildersturm. Zum Prozess der Aneignung der Kunst

durch die Bürgerliche Gesellschaft, in: M. Warnke (Hg.), *Bildersturm. Die Zerstörung des Kunstwerks*. München 1973, 108ff.
10 S. Settis, *Giorgiones „Gewitter". Auftraggeber und verborgenes Sujet eines Bildes in der Renaissance*. Berlin 1982, 142; Esch (wie Anm. 4), 307ff.
11 Beide Embleme bei A. Henkel/A. Schöne, *Emblemata. Handbuch zur Sinnbildkunst des XVI. und XVII. Jahrhunderts*. (Taschenausgabe), Stuttgart/Weimar 1996, Nr. 99 u. 279.
12 Vgl. J. Herklotz, *Cassiano del Pozzo und die Archäologie des 17. Jahrhunderts*. München 1999, 294ff.
13 H. R. Jauss, Antiqui/Moderni, in: *Historisches Wörterbuch der Philosophie*. Bd. I, 1971, 410ff.; Ders., Ästhetische Normen und geschichtliche Reflexion in der „Querelle des Anciens et des Modernes" in: Ch. Perrault, *Parallèle des Anciens et des Modernes en ce qui regarde les arts et les sciences*. Hg. v. H. R. Jauss, München 1964, 8ff.
14 F. Haskell, *Die Geschichte und ihre Bilder. Die Kunst und die Deutung der Vergangenheit*. München 1995, 146.
15 W. Oechslin, *Bildungsgut und Antikenrezeption des frühen Settecento in Rom. Studien zum römischen Aufenthalt Bernardo Antonio Vittones*. Zürich 1977, 26.
16 L. Oehler, *Rom in der Graphik des 16. bis 18. Jahrhunderts. Ein niederländischer Zeichnungsband der Graphischen Sammlung Kassel und seine Motive im Vergleich*. Berlin 1997. Vgl. auch I. Staschek, Die Vedute. Bemerkungen zur Entstehung und Geschichte eines Genres, in: C. Höper (Hg.), *Giovanni Battista Piranesi. Die poetische Wahrheit*. Stuttgart 1999, S. 31ff.
17 M. Baxandall, *Die Wirklichkeit der Bilder. Malerei und Erfahrung im Italien des 15. Jahrhunderts*. Frankfurt 1977 (Nur der Untertitel gibt den Titel der englischen Fassung wieder). Dazu auch P. Bourdieu, Die soziale Genese des Blicks, in: P. B., *Die Regeln der Kunst. Genese und Struktur des literarischen Feldes*. Frankfurt 2001, 490ff.
18 Zit. b. E. Borea, Bellini e la Documentazione figurativa fra antica il moderno e il contemporaneo, in: *L'Idea del Bello. Viaggio per Roma nel Seicento con Giovan Pietro Bellori*. Roma 2000, 141ff., hier: 145.
19 Borea (wie Anm. 18), 146.
20 Borea (wie Anm. 18), 150. Zur „Verzeitlichung" bei Montfaucon vgl. Herklotz (wie Anm. 12), 303f.
21 Ausdrücklich auszunehmen ist Esch, Mantegna (wie Anm. 4), 310ff.
22 Vgl. Oechslin (wie Anm. 15), 57, A. 140; N. Miller, *Archäologie des Traums. Versuch über Giovanni Battista Piranesi*. München/Wien 1978, 18 u. 402f.; A. Lütgens, *Giovanni Battista Piranesi. Bilder von Orten und Räumen*. Hamburg 1994, 30f.
23 Miller (wie Anm. 22), 172f.; A. Kupfer, *Piranesis Carceri. Enge und Unendlichkeit in den Gefängnissen der Phantasie*. Stuttgart/Zürich 1992, 29ff.
24 So Maurizio Calvesis berühmte Deutung der vier „Grotteschi" von 1747–49. Die umfangreichste Variante in: H. F. Focillon, *Giovanni Battista Piranesi (1720–1778)*. Hg. v. M. Calvesi/A. Monfarini, Bologna 1967, 25ff. Forschungsdiskussion und eigene, nur verhaltene Zustimmung bei Miller (wie Anm. 22), 60ff u. 412f. Die „Grotteschi" deutet auch C. Höper unter dem Eindruck Calvesis als historische Allegorie: C. Höper (wie Anm. 16), 120ff.
25 N. Wolf, *Giovanni Battista Piranesi. Der Römische Circus. Die Arena als Weltsymbol*. Frankfurt 1997, 64.
26 Vgl. Miller (wie Anm. 22), 413; Wolf (wie Anm. 25), 62f.
27 Vgl. V. Hösle, Vico und die Idee der Kulturwissenschaft. Genese, Themen und Wirkungsgeschichte der „Scienza Nuova" in: G. B. Vico, *Prinzipien einer neuen Wissenschaft über die gemeinsame Natur der Völker*. 2 Bde., hg. v. V. Hösle/Ch. Jermann, Hamburg 1990, I, CIff.
28 Vico (wie Anm. 27), II, 492ff.
29 Vico (wie Anm. 27), 597ff.
30 Vico (wie Anm. 27), 611ff.
31 Vico (wie Anm. 27), I, 157.
32 Miller (wie Anm. 22), 191.

33 Zum ikonographischen Übersetzungsmodus der Graphik des 17. und 18. Jahrhunderts vgl. St. Bann, Der Reproduktionsstich als Übersetzung, in: *Vorträge aus dem Warburg-Haus* 6, Berlin 2002, 41ff.
34 Den Begriff der „sprechenden Ruine" prägte Piranesi selbst. Vgl. Miller (wie Anm. 22), 29.
35 (C.-F. Chasseboeuf Comte de) Volney, *Die Ruinen*. Übertr. v. G. Forster, Berlin 1792, 3f.
36 G. Boehm, Repräsentationen-Präsentationen-Präsenz. Auf den Spuren des homo pictor, in: G. B. (Hg.), *Homo Pictor*. (Redaktion St. Hauser), Leipzig 2001 (Colloquium Rauricum, 7), 13. Vielleicht könnte diese Deutung von Präsenz den am Präsenzverlust der Wissenschaft Verzweifelnden trösten, z. B. H. U. Gumbrecht, *Diesseits der Hermeneutik. Die Produktion von Präsenz*. Frankfurt a. M. 2004.

Horst Bredekamp

Leibniz' Gewebe: Strumpfband, Falte, Leinwand

1. Das Strumpfband

Leibniz gehört nach wie vor zu den rätselhaftesten Philosophen der Neuzeit, gerade weil sein Bild seit den Publikationen von Bertrand Russel und Louis Couturat vom Beginn des zwanzigsten Jahrhunderts so fest umrissen schien. Er gilt als Wegbereiter der logischen Kalkülisierung, die in der Philosophie der Kybernetik und des Digitalen ihre Krönung fand. Dabei wurde der theologische und metaphysische Rahmen seiner algebraisch geführten Logik ebenso ausgeblendet wie seine sinnlich gebundenen Erkenntnisformen. Eine Überbrückung schien zu keiner der beiden Seiten hin möglich.

Die fortschreitende Publikation der Akademieausgabe hat diese Ausgangslage jedoch fundamental verändert. Der auf vier übergewichtige Volumina angewachsene vierte Band der sechsten Reihe von Leibniz' Werken versammelt insgesamt 522 zumeist unpublizierte Schriftstücke der Jahre zwischen 1677 und 1690. Die 2949 Seiten Text sind auch darin ein Sonderfall, dass sie an einigen Stellen eine Reihe von gezeichneten Marginalien wiedergeben. Dass Leibniz als Zeichner bislang nur ansatzweise erforscht ist, bedeutet eine schwer verständliche Lücke, weil er wie kaum ein Zweiter nicht nur auf das geschriebene, sondern auch das gemalte oder skulptierte Zeichen als Element des Denkens gesetzt hat.

Bei einer dieser unscheinbar wirkenden Zeichnungen des zweiten Bandes handelt es sich um ein Gebilde, das, jeder weiteren Betrachtung scheinbar spottend, wie ein hässliches Entlein in eine Nische des Textes gesetzt ist (*Abb. 1*).[1] In dem in Hannover liegenden Manuskript wirkt die Zeichnung weitaus subtiler gestaltet (*Abb. 2*). Es handelt sich offenbar um ein Gebinde, bei dem zwei Schlaufen nach oben stehen, während eine dritte in der Mitte nach unten weist und seitlich zwei ausfransende Streifen herabhängen.

Zweifelsohne hat Leibniz hier das Beispiel eines jener Knoten wiedergegeben, wie sie seit der Aufzeichnung des Arztes Heraklas aus dem ersten nachchristlichen Jahrhundert überliefert sind.[2] Diese wurde von dem Florentiner Arzt und späteren Professor am Collège de France, Vidus Vidius, ins Lateinische übersetzt, durch Zeichnungen des Malers Francesco Primaticcio illustriert und für die Drucklegung des

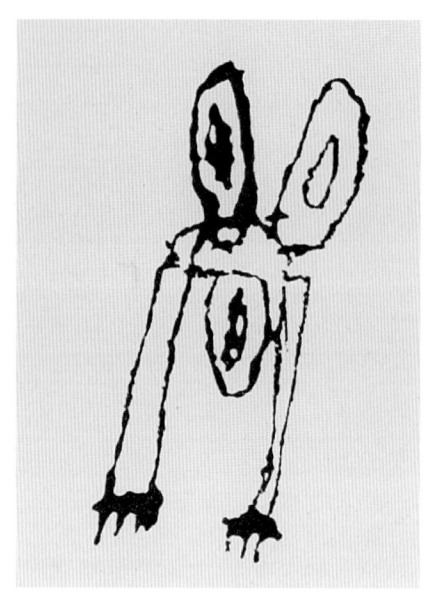

Abb. 1: Umzeichnung des Strumpfbandknotens, in: AA, IV, 6, 2, B, S. 1230.

Abb. 2: G. W. Leibniz, Strumpfbandknoten, Zeichnung, Mitte 1685 (?), Hannover, Niedersächsische Landesbibliothek, LH, IV, 7C, Bl. 120r.

Werkes im Jahre 1544 in Holzschnitte übertragen. Das Werk erzielte mehrere Auflagen bis in das siebzehnte Jahrhundert, in dem auch erste Abhandlungen über nautische Knoten publiziert wurden. Keiner der bei Vidius abgebildeten Knoten weist jedoch auf Leibniz' Gebinde.[3]

Aber Leibniz gibt selbst eine Erklärung. Bei dem Text, an dessen Rand dieses Gebinde erscheint, handelt es sich um eine Auseinandersetzung mit einer nicht überlieferten Schrift des Hamburger Naturforschers und Philosophen Joachim Jungius. Es ist nicht überall auszumachen, wo Leibniz exzerpiert und wo er sich von den Gedanken Jungius' zu eigenen Überlegungen anregen lässt. Die Textpassage, zu der die Zeichnung gehört, ist in ihrer Mischung aus Systematik und Bizarrerie so unverwechselbar, dass es keinen Zweifel daran geben kann, dass sie Leibniz' Feder entsprungen ist. Der Text handelt von der erkennenden Unterscheidung und Zusammenführung des sowohl Verworrenen wie Deutlichen: der *cognitio confusae et distinctae*. Leibniz führt sie am Beispiel der Festschnürung eines Strumpfbandes an: „Das Strumpfband mit drei Falten und oben zwei Zipfeln zu binden, gibt ein schönes Beispiel der verworrenen und deutlichen Erkenntnis, wie auch der aus der verworrenen und deutlichen Erinnerung bestimmten Handlung"[4].

Das Exemplum ist ein Witz, aber im Sinne von gewitzt. Schon die Formel der *cognitio confusae et distinctae* führt in Leibniz' System der Erkenntnis, das er etwa zur selben Zeit in den 1684 publizierten *Meditationes de Cognitione, Veritate et Ideis* niedergelegt hat.[5] Leibniz' Strumpfband-Text bewegt sich mit seiner Gegenüberstellung von *Cognitio confusae et distinctae* auf einer Stufe, welche die *klare* Erkenntnis in die *verworrene* und die *deutliche* Erkenntnis auffächert. Er berührt eine entscheidende Etappe, die für die Wahrnehmung der Ideen und der Perzeption der Welt der Sinne von größter Bedeutung ist.

Das erlernte Binden des Knotens, das nach klarer Erkenntnis geschieht, wird, wie Leibniz fortfährt, zunächst „verworren behalten und zur Gewohnheit, wie ein Knabe die Buchstaben im Munde zu formen lernt."[6] Die unbewusst erlernte Fähigkeit zum Wissen und zur Handlung, und hierin liegt Leibniz' forcierte Alternative zu Descartes, vermag durch jene Gewöhnung zur deutlichen Erkenntnis zu führen, die in Platons Höhlengleichnis beim Ausstieg aus der Höhle notwendig ist: „Gewöhnung, mein Freund, wirst Du nötig haben."[7] Durch wiederholte Praxis vermag der Knabe nicht nur den Mechanismus zu begreifen, sondern ihn auch sprachlich wiederzugeben und damit zu belegen, dass seine klare Erkenntnis von der verworrenen in eine deutliche, distinkte übergegangen war: „Wenn er es nun deutlich wußte, konnte er einem sagen, was seiner Hand zufolge das längste [Band] sein und dann wie eine Schürze oder Schlinge in welcher Ordnung übereinander gehen mußte."[8] Schließlich folgt die Verallgemeinerung: „Diese zweite Verbindung ist in allen Schürzen, die auch vier oder zwei Falten aufweisen."[9]

2. Die Falte

Indem Leibniz die Schlaufen des Knotens „Falten" nennt, verwendet er einen zentralen Begriff seiner Philosophie. Seine Bestimmung der Falte expandiert von der Beschaffenheit des kosmischen Raumes als in sich gefaltete Sphäre bis hin zur Theorie allen Lebens.[10] Leibniz zufolge drückt eine aktive Kraft auf das Universum, das seine Bestandteile bruchlos und ohne Sprünge als eine nach innen sich unendlich tief hinabdifferenzierende Einfaltungsmaschine, die keinen leeren Raum und kein letztes Atompartikel, sondern allein die sich im gekrümmten Raum einschichtende und einfaltende Materie kennt, in immer neue Wirbel- und Kreisbewegungen und neue Einfaltungen zwingt: „Man kann daher die Teilung des Stetigen nicht mit der Teilung des Sandes in Körner vergleichen, sondern mit in Falten gelegtem Papier oder Stoff. Wenn so auch Falten von unendlicher Zahl entstehen, von denen die einen kleiner als die anderen sind, so ist deshalb doch niemals ein Körper in Punkte oder kleinste Teile [minima] aufgelöst."[11]

Diese Metaphorik ist weniger absonderlich als sie zunächst erscheinen mag, weil die Bestimmung des Körpers und des Wesens über die Falten der Gewandung zu den konstanten Aufgaben der Bildenden Kunst gehörte. Höchstleistungen dieses Vermögens bot der so genannte „Weiche Stil" der Zeit um 1400, bei dem die Gewandgebirge den Körper zwar zeichenhaft erkennen lassen, gerade die Standmotive aber verklären, so dass sich die Stabilität der Gestalten allein über die Schwünge der hochkomplexen Draperien ergab.[12] Zu Leibniz' Zeiten führten natürlich vor allem die

Skulpturen Berninis dieses Prinzip weiter. Seine Portraitbüsten umhüllen die Dargestellten wie etwa Francesco I d'Este mit einem Stoff, der hochfliegt, als würde er vom Wind einer anderen Sphäre bewegt und als würde er sich aus der Kleidung in Wolken des Himmels verwandeln. In diese irdisch-kosmischen Faltengebirge fügen sich die Haarlocken ein, die das Prinzip der inneren Einrollung und -faltung an das Gesicht selbst heranrücken. Dies gilt wohl unübertroffen für die Büste Ludwigs XIV., dessen kosmisch aufwehendes Faltengewand in den sich einrollenden Haarlocken die Fortsetzung findet.[13] Leibniz hat seine Faltentheorie des Kosmos bekräftigt, als hätte er eine der Figuren Berninis vor Augen: „Das gesamte Universum ist ein kontinuierlicher Körper. Und er wird nicht geteilt, sondern nach Art des Wachses transfiguriert und wie eine Tunica mannigfaltig gefaltet".[14]

3. Die Leinwand

Eines der beseeltesten Sprachbilder aus Leibniz' *Nouveaux Essais sur L'Entendement Humain* ergänzt schließlich zum Knoten und zur Falte die Leinwand. Es handelt vom Vergleich des Gehirns mit einer Kammer: „Nicht übel könnte man den Verstand mit einem ganz dunklen Zimmer vergleichen, das nur einige kleine Öffnungen hat, um von außen die Bilder der äußeren sichtbaren Dinge einzulassen. Wenn diese Bilder, die sich in dem dunklen Zimmer abzeichnen, dort verbleiben und in einer bestimmten Ordnung aufgestellt werden, so daß man sie bei gegebenem Anlaß wiederfinden könnte, gäbe es eine große Ähnlichkeit zwischen diesem Zimmer und dem menschlichen Verstande"[15].

Dieser imaginierte Raum reagiert auf John Lockes Metapher des Gehirnes als einer dunklen Kammer: „Denn der Verstand ist meines Erachtens einem vom Licht vollständig abgeschotteten Kabinett nicht unähnlich, bei dem nur wenige, kleine Öffnungen belassen sind, um äußere, sichtbare Repräsentationen (*resemblances*) oder Ideen der außen befindlichen Dinge hereinzulassen; wenn die in solch einen dunklen Raum kommenden Bilder aber dort bleiben und so ordentlich liegen würden, daß sie bei Gelegenheit zu finden wären, so würde dies hinsichtlich aller sichtbaren Objekte und den ihnen zugehörenden Ideen dem menschlichen Verstand außerordentlich ähnlich sehen"[16].

Leibniz übernimmt diese Metapher der dunklen Kammer, obwohl er sich von der korpuskularen Funktionsweise der Lockeschen Bilder distanziert. Im Gegensatz zu dessen ungebrochenem, quasi körperlichem Einfall der Bilder wirken diese bei Leibniz dynamisch auf eine Leinwand ein, die in der Kammer des Gehirns aufgestellt ist. Diese Stofffläche, so imaginiert Leibniz, sei „jedoch nicht eben, sondern durch Falten aufgegliedert, (...) die die eingeborenen Kenntnisse darstellen sollen". Da in diese *membrane* die angeborenen, universalen Kenntnisse eingefaltet sind, gerät die Leinwand bereits dadurch, dass sie aufgespannt wird, in die Schwingung einer „Art Elastizität oder Wirkungskraft". Zusätzlich stimuliert durch die von außen einfallenden

Bilder, vollzieht die Leinwand des Gehirns ständige *vibrations* und *oscillations*, die dem tonerzeugenden Schwingen einer gespannten Saite gleichkommen: „Und diese Tätigkeit würde in bestimmten Schwingungen und Wellenbewegungen bestehen, wie man sie an einer ausgespannten Saite wahrnimmt, wenn man sie berührt, derart, daß sie gewissermaßen einen musikalischen Ton hervorbringt"[17].

Die Vibrationen der Saite aber versinnlichen Mathematik in ihrer höchsten, harmonischen Form.[18] Die gestaltete Projektionswand nimmt die von außen einfallenden Bilder nicht unmittelbar und passivisch auf, sondern nutzt sie als Impulsgeber einer vibrierenden, die eingesenkten Bilder lösenden Eigendynamik. Malerei, Musik und Mathematik gemeinsam werden in der wie eine Saite schwingenden Leinwand zum Mitspieler von Leibniz' Faltentheorie.

Die gefaltete Leinwand der dunklen Kammer bietet das Modell des Gehirnes, wie die Falten des Strumpfbandes das Modell der Überführung der verworren klaren in eine deutlich klare Erkenntnis symbolisieren. Der Knoten und die Leinwand bilden zwei Elemente der leibnizschen von der Faltenkunst inspirierten Faltentheorie. Der Knoten ist unscheinbar, aber er bindet durch seine „Falten" und die Erkenntnistheorie seiner Erlernung ein zentrales Element von Leibniz' Philosophie. Er hat es so weit in sich, dass er die Frage: „Ist es ein Bild?" in hohem Maße erfüllt. Aus diesem Grund sei das „Strumpfbandel" dem Jubilar als Blumenstrauß überreicht.[19]

Anmerkungen

1 Gottfried Wilhelm Leibniz, *Sämtliche Schriften und Briefe*. Hg. v. der Preußischen, später Deutschen Akademie der Wissenschaften zu Berlin, Berlin 1923ff. [Akademie-Ausgabe, im Folg.: AA], IV, 6, 2, B, 1230.
2 Moritz Epple, *Die Entstehung der Knotentheorie. Kontexte und Konstruktionen einer modernen mathematischen Theorie*. Wiesbaden 1999, 32f.
3 Epple (wie Anm. 2), 40.
4 „*Strumpfbandel binden mit 3 falten ohn die zwey zipfel gibt ein schohn exempel* confusae cognitionis et distinctae, item operationis ex confusa memoria et ex distincta" (AA, VI, 4, B, Nr. 241, 1230, Z. 4–6).
5 Gottfried Wilhelm Leibniz, *Opuscules Metaphysices. Kleine Schriften zur Metaphysik*. Hg. u. übers. v. Hans Heinz Holz, Philosophische Schriften, Bd. I, Darmstadt 1985, 33.
6 „confuse *behalten und gewohnt, wie ein knabe die lettern im munde formiren lernet*" (AA, VI, 4, B, Nr. 241, 1230, Z. 9f.).
7 Platon, *Politeia*.,7, 2, 516a.
8 „Wenn ers nun distincte *wuste kondte er einem sagen, was nach seiner hand das langste seyn mus, und denn wie eine schürz oder schlinge und mit was ordnung über einander gehen*" (AA, VI, 4, B, Nr. 241, 1230, Z. 10–12).
9 „*Diese andre* confusio *ist in allen schürzen, die auch von 4 oder 2 falten seyn*" (AA, VI, 4, B, Nr. 241, 1230, Z. 12f.). „Confusio" ist hier mit Betonung auf dem „Con" in seiner Möglichkeit als „Verbindung" übersetzt worden.
10 Leibniz (wie Anm. 5), 211.
11 „[…] licet variè diductas et complicatas, ac proinde divisio continui non consideranda ut arenae in

grana, sed ut chartae vel tunicae in plicas, itaque licet plicae numero infinito, aliae aliis minores fiant, non ideò corpus unquam in puncta seu minima dissolvetur" (Leibniz, Pacidius an Philaletes, in: Gottfried Wilhelm Leibniz, *Opuscules et fragmentes inédits de Leibniz. Extraits des manuscrits de la Bibliothèque royale de Hanovre.* Hg. v. L. Couturat, Paris 1903, 615). Übers. nach: Ders., *Schöpferische Vernunft. Schriften aus den Jahren 1668–1680.* Hg. u. übers. v. Wolf von Engelhardt, Münster/Köln 1955, 144; vgl. Gilles Deleuze, *Die Falte. Leibniz und der Barock.* Übers.: Ulrich Johannes Schneider, Frankfurt am Main 1995, 15f.

12 Kat. Ausst. *Kunst um 1400 am Mittelrhein.* Frankfurt am Main 1976, 4ff.

13 Irving Lavin, *Bernini e l'immagine del principe cristiano ideale*, Modena 1998; Philipp Zitzlsperger, *Gianlorenzo Bernini. Die Papst- und Herrscherportraits. Zum Verhältnis von Bildnis und Macht.* München 2002.

14 „Totum universum est unum corpus continuum. Neque dividitur, sed instar cerae transfiguratur, instar tunicae varie plicatur" (AA, VI, 4, B, Nr. 332, 1687, Z. 1f.).

15 „L'entendement ne ressemble pas mal à un cabinet entierement obscur, qui n'auroit que quelques petites ouvertures pour laisser entrer par dehors les images exterieurs et visibles, de sorte que si ces images, venant à se peindre dans ce cabinet obscur, pouvoient y rester et y estre placées en ordre, en sorte qu'on pût les trouver dans l'occasion, il y auroit une grande ressemblance entre ce cabinet et l'entendemnt humain" (Gottfried Wilhelm Leibniz, *Nouveaux Essais sur L'Entendement Humain. Neue Abhandlungen über den menschlichen Verstand.* Hg. u. übers. v. Wolf von Engelhardt/Hans Heinz Holz, Philosophische Schriften Bd. III, 2 Bde., Darmstadt 1985, II, XII; Bd. III/1, 180/181).

16 „For, methinks, the Understanding is not much unlike a Closet wholly shut from light, with only some little openings left, to let in external visible Resemblances, or Ideas of things without; would the Pictures coming into such a dark Room but stay there, and lie so orderly as to be found upon occasion, it would very much resemble the Understanding of a Man, in reference to all Objects of sight, and the Ideas of them" (John Locke, *An Essay Concerning Human Understanding.* Hg. v. Peter H. Nidditch, Oxford 1975, II/11, §17, 163)

17 „Pour rendre la ressemblance plus grande, il faudroit supposer que dans la chambre obscure il y eut une toile pour recevoir ls especes, qui ne fut pas unie, mais diversifiée par des plis, représentant les connoissances innées; que de plu cette toile ou membrane estant tendue, eût une manière de ressort ou force d'agir, et même une action ou réaction accomodée tant aux plis passés qu'aux nouveaux venus des impressions des especes. Et cette action consisteroit en certaines vibrations ou oscillations, telles qu'on voit dans une code tendue quand on la touche, de sorte qu'elle rendroit une manière de son musical" (Nouveaux Essais, II, XII, in: Leibniz [wie Anm.15], Bd. III/1, 180/181).

18 Lingua universalis, in: AA, VI, 4, Nr. 22. 68. Übers. in: *Gegenworte*, Nr. 7, Frühling 2001, 57. Vgl. auch Karl-Josef Pazzini, Haut. Berührungssehnsucht und Juckreiz, in: *Körperteile. Eine kulturelle Anatomie.* Hg. v. Claudia Benthien/Christoph Wulf, Reinbek bei Hamburg 2001, 153–173, 157f. u. 171, Anm. 10.

19 Er hat sich inzwischen vergrößert: Horst Bredekamp, Die Fenster der Monade. Gottfried Wilhelm Leibniz' Theater der Natur und Kunst, Berlin 2004.

Stefan Majetschak

Sichtbare Metaphern
Bemerkungen zur Bildlichkeit von Metaphern und zur Metaphorizität in Bildern

Dass „ein Bild oft mehr als tausend Worte sage", ist eine verbreitete Alltagsweisheit. So richtig sie auch immer sein mag: Illusionslos muss man konstatieren, dass sie bis heute ihrer theoretischen Bewältigung harrt. Denn die Art und Weise, *wie* dies geschieht, *wie* sich jener Sinn in Bildern konstituiert, der „mehr" – oder doch mindestens *anderes* – „als tausend Worte" einer diskursiven Sprache zu kommunizieren vermag, kann gegenwärtig kaum als aufgehellt gelten. Daran hat auch der so genannte „iconic turn"[1] in den Kulturwissenschaften, der seit Anfang der neunziger Jahre eine Vielzahl bildtheoretischer Publikationen nach sich zog, nichts Entscheidendes verändert.

Dies erweisen nicht zuletzt die Antworten, die man bis heute auf die Frage nach den eigentümlichen Sinnpotentialen von Bildern erhält. Dass sie sich gegenüber dem apophantischen Logos und der begrifflichen Sprache nicht bloß illustrativ verhalten, sondern erkenntnisrelevante Sinngehalte von sich aus zu eröffnen vermögen, die jenen gar nicht zugänglich sind; – dies ist weithin unbestritten. So weist man, wenn man genuin bildliche, der Wortsprache verschlossene Sinnpotentiale aufzeigen will, bis heute gewöhnlich auf eine Tatsache hin, die schon Leonardo angesprochen hatte, als er im Wettstreit der Künste den Vorrang der Malerei vor der Dichtung begründete: Bilder, betonte er, könnten nämlich das, was die diskursive Sprache nur mittels einer sukzessiven Folge von Sätzen sozusagen „Glied für Glied und nacheinander" für den Verstand „erstehen" lassen kann, „ganz und gleichzeitig"[2] vor Augen stellen, d. h. etwas unmittelbar anschaulich machen, was sich – *als solche simultane Einheit* – „aller sprachlichen Substitution"[3] widersetzt. Für Leonardo diente dabei die „Schönheit des" menschlichen „Antlitzes" als Beispiel, die für ihn „einzig und allein in der göttlichen Proportion aller Teile […] zur gleichen Zeit"[4] besteht, was freilich nur im Bild der Malerei gezeigt, niemals jedoch in einer Folge von Sätzen zum Ausdruck gebracht werden kann. Doch damit nicht genug. Darüber hinaus können Bilder mittels ihrer teilweise „hochkomplexen szenischen Simultaneität" in manchen Fällen etwas „zur unmittelbaren Anschauung" bringen, was „im Medium der Sprache weder als empirische Tatsache zu beschreiben noch auch als imaginierte Vorstellung zu erzeugen"[5] ist: etwa paradoxe, aus der Perspektive des diskursiven Logos gesehen gar widersprüchliche Sinngehalte, wie sich nicht zuletzt Max Imdahl in zahlreichen Bildanalysen immer wieder zu zeigen bemühte. Solche Sinngehalte lassen sich allein durch Bilder verwirklichen und sind auch von ihrer „notwendigen sprachlichen Interpretation nicht einzuholen"[6], weil sie ausschließlich *in* ihnen existieren.

Man wird solche allein in Bildern manifesten, sprachlich gar nicht substituierbaren Sinngehalte mit Imdahl als ihren genuin „ikonischen Sinn"[7] bezeichnen dürfen. Doch wie konstituiert er sich? Welches sind die Bedingungen und Prozesse seiner Erzeugung? Ist es die seit Leonardo von vielen Autoren betonte Fähigkeit des Bildes zur szenischen Simultaneität nur als solche, die man als Quell ikonischen Sinns zu betrachten hat? Dass der rekurrente Hinweis auf sie allein wohl kaum ausreicht, hat Gottfried Boehm deutlich gemacht. Wie er betonte, kann nämlich ein anderer Begriff als der der anschaulichen Simultaneität – ein Begriff, den man gewöhnlich zur Erklärung des Ursprungs von sprachlichem Sinn heranzieht – für das Verständnis der Konstitutionsprozesse von ikonischem Sinn vielleicht sogar noch aufschlussreicher sein: der Begriff der „Metapher", der nach Boehm „als ein besonders geeigneter Kandidat" erscheint, „strukturelle Einsichten in die Funktionsweise von ‚Bildern' zu eröffnen"; und zwar – dies ist wichtig – nicht nur in die Funktionsweise von Kunstbildern in der Tradition der europäischen Malerei, sondern in diejenige aller Arten von Bildern, „ob sie", wie er schreibt, „nun gemalt, skulptiert, gebaut, gestellt, gespielt oder getanzt"[8], oder ob sie – wie man hinzufügen könnte – in Worten ausgedrückt seien. Denn wie es scheint, lassen sich die Sinnentstehungsprozesse in beliebigen Arten von Bildern in wichtiger Hinsicht zumindest *auch* als metaphorische Prozesse beschreiben, welche die dabei jeweils verwendeten (sprachlichen oder visuellen) „Erscheinungsfaktoren"[9] in die anschauliche Simultaneität eines Bildes verschmelzen.

Tatsächlich ist Boehms These, dass „die Metapher möglicherweise geeignet" sein könnte, „das strukturelle Muster von „Bildlichkeit" schlechthin „abzugeben"[10], bereits vortheoretisch ein hohes Maß an Plausibilität zueigen. Denn sprechen wir nicht häufig davon, dass Sprache gerade dort „bildlich" werde, wo sie sich metaphorischer Mittel bedient? Umgekehrt ist auch bei Kunstwissenschaftlern oftmals von Bildern als visuellen Metaphern bzw. von metaphorischen Elementen in Bildern die Rede. Freilich: Ist die verbreitete Rede von Metaphern als „sprachlichen Bildern" – gemessen an der Logik der Metapher in der Sprache – nicht selbst bloß eine metaphorische Redeweise? Und umgekehrt gefragt: In welchem Sinne finden metaphorische Prozesse, wie sie uns in der Sprache vertraut sind, auch in jenen nicht-sprachlichen Sichtbarkeitsgebilden statt, die wir gewöhnlich im primären Sinne als Bilder bezeichnen? Lässt sich von „visuellen Metaphern" also überhaupt mit Gründen reden, oder ist dies – wie übrigens das meiste, das wir über Bilder sagen – auch nur eine uneigentliche, aus Sprachnot vor den Bildern geborene Ausdrucksweise?[11] Antworten auf diese Fragen gilt es im Folgenden anzudeuten.

Die Bildlichkeit der Metapher

Metaphern, die man – wie sich zeigen wird – tatsächlich nicht gänzlich ohne Grund als „sprachliche Bilder" bezeichnet, wurden von den Sprachwissenschaften und der Sprachphilosophie schon lange als Quellen sprachlichen Sinns beschrieben. Manche Autoren haben in ihnen sogar den Ursprungsort aller kognitiven Innovation gesehen, wenn sie – wie etwa Nietzsche, auf den sich auch Boehm in diesem Zusammenhang bezieht[12] – alle erkenntnisrelevanten Begriffsbildungen des Menschen als metaphorische Übertragungsprozesse verstanden. Denn Begriffe entstünden dadurch, dass wir sprachliche Ausdrücke, die bislang einen ganz anderen Anwendungsbereich hatten, als „Metaphern"[13] auf etwas Neues, noch Unbegriffenes übertrügen, das sich den üblichen Mustern unserer Weltorientierung nicht bzw. noch nicht fügt. So setzen wir dann mit ihrer Hilfe Verschiedenes – den alten Ausdruck und die neue, unbegriffene Erfahrung – in der metaphorischen Rede ineins und reden vielleicht von der „Kälte" einer gesehenen Farbe, von der „Höhe" eines gehörten Tons, davon, dass das Licht – in manchen Zusammenhängen – eine „Welle" oder davon, dass das Auge das „Fenster des menschlichen Körpers" sei. Wenn solche sprachliche Ineinsbildung des Verschiedenen erfolgreich gelingt, d. h. wenn die metaphorische Übertragung sinnaufschließend wirkt und beispielsweise bei anderen Sprechern auf Akzeptanz trifft, wird die ursprüngliche Metapher nicht selten zum „Begriff". Denn ihr Gebrauch konventionalisiert sich durch ständige Wiederholung, so dass man den metaphorischen Ursprung allmählich vergisst; – ein „Vergessen", das Nietzsche selbst wiederum metaphorisch als ein „Hart- und Starr-Werden einer ursprünglich in hitziger Flüssigkeit aus dem Urvermögen menschlicher Phantasie hervorströmenden Bildermasse"[14] beschrieb.

In ähnlicher Weise hat Nelson Goodman hundert Jahre später, nicht weniger metaphorisch als Nietzsche, von der Konventionalisierung von Metaphern als einem Prozess ihrer „Erstarrung"[15] oder „Verblassung" gesprochen. Bei ihm lässt sich, mindestens im Hinblick auf unsere prädikative Begriffssprache, auch lernen, weshalb die im metaphorischen Prozess geschehende Verschmelzung von Verschiedenem von kognitiver Relevanz ist. Um diese in den Blick zu bringen, empfiehlt es sich, analytisch nicht von poetischen, gelegentlich als „absolut" bezeichneten Metaphern der Dichtung auszugehen: Denn so beeindruckend Metaphern wie Celans „Schwarze Milch der Frühe" in der „Todesfuge" oder Rilkes „fast tödliche Vögel der Seele" in der zweiten „Duineser Elegie"[16] auch immer sein mögen – sie stellen doch nur einen seltenen Spezialfall metaphorischer Rede dar. Vielmehr ist es ratsam, von jener viel verbreiteteren Metaphorik auszugehen, die alle alltägliche Rede, insbesondere aber innovative wissenschaftliche Prosa fast unvermeidlich durchsetzt. Nehmen wir als Beispiel eine bereits erwähnte Metapher Leonardos, die sich im Kontext seiner Begründung des Vorrangs der Malerei vor der Dichtung findet. Denn er war es, der das „Auge" metaphorisch als „das Fenster des menschlichen Körpers"[17] beschrieb. Betrachtet man diese Metapher im Satz im Sinne einer gewöhnlichen prädikativen Aussage, dann sagt sie – wie Donald Davidson über die Semantik einer jeden Metapher in dieser Hinsicht schrieb – zweifellos „etwas eklatant Falsches"[18], setzt sie doch semantisch Inkompatibles, „Auge" und „Fenster", ineins. Gemessen an allen gängigen Wahrheitsstandards zu Leonardos wie zu unseren Zeiten ist diese Bezeichnung natürlich „eklatant falsch", denn das Auge ist in keiner sinnvoll denkbaren Beziehung so etwas wie eine Öffnung, durch die jemand (wer eigentlich?) von drinnen nach draußen und schon gar nicht, wie es bei Fenstern im Normalfall möglich ist, von draußen nach drinnen schaut. Weshalb ist diese oder irgendeine andere Metapher dann aber überhaupt verständlich? Und weshalb kann sie unter Umständen für ein gesamtes Problemfeld, in Leonardos Falle etwa dasjenige des menschlichen Sehens, sogar auf exemplarische Weise erhellend und infolgedessen für einen ganzen Diskurszusammenhang paradigmenbildend sein? Wie man weiß, war dies bei vielen innovativen Metaphern der Wissenschaftsgeschichte der Fall, wenn vielleicht auch nicht im Falle Leonardos, dessen Metapher, wie es scheint, ohne größeren Einfluss blieb. Und schließlich: Weshalb kann eine solche Metapher unter Umständen zudem „poetisch", also assoziationsreich und interpretativ „unerschöpflich" wirken?

Antworten auf all diese Fragen hat Nelson Goodman dadurch vorbereitet, dass er zeigte, inwiefern eine Prädikation, die zweifellos im Sinne Davidsons „buchstäblich falsch" ist, durchaus „metaphorisch wahr"[19] sein kann. Während nämlich buchstäbliche „Falschheit auf der Fehlzuweisung" eines Prädikats im Lichte eingespielter Wahrheitsstandards „beruht, beruht metaphorische Wahrheit auf einer Neuzuweisung"[20] eines Prädikats zu einem Gegenstand bzw. zu einem Gegenstandsbereich. Der sprachliche Akt der Metaphernbildung *ist* der Akt solcher Neuzuweisung, deren buchstäbliche Falschheit wir in Kauf nehmen, *weil* sie den Gegenstand der Bezugnahme, traditionell gesprochen, in ein „neues Licht" setzt und damit auch neue Wahrheitsstandards, neue Weisen, etwas „wahr" oder „falsch" zu beschreiben, inauguriert. Solches „Licht" geht über dem Gegenstand der metaphorischen Bezugnahme auf, weil der metaphorische Ausdruck – sei es im einzelnen Akt einer expliziten Prädikation oder sei es durch die bloße Bezeichnung von etwas *als* etwas – nicht nur *einen* isolierten Gegenstand mit *einer* isolierten Eigenschaft synthetisiert, sondern weil er jeweils das gesamte Spektrum von Unterscheidungs- und Aussage*möglichkeiten*, in das er semantisch eingespannt ist, zugleich in überraschender Weise an den Gegenstand heranträgt. Anders ausgedrückt: Das gesamte, in natürlichen Sprachen mehr oder weniger offene System von semantischen Alternativen und Unterscheidungen, in dem der metaphorische Ausdruck steht, wird im sprachlichen Akt der Metaphernbildung mit dem jeweiligen Gegenstand der Bezugnahme verknüpft. Dadurch macht die Metapher für ein Feld, auf dem der jeweilige Ausdruck bislang noch gar keine Anwendung hatte, gewissermaßen einen neuen, anders als bisher differenzierenden Interpretationsvorschlag, der, sofern er zu überzeugen vermag, zu einer Neuorganisation des auf diesem Felde Denk- und Sagbaren führt. Wie Goodman schrieb: „ein ganzer Organisationsapparat übernimmt" in der gelingenden Metapher „ein neues Territorium."[21] Dadurch eröffnen metaphorische Redeweisen in kognitiv relevanter Weise einen Denk- und Sprachraum, dessen interpretative Ergiebigkeit für einen bestimmten Gegenstandsbereich uns gewöhnlich über die buchstäbliche Falschheit der isoliert betrachteten Prädikation hinwegsehen lässt.

Töne z. B., über deren Qualitäten wir in alltäglicher, nicht-physikalistischer Redeweise kaum etwas Genaues aussagen können, metaphorisch als „hoch" zu bezeichnen, macht es möglich, die spezifische Qualität eines bestimmten Tones implizit von „mittleren" und „tiefen" Tonqualitäten abzugrenzen. Das gesamte System der möglichen Unterscheidungen steht dabei bei jeder einzelnen Prädikation im Hintergrund, so dass die alternativen Prädikationen im isolierten, einzelnen Urteil der Bestimmung von etwas *als* etwas sozusagen implizit mitgedacht sind. Dadurch sorgt das metaphorisch angelegte System möglicher Höhen- und Tiefenunterscheidungen überhaupt erst für eine orientierende Unterscheidungsmannigfaltigkeit in einem Bereich, für den wir ansonsten nur über geringe Differenzierungsmöglichkeiten verfügen. Natürlich *müssen* wir dieses System nicht an Töne anlegen, sowenig wie etwa das System von Temperaturdifferenzierungen an Farben. Keine Metapher ist zwangsläufig. Doch *wenn* ein solches System mittels der Metapher einmal auf bestimmte Gegenstände angewendet ist, *dann* ist, welche Farbe als warm oder kalt, welcher Ton als hoch oder tief zu bezeichnen ist, intern in solch „hohem Maße festgelegt"[22], dass man wieder von der Wahrheit oder Falschheit einer Prädikation sprechen kann. Und wie wir nicht erst seit Goodman wissen, kann die zunächst metaphorische Wahrheit durch eine metaphernvergessene Konventionalisierung auch wieder in den Status einer buchstäblichen zurücksinken.

Kaum anders verhält es sich mit Leonardos metaphorischer Rede vom Auge als „Fenster des menschlichen Körpers". Sie beruht zwar einerseits auf einer keineswegs selbstverständlichen Verständnisbedingung: darauf, dass wir ebenso wie Leonardos zeitgenössischer Leser wenigstens marginal mit der überkommenen Seelen-Metaphysik vertraut sind, derzufolge die „Seele" das „Innere" des Menschen sei, das „irgendwie" mit einem korrelativen „Außen" in Verbindung stehe. Sonst würden wir uns auf die eklatante, buchstäbliche Falschheit dieser Metapher wohl gar nicht einlassen, könnten wir uns nicht sofort ausmalen, dass es eigentlich nur die „Seele" sein kann, die durch jenes Fenster aus dem Körper hinausschaut. Andererseits – und dies ist ihre entscheidende, kognitive Leistung – *inauguriert* diese Metapher intratextuell aber allererst den Denkraum einer Innen/Außen-Unterscheidung im Sehen, auf die Leonardos Argumentation dann rekurrieren kann, und zwar ohne diese Unterscheidung in sehtheoretischer Perspektive explizit einzuführen oder auch nur zu thematisieren. Sein Lob des Auges, dem es „zu danken" sei, „daß sich die Seele mit dem menschlichen Kerker zufrieden gibt, der ihr ohne das Auge zur Qual würde"[23], braucht er, sofern nur die Metapher verstanden wird, dann auch gar nicht näher zu begründen oder auszuführen. Denn der Logik der Metapher folgend, verstehen wir sofort: Durch das Fenster des Auges blickt sie ja aus diesem Kerker „hinaus".

Metaphern haben, so lässt sich thesenartig behaupten, ihre kognitive Relevanz stets daher, dass sie in der beschriebenen Weise Denkbarkeits- und Sagbarkeitsräume eröffnen, die ihre eigene interne Logik aufweisen und deren Fruchtbarkeit darin besteht, dass sie es uns gestatten, einen bislang intern diffusen oder als anders organisiert gedachten Gegenstandsbereich ihnen gemäß neu zu interpretieren. Für den Wissenschaftsdiskurs paradigmatisch werden sie häufig dann, wenn die eröffneten Denkräume auf *zahlreiche* Aspekte eines Problemfeldes ein neues Licht werfen und, vor allem, wenn sie Antworten auf Fragen mindestens anzudeuten scheinen, die bisher unabsehbar schienen. Poetisch, könnte man darüber hinausgehend sagen, ist eine Metapher in dem Maße, in dem solche mit einem oder wenigen Worten auf ein neues Gebiet übertragenen Räume weit, manchmal unabsehbar weit sind. Dass wir nicht alle in ihnen beschlossen liegenden Denkmöglichkeiten namhaft machen, ja sie häufig nicht einmal ausloten können, lässt uns dann, selbst übrigens wiederum metaphorisch, von der „Unausschöpfbarkeit" des poetischen Sprachbildes reden. In manchen, sehr speziellen Fällen werden poetische Metaphern in dem Sinne „absolut", dass sie – wie Celans „Schwarze Milch der Frühe" oder Rilkes „fast tödliche Vögel der Seele" – alle eindeutige und interpretativ fixierbare Bezugnahme der evozierten Denkräume auf referentielle Gegenstände gelöst haben, diese jedoch gewissermaßen in der Schwebe halten, indem sie eine solche Bezugnahme durch andere als bloß semantische Mittel (etwa phonetische oder syntaktische) beständig suggerieren. Sie scheinen sinnvoll „von etwas" zu reden, ohne dass wir mehr tun könnten, als der internen Logik der eröffneten Denk- und Sprachräume zu folgen, jedenfalls ohne dass wir im buchstäblichen Sinne sagen könnten, worüber und was sie reden.

Natürlich ist nicht jede Metapher poetisch, schon gar nicht im angedeuteten „absoluten" Sinne, und auch nicht jede ist von kognitivem Wert. „Wie es irrelevante, durchschnittliche und triviale buchstäbliche Wahrheiten gibt," schrieb Goodman, „so gibt es weit hergeholte, matte und moribunde Metaphern. […] Eine Metapher ist", wie er zu Recht bemerkte, wohl „dann am durchschlagendsten, wenn das transferierte Schema" von Denk- und Unterscheidungsmöglichkeiten in einem Gegenstandsbereich „eine neue und bemerkenswerte Organisation und nicht eine bloße Neuetikettierung einer alten bewirkt."[24] Auch wenn es gewöhnlich kulturell basierte Verständlichkeits- und Akzeptanzspielräume für Metaphern gibt, lässt sich freilich nicht a priori sagen, wann dies der Fall sein muss, d. h., wann die sprachliche Verschmelzung nach bisherigen Maßstäben semantisch kontrastiver sprachlicher Ausdrücke fruchtbare Konsequenzen zeitigt. Doch es geschieht, wie gerade innovative Wissenschaftsprosa immer wieder zeigt.

„Das eigentliche ‚Wunder' der Metapher", schrieb Gottfried Boehm wohl deshalb, „ist die Fruchtbarkeit des gesetzten Kontrastes"[25]. Denn mit weltorientierenden Konsequenzen wird durch die gelingende Metapher, „als eine einzige Sinngröße erfahrbar", „etwas […] *als* etwas sichtbar und plausibel."[26] Doch braucht dieses „Wunder" als solches hier nicht weiter zu interessieren, weil die Untersuchung und Erklärung seiner Möglichkeitsbedingungen eher in die Wissenschaftstheorie und -geschichte, weniger in die Bildtheorie gehören. Wichtiger ist Boehms Beobachtung, dass sich solcher Kontrast schon in der Sprache „zu etwas Überschaubarem, Simultanem" fügt, zu „etwas, das wir ein Bild nennen."[27] Insofern werden Metaphern mit Grund auch „Sprachbilder" genannt. Denn das „tertium beider, zwischen Sprachbildern (als Metaphern) und dem Bild im Sinne der bildenden Kunst" wäre, wenn Boehm recht hat, gerade in der „Struktur des Kontrastes"[28] zu finden, auf die er Bildhaftigkeit schlechthin zurückführt. Während wir es im Falle sprachlicher Bilder mit semantischen oder, insbesondere in der Dichtung, auch mit syntaktischen und phonetischen Kontrastierungen zu tun haben, die in der gelingenden Metapher zu einer überschaubaren, simultanen Einheit verschmelzen, handelt es sich im Falle sichtbarer Bilder um „Kontraste", die „Unterschiede der Helligkeit, der Farbe, das Verhältnis von Fläche und Tiefe usf."[29] betreffen. Ja: „Was Bilder in aller historischen Vielfalt als Bilder ‚sind', was sie ‚zeigen', was sie ‚sagen', verdankt sich" nach Boehm letztlich „einem visuellen Grundkontrast, der zugleich der Geburtsort jedes bildlichen Sinnes genannt werden kann."[30] Unter dem Namen der „ikonischen Differenz" macht er ihn aus in dem Kontrast „zwischen einer überschaubaren Gesamtfläche und allem[,] was sie an Binnenereignissen einschließt."[31] Aus dieser ikonischen Differenz samt ihren jeweiligen konkreten Differenzierungen in Form von besonderen Kontrastgeflechten entspringe alle Bildlichkeit.

Metaphorizität in Bildern

Wenn in der Struktur simultan überschaubarer kontrastiver Differenzen nun tatsächlich der Quell allen ikonischen Sinns, ja von Bildlichkeit schlechthin zu finden ist, dann ist erklärt, weshalb wir Metaphern gelegentlich als sprachliche Bilder empfinden. Doch lassen sich sichtbare Bilder, wenigstens manche von ihnen, deshalb auch schon als Metaphern im skizzierten Sinne verstehen? Wäre die Struktur des immanenten Kontrastes das einzige „tertium" beider, müsste man diese Frage wohl verneinen. Denn das simultan überschaubare Geflecht kontrastiver Binnendifferenzen – etwa eine Verteilung von Farbwerten auf einer Fläche – müssen wir in Bildern gar nicht als überraschenden Zusammenwurf von semantisch bislang als kontradiktorisch betrachteten Sinnebenen erleben. Genau dies ist bei sprachlichen Metaphern aber immer der Fall. Gibt es in Bildern also überhaupt Vergleichbares; etwas, dass sich als metaphorisches Moment in der Konstitution ihres ikonischen Sinns verstehen ließe? Gibt es, konkreter gefragt, in Bildern Momente ihrer Sinnkonstitution, die dem vergleichbar sind, worin das kognitive Potential sprachlicher Metaphern gründet: dass nämlich ein Denk- und Sagbarkeitsmöglichkeiten eröffnendes Ordnungsschema in innovativer Weise auf einen neuen Bereich übertragen wird?

Wie im Folgenden angedeutet werden soll, ist dies in manchen Bildern tatsächlich der Fall. Man bringt ihn in den Blick, wenn man von einem allgemeinen Bildbegriff ausgeht, der hier freilich nicht in jeder Nuance erläutert werden kann. Ein Bild, so kann man in den meisten Fällen[32] sagen, ist generell ein Geflecht beliebiger medialer Markierungen, dessen strukturelle Binnendifferenzierungen wir unter gegebenen Kontextbedingungen als analogisch notierte Fixierung einer wahrgenommenen Ordnung des Gesichtsraumes ansehen.[33] Es verwirklicht aus dem unbestimmten optischen Potential der Realität, in der sich in der Zeit und aus unterschiedlichen Perspektiven alles immer auch anders sehen lässt, eine *bestimmte* Sehmöglichkeit[34], hält diese im Geflecht seiner Binnendifferenzierungen fest und macht das Gesehene dadurch selber sichtbar. Doch der ikonische Sinn vieler Bilder – insbesondere artefaktischer, wenn auch nicht unbedingt künstlerischer Bilder – beschränkt sich nicht allein darauf. Vielmehr wird er in ihnen bildimmanent von etwas bestimmt, was man als *echte* (oder auch als *starke*) *Repräsentation-als*-Modi[35] bezeichnen könnte, insofern solche Bilder nicht nur buchstäblich „etwas", sondern zugleich auch „etwas *als* etwas" sichtbar machen. Nelson Goodman und Arthur C. Danto haben auf einfache Beispiele für Bilder hingewiesen, in denen wir es offensichtlich „mit echten Fällen von *Repräsentation-als* zu tun" haben: etwa, wenn ein Bild nicht bloß auf erkennbare Weise die Person Winston Churchill, sondern „vielmehr den erwachsenen Churchill *als* Kind repräsentiert"[36], oder wenn andere Bilder „Marie Antoinette *als* Schäferin" oder „Napoleon *als* römische[n] Kaiser"[37] zeigen. Vermutlich, weil solche und ähnliche Beispiele für *echte* bildliche *Repräsentation-als*[38] so simpel und auf den ersten Blick uninteressant erscheinen, wurden sie bislang wenig beachtet. Zu Unrecht; denn die unterschiedlichen – offensichtlichen und weniger offensichtlichen – Modi *echter Repräsentation-als* in Bildern, die in vielen die Repräsentation *von etwas* begleiten, sind Modi der metaphorischen Konstitution ihres ikonischen Sinns.

Danto hat dies vielleicht gesehen, wenn er gleichsam nebenbei bemerkte, dass eine „Abbildung von *a* als *b* immer [...] metaphorische Struktur" hat, und zwar nicht anders als in einer metaphorischen „Beschreibung"[39] von „etwas *als* etwas" mittels der Sprache. Anders ausgedrückt: In einem Bild, das Napoleon *als* römischen Kaiser zeigt, geschieht strukturell gesehen das gleiche wie in dem Fall, in dem z. B. Leonardo das menschliche Auge metaphorisch *als* „Fenster" beschreibt. Denn diese piktorale *Repräsentation-als* schreibt ebenso wie der metaphorisch verwendete Sprachausdruck einem identifizierbaren Motiv („Napoleon") auf buchstäblicher Ebene ein mindestens überraschendes, wenn nicht „eklatant falsches" Attribut zu, doch so, dass wir eine solche Zuschreibung in vielen Fällen nicht einfach als grotesken Unfug abtun, sondern gerade *durch* diese spezifische Darstellungsweise motiviert werden, „*a* gemäß den Attributen von *b* zu sehen"[40]. Wenn dies der jeweiligen piktoralen *Repräsentation-als* gelingt, fungiert sie als bildliche Metapher, die als römischer Kaiser „gekleidete Figur" Napoleons z. B. als „eine Metapher der Würde, Autorität, Größe, Macht und politischen Vollendung"[41]. Nicht anders als eine gelingende Metapher in der Sprache veranlasst sie den Betrachter, das Gezeigte im Lichte eines *durch sie* allererst eröffneten Sinnhorizonts zu sehen und eröffnet so auch der Interpretation des Bildes einen bestimmten Denkraum. Doch nicht nur dies. Vielmehr funktioniert die metaphorische *Repräsentation-als*, wie Danto beobachtete, vielfach geradezu als „eine Art Imperativ", denn in einem Beispiel wie der Darstellung Napoleons als römischer Kaiser will sie den „Betrachter" dazu veranlassen, „dem Sujet Napoleon gegenüber die Einstellungen" einzunehmen, „die gegenüber den erhabeneren römischen Kaisern angemessen wären"[42]. Andere bildliche Metaphern fordern uns entsprechend auf, die Welt in *ihrem* Lichte neu zu sehen.

Nun ist die mit dem Sichtbar-Machen von „etwas" verbundene Repräsentation von „etwas *als* etwas", die eine metaphorische Dimension in die Konstitution ikonischen Sinns hineinbringt, kein so seltsamer Grenzfall bildlicher Darstellung, wie man in analytischer Orientierung an dem Beispiel der Darstellung Napoleons *als* römischer Kaiser oder der letztlich karikaturverdächtigen Repräsentation von Churchill *als* Kind meinen könnte. Tatsächlich wird *echte Repräsentation-als*, in der nach bisherigem Verständnis semantisch weit Auseinanderliegendes in visuell evidenten Zusammenhang gebracht wird, in vielen Bildern in mehr oder minder offenkundigem Maße genutzt, um das je Gezeigte in einen bestimmten Sinn- und Deutungshorizont einzurücken. Es versteht sich, dass bildsemantisch bedeutsame *Repräsentation-als*-Modi nicht immer mit Hilfe solch simpler, geradezu plakativer bildlicher Mittel gestiftet werden, wie im Falle einer Darstellung Napoleons, bei der vielleicht die ihm umgelegte Toga eines römischen Kaisers dazu dient, seine bildliche Erscheinung in einen bestimmten politischen Sinnhorizont einzuschreiben. Doch wird hier besonders deutlich, wie die auf metaphorische Weise Bildsinn konstituierende *Repräsentation-als* funktioniert. Sie motiviert uns mittels bildinterner Maßnahmen, *a gemäß* dem Muster von *b* zu sehen. In den meisten Bildern konstituiert sie sich selbstverständlich weitaus subtiler, auf semantischer Ebene z. B. dadurch, dass die Darstellung einer Person mit bestimmten ikonographischen Merkmalen versehen wird, die sie *als etwas* auszeichnet. Auf bildsyntaktischer Ebene geschieht ähnliches, wenn z. B. simultan erfassbare Darstellungselemente einander bildintern in ein bestimmtes Licht rücken und damit festlegen, *wie* bzw. nach welchem Muster man etwas sehen kann. So kann die Gestalt eines Jünglings in einem Bild etwa dadurch metaphorisch charakterisiert werden, dass sie sich in der Gestalt einer Pflanze wiederholt, die uns als ein Symbol der Zartheit, der Beständigkeit oder wessen auch immer gilt. Die formale Konsonanz im Bildaufbau, bzw. die damit nahegelegte Sicht des Jünglings *als* Pflanze, fungiert dann als piktorale Metapher, die uns dazu motiviert, die dargestellte Person im Lichte der Eigenschaften der Pflanze zu sehen. In einem weiteren Bild wird in die Komposition einer Personengruppe vielleicht die Struktur eines Kreuzes hineinprojiziert sein, die uns bei der Betrachtung plötzlich auffällt, wodurch das gezeigte Geschehen über seinen buchstäblichen bildsemantischen Gehalt hinaus auf die spezifische Weise einer piktoralen *Repräsentation-als* metaphorisch in einen neuen Sinnhorizont eingerückt wird. Denn wenn uns die Komposition *als* Kreuz einleuchtet, sehen wir das Bild anders. Es *hat* dann einen anderen, metaphorisch gestifteten Sinngehalt.

Wie an diesen Beispielen deutlich geworden sein sollte, sind es stets die konsonanten, kontrapunktischen oder kontrastiven Beziehungen der semantischen und syntaktischen Bildelemente zueinander, die unterschiedliche Modi solcher *Repräsentation-als* konstituieren und so auf metaphorische Weise ikonischen Sinn erzeugen. Natürlich sind die angeführten Exempel in gewisser Hinsicht banal, wie sich – man kennt dieses Problem aus den Debatten um sprachliche Metaphern – überzeugende Beispiele für *gelingende* Metaphorik an ihrem Ursprung ja überhaupt nur schwer geben lassen. Erhellende Metaphern „geschehen"; das Reden über Metaphorik greift

Abb. 1: Pablo Picasso, *Der Traum (Marie-Therèse)*. 1932. Öl auf Leinwand. 130 x 97 cm. Sammlung Sally Ganz.

stets bloß auf bereits in „Erstarrung" begriffene Beispiele zurück. Sagen lässt sich freilich, dass eine metaphorisch funktionierende Bildfindung dort, wo sie erstmals gelingt, wo sie auf überraschende Weise Heterogenes in einen erhellenden Zusammenhang bringt, wahrscheinlich zunächst ebenso frappierend, wenn nicht gar „eklatant falsch" erscheinen wird, wie im Falle sprachlich kreativer Metaphernbildung. Doch wenn Metaphern auf eine hinsichtlich ihrer Plausibilitätskriterien a priori gar nicht bestimmbare Weise gelingen, gewöhnt man sich daran, weshalb sich auch piktorale Metaphern, nicht anders als sprachliche, häufig auf den Weg der Konventionalisierung begeben.

Wohl allein in bedeutenden Werken der Kunst bleiben sie gelegentlich „lebendig". Ein einziges konkretes Beispiel dafür, auf das Axel Müller[43] hingewiesen hat, mag im vorliegenden Zusammenhang genügen: Picassos Gemälde „Der Traum" von 1932 (*Abb. 1*). Ohne dass sein Interesse darin bestünde, die Problematik einer solchen Ausdrucksweise explizit zu reflektieren, hat Müller im Blick auf die Formulierung des Gesichts der Frau in Picassos Bild zu Recht von einer „visuellen Metapher"[44] gesprochen. Picasso macht sich in dieser Formulierung das seit Cézanne in der Kunst der Moderne häufig anzutreffende Phänomen der visuellen „Inversion", d. h. des augenblicklichen „Gestaltwandel[s] (bzw. Aspektwechsel[s])"[45] zunutze, bei dem eine konstant bleibende piktorale Inskription „plötzlich", wie man sagt, eine neue Lesart erfährt. Auf einmal bemerkt man: „Das träumend geschlossene Auge der Frau ist nicht nur als Auge gesehen, sondern zugleich als Geschlechtsteil des Mannes."[46] An sich ist dieses Umschlagsphänomen in der Wahrnehmung trivial und seit jener Abbildung aus Joseph Jastrows „Fact and Fable in Psychology" (1901), die

Abb. 2: H-E-Kopf, nach: Ludwig Wittgenstein, *Philosophische Untersuchungen*. Frankfurt a. M. 1977, 309.

Wittgenstein als „H-E-Kopf", der „als Hasenkopf, oder als Entenkopf"⁴⁷, gesehen werden kann, berühmt machte, auch in außerkünstlerischen Zusammenhängen bestens bekannt (*Abb. 2*).

Doch ein Vergleich beider Bilder ist signifikant: Während die visuelle Inversion im Falle des H-E-Kopfes gehaltsleer bleibt, zeitigt diejenige in Picassos Bild semantische Konsequenzen. Nicht anders als in der sprachlichen Metapher Leonardos, die das „Auge" *als* „Fenster" des menschlichen Körpers ansah, geht Picassos visuelle Metapher, die mittels der piktoral-inversiven *Repräsentation-als* nun das konkrete „Auge" einer träumenden Frau plausibel *als* männliches „Geschlechtsteil" zeigt, „über scheinbar Verbindungsloses hinweg, verkoppelt Heterogenes und macht damit provokativ etwas sichtbar, das einzigartig ist, so noch nicht gesehen wurde."⁴⁸ Vor dem Auge des Betrachters eröffnet sich damit ein wieder und wieder unausschreitbarer Denk- und Deutungsraum, der – anders als jene eben beschriebenen, schon im Moment ihrer Geburt „moribunden" Beispielmetaphern – beständig der Erstarrung widersteht.

Natürlich sind die Modi der metaphorischen *Repräsentation-als* in Bildern nicht propositional verfasst, wie die Parallelisierung der Metaphern Leonardos und Picassos suggerieren könnte. Und doch sind ihre „Spielarten" in Bildern gewiss ebenso zahlreich wie die „Modi der Metapher"⁴⁹ in der Sprache. Zudem lassen sie sich in einer „Rhetorik des Bildes" wohl auch begrifflich bestimmen. Denn wie man in der Sprache etwa „Synekdoche", „Antonomasie" oder „Hyperbel"⁵⁰ als solche Modi analysieren kann, dürfte es einer fortgeschritteneren, systematischeren Bildwissenschaft als der bisher überwiegend historisch ausgerichteten Kunstgeschichte möglich sein, ihre Haupttypen herauszustellen. Mit der „piktoralen Inversion" ist *einer* von ihnen genannt. Die für eine solche Rhetorik des Bildes notwendige Analyse, Katalogisierung und Typisierung könnte eine Aufgabe für eine metapherntheoretisch orientierte Ikonographie darstellen. Doch darum soll es hier nicht gehen. Wichtiger ist die Feststellung, dass insbesondere im Falle bedeutender Kunstbilder – auch dies deutete das Picasso-Beispiel bereits an – ikonischer Sinn selten in dem aufgeht, was sie an bekannten Typen oder besonderen Formulierungen einer bereits tendenziell erstarrten piktoralen Metaphorik erkennen lassen. „Der Betrachter eines Werkes von Tizian,

Rubens, Matisse etc.", schrieb Gottfried Boehm, „wird sich vergeblich darum bemühen, was er sieht durch seine Komponenten (formaler, ikonographischer, biographischer Art) zu erklären (so unverzichtbar die Kenntnis derartiger historischer Substrate auch ist)."[51] Denn ihr ikonischer Sinn reicht gewöhnlich weit über solche Komponenten, auch über alle bloß konventionellen Gepflogenheiten visueller *Repräsentation-als*, hinaus, freilich um den Preis, dass ihre Anschauung den Betrachter mit den ganzen Schwierigkeiten ursprünglichen Metaphern-Verstehens konfrontiert, wie wir sie auch von sprachlichen Phänomenen her kennen. So, wie wir kreative Metaphernbildungen in manchen Fällen eben nicht als schlichten Unfug abtun, sondern „plötzlich" erkennen, dass die in der Metapher geschehende Verschmelzung des Verschiedenen neue Denkräume eröffnet, ebenso hat „Bilder „sehen" – jedenfalls die Anschauung bedeutender Bilder – „seinerseits mit Resonanzen zu tun, mit visuellen Wechselwirkungen und überraschenden Synthesen"[52], die uns ebenso „plötzlich" aufgehen lassen, wie das Bild in bisher nicht gesehener Weise „etwas *als* etwas" in neuem Lichte zeigt. Bedeutende Bilder, die nicht nur piktorale Klischees reproduzieren, eröffnen hierzu, immer wieder, die Möglichkeit.

Mehr als mit der in der bisherigen Bildtheorie stereotyp angeführten Fähigkeit des Bildes zur Simultaneität der Darstellung haben die so oft gerühmten kognitiven Potentiale von Bildern mit ihrer Fähigkeit zur metaphorischen Repräsentation von „etwas *als* etwas" zu tun. Denn durch die unterschiedlichen Formen von *Repräsentation-als* bestimmt ein Bild durch metaphorische Übertragung nicht nur was, sondern zugleich auch *wie* etwas gesehen werden *kann*. Am deutlichsten wird dies am Beispiel wissenschaftlichen Bildgebrauchs. Hier sind Bilder ja nicht darum aufschlussreich, weil sie irgendeine *beliebige* Möglichkeit realisieren, ein komplexes Problem in einen simultan überschaubaren Zusammenhang zu stellen. Wenn es stimmt, dass man die sichtbare Realität als ein unbestimmtes optisches Potential zu verstehen hat, in dem sich alles – zu verschiedenen Zeiten und aus unterschiedlichen Perspektiven – immer auch anders sehen lässt, dann ist ein Bild, das eine beliebige Sehmöglichkeit unter zahllosen anderen notiert, trotz aller Simultaneität der Darstellungselemente so belanglos wie der jeweilige uninspirierte Blick in die Welt, auf den es zurückgeht. Tatsächlich kommt es hier darauf an, dass ein kognitiv aufschlussreiches Bild im kontrastiven Geflecht seiner Binnendifferenzierungen nicht nur irgendeine simultan überschaubare Verteilung von Sichtbarkeitswerten manifestiert, sondern sie zugleich *als etwas* präsentiert, z. B. eine bislang undurchschaute Konfiguration *als* ein Dreieck, *als* eine Ellipse oder *als* etwas anderes, jedenfalls als etwas, das dank der Organisation, die es in eine komplexe Menge von Sichtbarkeitswerten hineinbringt, zur Orientierung führt. Solche Orientierung ist dann metaphorischer Übertragung verdankt, genauer gesagt: der Tatsache, dass das Bild mittels *Repräsentation-als* ein bisher nicht zur Anwendung gebrachtes Ordnungsschema zur Bewältigung einer solchen komplexen Menge von Sichtbarkeitswerten plausibel macht.

So verwirklicht ein Bild dann unter Umständen eine kognitiv relevante Art und Weise, die Welt zu betrachten. Wenn wir der damit eröffneten Sichtweise folgen, *sehen* wir die Welt anders. Natürlich spielen die Modi piktoraler *Repräsentation-als* nicht in allen Bildern die gleiche Rolle. Zahllose Bilder, die nichts anderes bezwecken, als Ordnungen des Gesichtsraums möglichst genau zu notieren, sind offenkundig intern nur wenig metaphorisch, obwohl sie mit Metaphern die Struktur des Kontrastes teilen. Überdies vollzieht sich das *Wie* ihres Sichtbar-Machens in den meisten Bildern auf konventionellen Pfaden. Doch immer wieder kommt es vor, dass Bilder durch metaphorische Übertragung nicht nur wiedergeben, was man üblicherweise sieht, sondern etwas sichtbar *machen*, also aus dem unbestimmten optischen Potential der Realität eine Möglichkeit verwirklichen, wie man etwas auf neue, fruchtbare Weise sehen *kann*. Dies, so scheint es, ist nicht nur das von Boehm benannte „Wunder der Metapher", sondern das „Wunder des Bildes" schlechthin.

Anmerkungen

1 Vgl. dazu vom Vf., „Iconic Turn". Kritische Revisionen und einige Thesen zum gegenwärtigen Stand der Bildtheorie, in: *Philosophische Rundschau* 49, 2002, 44–64.
2 Leonardo da Vinci, Malerei und Wissenschaft, in: Ralf Konersmann (Hg.), *Kritik des Sehens.* Leipzig 1997, 100.
3 Max Imdahl, Ikonik. Bilder und ihre Anschauung, in: Gottfried Boehm (Hg.), *Was ist ein Bild?* München 1994, 310. Desselben Arguments bedient sich der Sache nach gegenwärtig auch noch Reinhard Brandt, *Philosophie in Bildern. Von Giorgione bis Magritte*, Köln 2000, 21, ohne freilich auf seinen altehrwürdigen Charakter hinzuweisen.
4 Leonardo da Vinci (wie Anm. 2), 100.
5 Imdahl (wie Anm. 3), 310.
6 Imdahl (wie Anm. 3), 310.
7 Vgl. Imdahl (wie Anm. 3), 308.
8 Gottfried Boehm, Die Wiederkehr der Bilder, in: Ders. (Hg.), *Was ist ein Bild?*, München 1994, 26.
9 „Erscheinungsfaktoren" nennt Konrad Fiedler im Anschluss an Adolf von Hildebrandt die Einzelelemente innerhalb einer piktoralen Einheit (z. B. farbige Pinselstriche auf der zweidimensionalflächigen Leinwand oder einzelne Worte innerhalb eines Sprachgebildes), sofern sie einen konstitutiven Beitrag zur Semantik des jeweiligen Bildes erbringen und entsprechend bildsemantisch nur von diesem Beitrag her verstanden werden können (Konrad Fiedler, *Schriften zur Kunst.* Hg. v. Gottfried Boehm, München ²1991, Bd. II, 363f.
10 Boehm (wie Anm. 8), 28.
11 Über Bilder reden wir ja bis heute primär mit linguistischem oder literaturwissenschaftlichem Vokabular, jedenfalls mit Ausdrucksweisen, die wir historisch an Phänomenen der Sprache gewonnen haben, weil sich im Kontext der europäischen, primär logos-zentrierten Wissenschaft eine eigene Theoriesprache, ja ein sachangemessenes Kategoriensystem zur Thematisierung der Grunddimensionen genuin ikonischen Sinns nie herausgebildet hat. Zu dieser Problematik sowie einer ganz anderen Weise, über Bilder zu sprechen, vgl. vom Vf., Opazität und ikonischer Sinn. Versuch, ein Gedankenmotiv Heideggers für die Bildtheorie fruchtbar zu machen, in: Klaus Sachs-Hombach (Hg.), Bildwissenschaft zwischen Reflexion und Anwendung, Köln 2005.
12 Boehm (wie Anm. 8), 27.
13 Friedrich Nietzsche, *Ueber Wahrheit und Lüge im aussermoralischen Sinne*, in: Sämtliche Werke. Kritische Studienausgabe, hrsg. von G. Colli/M. Montinari, München 1980, Bd. 1, 879.
14 Nietzsche (wie Anm. 13), 883.
15 Vgl. Nelson Goodman, *Sprachen der Kunst. Entwurf einer Symboltheorie.* Frankfurt a. M. 1995, wo

von einem Ausdruck „wie ‚kalte Farbe' oder ‚hohe Note'", dessen Metaphorizität uns in der Regel kaum mehr bewusst ist, als von einer „erstarrte[n] Metapher" (73) die Rede ist sowie davon, dass eine „Metapher" häufig „zur bloßen Wahrheit" „verblasst" (83). Um der Genauigkeit willen sei angemerkt, dass es im amerikanischen Originaltext *(Languages of Art.* Indianapolis 1968) statt „erstarrte Metapher" „frozen metaphor" heißt, so daß man eigentlich sagen müsste, Goodman spreche von der Konventionalisierung von Metaphern im Bilde des „Gefrierens", nicht der „Erstarrung". Da es darauf aber in diesem Zusammenhang nicht ankommt und im folgenden weiterhin auf die deutsche Übersetzung des Buches Bezug genommen wird, sei diese Ungenauigkeit toleriert.

16 Auf diese bezieht sich Gottfried Boehm in seiner Analyse (wie Anm. 8), 28.
17 Leonardo da Vinci (wie Anm. 2), 97.
18 Donald Davidson, Was Metaphern bedeuten, in: Ders., *Wahrheit und Interpretation.* Frankfurt a. M. 1986, 364, und er fügt an dieser Stelle hinsichtlich der Semantik mancher Metaphern noch hinzu, daß sie gelegentlich auch „etwas absurd Wahres" aussagen. Dass „Metaphern eklatant falsch sind, ist das Übliche, doch mitunter wird eklatante Wahrheit das gleiche leisten" (362). Um der Kürze der Argumentation willen mag dieser Fall hier unberücksichtigt bleiben.
19 Goodman (wie Anm. 15), 74.
20 Goodman (wie Anm. 15), 75.
21 Goodman (wie Anm. 15), 77.
22 Goodman (wie Anm. 15), 78.
23 Leonardo da Vinci (wie Anm. 2), 97.
24 Goodman (wie Anm. 15), 83.
25 Boehm (wie Anm. 8), 29.
26 Boehm (wie Anm. 8), 29.
27 Boehm (wie Anm. 8), 29.
28 Boehm (wie Anm. 8), 31.
29 Boehm (wie Anm. 8), 29.
30 Boehm (wie Anm. 8), 30.
31 Boehm (wie Anm. 8), 30.
32 Fälle, bei denen wir gewöhnlich auch von „Bildern" sprechen, bei denen dieser Definitionsversuch jedoch nicht ohne gewisse Modifikationen zutrifft, also z. B. sog. „abstrakte Bilder" der modernen Kunst oder referenzlose Bilder fiktiver Gegenstände, mögen hier der Einfachheit halber ausgeklammert bleiben.
33 Eine eingehendere Entfaltung und Begründung eines solchen Bildbegriffs hat der Vf. in seinem Beitrag „Bild und Sichtbarkeit. Überlegungen zu einem transdisziplinären Bildbegriff", in: *Zeitschrift für Ästhetik und Allgemeine Kunstwissenschaft* 48.1, 2003, 27–45, zu geben versucht.
34 Zur eigentümlichen Leistung von Bildern, bestimmte Sehmöglichkeiten innerhalb einer als unbestimmtes optisches Potential gedachten Realität zu verwirklichen, vgl. Gernot Böhme, *Theorie des Bildes.* München 1999, insb. 92 u. 127, der damit eine wichtige und oft vernachlässigte Dimension bildlicher Darstellung namhaft macht.
35 Insbesondere bei Kunstwissenschaftlern, die mit neueren symboltheoretischen Ansätzen in der Bildtheorie wenig vertraut sind, erregt die Rede von piktoraler *Repräsentation*, zumal von Formen der *Repräsentation-als*, immer wieder Anstoß. Wäre nicht eher von *Präsentation* bzw. Formen der *Präsentation-als* zu reden, weil gerade Bilder der Moderne gar nicht auf die Weise der Stellvertretung „für etwas" stehen, sondern Sichtbarkeit autonom hervorbringen? Dies ist natürlich richtig. Die Rede von Repräsentation verpflichtet die Bildtheorie jedoch gar nicht auf ein Stellvertretungsmodell im Sinne der klassischen Zeichendefinition *aliquid stat pro aliquo*. Dass piktorale „Zeichen" oder „Symbole" *repräsentieren*, meint zunächst nur, dass die jeweilige Gegenbenheit nicht in ihrem faktischen So- oder Dasein aufgeht, sondern von ihrem Beitrag zur Konstitution ikonischen Sinns her betrachtet wird, für den sie ja tatsächlich einsteht. Denn das piktorale Zeichen verweist über solches So- und Dasein hinaus auf das, was es je (re-) präsentiert. Terminologisch wäre es deshalb gewiss auch möglich, von piktoraler *Präsentation* und Formen der *Präsentation-als* zu sprechen. Um je-

doch mit dem symboltheoretischen Sprachgebrauch insbesondere Goodmans konform zu bleiben, soll der Ausdruck „Repräsentation", trotz latenter Mißverständlichkeit, hier beibehalten werden.

36 Goodman (wie Anm. 15), 37. Herv. S.M.
37 Arthur C. Danto, *Die Verklärung des Gewöhnlichen. Eine Philosophie der Kunst.* Frankfurt a. M. ⁴1999, 255. Herv. S. M.
38 Von *echter* bzw. *starker Repräsentation-als* ist hier die Rede, um dem Einwand zu begegnen, dass auch das buchstäbliche Sichtbarwerden von „etwas" in Bildern als ein Fall von *Repräsentation-als* analysiert werden könne. Mit Bezug auf „ein Beispiel aus der gegenständlichen Erfahrung, das Husserl in seiner Bedeutungstheorie verwendet", schrieb beispielsweise Bernhard Waldenfels, *Spiegel, Spur und Blick. Zur Genese des Bildes.* Köln 2003: „Wird Napoleon porträtiert, so als kraftvoller Sieger von Jena oder als Verlierer von Waterloo, als Kaiser oder als Feldherr usf., niemals aber als Napoleon schlechthin. Nichts wird ins Bild gebracht, ohne daß es *als etwas* ins Bild gebracht wird" (12 / Herv. S. M.). Wenn man Waldenfels' Analyse akzeptiert, könnte man diese Eigentümlichkeit bildlicher Darstellung terminologisch als Fall *normaler* bzw. *schwacher Repräsentation-als* bezeichnen. Hier ist die *Repräsentation-als* dann freilich „schwach", weil sie uns im Normalfall der Bildwahrnehmung gar nicht bewusst wird. Wir sehen dann etwa auf dem Bild „Napoleon" in einer bestimmten Situation (bei Waterloo, bei Jena oder etwas Ähnliches), wobei gar nicht auffällt, dass die jeweilige Situierung zu einer simplen Art von *Repräsentation-als* führt. Im vorliegenden Zusammenhang interessieren jedoch diejenigen Fälle von Bilderfahrung, in denen uns dies manchmal durchaus auffällt, wenn wir nämlich bemerken, dass das sichtbar-werdende „etwas" in einen gänzlich neuen, ja manchmal zunächst eklatant falsch wirkenden Sinnhorizont eingerückt wird (Napoleon als *römischer* Kaiser). In solchen Fällen könnte man von *starker* oder *echter Repräsentation-als* sprechen. Auf sie beziehe ich mich, wenn im Folgenden von *piktoraler Repräsentation-als* die Rede ist.
39 Danto (wie Anm. 37), 255.
40 Danto (wie Anm. 37), 255.
41 Danto (wie Anm. 37), 255.
42 Danto (wie Anm. 37), 255.
43 Vgl. Axel Müller, Syntax ohne Worte. Das Kunstwerk als Beziehungsform, in: Klaus Sachs-Hombach/ Klaus Rehkämper (Hg.), *Bildgrammatik. Interdisziplinäre Forschungen zur Syntax bildlicher Darstellungsformen.* Magdeburg 1999, 235.
44 Müller (wie Anm. 43), 236.
45 Müller (wie Anm. 43), 236.
46 Müller (wie Anm. 43), 236.
47 Ludwig Wittgenstein, *Philosophische Untersuchungen.* Frankfurt a. M. 1977, 308f.
48 Müller (wie Anm. 43), 236.
49 Goodman (wie Anm. 15), 84.
50 Goodman (wie Anm. 15), 84.
51 Boehm (wie Anm. 8), 28.
52 Boehm (wie Anm. 8), 28.

Olaf Breidbach

Topiken oder über das Vage in der Anschauung von Welt

Ordnung des Wissens

Wissen, wie es uns die Sucharchitekturen des Internets und die von diesen abgeleiteten Instrumentarien digitaler Bibliotheken strukturieren, ist eine Folge von Aussagen über Welt, die, in ein adäquates Ordnungsgefüge gebunden, diese Welt in zureichender, d. h. in einer für eine Handlungsoperationalisierung tragfähigen Weise, abbilden.[1] Die klassische KI suchte genau diese Idee dann auch zu einem umfassenden Verständnis von Wissensrepräsentation – und von daher von dem Aufbau kognitiver Systeme überhaupt – auszuweiten.[2] Die hier zugrunde liegende Idee einer Totalrepräsentation des Wissens entstand aus technischen Vorgaben, aus Traditionen, in denen ausgehend von unseren Ideen über eine optimale Wissenspräsentation auf die Organisation der dieses Wissen strukturierenden natürlichen Systeme – der Hirne – rückgeschlossen wurde. Dabei konnte eine entsprechende Forschung an den Theoriekonzepten einer lokalisationistisch ausgerichteten Hirnforschung ansetzen. Mit dieser um 1900 unter dem Titel einer Neo-Phrenologie verkündeten Strategie zur Entschleierung der neuronalen Architekturen verband sich das Konzept einer wohl portionierten inneren Architektur des Geistes.[3] Psychologen wie Edward Bradford Titchener nahmen diese Idee auf und konnten damit um 1900 die Phänomenologie einer Verhaltensbeschreibung optimieren.[4]

Demnach gibt es im Hirn bestimmte Orte für bestimmte Funktionen. Die Architektur des Hirnes muss sich nun (in der Evolution) derart optimieren, dass sie verschiedene Funktionen in der bestmöglichen Weise verknüpft. So finden sich etwa hirninterne Zustände für bestimmte Weltrepräsentationen, die wir mit bestimmten Begriffen belegen. Habe ich diese Begriffe, sind die Regeln zu implementieren, über die diese Begriffe in optimaler Weise einander zugeordnet werden können.

Topik – Versuch einer Historisierung

Diese Idee einer optimalen Abbildung von Welt entstammt und begründet sich aus der kabbalistischen Tradition. Leibniz ist einer der letzten Großen, die sich explizit in dieser Tradition verstanden.[5] Das Problem, das sich für ihn gerade auch aus seinem

Postulat, das menschliche Schließen komplett in einer mathematischen Logik abbilden zu können, stellte, war zu beweisen, dass das einer Logik folgende Denken seine Folgerungen nicht etwa auf falschen Axiomen aufbaute.

Seine Lösung war einfach. In der besten aller möglichen Welten konnte der Schöpfer das Denken schlicht nicht auf falschen Axiomen aufbauen. Dennoch war das Denken selbst in seinen Folgerungen aus diesen Axiomen unvollkommen. Seine Logik war auf die Möglichkeiten des beschränkten Verstandes zurückgestuft. Dem logisch operierenden Denken erschien die Welt somit nicht wie sie an sich ist, sondern nur wie sie in der ihm möglichen beschränkten Perspektive erschien. Allerdings stand dieses Denken in diesem Tun unter einer höheren Ordnung. War es anscheinend doch möglich, die Struktur des Denkens in ihrer von Gott vorgegebenen Struktur darzustellen. Diese Struktur lag nicht in dessen Vollzug, sondern in den diesen Vollzug ermöglichenden Einheiten, den Begriffen. Deren Ordnung spiegelte den wahren Bezug der Dinge und damit die Ordnung der Welt wider.[6] Die Topik, die Lehre von der Zuordnung der Begriffe zueinander, gab die Methode, diese Struktur zu finden.

Dieses Konzept einer Topik, originär im Kontext der jüdischen Philosophie erwachsen, erfuhr schon im 13. Jahrhundert durch Raymund Lull eine Operationalisierung.[7] Von diesem Kleriker ursprünglich als eine Art Universalexpertensystem zur Unterstützung der Diskussion seiner Glaubensbrüder mit den arabischen Philosophen konzipiert, erwuchs aus diesem Ansatz sehr rasch ein sehr viel umfassenderes Verständnis. Die mittelalterliche Wertschätzung der Topik verband sich in der Tradition mit einer Lehre von der Organisation des Verstandes. In einer weitgehend schriftfreien Kultur waren Memorierungstechniken, die es etwa einem Rhetor erlaubten, sich im Laufe einer Rede auch komplexe Sachzusammenhänge und Assoziationsfolgen verfügbar zu halten, essentiell. Die sich entwickelnde Technik der *ars memorativa* arbeitete nun nicht mit kompletten logischen Sequenzen oder komplizierten Reden.[8]

Der Grundansatz dieser Technik war einfacher. Es galt, sich eine innere Landschaft, eine Architektur vorzustellen und diese Architektur nun sukzessive durch Vorstellungsinhalte, durch Begriffe und deren Umfeld zu beleben. Die konkreten Anweisungen führten dazu, dass sich ein Rhetor eine Architektur, etwa einen Tempel, imaginierte. In dessen Nischen wurden in seiner Imagination nun bestimmte Bilder, die bestimmte Begriffe und ggf. deren Konnotationskontext darstellten, angeordnet. Das Erinnern bestand nun – wie angedeutet – darin, sich diese Landschaft/Architektur vorzustellen, sie zu durchschreiten und die in ihr imaginativ aufgereihten Bilder zu memorieren. Damit waren nicht etwa nur Memorierungs*techniken* verfügbar, die Einzelheiten zu reproduzieren erlaubten. Bedeutsamer hieran ist in diesem Zusammenhang, dass die derart memorierte Begriffswelt in einem räumlichen Ordnungszusammenhang stand. Die Relation der Begriffe – ihr realer Abstand in der imaginierten Architektur – benannte die Nähe oder Ferne einzelner begrifflicher Muster. Vorgestellt wurde eine Ordnung der Begriffe. Gelang es nun, in der inneren Ordnung der Begriffe die reale Ordnung der Ideen der Welt abzubilden, fasste sich in diesem ein Erklärungsgefüge von Welt. Die Technik der *Ars memorativa* war denn auch nicht nur eine Technik zur optimalen Reihung von Aussagenfolgen, sondern eine Methode zur Visualisierung des Wissens, über die komplexe Wissenszusammenhänge direkt imaginiert und damit der Vorstellung greifbar wurden.[9]

Vor dem inneren Auge waren die Vorstellungszusammenhänge derart in einer Landschaft positioniert. Der Trick bestand nun darin, die Dinge und Sachzusammenhänge, die sich aufeinander bezogen, so aufzubauen, dass sie dem Blick „nach innen" auch direkt in diesem Zusammenhang greifbar wurden. Vor dem inneren Auge waren die Dinge so fortlaufend zu reorganisieren, bis sie eine feste Zuordnung fanden.

Die Ordnung der Dinge

Für den diese Tradition aufnehmenden Jesuiten Athanasius Kircher waren nun diese Architekturen, in denen sich der Zusammenhang der Dinge abbildet, nicht einfach gefunden oder in einer spekulativ arbeitenden Philosophie erschlossen.[10] Für ihn war in ihrem System, in der Universalität der Anwendung, die Wahrheit ihrer Aussagen gegeben. Sein daraus entwickeltes Verfahren ist zumindest im Prinzip einfach. Die Welt wird für ihn in der Struktur der Sprache, in der wir sie beschreiben, abgebildet. Diese Struktur kann nun in formalen Regeln rekonstruiert werden. In seiner *Polygraphia* hatte Kircher das Verfahren dargestellt, über eine Kombination von Grundsilben jede Sprache in jede andere überführen zu können.[11] In seiner *Ars magna sciendi* baut er auf diesen Ideen auf, holt aber noch umfassender aus. Nach ihm gäbe es so etwas wie einen Grundsatz von Zeichen, auf die die Vielfalt von Begriffen rückführbar wäre.[12] Hier setzt Kircher dann nun wieder sehr einfach an. Da alle Begriffe in ihrer Zuordnung zueinander positioniert sind, ist es möglich, dann, wenn alle möglichen Beziehungen der Begriffe zueinander abgebildet sind, deren natürliche Ordnung zu erkennen.

Daraus folgt für ihn die Forderung nach der Totalität der relationalen Repräsentation der Begriffe.[13] Dabei verknüpft er aber diese Idee einer relationalen Kennung mit der einer Kategorialisierung des Wissens, d. h. er strukturiert den abzubildenden Raum der Begriffe vor, indem er bestimmte Begriffsräume voneinander abgrenzt. Innerhalb der Begriffsräume gibt es dann wieder eine Schichtung, da es Begriffe gibt, die ein Verhältnis anderer Begriffe bestimmen und solche Begriffe, die in solch einem Verhältnis bestimmt werden. Klassifikationen arbeiten damit, solche Zuordnungsmodi zu bestimmen und demnach Ordnungen von Begriffsstufungen abzuleiten. Über dieses Verfahren konstituieren sich auch die hierarchischen Beziehungen in dem von Kircher aufgewiesenen Gefüge von Begriffsrelationen. Sein Versuch besteht nun darin, die Totalität aller möglichen Begriffsbestimmungen aufzuweisen und so eine letztgültige Begriffsordnung zu erschließen.

Kircher gewinnt so aus der Analyse der ihm möglich erscheinenden Beziehungen der Begriffe ein Schema jeder möglichen Definition, woraus sich ein Grundschema aller Relationstypen ergibt. Jede Relation baut sich ihm zufolge in einem dreistufigen

Syllogismus auf. Dabei ist das Bestimmungsgefüge immer hierarchisch auf einen in der Relation definierten Oberbegriff bezogen. Der Schluss gewinnt ihm damit das Muster der Trinitas, womit er sein Schlussschema theologisch sichert. Jedes mögliche Wissen ist für ihn derart rekonstruierbar. In seinen Schlussformeln benennt er das Gefüge jeder möglichen Beziehung von Begriffen. Insoweit entfaltet er dann in diesem Schema eine synthetisch erschlossene Syllogistik. Diese ist nichts als die Wissenschaft von der Kombinatorik des Möglichen. So formiert er in seiner *Ars magna sciendi* seine synthetische Wissenschaftslehre, in der er selbst nicht mehr davor zurückschreckt, aus den ihm verfügbaren Begriffen eine Theologie zu synthetisieren.

Bilder der Ordnung

Die Enzyklopädie von D'Alembert und Diderot setzt anders an. Sie hat den Anspruch, in der Beziehung der möglichen Begriffe ein gültiges Schema des uns möglichen Wissens aufzuweisen, aufgegeben. Ihr Anspruch ist es vielmehr, die Gesamtheit der seinerzeitigen Erfahrungen verfügbar zu machen. Insoweit rekrutierten diese Enzyklopädisten denn auch einen Stab von Mitarbeitern, die ihr Wissen in das Unterfangen einer Enzyklopädie einzubringen hatten. Doch auch dieses Wissen steht nicht frei im Raum, es bleibt eingebunden in eine Struktur von Verweisen, die dieses Wissen dann überhaupt erst erschließt. In dieser Verweisstruktur folgt auch diese Enzyklopädie – trotz der neuen inhaltlichen Füllung – dem alten, vorab aufgewiesenen Muster. Entsprechend ist denn auch der eigentlichen *Encyclopedie* eine *Explication détaillée du Systemé des Connaissances humaines* vorangestellt, die ganz im Sinne der explizit in kabbalistischer Tradition stehenden Alstedschen Enzyklopädie die Strukturen des Wissens als die Strukturen einer internen Repräsentation von Welt darzustellen suchte.[14] Leitidee ist somit auch dort der alte, aus der Lullschen Tradition erwachsene *arbre encyclopedique*, auch wenn dieser dort auch als von Bacon gepflanzt ausgewiesen wurde.[15]

Der Suchbaum bleibt das Bild für eine sich in der Ordnung des Wissens findenden Welt. Diese Ordnung des Wissens, das sagen die *Encyclopedisten* ebenso wie der letzte britische Vertreter der hermetischen Tradition Robert Fludd im 17. Jahrhundert, begründet sich aus der Organisation des dem Menschen möglichen Erkennens. Das Denken in den ihm möglichen Ordnungen wird zum Maßstab der Bemessung von Welt. Die sich im Menschen und dessen Geist spiegelnden Entwürfe der Organisation und damit der Qualifizierung des Kognitiven sind eben die, in denen sich diese Enzyklopädie des Wissens spiegelt.

Es ist hier nicht der Raum, die philosophisch-theologischen Implikationen dieser Enzyklopädistik darzulegen,[16] diese wird hier – allerdings ganz Kircher folgend – nur als Methodik vorgestellt. Dabei gilt auch hier: Will ich um etwas wissen, so muss etwas da sein, von dem ich weiß. Es ist eben nicht nur die Struktur abzubilden, sondern die Welt ist in dieser Struktur auch in ihren Detaillierungen wieder zu finden.

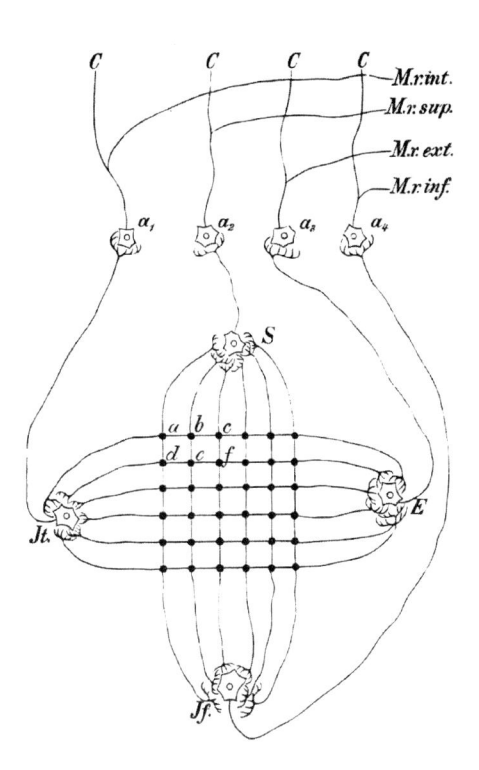

Topiken oder über das Vage in der Anschauung von Welt   259

Abb. 1: Schema eines Centrums der optischen Bewegungsempfindungen. Aus: Sigmund Exner, Entwurf zu einer physiologischen Erklärung der psychischen Erscheinungen (1894). Thun 1999, 193, Fig. 53.

Abb 2: Trium Animae Visionis generum in Microcosmo, eorumque regionum, objectorum, rationumque discernendi liculentissima demonstratio. Aus: Robert Fludd, Supernataurali, naturali, praeternaturali et contranaturali Microcosmi historia, in: Tractatus tres distributa. Tomus secundus. Oppenhemij, 1619, 217.

Also ist – wie sich an den Denkmustern des in Linie der Lullschen Tradition stehenden Athanasius Kircher aufweisen lässt – die Idee einer Architektur des Wissens eben nicht von den klassischen *memoria*-Konzepten zu trennen.[17] Auch dort bezieht sich das Wissen auf die Welt, die sich im Innenraum des Ichs repräsentiert. Die Topik gab nun aber die Mittel, diese Abdrücke in der ihr eigenen Ordnung zu erfassen. Ein Jesuit wie Kircher war dabei den Dingen des Sinnlichen gegenüber mehr als skeptisch; in dem ersten mir bekannten Medienhandbuch der Neuzeit, seiner *Ars magna lucis et umbra*, beschreibt er denn auch detailliert, wie die Abbildung der Dinge erst über die Autorität der katholischen Kirche zu sichern ist.[18] Doch bleibt auch für ihn die Topik allein eine Methode, die Erinnerungen zu ordnen. Das, was der englische Sprachphilosoph Quine in den 1960er Jahren einen Nachhall im Gefüge der Sprache nannte, ist in Kirchers Konzeption der Nachklang der Sinnlichkeit im Geist.[19] Dabei ist eine neue Erregung der Sinne nun aber nicht isoliert, als in sich bestimmtes Einzelnes aufzunehmen, vielmehr wird sie im Moment ihrer Einbindung in das Gefüge des Wissens durch die Phantasie auf das schon Bekannte rückbezogen. Die Ordnung der Dinge in der inneren Repräsentation erlaubt die schlüssige Kanalisierung der Außenwelt auf ein Innen. Auch das spätere, um 1830 entwickelte Konzept von James Mill, das diese Innenwelt als eine Assoziationsmechanik darzustellen suchte, nimmt dieses Moment der vormaligen Tradition auf.[20]

Diese Beobachtung ist für die Bewertung der modernen im Kontext der Diskussion neuronaler Netze erwachsenen Vorstellungen wichtig, sind diese doch in der Millschen Tradition formuliert und scheren also nur, was den bei ihnen zugrunde gelegten Mechanismus der Interpretation des Sinnlichen anbelangt, aus der hier verfolgten klassischen Traditionslinie aus. Die lässt sich bis zu Sigmund Exner, dem ersten, der das Konzept neuronaler Netze (und zwar 1896) formuliert hat, zurückverfolgen.[21] Bedeutsam ist diese Beobachtung für eine Bewertung der Denkfiguren, in denen dann die Dynamik einer Weltrepräsentation auch nach diesen neueren Traditionen verdeutlicht werden sollte. Auch hier ist das Bild der Dynamik ein Netz, ganz wie auch Kircher sein statisches Modell einer Weltrepräsentation in der Vernetzung von Bestimmungen zu erläutern suchte (*Abb. 1*).

Die innere Architektur des Geistes bestimmt die Ordnung, in der wir das Wissen fassen. Diese Ordnung ist bei dem Hermetiker Fludd in ihrem Bezug auf Gott gesichert. Dass der Mensch nach dem Ebenbild Gottes geschaffen sei, sichert ihm sein Wissen: Er ist ein wenn auch unvollkommener, so doch nach der Ordnung des Göttlichen geschaffener Spiegel der Welt[22] (*Abb. 2*).

Die Totalität der Bestimmung

All dies funktioniert nur aus der Totalität der Bestimmung, wie sie Kircher in seiner *Ars magna sciendi* denn auch ins Bild zu setzen sucht. Es geht nicht einfach darum, ein Ordnungsgefüge zu füllen. Es geht darum, die Totalität einer Ordnung aufzuweisen, in der das Einzelne dann in der Vernetzung aller möglichen Bestimmungen verortet wird (*Abb. 3*).

Die Totalität der Bestimmungen wird zum Bild der Ordnung. Die Darstellung dieses Bestimmungsgefüges in der Form eines Netzes konnte diese Totalität zumindest anschaulich zu machen. Die großen Zahlen, die über die möglichen Vernetzungen in den Bestimmungsgefügen der Begriffe orientieren sollten, und die Kircher mit sichtlichem Genuss in seiner *Ars magna sciendi* anführt, haben einen nur demonstrativen Charakter. Sie visualisieren in ihrer puren Ausdehnung als Nummernfolge a) die Komplexität des in einer Kombinationskunst Abbildbaren und sie benennen b) in ihrer Bestimmtheit als Zahl die Möglichkeit einer Bestimmung dieses Vielfältigen. Das unendlich Große steht nicht in der Offenheit einer Bestimmung, sondern ist in der Bestimmtheit seines Bestimmtseins zu fassen. So begreift sich der Mensch für Kircher dann auch nicht in der Unbestimmtheit einer Evolution, sondern in der Sicherung einer von Gott initiierten und in Gott beschlossenen Geschichte. Das Bild

Abb. 3: *Epilogismus - Combinationis Linearis*. Aus:
Athansius Kircher, Ars Magna Sciendi Sive Combinatoria:
in XII libros digesta. Weijerstraet 1669, 170.

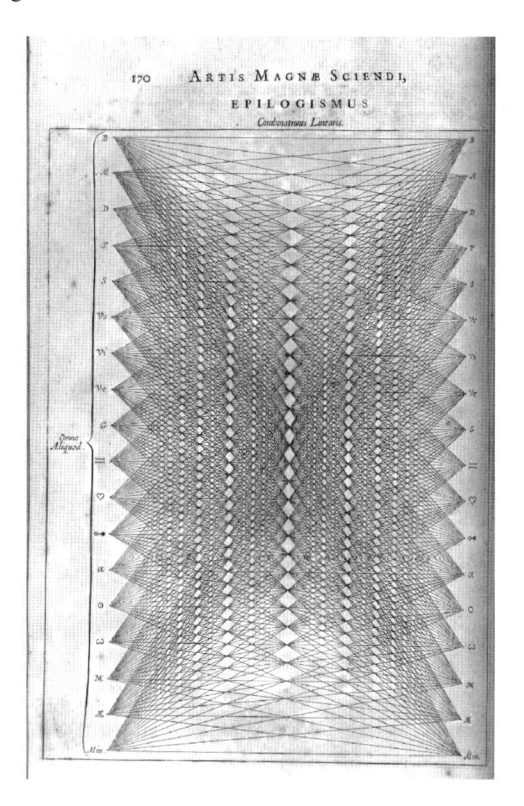

des Netzes gewinnt für Kircher damit eine Bestimmung, die die Bestimmtheit des nicht mehr ins Bild zu bringenden Gefüges des Wissens trotz allem anschaulich hält. Zwar ist nicht mehr die Totalität des in den Bestimmungen verfügbar gemachten Wissens, aber doch das Schema seines *Bestimmt Seins* erfahrbar. Die Bestimmtheit des sich *In Relationen Findens* gewinnt ein Bild. Damit wird das in der rein begrifflichen Operation für sich Unbestimmte in eine neue Erfahrungsrealität gehoben. Nicht mehr all das in diesem Schema Bestimmte, aber doch die Bestimmbarkeit dieses Wissens, in dem dieses bestimmt wird, wird so anschaulich.

Die Vagheit des Sinnlichen

Dieser Anschauungsraum ist nicht einfach ein Raum von Beobachtungen. Es ist der Raum möglicher Beobachtungen. Damit unterscheidet sich das Bild des Wissens, das Kircher entwirft, grundlegend von dem der modernen Wissenschaften. Diese verweisen in der Beobachtung auf eine Gewissheit, die nicht in dem Wissen über etwas, sondern in diesem Etwas selbst liegt.[23] Hat diese Beobachtung einen Wert, der sich in ihr selbst bestimmt, so geht dies nur, wenn diese Beobachtung etwas unmittelbar vermittelt. Sinnliche Gewissheit ist denn auch das Zauberwort einer Disziplin, die sich in der Erfahrung selbst in sich bestimmt weiß.

Dabei ist nun aber nach der Bestimmtheit dieser Beobachtung zu fragen. Die reine Anschauung, die Unmittelbarkeit einer Erfahrung ist dabei fragwürdig. Die Wissenschaft entwirft denn auch ein Instrumentarium, über das eine einzelne Beobachtung bewertet werden kann. Dies geschieht dadurch, dass eine Beobachtung auf den Gesamtzusammenhang der der Wissenschaft möglichen Beobachtungen bezogen wird. Dafür entwickelt die Wissenschaft eine Methode. In dieser Methode wird eine Erfahrung objektivierbar. Beobachtet wird in ihr unter einer Theorie, aus einer über ihre Methodik gesicherten Fragestellung heraus. Aufmerksamkeit und Aufmerken sind Bedingung einer Beobachtung. Diese Intentionalität wird in der Wissenschaft geleitet, kanalisiert und in einen Rahmen gesetzt, der im Umfeld einer Wissenschaft und damit in einer sich über diese Wissenschaft bestimmenden Gruppe kommunikabel ist. Diese „Objektivierung" der Beobachtung – über die schon so viel geschrieben wurde[24] – ist Bedingung wissenschaftlichen Beobachtens. Das Experiment als die erweiterte Beobachtung ist nur eine Disziplinierung dieses der Wissenschaft eigenen „Sehens". Experimentalapparaturen sind die kondensierten Intentionen einer sich in die Beobachtung findenden Wissenschaft.[25] Sie werden gebaut, um etwa zu sehen; sie sind nicht das offene Material eines bildenden Künstlers, sie sind auf eine Fragestellung hin ausgerichtet, und kanalisieren so die Aufnahme der für die Wissenschaft relevanten Daten. Die Objektivierung des Disziplinenstandards entspricht einer Festlegung der die Disziplin leitenden Intentionen. Diszipliniert ist das Sehen, das alle zu akzeptieren vermögen, die mit den methodischen Standards dieser Disziplin arbeiten. Damit aber bleibt die Erfahrung als wissenschaftliche Erfahrung in sich eingebunden, sie greift nicht aus, sie bleibt Bild einer Theorie, die sie dann auch so nur in den Dingen veranschaulicht, nicht aber das Wissen um die Dinge in der Anschauung gründet.

Greift hier eine Ästhetik weiter? Wechseln wir für einen Moment die Szene. Der italienische Philosoph Maurizio Ferraris hat in seiner *Experimentellen Ästhetik* im Kontext seiner Argumentation zur Fundierung einer Ästhetik den Begriff der Vagheit eingeführt.[26] Er beschreibt die ästhetische Erfahrung – die Beobachtung – als eine an sich vage Bestimmung. Diese Art der Darstellung des Sinnlichen begreift den Zugang auf eine Welt, der uns in der Bestimmung des Unmittelbaren die Welt so sicher macht, in zwiespältiger Weise. Zu finden ist zum einen die Sicherheit, eine Erfahrung zu haben. Diese ist uns als Erfahrung unmittelbar und darin erfährt sich die Realität als real. Dieses Reale ist aber in sich noch nicht fest umrissen. Es ist noch nicht kategorialisiert. Erst in der näheren, aus unserer Kenntnis heraus erwachsenen Bestimmung des Erfahrenen wird dieses zunächst unmittelbar als Erfahrung Registrierte bestimmt und so zu Kenntnis. Das Erfahren ist damit an sich vage, es gewinnt seine Kontur insoweit – und dies ist das zweite Moment – erst aus dem Rahmen, in den es von der Wissenschaft gesetzt wird. Erst als solches, im Rahmen des dieser Wissenschaft möglichen Bestimmten, wird es dieser zu einer ihr möglichen Erfahrung.

Wie ist dieses Vage aber selbst zu erfassen? Ferraris sucht dieses Vage aus einer Darstellung unseres alltäglichen Umgangs mit der Erfahrung zu konturieren. Er beschreibt, wie wir ein uns fernes Objekt, das sich uns annähert, mit zusehender, uns deutlich werdender Konturierung immer weiter bestimmen. Die „Sicherheit" der Beobachtung, die uns einen Vogel zeigte, lässt sich dann korrigieren und den Vogel als Segelflieger erkennen. Damit wird in dieser Neubewertung des Gesehenen die Realität unseres ersten Aufmerkens auf diesen sich nähernden Gegenstand nicht geleugnet. Das neue Bild erweist sich als eine Verdichtung unseres Wahrnehmens, wobei das vormalige Bild konkretisiert und auf Grund der neu erhobenen Daten neu interpretiert wird. Dieser Prozess einer ggf. auch umwertenden Detaillierung ist ein kontinuierlicher. Unsere Wahrnehmung empfindet denn auch die sich ggf. umkonturierende Anschauung der Welt nicht als gebrochen. Wir interpretieren das Erfahrene aus der neu gewonnenen Sicht um, und sichern uns so auch im neuen Bildmuster die alten Erfahrungen. Wie hier das Objekt in immer feineren Konturen in unser Sehfeld gelangt, und wir so mit zunehmender Detaillierung seiner Bestimmung dieses Objekt zusehends feiner bestimmen, so restrukturieren wir uns fortlaufend unsere Sicht der Dinge, in der wir unsere Welt erfahren. Diese Welt konstituiert sich in der Kontinuität solch eines Erfahrungserlebens. Dies gilt auch für eine Wissenschaft, die in ihren immer feiner analysierten Objekten u. U. gänzlich neue Konturierungen erkennen lässt und sich so einen zusehends differenzierteren Kenntnisstand erarbeitet.

Es ist in den Wissenschaften nicht nur ein Objekt, auf das wir uns beziehen. Das, was sich im Objekt konturiert, ist zuerst die Kenntnis des Umfeldes, aus dem heraus, und auf das hin wir etwas, das unsere Aufmerksamkeit bündelt, beziehen. Das, was wir sehen, tasten, riechen und hören, wird nach unseren Intentionen – und seien es die methodisch objektivierten Intentionen einer Wissenschaftsdisziplin – registriert. Beobachtungen sind nicht in ihrer Unmittelbarkeit gewiss. Sie sind uns unmittelbar nur als Unbestimmtes sicher. Was wir an diesem Unbestimmten haben, wird uns nur bezogen auf das, was wir schon kennen, sicher. Das, was wir beobachten, wird so nur aus unserer Kenntnis zu etwas, das wir bestimmt wissen. Bestimmt ist es erst aus dem Wissen, auf das wir dieses an sich Unbestimmte beziehen. Die Sicherheit der Beobachtung ist insofern die Sicherheit unseres Wissens. Nur wer mich kennt, der wird mich hier erkennen, schrieb verdächtigerweise gerade Hegel unter ein Portrait seiner selbst.

Bestimmt in der Unmittelbarkeit sind die Beobachtungen nur daraus, dass wir sie als Beobachtungen, d. h. als ein auf ein Anderes bezogen betrachten können. Dieses Andere ist ein Erleben, eine Bestimmung unserer Selbst, eine Selbstversicherung des sich bei sich findenden Denkens, das sich in dieser Selbstbestimmung so dann aber zugleich auch in sich findet. Die Unmittelbarkeit einer Beobachtung weist so nicht außer das Subjekt, sie ist ein *Sich Selbst Erleben* dieses Subjektes, eine Eigenbestimmung, aus der heraus dieses sich selbst als in seinem Bestimmen qualifiziert.

Die Welt, die uns vor Augen ist, wenn wir die Augen schließen, ist allerdings dunkel und leer. Erst wenn wir die Augen öffnen und unsere Aufmerksamkeit auf ein Außen richten, gewinnen wir in diesen Augen Bestimmungen. In diesen finden wir uns dann aber selbst in uns bestimmt.

Unmittelbarkeit

Wo sind wir damit in unserer Unmittelbarkeit? Wir finden uns in uns selbst.

In dieser Situation wird eine Philosophie, die die Erfahrung auf das Protokoll und die Welt damit auf eine Registratur von Beobachtungsprotokollen eingrenzt, hilflos. Die Erfahrung ist in sich unbestimmt, sie ist nur ein *Sich Sicher Sein*, darüber, erfahren zu haben. Ihre Bestimmung erlangt die Erfahrung erst in der Theorie. Die Erfahrungswissenschaft ist demnach dann doch nicht so weit weg von einer Erfahrung, die diese Selbsterfahrung, das Denken zur Grundlage ihrer Bestimmungen macht. Die Unmittelbarkeit des Erlebens ist nicht einzugrenzen auf den Vergleich sinnlicher Bestimmungen. Die Unmittelbarkeit ist ein *Sich Bestimmt Sein*, in dem sich die Erfahrenden als Erfahrende bei sich wissen. Dieses Wissen um sich kann sich denn auch von der Bestimmung einer außer dieses weisenden Erfahrung absetzen und sich als Ich in diesem *Sich Unmittelbar Finden* selbst als Grundbestimmung greifen. Die Selbstbeobachtung des Subjektes, das nicht das Erfahren von, sondern das Erfahren selbst zur Grundlage seiner Bestimmung von Unmittelbarkeit nimmt, ist damit nicht so fern von einer Beobachtung der Natur. Diese kann als Natur nur erfahren werden, wenn wir schon um die Natur wissen.

    Der Mythos, wie in einem ersten Zugang auf die Welt die Natur nicht einfach als Natur begriffen wird: Als Natur wird sie zunächst nur im Handlungsvollzug des Subjektes erfahren, wie umgekehrt dann auch das Subjekt nun in diesem Vollzug von Handlungen bestimmt ist. Nur in diesem Handeln vermag sich das Subjekt als Selbst zu entdecken. Hat es sich so gefunden, steht ihm dann eine Natur, als das von ihm „Behandelte" gegenüber.[27] Derart können wir dann auch die Beobachtung neu bestimmen. Gewissheit findet sich nicht einfach darin, auf die Natur zu verweisen, die uns geprägt hat. Diese Gewissheit setzt vielmehr schon voraus, dass wir uns und damit unser Erfahren bestimmt und die Kriterien definiert haben, in denen wir das Außen einer Welt auf dieses Subjekt beziehen. Dadurch, dass wir uns die Modi dieses Bezugs klar legen, die Kriterien erarbeiten, über die wir die Erfahrung einer Welt bewerten und so eine Weltsicht gewinnen, garantiert uns Objektivität. Diese Objektivität unserer Weltsicht setzt nicht voraus, dass wir das Subjektive schlicht streichen. Sie setzt voraus, dass wir darum wissen, worin diese Objektivität gründet: im Subjekt.

    Wissenschaft als die Qualifikation einer Gewissheit kann diese Qualifizierung ihres Gewissens nicht in das legen, was sie dann aus ihrer Kenntnis als Ding bestimmt. Das Beobachten ist zunächst eine Beobachtung des Beobachters. Diese Beobachtung des Beobachters, die dieses Tun selbst nicht weiter reflektiert, sondern ihre Qualifizierungen in den Normen einer in seiner Gruppe akzeptierten Bestimmungsart versteht, ist Naturwissenschaft.[28] Die Wissenschaft, die diesen Beobachter als Beobachter zeichnet und erst einmal vor der Qualifizierung durch die Kenntnisse einer Disziplin in der Perspektive einer sich auf diesen Beobachter selbst richtenden Darstellung sucht, ist Philosophie.

Die Beobachtung ist nicht objektiv; sie hat ihre Bestimmtheit nur aus der Unmittelbarkeit eines Erfahrens, das sich eben nur seiner Subjektivität, nicht aber der nur vage abgebildeten Objektivität sicher ist. Unmittelbar ist sich das Subjekt. Nur mittelbar gewinnt in diesem dann auch das Objekt Objektivität.

Ordnungen

Es sind eben nicht die zwei Welten, zwischen denen das Subjekt zu wählen hat, die der Wissenschaft und die der Philosophie. Es ist dies die eine Welt, in der dieses Subjekt wirkt und die es zu erfahren gilt. Die Objektivierung des Subjektes kann demnach nicht darin gefunden werden, dass das Bild der Welt aus diesem Subjekt ausbricht. Die Welt ist die Welt des Erfahrenden. Ihre Objektivierung findet sich genau darin, dass sie sich im Subjekt konstituiert. Hier in der Selbsterfahrung eines Ichs, das sein Wahrnehmen als in sich gebrochen erfährt und diese Selbstbestimmung als Außenbestimmung qualifiziert, liegt die Unmittelbarkeit einer Erfahrung.[29] Diese hat sich so, vor jedem Wissen um ein Wissen darum, dass es weiß. Diese Situation umschreibt Ferraris mit der Vagheit. Vage ist die Qualifizierung, Geltung hat das *Qualifiziert Sein* eines Erfahrens. Die Vagheit der sinnlichen Bestimmung gewinnt so im Subjekt Geltung. Das *Erfahrung Haben* wird zum Ansatz einer Sicht von Welt, die sich so als Welt eben nicht von dem Subjekt löst, sondern sich eben in diesem Subjekt findet.

Denken und Erfahrung stehen damit eng zusammen. Die Beobachtung als das Protokoll der Erfahrung hat den Erfahrenden als Matrize, als Abbildungsraum, in dem sie ihre Konturen gewinnt.

Welt ist so nicht das dem Subjekt Fremde. Es ist das dem Subjekt Eigene.[30] In dieser Bestimmung auf sich, in seiner in sich stehenden Qualifizierung als Erfahrung, differenziert sich ein Ansatz zur Bestimmung des Wissens. Die Beobachtung setzt sich dadurch in Geltung, dass sie ihre Qualifizierung findet. Das Protokoll als Kondensat einer Bestimmung von Erfahrung ist insoweit nicht einfach ein Nachklang einer schon in den Sinnen gefangenen Deutung von Welt. Das Protokoll ist das Instrument, das Wissen von Welt zu fixieren. Dies wird dann in der Erfahrung eines Neuen jeweils wieder neu verfügbar. Die Beobachtung läuft so nicht frei; sie fängt sich in der Bestimmung des Subjektes. Nicht die Kurve als technische Explikation einer Idee der sinnlichen Versicherung einer objektiv zu nennenden Realität, sondern der Beobachter, der das Bild der Kamera interpretiert, findet in solch einer Abbildung Welt. Erst dadurch, dass der Beobachter das Bild der Welt in Blick auf diese Welt interpretiert, wird das Abbild zur Repräsentation. Erst in der Theorie, aus der Kenntnis dessen, was in der Abbildung fixiert wird, kondensiert sich das neue Beobachtungsbild zu einem Abbild.

Dies ist nicht einfach eine neue Erfahrung, sondern eine Erfahrung, die in Bezug auf Etwas entsteht. Dieses *In Bezug Setzen*, in dem der Beobachter außer sein unmittelbares *In Szene Setzen* tritt, und dem Apparat eine Abbildungsfunktion überlässt, setzt dann auch in der Messung Welt in Szene. Die Messung selbst konturiert nur einen neuen Datenraum, der erst aus seinem Bezug auf das zu Bemessende interpretierbar wird. Wissenschaftliche Erfahrung steht so auch nicht außerhalb der Natur, die sie in ihren Artefakten abbildet. Wissenschaft bleibt dann, wenn sie die Objektivierung ihres Sehens als den Trick begreift, durch den das Subjekt seine Intentionen bündelt, Weltsicht. Beobachtung ist so nicht nur der Reflex des Experiments, sondern eben der Reflex der Welt, die sie in diesem Experiment darstellt. Die Beobachtung gewinnt damit, ganz im Sinne der Baumgartenschen Ästhetik, eine eigene Dimension.[31] Sie ist nicht einfach das verkürzte Experiment oder die Rohform dessen, was dann die induktiven Verfahren der Naturwissenschaften kodifizieren.

Die Beobachtung ist sublimer und differenzierter zu kennzeichnen. Sie weist auf die Welt gerade dadurch, dass sie sich ins Subjekt findet. Die Objektivierung des Ichs ist nur dann objektiv zu nehmen, wenn das Sehende nicht ausgeblendet wird. Eine Theorie der Beobachtung kann insoweit nicht einfach den Beobachter auf das Beobachtete reduzieren. Eine Theorie der Beobachtung fragt nach den Dingen, wie sie sich für den Beobachter konstituieren; eine Theorie der Beobachtung kann demnach auch nicht durch eine Theorie des Experimentes ersetzt werden. Die Beobachtung ist nicht einfach nur Teil eines Experiments. Das Experiment vielmehr ist eine Beobachtung.

Sehen – Beobachten – ist entsprechend umfassend, im Rahmen einer Theorie der Ästhetik zu thematisieren. Die Beobachtung grenzt die Wissenschaft somit nicht aus der Kultur aus, in der sie zu begreifen ist. Die Beobachtung begreift die Wissenschaft als Teil ihrer Bestimmung und damit als Teil der Kultur, in der folglich auch diese Wissenschaft zu beschreiben ist.

Wo ist nun die Ordnung der Dinge geblieben, in der sich Kircher sein Bestimmungsnetz konstituierte? In dieser hier skizzierten Ordnung scheint das weit ausgespannte Netz der Topik zusammengeschnürt. Dieses Netz bestimmt, was sich in ihm fängt. Zwar ist es aus einzelnen Knoten geknüpft, der Knoten wird in seiner Wirkung aber erst aus dem Gefüge des Netzes bestimmt, in das er eingewoben ist. Im Sinne einer reinen Relationsbestimmung von Bestimmtheit ist in diesem Knoten selbst nichts mehr in Geltung. Der in ihm gefundene Halt ist der Halt des Netzes, das seine Bestimmung nur aus seinem gesamten Gefüge von Querverspannungen findet. In sich bestimmt, zurückgewiesen auf den einzelnen Knoten, wird die so vermeintlich festgezurrte Bestimmung unbestimmt. Im Netz allerdings gewinnt sich in diesem Ort, an dem sich die Bestimmungsgefüge verdichten, Geltung. Der Knoten verweist auf das Ganze, das sich in ihm – bleibt er in dieses Ganze eingewoben – zumindest in der in ihm zu fassenden Partikularität fassen lässt.

Die Philosophen kennen diese Figur einer sich in der Entgrenzung findenden Bestimmung aus dem Ansatz der Hegelschen Logik.[32] In dieser Figur, in der Hegel nach der Formulierung eines Formalismus fragt, steht im Focus einer Bestimmung das Subjekt, das sich in seiner Eigenbestimmung in Geltung weiß. Darauf konturiert sich in der hier besprochenen Figur eines *In Geltung Findens* eine Ordnung. Diese Ordnung – und das Lernen wir von den Alten – kann sich nicht über externe Geltungsbestimmungen sichern. Das, womit der Jesuit Kircher sein Netz skalierte, war das Wissen um ein Absolutes, das sich in unserem Wissen widerspiegelte.[33] In diesem Absoluten, in Gott, gegründet, war sich sein Wissen der Dinge sicher, die er als Gottgegeben verstehen konnte. Dieses Sicherungsbild ist für uns heute ebenso aufzugeben wie das Vertrauen in die Bestimmungen eines sich diskursiv entfaltenden Wissens, das sich ebenfalls, und hierin kann eben nicht mehr auf Hegel rekurriert werden, nicht mehr absolut setzen kann.[34] Geltung findet sich in einem Gefüge von Relationen, die nur in sich bestimmt sind. Die insoweit gefundenen Relationensysteme sind offene Systeme. Sie determinieren sich nicht in Fixpunkten, sondern überführen sich in die fortlaufende Dynamik eines *In Geltung Setzens*.

Dieses – das Denken in derart offenen Systemen – ist – zugegebenermaßen – schwierig. Ein Biologe muss damit umgehen, sucht er die vorhandenen Größen nicht als Telos einer auf sie hin laufenden Evolution, sondern als Bestimmungen in einem immer noch offenen historischen Prozess zu beschreiben. Die Konsequenz dieses Denkens, das demnach auch nicht einfach nach einer Formel zu suchen vermag, die diese Geschichte in ihrer Finalität bestimmt, ist nicht einfach anzuschauen. Sie führt aber auch nicht in ein Chaos, sie blickt allein auf ein Chaos von Bestimmungen, die unsere offenen Systeme immer wieder als wahre, in sich zu bestimmende Größenordnungen meinen fixieren zu können. Hier deutet sich etwa anderes an, eine Bestimmung, die sich in der Offenheit ihres Bestimmtseins bestimmt weiß. Das hier gewonnene Bild ist alles andere als topisch. Es bemüht keine festen Ordnungsmuster, sondern erklärt jede Ordnung als eine historisch erwachsene, aber als erwachsene in sich bestimmt. Dieses Umgehen mit der Vagheit einer Bestimmung, die sich gerade in dieser Offenheit des Vagen bestimmt weiß, müssen wir noch lernen. Hier müssen wir auch Bilder finden, die uns nicht in feste Strukturen binden, sondern uns aus der Bestimmtheit einer nur gesetzten Ordnung herausleiten. Let's try it.

Anmerkungen

1 Vgl. zum Themenkomplex: O. Breidbach, *Deutungen*. Weilerswist 2001.
2 Vgl. zu diesem Themenkomplex H. Gardner, *The Mind's New Science*. New York 1985.
3 Sherrington, der große Neurophysiologe des beginnenden 20. Jahrhunderts, war hier explizit, wies er in der Kennzeichnung seiner Forschung mit dem Term einer Neophrenologie doch auf die in den Jahren nach 1800 konsolidierte Vorstellung einer funktionellen Lokalisation kognitiver Zustände zurück, die ein österreichischer Arzt, Franz Joseph Gall, der seinerzeit umfassend rezipiert wurde, propagiert hatte.
4 E. B. Titchener, Structural and Functional Psychology, in: *Philosophical Review* 8, 1889; zu dem historischen Kontext insgesamt vgl. O. Breidbach, *Die Materialisierung des Ichs. Zur Geschichte der Hirnforschung im 19. und 20. Jahrhundert*. Frankfurt 1997.
5 P. Rossi, *Clavis universalis. Arti della memoria e logica combinatoria da Lullo a Leibniz*. Bologna 1983.

6 J. H. Alsted, *Clavis artis lullianae, et verae logices duos in libellos tributa*. Straßburg 1609.
7 R. Lull, *Opera. Clavis Pansophiae*. Bände 2,1 & 2,2 (1651). Reprint Stuttgart-Bad Cannstatt 1996.
8 E. Florey, Memoria. Geschichte der Konzepte über die Natur des Gedächtnisses, in: E. Florey/O. Breidbach (Hg.), *Das Gehirn – Organ der Seele? Zur Ideengeschichte der Neurobiologie*. Berlin 1993, 151–216.
9 J. J. Berns/W. Neuber (Hg.), *Seelenmaschinen. Gattungstraditionen, Funktionen und Leistungsgrenzen der Mnemotechniken vom späten Mittelalter bis zum Beginn der Moderne*. Wien/Köln/Weimar 2000.
10 Zum Gesamtproblem vgl. W. Schmidt-Biggemann, *Topica universalis. Eine Modellgeschichte humanistischer und barocker Wissenschaft*. Hamburg 1983.
11 A. Kircher, *Polygraphia nova et universalis, ex combinatoria arte detecta*. Rom 1663.
12 A. Kircher, *Ars magna sciendi. In XII libros digesta, qua nova et universali methodo per artificiosum combinationum contextum de omni re proposita plurimis et prope infinitis rationibus disputari, omniumque summaria quaedam cognitio comparari potest*. Amsterdam 1669.
13 O. Breidbach, Zur Repräsentation des Wissens bei Athanasius Kircher, in: H. Schramm/L. Schwarte/J. Lazardzig (Hg.), *Kunstkammer, Laboratorium, Bühne. Schauplätze des Wissens im 17. Jahrhundert*. Berlin 2003, 282–302.
14 J. H. Alsted, *Encyclopaedia Omnium Scientiarum septem tomis distincta*. Reprint der Auflage von 1630, Stuttgart 1989.
15 D. Diderot/J. L. D'Alembert, Explication détaillée du systéme des connoissances humaines, in: Dies. (Hg.), *Encyclopédie ou dictionnaire raisonné des sciences, des arts et des métiers, par une société de gens de lettres*. Nouvelle édition. Genf 1777, Bd. 1, LXXVIII–LXXXVIII.
16 Vgl. W. Schmidt Biggemann, *Philosophia perennis. Historische Umrisse abendländischer Spiritualität in Antike, Mittelalter und Früher Neuzeit*. Frankfurt 1998.
17 F. A. Yates, *The Art of Memory*. London 1966.
18 A. Kircher, *Ars magna lucis et umbrae in mundo, atque adeo universa natura, vires, effectusque uti nova, ita varia novorum reconditiorumque speciminum exhibitione, ad varios mortalium usus, panduntur*. Rom 1646.
19 W. Quine, *Ontologische Relativität und andere Schriften*. Stuttgart 1975.
20 J. Mill, *An Analysis of the Phenomena of the Human Mind*. 2 Bde. London 1829.
21 O. Breidbach, Vernetzungen und Verortungen. Bemerkungen zur Geschichte des Konzeptes neuronaler Repräsentation, in: A. Ziemke/O. Breidbach (Hg.), *Repräsentationismus – was sonst?* Braunschweig/Wiesbaden 1996, 35–62.
22 Robert Fludd, *Microcosmi historia. Tomus secundus de supernaturali, naturali et contranaturali microcosmi historia in tractatus tres distributa*. Oppenheim 1619; vgl W. Schmidt-Biggemann, Robert Fludds Theatrum memoriae, in: J. J. Berns/W. Neuber (Hg.), *Ars memorativa. Zur kulturgeschichtlichen Bedeutung der Gedächtniskunst 1400-1750*. Tübingen 1993, 154–170.
23 O. Breidbach, *Das Anschauliche oder über die Anschauung von Welt*. Wien/New York 2000.
24 Vgl. L. Daston, Die Kultur der wissenschaftlichen Objektivität, in: O. G. Oexle (Hg.), *Naturwissenschaft, Geisteswissenschaft, Kulturwissenschaft: Einheit – Gegensatz – Komplementarität?* Göttingen 1998, 9–39; L. Daston/P. Galison, The Image of Objectivity, in: *Representations* 40, 1992, 81–128; J. Crary, *Techniques of the Observer*. Cambridge, Ma. 1990.
25 Hierzu Näheres in O. Breidbach, *Bilder des Wissens*. München 2005; vgl. auch H. Bredekamp/A. Fischel/B. Schneider/G. Werner, Bildwelten des Wissens, in: *Bildwelten des Wissens. Kunsthistorisches Jahrbuch für Bildkritik* 1/1, 2003, 9-20.
26 M. Ferraris, *Experimentelle Ästhetik*. Wien 2001.
27 M. Leenhardt, *Do Kamo. Die Person und der Mythos in der melanesischen Welt*. Frankfurt/Berlin/Wien 1984.
28 Vgl. P. Galison/E. Thompson (Hg.), *The Architecture of Science*. Cambridge, Ma. 1999; O. Breidbach, Naturwissenschaft ohne Natur, in: C. Dierksmeier (Hg.), *Die Ausnahme denken. Festschrift zum 60. Geburtstag von Klaus-Michael Kodalle in zwei Bänden*. Würzburg 2003, Bd. II, 177–189.

29 Vgl. F. Gregory, *Nature Lost? Natural Sciences and the German Theological Traditions of the Nineteenth Century*. Cambridge 1992; J. Steigerwald, Goethe's Morphology: Urphänomene and Aesthetic Appraisal, in: *Journal of the History of Biology* 35, 2002, 291–328.
30 Breidbach (wie Anm. 1).
31 Vgl. N. Schneider, *Geschichte der Ästhetik von der Aufklärung bis zur Postmoderne*. Stuttgart 1996.
32 D. Henrich, Hegels Logik der Reflexion, in: Ders. (Hg.), *Die Wissenschaft der Logik und die Logik der Reflexion*. Bonn 1978, 203–324.
33 T. Leinkauf, *Mundus Combinatus. Studien zur Struktur der barocken Universalwissenschaft am Beispiel Athanasius Kirchers SJ (1602-1680)*. Berlin 1993; C. Vasoli, Considerazioni sull'Ars Magna Sciendi, in: M. Casciato/M. G. Ianniello/M. Vitale (Hg.), *Enciclopedismo in Roma barocca. Athanasius Kircher e il Museo del Collegio Romano tra Wunderkammer e museo scientifico*. Venezia 1986, 62–77.
34 W. Neuser, *Natur und Begriff*. Stuttgart 1995; W. Neuser/V. Hösle (Hg.), *Logik, Mathematik und Naturphilosophie im objektiven Idealismus. Festschrift für Dieter Wandschneider*. Würzburg 2004.

Gabriele Brandstetter

Brücken schlagen
Zu einem Bild aus metapherntheoretischer Sicht – Kafkas „Die Brücke" und „Von den Gleichnissen"

Die Frage „Was ist ein Bild?", die Gottfried Boehm insistierend für die Kunstwissenschaft gestellt hat[1], erhebt sich in anderer Weise auch für die Literatur und die Literaturwissenschaft. Aus den gemeinsamen Arbeiten in Basel, im Rahmen unserer „Postgraduierten Studien", insbesondere in der Sequenz zum Thema „Bild und Metapher", entstanden die hier folgenden Überlegungen. Sie sind gedacht als ein „Brückenschlag" zwischen unseren Disziplinen und ihren je eigenen Fragen nach dem, was Bildlichkeit sei.

Abb. 1: Claude Monet, *Le pont japonais*. Um 1918–1924. Öl auf Leinwand. 89 x 115,5 cm. Riehen/Basel, Fondation Beyeler. (siehe auch *Farbabb. 3*)

Voranstellen möchte ich dem Text-Szenario, um das es mir hier geht, ein Bild – ein berühmtes Gemälde einer Brücke: Monets „Le pont japonais" (*Abb. 1*). Wäre ich Kunsthistorikerin, würde ich das Bild als Dia projizieren – eigentlich sogar, den seit Aby Warburg üblichen kunsthistorischen Vortrags-Gepflogenheiten gemäß, mit zwei Dia-Feldern. Literaturwissenschaftler freilich sind in solchen Zeige-Situationen (nicht selten zum Entsetzen der Kunstwissenschaftler) etwas nachlässiger und präsentieren solche Bild-Illustrationen auf Folie oder, seit neuerem, über „PowerPoint". Der Ort, der uns für diese Tagung offensteht – die Beyeler Foundation –, enthebt mich zum Glück dieses Demonstrations-Problems. Denn Monets Brücken-Gemälde befindet sich ja hier; ausgestellt in den Räumen dieses Museums.[2] Ich kann mich also auf das Bild-Gedächtnis oder auf das Vorstellungs-Bild meiner Zuhörer und Zuhörerinnen als einen Fond meiner Ausführungen beziehen – und vor diesem „Grund" nun die Brücke als „Figur" betrachten.

Wie in der bildenden Kunst, so besitzt das Bild der Brücke auch in der Literatur eine lange und ehrwürdige Tradition. Goethe, zum Beispiel, hat das Bild der Brücke an prominenter Stelle im Novellenzyklus „Unterhaltungen deutscher Ausgewanderten" (1795) eingesetzt. Goethe zeigt in diesem Zyklus, dass die Erzählform „Novelle", im Rückbezug auf Boccaccios „Decamerone", auch in deutscher Literatur eine aktuelle Gattung sei. Er macht dies evident, indem er die seit Boccaccio, Basile und Cervantes bestehende Tradition des Novellen-Erzählens in ihrer Fiktion von Mündlichkeit erfüllt, und indem er zuletzt die Gattungskonventionen zugleich auch überschreitet: Er setzt ein Märchen an das Ende des Zyklus – eine Erzählform also, die das Wahrscheinlichkeits-Paradigma der „novela" – als „sich ereignete unerhörte Begebenheit" – transzendiert in Bild-Räume, die das Unwahrscheinliche sichtbar machen. So wird das „Märchen" zu einer Brückenform des Erzählens zwischen Tradition und Innovation. In diesem „Märchen" selbst wird das Bild der Brücke zu einem wichtigen Motiv: In der erzählten Landschaft gibt es zunächst einen Fluss *ohne* Brücke. Ein Fährmann hält sich am Ufer bereit, um Reisende überzusetzen (eine Übersetzung, die freilich immer nur in eine Richtung geht) – so lange, bis im verwickelten Gang der Geschichte schließlich eine Schlange sich über das reißende Wasser wölbt und der kleinen Reisegesellschaft, die sich auf verschlungenen Wegen zusammengefunden hat, den sicheren Transport gewährt. Bemerkenswert ist dabei, dass dieser Übergang ausdrücklich als ein Opfer bezeichnet ist: als ein Verzicht (in Goethes Terminologie: eine „Entsagung"). Die Schlange opfert ihr Wesen, nämlich ihre Bewegung und ihre Beweglichkeit. Sie fixiert sich, um nun Anderen die Bewegung, als Transfer, zu schenken. Das Bild der Brücke – denn die Schlange *ist* nun die Brücke bzw. sie *wird* zur Brücke – stellt sich demnach im „Märchen" auf eine für Goethes Poetik charakteristische Weise her. Es entfaltet sich als eine Verkörperung, die wiederum das Ergebnis einer Verwandlung darstellt: eine Metamorphose der Gestalt. Und dabei erhält das Bild den Status eines Symbols. Eines Symbols im Goetheschen Sinne – als ein Bild, das „ein Besonderes" ausspricht, in dem zugleich das Allgemeine durchscheint.[3] Als Brücke und zugleich als Symbol der Brücke – ein Symbol „ist die Sache, ohne die Sache zu sein, und doch die Sache"[4] – wird die Schlange im

"Märchen" zur poetologischen Figur, die in sich auch die wichtigen Themen der vorangegangenen Novellen zusammenfasst. Denn im Bild der Brücke werden die Konfliktszenarien der Geschichte, die ja durch das Erzählen, durch das Geschichten-Erzählen der "Ausgewanderten" vor dem Horizont der französischen Revolution suspendiert und transformiert werden sollen, er-tragbar – und damit zugleich überwunden und versöhnt.

Dass das Bild der Brücke, bzw. des Brücken-Schlagens, das die Schlange in Goethes "Märchen" verkörpert, als ein Symbol erscheint, erklärt sich aus dem Goetheschen Bildverständnis. Es liegt jedoch zunächst nicht unbedingt nahe. Impliziert doch die Brücke, als Bild verstanden, eine andere Trope: nämlich die Metapher. "Meta phora" – ein Terminus, der erstmals in Aristoteles' "Poetik" nachweisbar ist[5] – stammt von griechisch "metaphérein", das heißt: umhertragen, über-tragen. Im Lateinischen, in der Rhetorik etwa Quintilians, ist diese Seite des Übertrags, des Transports, mit dem Begriff "translatio" übersetzt. Wenn Metapher – als übertragene Rede – meint, einen sprachlichen Ausdruck in *anderer* Weise zu verwenden, oder etwas vom Eigentlichen ins Uneigentliche, vom Buchstäblichen ins Figurative "hinüberzutragen"[6], so wird die Brücke (immer noch in einem sehr allgemeinen Sinn von "metaphérein") zum Bild für diesen Übergang. So gesehen ist die Brücke eine Metapher der Metapher; oder, anders gewendet: die Figuration von Metaphorizität. Ohne hier auf die verzweigte Geschichte der Metapherntheorie im Einzelnen einzugehen, seien doch einige Gesichtspunkte dieser meta-metaphorischen Konstruktion hervorgehoben: der Beziehung also des Bildes der Brücke mit den traditionellen Bestimmungsmerkmalen von "Metapher".

Brücke, als Bild des Über-Trags, betont die Zweipoligkeit jener Elemente, die durch einen Hiatus getrennt und in Verbindung gebracht, überspannt werden: Dies gilt auch in zeitlicher Hinsicht, als Verbindung von einem Ausgangs- zu einem Zielpunkt der Bewegung. Ganz im Sinne der konventionellen Metapherndefinition setzt die Brücke also die Verknüpfung von zwei Seiten über ein Drittes in Szene (der im Sinne der älteren Metapherntheorie das "tertium comparationis" entspricht). Dabei ist die Brücke als Figur in diesen Prozess des Übertrags eingeschlossen und nicht als ein "Außerhalb" dieses Transfers zu denken. In der Weise, in der die Verbindung der beiden Seiten das "Medium" dieser Verknüpfung nicht unverändert lässt, zeigt sich die gesamte Bewegung des "Transports" auch als eine der Interaktion und der Transformation: einer Trans-gression also im Wortsinn. Ohne nun diese bildtheoretischen Aspekte der Metapher und zur Brücke als Bild für Metaphorizität weiter auszuführen, möchte ich hier ein Beispiel aus der Literatur einspielen, das anschaulich zu machen vermag, in welcher Weise eine Poetik der Metapher im Bild der Brücke sich zeigen lässt; und in welcher Weise diese Brücken-Figuration als Bild für das Metaphorische zuletzt jedoch auch wieder defiguriert wird.

Es handelt sich um ein kleines Brücken-Szenario, das Franz Kafka im Dezember 1916 im "Oktavheft B" notierte. Kafka hat, wie man weiß, immer wieder seine Skepsis gegenüber figurativer Rede formuliert. Berühmt ist seine Äußerung im Tagebuch (6. Dezember 1921) über das Problem der Metaphern: "Die Metaphern sind eines in dem Vielen, was mich am Schreiben verzweifeln läßt."[7] Der kleine Text, den Kafka gar nicht zur Veröffentlichung bestimmt hatte und der von Max Brod unter dem Titel „Die Brücke" publiziert wurde, ist vermutlich der erste in einer Reihe von kürzeren Erzählungen, die in Kafkas Schreibzimmer im Alchemistengässchen in Prag entstanden.[8] Die kleine Erzählung eröffnet eine Szene des Denkens und Schreibens in Bildern. Kafkas Problem mit „Metapher" wird hier geradezu dramatisiert: als Schauspiel eines „Kampfes", in dem die Elemente und Prozesse dessen, was bildliche Rede in Gang setzt, zur Darstellung kommen – zuletzt aber zerbrechen und abstürzen. Der Text ist in drei Teile segmentiert: zunächst in den Bericht von einer Erwartung, sodann in die Beschreibung einer Erfahrung und schließlich in die Darstellung eines Versagens. Die Ich-Erzählung beginnt im Präteritum – scheinbar im Rückblick:

> Ich war steif und kalt, ich war eine Brücke, über einem Abgrund lag ich, diesseits waren die Fußspitzen, jenseits die Hände eingebohrt, in bröckelndem Lehm hatte ich mich festgebissen. Die Schöße meines Rockes wehten zu meinen Seiten. In der Tiefe lärmte der eisige Forellenbach. Kein Tourist verirrte sich zu dieser unwegsamen Höhe, die Brücke war in den Karten noch nicht eingezeichnet. So lag ich und wartete.[9]

Die Eingangsmetapher – „Ich-Brücke oder Ich ist eine Brücke" – lässt sich nach dem geläufigen Musterbeispiel „Achill ist ein Löwe"[10] als Form der Prädikation bzw. der identifizierenden Metapher definieren. Dieses Bild fungiert freilich nur als ein Ausgangspunkt, als ein Grundtableau, das im Verlaufe der nun ausgefalteten Geschichte verwandelt wird: zunächst in den Einzelheiten dieser Verkörperung des Ichs-als-Brücke – in der Visualisierung der Anstrengungen dieser Verkörperung, die durch die Attribute dieser „Figur" („steif", „kalt", „festgebissen") anschaulich werden. Zugleich aber enthält schon dieses Bild „Ich-Brücke" zwei Faktoren, die seinen Status als Metapher leicht irritieren: die Selbstprädikation, also die Zuschreibung des Bildes durch ein Ich,[11] und der Modus des Präteritums („Ich *war* eine Brücke"), ein Modus, der das Bild zeitlich situiert und damit die Metapher als Szene und als einen abgeschlossenen Vorgang indiziert. Die Metapher erscheint so als eine Re-Konstruktion dieser (Selbst)Konstruktion des „Ich-Brücke": In Hinsicht auf das Ende der erzählten Geschichte, nämlich den tödlichen Absturz, ist dies bereits auch ein Irritationsherd, der die Frage nach der Möglichkeit bzw. Unmöglichkeit solcher Metaphernbildung aufwirft. Doch zurück zum Ausgangstableau – der Situierung des Bildes. Die Setzungen dieser Verkörperungserzählung stecken zugleich die Öffnung eines Schauplatzes ab: den Schauplatz der Metapher, der Brücke als Metapher der Metapher. Der Ort des Sprechers wird als abgelegen, einsam, „in unwegsamer Höhe" beschrieben. Zugleich auch noch als unbestimmt: Er ist topographisch (noch) nicht verzeichnet. „Die Brücke war in den Karten noch nicht eingezeichnet".[12] Innerhalb eines „mapping the world" – in einem System von registrierten Wegen und Karten als Weltbilder – ist dieses Bild, „Ich-Brücke", nicht verzeichnet: ein „blanc", eine weiße Stelle.[13] Aus der Perspektive der Meta-Bildlichkeit der Brücke, als Metapher der Metapher, weist dieser kartographische Vermerk auf den *Ort* von Metapher: Sie ist a-topisch; und dies ganz im Gegensatz zur traditionellen Bestimmung von Tropen von Figuren, die in der klassischen Rhetorik zu den Elementen der Topik gehören.[14] Kafkas Bild der Brücke leugnet, in dieser Zuschreibung der Metapher als A-Topos, mithin ein Merkmal, das die Metapher – als Begriff – zugleich zu sein behauptet: nämlich eine Passage des „Hinübertragens". Es lässt sich also hier ein erster performativer Widerspruch der Kafkaschen Bildszene festhalten: Das Bild der Brücke – ausgefaltet – zeigt, was es sagt. Und es leugnet zugleich, was es zeigt. Denn der Ort dieses Sagens – der Topos – lässt sich im System des Wissens *nicht* zeigen. Aus diesem Paradox[15] entwickelt sich die weitere Szene des Bildes bei Kafka; und zwar als ein Miniaturdrama, als ein Schicksalsmuster. Da nicht die verzeichnete Welt, nicht eine Weg-Leitung von Karten und Figuren zur Anschauung des Bildes führen kann, ist es der Zu-Fall, der die Metapher als Metapher einsetzt und sie als solche „erkennbar" macht. Und in der Tat, wie im aristotelischen Dramenmodell, führt eine Erkennungsszene in jenen Prozess, der die Metapher als Metapher installiert: mit dem Akt des Über-Trags. In Kafkas inszeniertem Bild zeigt sich diese Situation als die Erwartung einer Begegnung:

> Einmal [...] gegen Abend im Sommer, dunkler rauschte der Bach, hörte ich einen Mannesschritt. Zu mir, zu mir. Strecke Dich, Brücke, setze Dich in Stand, geländerloser Balken, halte den Dir Anvertrauten, die Unsicherheiten seines Schrittes gleiche unmerklich aus, schwankt er aber, dann gib Dich zu erkennen und wie ein Berggott schleudere ihn ans Land. Er kam, mit der Eisenspitze seines Stockes beklopfte er mich [...]. Dann aber – gerade träumte ich ihm nach über Berg und Tal – sprang er mit beiden Füßen mir mitten auf den Leib. Ich erschauerte in wildem Schmerz, gänzlich unwissend. Wer war es? Ein Kind? Ein Turner? Ein Waghalsiger? Ein Selbstmörder? Ein Versucher? Ein Vernichter?[16]

Man könnte die Szene, die hier im Bild folgt, überschreiben als Prozess von der Überlegung zur Begegnung. Eine Über-Legung, im buchstäblichen Sinn, findet ja statt in der Ich-Erzählung der verkörperten Brücke. Damit ist zugleich auch die Mehrgliedrigkeit dieses sprachbildlichen Verfahrens angezeigt: Die Verbindung zweier getrennter Bereiche durch ein Drittes – dies eben ist es, was die Metapher ausmacht und leitet. Die Brücke (das Ich-Brücke) gibt die Figur für dieses Sprach-Bild: Zwei wie auch immer durch einen Spalt, eine Kluft getrennte Seiten sind verbunden durch ein über-tragendes Element. Dieses Element hat selbst teil an den beiden getrennten Partien, es schafft also nicht nur eine Verbindung, sondern es steht selbst notwendig in Verbindung mit dem zu Verknüpfenden. Ältere Interpretationen in der Kafka-Forschung haben deshalb auch die „Brücke" in Kafkas Text als „Symbol menschlicher Begegnung"[17] gedeutet, wenngleich als Symbol einer Begegnung, die durch Selbstentfremdung und Verdinglichung gestört und unmöglich gemacht ist.

Die Variante, die das Bild solcher Übertragung in Kafkas Text jedoch erhält, ist wesentlich für den Begriff von Metaphorik, der hier inszeniert und schließlich aber auch suspendiert wird. Dadurch, dass das Bild der Brücke als Gleichnis für das Ich, für das Subjekt der Erzählung eingesetzt ist, erscheint die Figur des „Ich-Brücke" zugleich als Sprecher (als Subjekt der Aussage) und als Gegenstand des Ausgesagten. Es verkörpert also beide Seiten des Aussage- und Zeigeprozesses. Diese Verdoppelung zieht eine merkwürdige Inversion des Bildes nach sich – anders als zum Beispiel in der Metapher „Achill ist ein Löwe" – ein Bild, das nicht einfach umkehrbar ist. Das Bild der Brücke in Kafkas Text erscheint demgegenüber als reversible Metapher: Das Ich ist eine Brücke; umgekehrt erscheint die Brücke zugleich als ein „Ich". Diese Reversibilität bündelt sich in dem Satz: „Meine Gedanken gingen [...] immer immer in der Runde –".[18] Das Bild „Ich-Brücke" wird so zu einer Identitätsformel, die aber das Ich paradoxerweise nicht ungeteilt lässt. Denn in diesem Umschlag des Bildes der Brücke – als eines Kreisens in sich selbst – nistet ein Erwarten: die Erwartung des Vollzugs des Übertrags. Eine Situation, die sich schließlich durch die Figur des Anrufs zum Ausdruck bringt: „Zu mir, zu mir!" Der Anruf als Begehren des Vollzugs, als Performanz des Sprach-Bilds der Über-Legung und des Übergangs, entspricht dem Imperativ „Geh hinüber", der in einer anderen Brückengeschichte Kafkas, die unter dem Titel „Von den Gleichnissen" bekannt wurde, den Übergang initiiert. (Auf diesen Text werde ich nachher noch zurückkommen.) In der hier betrachteten Erzählung folgt auf den Anruf an den Anderen der Selbst-Anruf: als Bereitung und Teilhabe am Prozess der Übertragung. Es handelt sich um eine höchst widersprüchliche Aktion: eine paradoxe Selbst-Situierung des Bildes „Ich-Brücke". Diese Figur nämlich weist sich selbst zur Transaktion an mit der (in sich widersprüchlichen) Redewendung *„Setze* Dich in *Stand"*. Dabei fällt die erwartete Erkennungsszene selbst wiederum in zwei Zeiten auseinander: in den Imperativ, sich selbst zu erkennen zu geben und zugleich in den Wunsch, den Anderen zu erkennen. Hier schürzt sich gleichsam der Knoten dieses Dramas einer Begegnung im Übergang: Auf der Seite des als Brücke verkörperten Ichs erscheint dieser Vorgang eines „Gib Dich zu erkennen" als Demaskierung und als das Begehren, sich zu zeigen in „wahrer Gestalt" – wobei nicht zu entscheiden ist, welches hier die wahre Gestalt sei: die Brücke, die sich als Körper zu erkennen gibt, oder das Ich, das sein Brückesein allererst in diesem Moment des „sich Zeigens als" zur Erscheinung bringt. Im Blick auf diese Szene als Miniaturdrama könnte man also von einer Unentscheidbarkeit zwischen Maske und Demaskierung, zwischen Figur und Schauspieler, zwischen Sein und Schein (in den alten Termini von Theatralität) sprechen. Im Blick auf die Figuration „Brücke" als Metapher der Metapher ist mit der Einführung einer Erkennungs-Parole zugleich aber auch das ebenfalls unentscheidbare Problem von Eigentlichkeit und Uneigentlichkeit der Rede – im traditionellen rhetorischen Sinn – angespielt. Denn es bleibt offen, ob eben der Modus des „als" (Ich-Brücke bzw. Brücke als Ich) die Eigentlichkeit dieses Prozesses einer Translatio ausmacht. Demnach wäre ausgerechnet die *Dissimulation der Verkörperung* das „Tragende" der Metapher? Das wäre immerhin ein überraschendes Zwischenergebnis dieses Dramas der Metaphorizität. Dabei bleibt es freilich nicht. Wie stets bei Kafka verdoppeln und vervielfachen sich die Komplikationen. Denn das Erkennen bezieht sich zugleich auf den Anderen und, wenn man so will, den Gegenstand bzw. Akteur der Übertragung: auf jenen Transgresseur, der hinübergeht. In die Position dieses Transgresseurs als einer handelnden Figur wird nun aus dem Anagnorisis-Begehren des Ichs heraus eine Serie von möglichen Akteuren eingesetzt: „Kind", „Turner", „Waghalsiger", „Selbstmörder", „Versucher" und „Vernichter" – ein Paradigma all jener Figuren, die einander im Akt des Übertritts (das heißt in der Bewegung des Syntagmas) substituieren könnten. Und auch dies ist, wie sich leicht sehen lässt, eine ins Narrative übertragene Bestimmung aus der Theorie der Metapher.

In jenem Moment jedoch, in dem der erste Schritt des Übertrags geschieht, erweist es sich, dass die Brücke – das Medium des Übergangs – durch diesen Prozess selbst tangiert ist, peinvoll, mit „wildem Schmerz", wie es im Text heißt. Die Brücke – Metapher des Metaphorischen – wird *im* Prozess des Transfers und durch ihn affiziert. Mehr noch: Sie zeigt sich so in ihrem eigenen Prozess der Reversibilität der im schon erwähnten Paradox der inversiven Trope angelegt ist. Die konstitutive Instabilität der Figur (des Ichs-Brücke und der Brücke-Ich) wird vollends im Moment des Übergangs evident: als Zeige- und Erkennungsakt. Es ist der Moment des Absturzes, der Augenblick der Kata-Strophe im Gang dieses Dramas der Metapher.

> Ich drehte mich um, ihn zu sehen. Brücke dreht sich um! Ich war noch nicht umgedreht, da stürzte ich schon, ich stürzte und schon war ich zerrissen und aufgespießt von den zugespitzten Kieseln, die mich so friedlich immer angestarrt hatten aus dem rasenden Wasser.[19]

Die Erkennung geht notwendig fehl. Nicht die Bewegung des Übergangs, sondern vielmehr die Bewegung der Brücke selbst bringt die Katastrophe mit sich; sie *ist* die Kata-Strophe. Sie vollzieht sich als die Wendung der Figur – „the turn of the trope"[20]: als Bild-Bruch, als Katachrese. Die Brücke, als Figur und Verkörperung des Über-Gangs, betreibt diese Transgression selbst. Die Brücke, das Bild und der Bruch des Bildes, zeigt sich exakt in diesem performativen Widerspruch: dass jene Bewegung der Übertragung, die durch die Brücke ermöglicht und dargestellt wird (das „Geh hinüber"), durch die Figur selbst vollzogen wird. Mit der Wendung der Trope springt jene Kluft auf, die im Prozess des „meta-phorein" gerade geschlossen werden sollte. Ausgerechnet die Zu-Wendung zum Anderen führt zur Bewegung der Um-Wendung, zum Absturz. Der Kernsatz des Textes, der diese paradoxe Kehre als immer schon inhärenten Bild-Bruch der Trope präfiguriert, lautet: „[...] Ohne abzustürzen kann keine einmal errichtete Brücke aufhören, Brücke zu sein."[21]

Alles, was schließlich erzählt wird in diesem unmöglichen Rückblick aus einem zerbrochenen Bild, entfaltet diesen Gedanken, wird zur Demonstration der Unverlässlichkeit, ja der Unmöglichkeit von Metapher: als Trope der Übertragung. Die Brücke wird zur *mise en abîme* bildlicher Rede.

Die Brücke, Brücken-Schlagen tritt auf als Inszenierung einer Rede-Wendung, die sich nicht nur im Prozess des Übertragens vom Bild-Spender und Bild-Empfänger entstellt und defiguriert, sondern die zugleich auch zeigt, was die Metapher als Bild sagt und zugleich nicht sagt: dass und wie sie im performativen Akt ihrer Konstruktion die Unmöglichkeit des Gelingens solchen Vollzugs mittransportiert. Der Bildbruch, die Katachrese, wird so zum Endspiel dieses Brückentableaus der Metapher.

Für die Schreibsituation des modernen Autors gilt (auch in umgekehrter Form), was sich mit dieser Inszenierung eines Bildbruches zeigt; denn „wie will ich", so schreibt Kafka zur gleichen Zeit, 1916, in sein Tagebuch, „eine schwingende Geschichte aus Bruchstücken zusammenlöten –"[22]

Fünf Jahre später greift Kafka das Thema des Brücken-Schlagens noch einmal auf; diesmal gewissermaßen von der anderen Seite der Metapherntheorie her. Nämlich von Seiten der traditionellen, seit Aristoteles' „Rhetorik"[23] üblichen Erläuterung des Sprachbildes: der Metapher als Vergleich oder Gleichnis.[24] Auch dieser Text Kafkas war nicht zur Publikation bestimmt. Max Brod hat ihn übertitelt: „Von den Gleichnissen":

Viele beklagen sich, daß die Worte der Weisen immer wieder nur Gleichnisse seien, aber unverwendbar im täglichen Leben und nur dieses allein haben wir. Wenn der Weise sagt: ‚Gehe hinüber', so meint er nicht, daß man auf die andere Straßenseite hinüber gehn solle, was man immerhin noch leisten könnte, wenn das Ergebnis des Weges wert wäre, sondern er meint irgendein sagenhaftes Drüben, etwas was wir nicht kennen, was auch von ihm nicht näher zu bezeichnen ist und was uns also hier gar nichts helfen kann. Alle diese Gleichnisse wollen eigentlich nur sagen, daß das Unfaßbare unfaßbar ist und das haben wir gewußt. Aber das womit wir uns eigentlich jeden Tag abmühn, sind andere Dinge.
Darauf sagte einer: Warum wehrt Ihr Euch? Würdet Ihr den Gleichnissen folgen, dann wäret Ihr selbst Gleichnisse geworden und damit schon der täglichen Mühe frei.
Ein anderer sagte: Ich wette daß auch das ein Gleichnis ist.
Der erste sagte: Du hast gewonnen.
Der zweite sagte: Aber leider nur im Gleichnis.
Der erste sagte: Nein, in Wirklichkeit; im Gleichnis hast Du verloren. [25]

Der Text, in einer zweiteiligen Form, ist szenisch konstruiert. Ein erster Teil befasst sich mit zwei Erfahrungswelten, die als unvereinbare Gegensätze einander gegenübergestellt werden: Wirklichkeit und Gleichnis. Der zweite Teil setzt – als ein Dialog – diese Opposition in eine paradoxe Bewegung, in der sich das Verhältnis von Gleichnis und Wirklichkeit hin und her überträgt in einer Denkbewegung, die dem logischen Muster des Paradoxes folgt: dass nämlich jede Leugnung das Geleugnete selbst erneut in Anspruch nimmt und sich so in unlösbare Widersprüche verwickelt. In der Kafka-Forschung wurde dieser vielinterpretierte kleine Text zumeist unter zwei Gesichtspunkten diskutiert: in Hinsicht auf die Logik des Arguments, auf die paradoxe Struktur der Rede in philosophischen Auslegungen dieses Kafka-Textes.[26] In literaturwissenschaftlichen Interpretationen hingegen überwiegen die Aufsätze zur Gattung (der „kleinen Form") des Gleichnisses und seiner Tradition[27] und zur Poetologie.[28] Ich möchte hier nur einen bestimmten Aspekt kurz beleuchten: die Frage nach dem

Bild des Übertrags und der Asymmetrie seiner Konstruktion. Das Gleichnis ist hier nämlich als die *eine* Seite des Denkbilds des Brückenschlages eingeführt; die andere Seite bleibt „unbenannt". Denn der Imperativ „Gehe hinüber" aktiviert zwar das Bild der Brücke, als Übergang; und dieser Übergang wird als ein buchstäblicher Vollzug („im Leben") und zugleich auch als figurativer Modus des Übertrags („im Gleichnis") berufen. Aber es gibt in diesem Text kein *Bild*, das den Übergang zwischen beiden Seiten verkörpert: keine Brücke. Die Metapher der Metapher ist ausgesetzt; sie ist in das Performativ „gehe hinüber" verwandelt. Offen bleibt die Kluft. Das „Gleichnis" ist auf der anderen Seite (des Lebens, der Wirklichkeit) angesiedelt. So wird die Metapher in diesem Text mit dem Imperativ des Transfers „Gehe hinüber" berufen und zugleich aber, in der *Wendung* des Gleichnisses, geleugnet. Die Lücke bleibt offen, unüberbrückt. Fast scheint es, als knüpfe diese Szene an jenen Augenblick an, in dem die kleine Metapherngeschichte „Die Brücke" abgestürzt war: Das Gleichnis ist nunmehr auf die andere Seite gerückt; das Bild der Brücke ist also, wenn man so will, nicht nur gewendet und zerbrochen, sondern ganz und gar verschoben. „Meta phorein" erscheint nicht als Bild, sondern allenfalls als bezweifelte *Möglichkeit* des Übergangs. Nicht als Strategie eines Transfers – dessen Handlung eine Verkörperung und dessen Verkörperung (die Brücke) eine Handlung ist –, sondern als prekärer Effekt einer Wette, in der immer und zwangsläufig auf das Falsche gesetzt wird.

Die Lotterie als Ende des Bilds und der Möglichkeit von Bildersprache?[29] Oder ist auch dies – die Lotterie als Spiel oder als Schicksalsmuster – wiederum ein Gleichnis für die Kontingenz bildlicher Rede: als Übertragungsakt, als „Brücke"?

Die Gottfried Boehm-Frage „Was ist ein Bild?" – oder genauer: „Worin besteht die Bildlichkeit des Bildes?" – ist, auch auf die Literatur übertragen, eine offene Frage. Kafkas Texte geben darauf keine Antwort. Sie treiben vielmehr die Frage, das „Problem der Metapher", in immer neue Unentscheidbarkeits-Szenarien. Ist dies ein Bild oder ein Bild des Bildes? Der Akt der Übertragung unterliegt Störungen, die Ähnlichkeitsstruktur des Gleichnisses gerät in ihre eigene Ver-Kehrung, wird zur Ver-Unähnlichung der Figur.[30]

Kafkas „Brücken" – Metaphern der Metaphorizität – über-tragen nicht sicher. Sie transportieren ihre eigene Instabilität und sind fast immer Orte des Absturzes. Schon in der ersten veröffentlichten Erzählung Kafkas, im „Urteil", wird dieser Absturz zum Thema – in einer Geschichte, in der der Protagonist zuletzt das Urteil vollzieht, indem er auf die Brücke eilt und sich in die Tiefe stürzt. Und schließlich immer wieder auch in Kafkas Briefen, in denen deutlich wird, dass er der Sprache - als Bewegung zum Anderen – so wenig übertragende Stabilität zutraut, wie jenen anderen Medien, die schließlich den Brief ersetzen – „Telegraphen", „Telephon", „Funkentelegraphie" – jene Luft-Brücken also, jene technischen „Erfindungen", die gemacht seien, wie Kafka im Brief an Milena Jesenská im März 1922 schreibt, um das „Gespenstische" im Verkehr zwischen den Menschen „auszuschalten":

> [...] aber es hilft nichts mehr, es sind offenbar Erfindungen, die schon im Absturz gemacht werden.[31]

Kafkas Texte, in der Auseinandersetzung mit dem „Problem der Metapher", berufen wieder und wieder die Unmöglichkeit des Brückenschlags als eines intakten Bildes: Im Bild selbst steckt die Kehre, ist schon der Bruch des Bildes impliziert auf der doppelten Ebene der Brücke als Metapher, als Bild von Bildlichkeit. Kafkas Schreibarbeit kreist so um den Versuch, *mit* der abgebrochenen Figur die Kunst des Schreibens zu fassen: nicht als einen schönen Bogen, nicht als Drama der Figur in einer Handlung, die in einem aristotelischen Sinn Anfang, Mitte und Ende habe, sondern als ein *Einsatz* ohne die Garantien eines abschließbaren Prozesses. Auch dafür inszeniert Kafka in seinem Tagebuch ein Bild: die paradoxe Szene eines Schreibens als einer Kunst ohne Anfang. Schreiben als Ereignis eines Inter-Mediums:

> Alle Dinge nämlich, die mir einfallen, fallen mir nicht von der Wurzel aus ein, sondern erst irgendwo gegen ihre Mitte. Versuche sie dann jemand zu halten, versuche jemand ein Gras und sich an ihm zu halten, das erst in der Mitte des Stengels zu wachsen anfängt. Das können wohl einzelne, zum Beispiel japanische Gaukler, die auf einer Leiter klettern, die nicht auf dem Boden aufliegt, sondern auf den emporgehaltenen Sohlen eines halb Liegenden, und die nicht an der Wand lehnt, sondern nur in die Luft hinaufgeht. Ich kann es nicht, abgesehen davon, dass meiner Leiter nicht einmal jene Sohlen zur Verfügung stehen.[32]

Soweit der Blick auf Kafkas Defigurationen des Bildes über das Bild.

Dass das Brückenschlagen gegen alle Erwartungen aber dennoch stattfinden kann, lässt sich doch auch immer noch behaupten. Wer zum Beispiel, wie ich – seit ich nach Basel kam – eine solche Begegnung in der Arbeit und Freundschaft mit einem Kollegen, Gottfried Boehm, erfahren durfte, der hat gewonnen – nicht im Gleichnis, sondern im Leben.

Anmerkungen

1 Gottfried Boehm (Hg.), *Was ist ein Bild?* München 1994.
2 Eine Ausstellungs-Situation, die hier nunmehr, in der Publikation, in eine Kopier-Reproduktion überführt werden muss. Der Vortrags-Ort ist freilich über die freundliche Erteilung des Copyrights für die Abbildung in diesem Band in anderer Weise doch präsent.
3 „Alles, was geschieht, ist Symbol, und in dem es sich vollkommen selbst darstellt, deutet es auf das Übrige." In: Johann Wolfgang Goethe, „Philostrats Gemählde. Nachträgliches." In: *Goethes Werke* (Weimarer Ausgabe) Bd. 49, Abt. 1, Weimar 1898, 136–148.
4 Goethe (wie Anm. 3), 142.
5 Vgl. Aristoteles, *Poetik*. Übers. u. hg. v. Manfred Fuhrmann, Stuttgart 1991, bes. 1457 b, 6–33; 1459 a, 5–8; vgl. zur Begriffsgeschichte auch den Artikel „Metapher" von Hendrik Birus in: *Reallexikon der deutschen Literaturwissenschaft*, 3. neubearb. Auflage, Bd. 2, hg. v. Harald Fricke u. a., Berlin/New York 2000, 571–576. – Die Literatur zum Thema „Metapher" ist nahezu unübersehbar; Fragen

und Ergebnisse dieser Theorie-Studien, denen ich viel verdanke, sind hier eingearbeitet, ohne dass dies im Einzelnen aufgelistet werden kann. Grundlegend sei verwiesen auf die Texte in den beiden von Anselm Haverkamp herausgegebenen Sammelbänden, die ein großes Spektrum der Theorie eröffnen, vgl. A. Haveramp (Hg.), *Theorie der Metapher* (Wege der Forschung), Darmstadt 1996 sowie A. Haverkamp (Hg.), *Die paradoxe Metapher.* Frankfurt a. M. 1998. – Zur Frage des Verhältnisses von Bild und Sprache siehe Thomas W. J. Mitchell, Was ist ein Bild?, in: Volker Bohn (Hg.), *Bildlichkeit. Internationale Beiträge zur Poetik.* Frankfurt a. M. 1990, 17–68; zum Thema „Sprachbild" in der Literatur vgl. die Dissertation von Roland Borgards, *Sprache als Bild. Handkes Poetologie und das 18. Jahrhundert,* München 2003.

6 Zur Geschichte und Theorie der Metapher und unterschiedlicher Metaphern-Definitionen vgl. den Vorschlag zu einer Systematisierung von Hendrik Birus und Anna Fuchs, Ein terminologisches Grundinventar für die Analyse von Metaphern, in: Christian Wagenknecht (Hg.), *Zur Terminologie der Literaturwissenschaft. Akten des IX. Germanistischen Symposions der Deutschen Forschungsgemeinschaft,* Würzburg 1986. Stuttgart 1989, 157–174.

7 Franz Kafka, *Gesammelte Werke in zwölf Bänden,* nach der kritischen Ausgabe hg. v. Hans-Gerd Koch, Frankfurt a. M. 1994; Bd. 11: *Tagebücher 1914–1923,* 196. – Diese Ausgabe wird im folgenden zitiert als *GW* mit der jeweiligen Bandzahl. – Zur Metapher bei Kafka vgl. Stanley Corngold, Kafka's „Die Verwandlung". Metamorphosis of the Metaphor, in: *Mosaic 3,* Summer 1970, 91–106. Vgl. auch: Isak Winkel Holm, Verköperlichung der Symbole. Franz Kafkas Metaphern zwischen Poetik und Stilistik, in: *Hofmannsthal-Jahrbuch* 2002, 303–327.

8 Zur Erläuterung siehe: Gerhard Neumann, in: *Kafka Handbuch* in zwei Bänden, hg. v. Hartmut Binder, Bd. 2, *Das Werk und seine Wirkung.* Stuttgart 1979, 335f.

9 Franz Kafka, *GW,* Bd. 6: *Beim Bau der chinesischen Mauer und andere Schriften aus dem Nachlaß* (in der Fassung der Handschrift), 39.

10 Oder als Variante solcher prädikativen (Vergleichs)Konstellation: „Der Mensch ist ein Wolf"; vgl. dazu die grundlegenden systematischen Überlegungen bei Max Black in den beiden Aufsätzen: „Metapher" und „Mehr über Metapher", in: Haverkamp, *Theorie der Metapher* (wie Anm. 5). – Es geht dabei um die Frage, ob die Metapher bereits vorhandene Ähnlichkeiten sichtbar macht, oder ob sie diese erst hervorbringt, oder – mit den Worten von Stephen Wallace: „Metaphor creates a new reality from which the original appears to be unreal"; in: Ders., *Opus Posthumous.* New York 1957, 169. – Zum Thema „Ähnlichkeit" und Bild bzw. Abbildung vgl.: Christian Strub, Abbilden und Schaffen von Ähnlichkeiten. Systematische und historische Thesen im Zusammenhang von Metaphorik und Ontologie, in: Lutz Danneberg e. a. (Hg.), *Metapher und Innovation. Die Rolle der Metapher im Wandel von Sprache und Wissenschaft.* Bern 1995, 105–125.

11 In der Forschung ist diese Szene denn auch überwiegend als „Selbstphantasie" oder als „Traum" gedeutet worden, vgl. Neumann (wie Anm. 8).

12 Franz Kafka, *GW,* Bd. 6 (wie Anm. 9), 39.

13 Vgl. Gabriele Brandstetter, Figur und Inversion. Kartographie als Dispositiv von Bewegung, in: *Figuration. Beiträge zum Wandel der Betrachtung ästhetischer Gefüge.* Hg. v. Bettina Brandl-Risi/ Wolf Dieter Ernst/Meike Wagner, München 2000, 189–212.

14 Vgl. den Artikel zur Terminologie von „Metapher" von H. Birus und A. Fuchs (wie Anm. 6).

15 Zum Paradox bei Kafka vgl. den wegweisenden Aufsatz von Gerhard Neumann: Umkehrung und Ablenkung. Franz Kafkas Gleitendes Paradox, in: *DVjs* 42, 1968, H. 4, 702–744. – Siehe zum Paradox als Bild-Struktur in der Kunst der Moderne auch: Gottfried Boehm, Das visuelle Paradox in der Kunst der Moderne, in: C. Bahr/C. Jain (Hg.), *Zwischen Askese und Sinnlichkeit. Festschrift f. Norbert Werner zum 60. Geburtstag* (Giessener Beiträge zur Kunstgeschichte, Bd. 10). Dettelbach 1997, 344–357. – Zu Rhetorik und Paradox vgl. Dieter Mersch, Argumentum est figura. Bemerkungen zur Rhetorik der Vernunft, in: Gabriele Brandstetter/Sibylle Peters (Hg.), *de figura. Rhetorik – Bewegung – Gestalt.* München 2002, 101–127.

16 Franz Kafka, *GW,* Bd. 6 (wie Anm. 9), 39.

17 Neumann (wie Anm. 8), 336.

18 Franz Kafka, *GW*, Bd. 6 (wie Anm. 9), 39.
19 Franz Kafka, *GW*, Bd. 6 (wie Anm. 9), 39f.
20 Vgl. den Aufsatz von Clayton Koelb, The Turn of the Trope: Kafka's „Die Brücke", in: *MODERN AUSTRIAN LITERATURE* 22, 1989, 57–70.
21 Franz Kafka, *GW*, Bd. 6 (wie Anm. 9), 39.
22 Zitiert nach: *Franz Kafka*. Hg. v. Erich Heller/Joachim Beug (Dichter über ihre Dichtungen. Hg. v. Rudolf Hirsch/Werner Vordtriede), München 1969, 145.
23 Aristoteles, *Rhetorik*, z. B. 1406 b 20–22. Aristoteles verwendet den Begriff „eikón" als Terminus für Vergleich.
24 Vgl. zum Thema „Vergleichen", „Ähnlichkeit" (zusätzlich zu den bereits genannten Abhandlungen): Hendrik Birus, Das Vergleichen als Grundoperation der Hermeneutik, in: Henk de Berg/Matthias Prangel (Hg.), *Interpretation 2000: Positionen und Kontroversen (Festschrift zum 65. Geburtstag von Horst Steinmetz)*. Heidelberg 1999, 95–117 sowie Oliver R. Scholz: Grundsätzliches zum „Begriff" Ähnlichkeit, in: Ders., *Bild, Darstellung, Zeichen*. Freiburg i. Br./München 1991, 43–63 und Christian Strub (wie Anm. 10), 105–125.
25 In: Franz Kafka: *GW*, Bd. 8: *Das Ehepaar und andere Schriften aus dem Nachlaß* (in der Fassung der Handschrift), 131f.
26 U. a. Dietmar Kamper, Ästhetik als Performance, in: Hanne Seitz (Hg.), *Schreiben auf Wasser. Performative Verfahren in Kunst, Wissenschaft und Bildung*. Bonn 1999, 127–135; Martin Seel, Kunst, Wahrheit, Welterschließung, in: Franz Koppe (Hg.), *Perspektiven der Kunstphilosophie*. Frankfurt a. M. 1991, 36–80; Gerhard Buhr, Franz Kafka, Von den Gleichnissen: Versuch einer Deutung, in: *Euphorion: Zeitschrift für Literaturgeschichte* 74, 1980, 169–185.
27 Vgl. die Abhandlungen von Beda Allemann, Kafka: Von den Gleichnissen, sowie von Helmut Arntzen, Franz Kafka: Von den Gleichnissen, beide in: *Zeitschrift für Deutsche Philologie* 83, 1964, Sonderheft, 97-106 sowie 106–112; Ingrid Strohschneider-Kohrs, Erzähllogik und Verstehensprozess in Kafkas Gleichnis „Von den Gleichnissen", in: Fritz Martini, *Probleme des Erzählens der Weltliteratur: Festschrift für Käte Hamburger zum 75. Geburtstag*. Stuttgart 1971, 303–329.
28 Vgl. u. a. den mit Luhmanns systemtheoretischem Ansatz operierenden Aufsatz von Oliver Jahraus, Sich selbst interpretierende Texte: Franz Kafkas „Von den Gleichnissen", in: *Poetica* 26, 1994, 385–408 sowie Richard Detsch: Delusion in Kafka's Parables „Vor dem Gesetz", „Das Schweigen der Sirenen" and „Von den Gleichnissen": A Hermeneutical Approach, in: *MODERN AUSTRIAN LITERATURE* 14, 1981, 12–23.
29 Dieser Gedanke ist so abwegig nicht: Mit ähnlichen Mustern spielt auch Goethe in seinem Roman „Die Wahlverwandtschaften".
30 Vgl. Paul Ricoeurs Konzept der „lebendigen Metapher", und Ders.: Die Metapher und das Hauptproblem der Hermeneutik, in: Haverkamp, *Theorie der Metapher* (wie Anm. 5), 356–375; Jacques Derridas Metapherntheorie einer „mythologie blanche" bezeichnet diese Seite der VerUnähnlichung und Unähnlichkeit als Prozess in Kafkas Texten wohl am genauesten, siehe: J. Derrida, Die weisse Mythologie, in: Ders: *Randgänge der Philosophie*. Wien 1988, 205–258.
31 Vgl. Franz Kafka, *Briefe an Milena*. Hg. v. Jürgen Born/Michael Müller, Frankfurt a. M. 1983, Brief vom Ende März 1922, 301 f.: „Die leichte Möglichkeit des Briefeschreibens muß – bloß theoretisch angesehn – eine schreckliche Zerrüttung der Seelen in die Welt gebracht haben. Es ist ja ein Verkehr mit Gespenstern und zwar nicht nur mit dem Gespenst des Adressaten, sondern auch mit dem eigenen Gespenst, das sich einem unter der Hand in dem Brief, den man schreibt, entwickelt, oder gar in einer Folge von Briefen, wo ein Brief den anderen erhärtet und sich auf ihn als Zeugen berufen kann. Wie kam man nur auf den Gedanken, daß Menschen durch Briefe miteinander verkehren können! Man kann an einen fernen Menschen denken und man kann einen nahen Menschen fassen, alles andere geht über Menschenkraft. Briefe schreiben aber heißt, sich vor den Gespenstern entblößen, worauf sie gierig warten. Geschriebene Küsse kommen nicht an ihren Ort, sondern werden von den Gespenstern auf dem Wege ausgetrunken. Durch diese reichliche Nahrung vermehren sie sich ja so unerhört. Die Menschheit fühlt das und kämpft dagegen, sie hat, um möglichst das Gespenstische

zwischen den Menschen auszuschalten, und den natürlichen Verkehr, den Frieden der Seelen zu erreichen, die Eisenbahn, das Auto, den Aeroplan erfunden, aber es hilft nichts mehr, es sind offenbar Erfindungen, die schon im Absturz gemacht werden, die Gegenseite ist soviel ruhiger und stärker, sie hat nach der Post den Telegraphen erfunden, das Telephon, die Funkentelegraphie. Die Geister werden nicht verhungern, aber wir werden zu Grunde gehen."

32 Franz Kafka: *GW*, Bd. 9. *Tagebücher 1909–1912*, 15.

Farbabb. 1: William Turner, *Staffa, Fingal's Cave*. 1832. Öl auf Leinwand. 91,5 x 122 cm. New Haven, Yale Center for British Art, Paul Mellon Collection.

Farbabb. 2: John Constable, Wolkenstudie, Cirrus. 1821–22. Öl auf Papier. 11,4 x 17,8 cm. London, Victoria & Albert Museum.

Farbabb. 3: Claude Monet, *Le pont japonais*. Um 1918–1924. Öl auf Leinwand. 89 x 115,5 cm. Riehen/Basel, Fondation Beyeler.

Farbabb. 4a und b: Malereien, *mbi*, Teile der inneren Dachverkleidung eines Zeremonialhauses. Basisteil eines Sagopalmblatt-stengels, Erdfarben:
a) aus Originalverwendung, Muster *mauwail,* Eigenname: Magapusapÿ. Dorf Banggus. Honggwama-Kwoma, Washkuk-Hügelland. H. 123 cm, B. 37 cm. Slg. A. Bühler 1959, Inv. Nr. Vb 18052 (links)
b) Muster *ábsambarúka,* gemalt von Yabokoma zum Verkauf. Dorf Meno-Saserman. H. 127 cm, B. 62 cm. Slg. C. Kaufmann 1966, Inv. Nr. Vb 22911 (rechts).

Farbabb. 5: Edgar Degas, *Femme au tub*. 1884. Pastell auf Papier. 53,5 x 64 cm. Glasgow Museum, The Burell Collection.

Farbabb. 6: Edgar Degas, *Danseuses*. 1899. Pastell auf Papier. 60 x 63 cm. Privatsammlung.

Farbabb. 7: Claude Monet, *Meule, soleil couchant.* 1890-1891. Öl auf Leinwand. 73 x 92 cm. Boston, Museum of Fine Arts.

Farbabb. 8: Wassily Kandinsky, *Komposition 7*. 1913. Öl auf Leinwand. 200 x 300 cm. Moskau, Staatliche Tretjakow-Galerie.

Personenregister

Alambert, Jean de 258
Anson, George Lord 163
Appelt, Dieter 94–95
Aristoteles 273, 278
Artaud, Antonin 132–133
Augstein, Rudolf 133
Ažbè, Anton 204

Badiou, Alain 36
Barthes, Roland 15
Basile, Giovanni Battista 272
Bataille, George 124
Beaumont, George 184–185, 200
Belting, Hans 166
Bernini, Gian Lorenzo 197, 236
Boas, Franz 135
Boccaccio, Giovanni 272
Böhlendorf, Casimir Ulrich 171
Boiffard, Jacques-André 98–99
Bois, Yve-Alain 80
Bonaparte, Napoleon 246–247
Borromini, Francesco 197
Bougainville, Louis-Antoine de 163
Bounarroti, Michelangelo 197
Bradford Titchener, Edward 255
Brassaï (Gyula Halász) 90–92
Brod, Max 274, 278
Bucer, Martin 165
Bühler, Karl 21, 24–25
Busch, Werner 165

Callahan, Harry 102–103, 112–115
Calvin, Johannes 165
Caravaggio, Michelangelo Merisi da 197
Carracci, Annibale 197
Castoriadis, Cornelius 23
Celan, Paul 241, 244
Cervantes, Miguel de 272

Cézanne, Paul 44, 79–80, 205, 248
Churchill, Winston 246
Cicero 125
Concourt, Edmond de 46
Constable, John 13, 183–201, 288
Couturat, Louis 233
Cozens, Alexander 184, 200
Cozens, John Robert 184
Cuyp, Albert 198

Danto, Arthur C. 246
Davidson, Donald 242
Degas, Edgar 12, 35, 39–48, 291–292
Delacroix, Eugène 197
Della Mirandola, Pico 132
Demand, Thomas 106
Demokrit 26
Descartes, René 132, 235
Diderot, Denis 258
Doria, Andrea 163
Dürer, Albrecht 100

Earlom, Richard 186
Ehrenreich, Paul 135
Eichhorn, Johann Gottfried 170
Este, Francesco de 236
Exner, Sigmund 259–260

Faraday, Michael 189
Ferraris, Maurizio 262–263, 265
Field, Charles 189
Fisher, John 194
Fludd, Robert 258–260
Forster, Thomas 189
Freud, Siegmund 28
Freyer, Hans 77
Friedlander, Lee 100–101, 119
Friedrich, Caspar David 104, 186, 197–198

Gage, John 187
Gainsborough, Thomas 197–199
Gama, Vasco da 163
Gerz, Jochen 89
Goethe, Johann Wolfgang von 133, 186, 272–273
Goodman, Nelson 241–244, 246
Greenberg, Clement 44, 89
Gritin, Thomas 184
Gumpp, Johannes 126–128
Gursky, Andreas 104–107

Haddon, Alfred Cord 135
Halévy, Daniel 38
Hamann, Johann Georg 171
Heath, Charles 190
Hegel, Georg Wilhelm Friedrich 75, 168, 263, 266–267
Heinrich IV 164
Henri, Florence 92–94
Heraklas 233
Herder, Johann Gottfried 170
Hesiod 171
Heyne, Christian Gottlob 170
Hill, Gary 128, 130
Hofmann, Werner 76, 166
Hogarth, William 197–199
Hölderlin, Friedrich 13, 163–165, 167–175, 177–178
Horaz 133
Howard, Luke 189
Husserl, Edmund 21–22, 24, 27

Imdahl, Max 76, 239
Ingres, Jean-Auguste-Dominique 197

Jastrow, Joseph 248
Jesenská, Milena 279
Jones, George 193
Joosten, Joop 80

Jungius, Joachim 234
Kafka, Franz 14, 271, 273–276, 278–280
Kandinsky, Wassily 13, 203–216, 294
Karlstadt, Andreas von Bodenheim 165–166
Kircher, Athanasius 257–261, 266–267
Klopstock, Friedrich Gottlieb 175
Knight, Richard Payne 190
Koch, Joseph Anton 197
Kolumbus, Christoph 163

Leibniz, Wilhelm 14, 233–237, 255
Leonardo, Vinci da 29, 239–240, 242–243, 246, 249
Liszt, Franz 204
Locke, John 236
Lomazzo, Giovanni Paolo 197
Lorrain, Claude 185–187, 197
Lucas, David 187–188, 190, 194
Ludwig XIV 236
Lull, Raymund 256
Luther, Martin 164–166

Magenau, Rudolf 171
Magritte, René 90
Malewitsch, Kasimir 29, 110
Mallarmé, Stéfane 36
Marc, Franz 215
Marx, Karl 31
Matisse, Henri 250
Merleau-Ponty, Maurice 22
Mill, James 260
Misch, Georg 78–79
Mondrian, Piet 12, 75–76, 79–85
Monet, Claude 13, 21, 112, 203–216, 272, 289, 293
Moses 163
Müller, Achatz von 13
Müller, Axel 248
Musil, Robert 12

Nancy, Jean-Luc 126–127
Newton, Douglas 152
Nietzsche, Friedrich 168, 241

Paik, Nam June 129–130
Picasso, Pablo 47, 248–249
Piranesi, Giovanni Battista 14
Platon 19, 28, 124
Pollock, Jackson 26, 102, 104
Poussin, Nicolas 185, 197
Primaticcio, Francesco 233

Quasha, George 128

Raffael, Raffaelo Santi 197
Ray, Man 96–97, 100
Rembrandt, Harmensz van Rijn 197–198
Renger-Patzsch, Albert 116–117
Repin, Ilja 203
Reynolds, Sir Joshua 187, 197–198
Rilke, Rainer Maria 241, 244

Personenregister

Roberts, John 184
Rodner, William 192
Rosa, Salvator 198
Rouart, Henri 36
Rubens, Peter Paul 197, 250
Russel, Bertrand 233
Ryman, Robert 119

Sandrart, Joachim von 185, 197
Sartre, Jean-Paul 21, 132
Schiller, Friedrich 133
Schwind, Moritz von 197
Seneca 125
Signac, Paul 212
Stein, Charles 128
Steinen, Karl von den 135
Stephan, Emil 135
Stolpe, Hjalmar 135
Struth, Thomas 104
Swanevelt, Herman van 185

Teniers, David 198

Thomson, James 193
Tizian, Tiziano Vecellio 249
Turner, William 13, 183–190, 192, 287

Uccello, Paolo 102
Uexküll, Jakob von 25

Valéry, Paul 36, 43, 46
Van de Velde II, Willem 198
Vermeer, Jan 127–128
Vernet, Jean-Joseph 185
Vico, Giovanni Battista 14
Vidius, Vidus 233–234

Waiblinger, Wilhelm 178
Wall, Jeff 108–109
Warburg, Aby 10, 272
Well, William Frederick 187
Weston, Brett 110–111
Wilson, Woodrow 185, 198
Wittgenstein, Ludwig 18. 249

Zwingli, Huldrych 165–166

Die Autorinnen und Autoren

Hans Belting, emeritierter Professor für Kunstwissenschaft und Medientheorie an der Hochschule für Gestaltung in Karlsruhe, Honorarprofessor an der Universität Heidelberg, Inhaber der Chaire Européenne am Collège de France (2002–2003). Veröffentlichungen (Auswahl): *Bild und Kult. Eine Geschichte des Bildes vor dem Zeitalter der Kunst*, München 1990; (Hrsg. mit C. Kruse) *Die Erfinder des Gemäldes*, München 1994; *Das Ende der Kunstgeschichte. Eine Revision nach zehn Jahren*, München 1995; *Das unsichtbare Meisterwerk*, München 1998; *Bild-Anthropologie*, München 2001; *Boschs „Garten der Lüste"*, München 2002.

Gabriele Brandstetter, Prof. Dr. phil., Theater-, Tanz-, Literaturwissenschaftlerin. Studium der Germanistik, Geschichte, Politologie und Theaterwissenschaft in Erlangen, München, Regensburg und Wien. 1993 Professorin an der Justus-Liebig-Universität Gießen, Institut für Angewandte Theaterwissenschaft (Drama – Theater – Medien); 1997 Ordinaria für Neuere Deutsche Literaturwissenschaft am Deutschen Seminar der Universität Basel; seit 2003 Professorin für Theaterwissenschaft mit Schwerpunkt Tanzwissenschaft an der Freien Universität Berlin. Forschungsschwerpunkte: Theorie der Darstellung, Körper- und Bewegungskonzepte in Schrift, Bild und Performance; Forschungen zur Theatralität und Geschlechterdifferenz. Veröffentlichungen (Auswahl): *Tanz-Lektüren. Körperbilder und Raumfiguren der Avantgarde* (1995); *ReMembering the Body. Körper-Bilder in Bewegung* (Hrsg., 2000); *de figura. Rhetorik – Bewegung – Gestalt* (Hrsg. mit Sibylle Peters, 2002); *Erzählen und Wissen. Paradigmen und Aporien ihrer Inszenierung in Goethes „Wahlverwandtschaften"* (Hrsg., 2003); 2004 Leibniz-Preis der DFG.

Horst Bredekamp, Prof. Dr. phil., Kunsthistoriker. Studium der Kunstgeschichte, Archäologie, Philosophie und Soziologie in Kiel, München, Berlin und Marburg. 1974 Promotion mit einer Arbeit über die Geschichte des Bildersturms. Von 1976–1976 Museumstätigkeit am Liebieghaus, Frankfurt am Main. Von 1976 an Assistent, seit 1982 Professur für Kunstgeschichte an der Universität Hamburg. 1993 Wechsel an die Humboldt-Universität zu Berlin; seit 2003 zusätzlich Permanent Fellow des Wissenschaftskollegs zu Berlin. Veröffentlichungen (Auswahl): *Sankt Peter in Rom und das Prinzip der produktiven Zerstörung. Bau und Abbau von Bramante bis Bernini*,

Berlin 2000; *Thomas Hobbes. Der Leviathan. Das Urbild des modernen Staates und seine Gegenbilder · 1651–2001*, Berlin 2003. *Die Fenster der Monade. Gottfried Wilhelm Leibniz' Theater der Natur und Kunst*, Berlin 2004.

Olaf Breidbach, Prof. Dr. Dr.; Wissenschaftsgeschichtler, geb. 1957 im Rheinland, Studium der Biologie, Philosophie, Päläontologie und Kunst in Bonn. Lehrstuhl für Geschichte der Naturwissenschaften, Direktor des Institutes für Geschichte der Medizin, Naturwissenschaft und Technik sowie des Museums Ernst-Haeckel-Haus und Leiter des Bereichs Theoretische Biologie an der FSU Jena; Veröffentlichungen (Auswahl): *Die Materialisierung des Ichs*. Frankfurt: Suhrkamp; *Das Anschauliche oder über die Anschauung von Welt*, Wien: Springer, 2000 (Hrsg. mit P. Ziche); *Naturwissenschaften um 1800*, Weimar: Böhlau 2001; *Deutungen*, Weilerswist: Vellbrück 2001; *Bilder des Wissens*, München: Fink, 2005; Hrsg. u. a. von *Theory in Biosciences; Jahrbuch für Europäische Wissenschaftskultur;* www.uni-jena.de/biologie/ehh.

Werner Busch, geb. 1944 in Prag, Studium der Kunstgeschichte in Tübingen, Freiburg, Wien und London. Promotion 1973 über William Hogarth. Nach einer kurzen Beschäftigung am Zentralinstitut für Kunstgeschichte in München von 1974–1981 wissenschaftlicher Assistent am Kunsthistorischen Institut der Universität Bonn. Dort 1980 Habilitation mit einer Arbeit zum deutschen 19. Jahrhundert. Von 1981–1988 Professur für Kunstgeschichte an der Ruhr-Universität Bochum. 1983–1985 Leitung des Funkkollegs „Kunst". Ab 1988 Lehrstuhl für Kunstgeschichte an der Freien Universität Berlin. Mitglied der Berlin-Brandenburgischen Akademie der Wissenschaften. Arbeiten zum holländischen 16. und 17., vor allem aber zum europäischen 18. und deutschen 19. Jahrhundert. Kollegiat am Historischen Kolleg in München 2003/2004. Veröffentlichungen (Auswahl): *Das sentimentalische Bild. Die Krise der Kunst im 18. Jahrhundert und die Geburt der Moderne*, München 1993, Studienausgabe 1997; *Landschaftsmalerei* Berlin 1997; *Caspar David Friedrich. Ästhetik und Religion*, München 2003 und *Adolph Menzel*, München 2004.

Matthias Haldemann, Dr. phil., Kunsthistoriker, geb. 1963 in Basel. Studium der Kunstwissenschaft und Geschichte in Basel und Bern. Direktor des Kunsthauses Zug. 2001 Lehrauftrag an der Universität Basel. Arbeitsschwerpunkte: Gegenwartskunst, Wiener Moderne, Russische Kunst, Geschichte des Museums. Veröffentlichungen (Auswahl): *Tadashi Kawamata. Work in Progress in Zug*, Hrsg., Kunsthaus Zug, Ostfildern/Ruit: Hatja Cantz, 2000; *Kandinskys Abstraktion. Die Entstehung und Transformation seines Bildkonzepts*, München: Fink, 2001; *Falsche Spiegelbilder. Zu den Zeichnungen von Egon Schiele*, Zug: Kunsthaus, 2001; *Richard Tuttle. Replace the Abstract Picture Plane*, Hrsg., Kunsthaus Zug, Ostfildern/Ruit: Hatje Cantz, 2001; *Skulptur ohne Eigenschaften. Wotruba und die Moderne*, in: Klimt bis Klee. Wotruba und die Moderne, Albertina Wien, München: Minerva, 2003; *Pavel Pepperstein und Gäste*, Hrsg., Kunsthaus Zug, Ostfildern/Ruit: Hatje Cantz, 2004. Kuratorische Tätigkeit im öffentlichen Raum, z. B. mit Jenny Holzer, Ilya und Emilia Kabakov, Tadashi Kawamata und James Turell.

Richard Hoppe-Sailer, Prof. Dr. phil, geb. 1952 in Mönchengladbach. Studium der Kunstgeschichte, Germanistik, Publizistik und Philosophie an der Ruhr-Universität Bochum. 1980 Promotion in Kunstgeschichte mit einer Arbeit zur mittelalterlichen Architektur (St. Maria zur Wiese in Soest), Habilitation 1998 mit einer Arbeit zu Naturverständnis und Bildkonzeption bei Paul Klee. Seit 2000 Professor für Kunstgeschichte an der Ruhr-Universität Bochum. Veröffentlichungen (in Auswahl): *Die Kirche St. Maria zur Wiese in Soest. Versuch einer Raumanalyse*. Frankfurt/Main 1983; *Paul Klee. Ad Parnassum. Eine Bildmonographie*. Frankfurt/Main 1993; *NaturStücke. Zur Kulturgeschichte der Natur*. Hg. v. Hans Werner Ingensiep und Richard Hoppe-Sailer. Ostfildern 1996; Verlust des Ortes. Zum Verhältnis von Geschichte und Wahrnehmung in neuen Werken der Kunst im öffentlichen Raum. In: Selbstorganisation. Jahrbuch für Komplexität in den Natur-, Sozial und Geisteswissenschaften, 10/1999.

Christian Kaufmann, Dr. phil., Ethnologe, geb. 1941 in Basel. Studium der Ethnologie, Volkskunde, Urgeschichte und der Allgemeinen Geschichte in Basel. Feldforschungen in Neuguinea und Vanuatu. Bis 2005 Konservator für Ozeanien am Museum der Kulturen Basel und Lehrbeauftragter an der Universität Basel. Mitverfasser von *Art océanien*, Paris: Citadelles & Mazenod, 1993 (dt.: *Ozeanien. Kunst und Kultur*, Freiburg/Br.: Herder, 1995). Zuletzt erschienen: *Korewori. Magische Kunst aus dem Regenwald*, Basel: Museum der Kulturen, 2003.

Gerhard Kurz, Prof. Dr. phil., Germanist, geb. 1943 in Heiligenmoschel (Pfalz). Studium der Germanistik, Geschichte und Philosophie an der Universität Heidelberg. Professor für deutsche Sprache und Literatur an der Universität Amsterdam 1980–1984, seitdem Professor für Neuere deutsche Literaturgeschichte und allgemeine Literaturwissenschaft an der Justus-Liebig-Universität Gießen. Veröffentlichungen (Auswahl): *Macharten. Über Rhythmus, Reim, Stil und Vieldeutigkeit*, Göttingen: Vandenhoeck & Ruprecht, 1999; *Meditation und Erinnerung in der Frühen Neuzeit* (Hrsg.), Göttingen: Vandenhoeck & Ruprecht, 2000; *Methapher, Allegorie, Symbol*, 5. Aufl., Göttingen: Vandenhoeck & Ruprecht, 2004.

Karlheinz Lüdeking, Prof. Dr. phil., Kunstwissenschaftler, geb. 1950 in Harkemissen, Kreis Lippe. Studium der bildenden Kunst, Meisterschüler 1975; weiteres Studium der Kunstgeschichte, Philosophie und Germanistik, Promotion im Fach Philosophie 1985, Habilitation im Fach Kunstwissenschaft 1993. Von 1997–2004 Professor für Kunstgeschichte an der *Akademie der Bildenden Künste* in Nürnberg, seither Professor für Kunstgeschichte und Kunstwissenschaft an der *Universität der Künste* in Berlin. 2002 *Visiting Member* des *Institute for Advanced Study* in Princeton. Veröffentlichungen (Auswahl): *Analytische Philosophie der Kunst. Eine Einführung*, Frankfurt am Main 1988/2. Auflage München 1998; als Herausgeber: Clement Greenberg: *Die Essenz der Moderne. Ausgewählte Essays und Kritiken*, Amsterdam und Dresden 1997.

Michael Lüthy, Dr. phil., Kunsthistoriker, geb. 1966 in Zürich. Studium der Kunstgeschichte und der Geschichte in Basel und Berlin. Assistent am Kunsthistorischen Seminar der Universität Basel 1993–1997. Geschäftsführer und Teilprojektleiter des Sonderforschungsbereichs 626 „Ästhetische Erfahrung im Zeichen der Entgrenzung der Künste" an der Freien Universität Berlin. Arbeitsschwerpunkte: Französische Kunst des 19. Jahrhunderts, US-amerikanische Kunst nach 1945, Kunst- und Künstlertheorie der Moderne. Veröffentlichungen (Auswahl): *Sehen contra Erkennen – ‚Die Erschießung Kaiser Maximilians' und ‚Die Eisenbahn' von Edouard Manet*, in: Ästhetische Erfahrung im Zeichen der Entgrenzung der Künste. Epistemische, ästhetische und religiöse Formen von Erfahrung im Vergleich (Sonderband der Zeitschrift für Ästhetik und Allgemeine Kunstwissenschaft, 2004), S. 83–101; *Poetik der Nachträglichkeit oder Das Warten des Marcel Duchamp*, in: Geschichte und Ästhetik. Festschrift für Werner Busch zum 60. Geburtstag, hrsg. von Margit Kern, Thomas Kirchner und Hubertus Kohle, Berlin 2004, S. 461–469; *Vom Raum in der Fläche des Modernismus*, in: Faktur und fRaktur. Gestörte ästhetische Präsenz in Avantgarde und Spätavantgarde (Sonderband des Wiener Slavistischen Almanachs, 2005) (im Erscheinen).

Stefan Majetschak, Prof. Dr. phil., geb. 1960. Studium der Fächer Philosophie, Kunstgeschichte und Vergleichende Literaturwissenschaft an der Universität Bonn. Seit 2000 Professor für Philosophie mit dem Schwerpunkt Ästhetik und Kunsttheorie an der Kunsthochschule der Universität Kassel. Zahlreiche Bücher, Herausgeberschaften und Artikel zu Themen der Sprachphilosophie, Ästhetik und Bildtheorie sowie zur klassischen deutschen Philosophie; Veröffentlichungen (Auswahl): *Die Logik des Absoluten. Spekulation und Zeitlichkeit in der Philosophie Hegels*, Berlin: Akademie Verlag 1992; *Ludwig Wittgensteins Denkweg*, Freiburg/München: Karl Alber Verlag 2000.

Gerhard Neumann, Prof. Dr. phil., Germanist, geb. 1934 in Brünn. Studium der Germanistik und Romanistik in Freiburg i. Br., Wien und Paris. Habilitation in Freiburg 1972; Professuren an der Universität Bonn, Erlangen, Freiburg i. Br.; Ordinarius für Neuere Deutsche Literaturwissenschaft an der Universität München; emeritiert seit 2003. Arbeitsschwerpunkte: Literatur des 18. bis 20. Jahrhunderts, Gattungspoetik, Editionswissenschaft, Kulturwissenschaft; Publikationen zu Goethe, Kleist, Kafka, Canetti; zur deutschen Romantik; zur Methode der Literaturwissenschaft; zu Theorie und Geschichte des Aphorismus, des Epigramms, der Novelle, des Romans, der Lyrik unter komparatistischer Perspektive; Mitherausgeber der Kritischen Kafka-Ausgabe und des Hofmannsthal Jahrbuchs; Mitglied der Bayrischen Akademie der Wissenschaften. Veröffentlichungen (Auswahl): (Hrsg.) *Franz Kafka. Schriftverkehr*, Freiburg i. Br. (1990); (Hrsg.) *Heinrich von Kleist. Kriegsfall – Rechtsfall – Sündenfall*, Freiburg i. Br. (1994); (Mithrsg.) *Franz Kafka: Drucke zu Lebzeiten*, Frankfurt am Main (1994); (Hrsg.) *Poststrukturalismus. Herausforderung an die Literaturwissenschaft. DFG-Symposion*, Stuttgart (1995); (Mithrsg.) *Szenographien.*

Theatralität als Kategorie der Literaturwissenschaft, Freiburg i. Br. (2000); (Mithrsg.) *Trans-gressionen. Literatur als Ethnographie*, Freiburg i. Br. (2003); (Mithrsg.) *Über die Liebe. Ein Symposion*, München und Zürich (2001); (Mithrsg.) *Romantische Wissenspoetik. Die Künste und die Wissenschaften um 1800*, Würzburg (2004).

Claus Volkenandt, Dr. phil., Kunsthistoriker, geb. 1963 in Bochum. Studium der Kunstgeschichte, Philosophie und der Neuren Deutschen Literaturwissenschaft in Bochum und Basel. Promotion 1997. Assistent am Kunsthistorischen Seminar der Universität Basel, Neuere Kunstgeschichte. Jüngere Publikationen: *Zwischen Anspielung und Metapher. Weltbezug und Bildreflexion in der frühen Abstraktion Mondrians*, in: Zeitschrift für Kunstgeschichte 65, 2002, 343-362. *Art. "Hermeneutik"*, in: Ulrich Pfisterer (Hg.), Metzlers Lexikon Kunstwissenschaft, Stuttgart / Weimar: J.B. Metzler, 2003, 136-139. *Rembrandt: Anatomie eines Bildes*, München: Fink, 2004 sowie Herausgeber des Sammelbandes: *Kunstgeschichte und Weltgegenwartskunst. Konzepte – Methoden – Perspektiven*, Berlin: Reimer, 2004. Zur Zeit Arbeit an einem Habilitationsprojekt zum Abstraktionsbegriff bei Piet Mondrian sowie an Projekten zur einer interkulturell orientierten Kunstgeschichte.

Achatz Frhr. von Müller, Prof. Dr. phil., Historiker, geb. 1943 in Dresden. Studium der Rechtswissenschaften, Geschichte, Soziologie und Vergleichenden Literaturwissenschaften in Berlin, Florenz und Hamburg. Wiss. Assistent in Hamburg; Prof. in Kassel; Filmautor (Redaktion Geschichte/Zeitgeschichte, WDR Köln); seit 1989 o. Prof. (Geschichte) an der Universität Basel (Schwerpunkte: Kultur, Gesellschaft, Bildlichkeit im Mittelalter u. Renaissance). Veröffentlichungen (Auswahl): *Geschichte. Lexikon der wissenschaftlichen Grundbegriffe* (mit M. Asendorf, J. Flemming, V. Ullrich), Reinbeck 1994 u. ö.; *Die Wahrnehmung des Neuen in Antike und Renaissance* (mit J. von Ungern-Sternberg), München/Leipzig 2004.

Bernhard Waldenfels, geb. 1934 in Essen. Studium der Philosophie, Psychologie, klassischen Philologie und Geschichte in Bonn, Innsbruck, München und Paris. Seit 1976 Professor für Philosophie in Bochum, seit 1999 emeritiert. Gastprofessuren u. a. in Hongkong, Louvain-la-Neuve, New York, Prag, Rom und Wien. Veröffentlichungen (Auswahl): *Der Stachel des Fremden* (1990): *Antwortregister* (1994); *Deutsch-Französische Gedankengänge* (1995); *Topographie des Fremden* (1997); *Grenzen der Normalisierung* (1998), *Sinnesschwellen* (1999); *Vielstimmigkeit der Rede* (1999), *Leiblichkeit des Selbst* (2000); *Verfremdung der Moderne* (2001); *Bruchlinien der Erfahrung* (2002); *Spiegel, Spur und Blick* (2003); *Phänomenologie der Aufmerksamkeit* (2004). Sammelbände zu Derrida, Foucault, Husserl, Merleau-Ponty. Mitherausgeber der „Philosophischen Rundschau".

Gundolf Winter, Prof. Dr. phil. Kunsthistoriker, geb. 1943 in Münster. Studium der Kunstgeschichte, Archäologie und Philosophie in Gießen, Wien und Paris. 1972 Promotion mit einer Arbeit über J.C. Schlaun, 1982 Habilitation mit einer Arbeit zur

Portraitbüste. 1982 Professor für Kunstgeschichte und ihre Didaktik an der Justus-Liebig-Universität Gießen, ab 1984 Lehrstuhl für Kunstgeschichte an der Universität Siegen. Veröffentlichungen (Auswahl): *Bild – Medium – Kunst*, (Hrsg. mit Yvonne Spielmann) München 1999; *Die Kunstsendung im Fernsehen der Bundesrepublik Deutschland* (1953-1985), (Hrsg. mit Martina Dobbe und Gerd Steinmüller) Potsdam 2000; *10 x Malerei. Rubenspreis der Stadt Siegen*, (Hrsg. mit Martina Dobbe), Köln 2002; *Skulptur – Zwischen Realität und Virtualität* (Hrsg. mit Jens Schröter und Christian Spies) München 2005.

Claus Volkenandt (Hg.)
Kunstgeschichte und Weltgegenwartskunst
Konzepte – Methoden – Perspektiven
265 Seiten mit 67 s/w-Abbildungen
Broschiert / ISBN 3-496-01302-8

Hans Belting / Heinrich Dilly / Wolfgang Kemp / Willibald Sauerländer / Martin Warnke (Hg.)
Kunstgeschichte
Eine Einführung
Sechste, überarbeitete und erweiterte Auflage
431 Seiten mit 61 Abbildungen
Broschiert / ISBN 3-496-01261-7

Thomas Hensel / Andreas Köstler (Hg.)
Einführung in die Kunstwissenschaft
364 Seiten mit 11 Farb- und 63 s/w-Abbildungen, kommentierte Bibliographie
Broschiert / ISBN 3-496-01271-4

Thierry Greub (Hg.)
Las Meninas im Spiegel der Deutungen
Eine Einführung in die Methoden der Kunstgeschichte
294 Seiten und 40 Tafeln mit 8 farbigen und 45 s/w-Abbildungen
Broschiert / ISBN 3-496-01234-X

Renate Buschmann / Marcel René Marburger / Friedrich Weltzien (Hg.)
Dazwischen –
Die Vermittlung von Kunst
280 Seiten mit 98 s/w-Abbildungen
Broschiert / ISBN 3-496-01337-0

REIMER

REIMER

Geschichte der klassischen Bildgattungen in Quellentexten und Kommentaren
Werk in 5 Bänden

Band 1
Historienmalerei
Hg. Thomas W. Gaehtgens und Uwe Fleckner
388 Seiten mit 20 Abbildungen
Broschiert / ISBN 3-496-01138-6

Band 2
Porträt
Hg. Rudolf Preimesberger und Hannah Baader
487 Seiten mit 14 Abbildungen
Broschiert / ISBN 3-496-01139-4

Band 3
Landschaftsmalerei
Hg. Werner Busch
341 Seiten mit 20 Abbildungen
Broschiert / ISBN 3-496-01140-8

Band 4
Genremalerei
Hg. Barbara Gaehtgens
511 Seiten mit 36 Abbildungen
Broschiert / ISBN 3-496-01141-6

Band 5
Stilleben
Hg. Eberhard König und Christiane Schön
278 Seiten mit 21 Abbildungen
Broschiert / ISBN 3-496-01142-4

REIMER